観光・旅行用語辞典

DICTIONARY OF TOURISM AND TRAVEL

北川宗忠
KITAGAWA MUNETADA

編著

ミネルヴァ書房

はじめに

　21世紀は，ニューツーリズムの時代です。
　国際観光交流は，アウトバウンド，インバウンドそれぞれに大きなにぎわいをもたらして，その影響は世界人類の生活においてもさまざまな効果や付加価値を生みだしてきているといえます。わが国においても海外旅行の順調な増加に加え，また全国各地に多くの外国人観光客を迎える時代になってきました。今まで軽んじられてきた「観光」に対する認識が深まり，観光交流が生みだす地域への経済的効果や社会的・文化的効果が，受入れ側の新しいまちづくりにも影響を及ぼして，飛躍的なホスピタリティの向上へと進んでいます。この時代のなかでは，「観光」のあり方を正しく認識すること，多くの人びとが「ひと」と「ひと」，「ひと」と「もの」の交流に参加すること，そして世界平和に貢献し，大いに国際観光交流を進展させようとすることがニューツーリズムの目標であると考えられます。
　今，わが国では，観光立国を目指す政府も「観光庁」を誕生させ，一方学問的には「観光学」という分野を学ぶ学生の増加や，観光地や観光施設などにも新たな観光交流時代へのリーダーシップが求められています。このような時代をになう知的リーダーに必修の「観光」「旅行」に関係する観光用語の辞典については多くの要望があり，これに応えたのがこの「観光・旅行用語辞典」であります。
　本書では，専門用語は幅広く，学術的な用語は平易に，非日常的な「観光」用語から，日常的に知られた「旅行」用語まで，歴史的な用語から現代用語まで，あらゆる用語についてそれぞれの分野の研究者に執筆をお願いしました。

ここに取り上げた「観光」「旅行」にかかわる用語が,「観光学」を学ぶ学生,「観光業界」で活躍するホスピタリティあふれる人びと,「旅行」の達人を目指す旅人にとって,それぞれの分野で「観光」学習の一助となることを願っています。

　平成20年　陽春

「観光・旅行用語辞典」執筆者代表

編者　北川宗忠

項目一覧
（太字は重要項目）

あ行

項目	ページ
アーバンツーリズム	1
アーバンリゾート	1
アーリーチェックイン	1
アール	1
IIT運賃	2
i案内所	2
IT運賃	2
アイデンティティ	2
AIDMAの法則	2
IUCN日本委員会	3
アウトソーシング	3
アウトドアレジャー	3
アウトバウンドツーリズム	3
アクアリゾート	3
AXESS実用検定	4
アグリツーリズム	4
上げ膳据え膳	4
アコモデーション	4
朝市	4
アジア太平洋観光交流センター	5
アシスタントマネージャー	5
足湯	5
遊び心	5
アトラクション	6
アネックス	6
アフィニティ	6
アペックス(APEX)運賃	6
アミューズメント産業	6
アミューズメントパーク	7
アメニティ	7
アメニティグッズ	7
アメリカン・エキスプレス	7
アメリカンプラン	8
アメリカンブレックファスト	8
アラカルト	8
安・遠・短	8
安・近・短	8
アンテナショップ	9
アンノン族	9
IATA	9
IATA運賃	10
慰安旅行	10
イエローカード	10
以遠権	11
ICAO	11
いこいの村	11
異国情緒	11
伊勢参宮	11
いちげん(一見)さん	12
一期一会	12
一時上陸客	12
一夜湯治	12
一村一品運動	13
一般旅券	13
異文化交流	13
異文化コミュニケーション	13
イベント	14
イベント業務管理者	13
違約料	15
入り込み観光客数 ⇨観光客入り込み数	50
イン	15
イングリッシュブレックファスト	15
飲食業	15
インセンティブツアー ⇨報奨旅行	213
インハウスエージェント	15
インバウンドツーリズム	16
インフラ整備	16
ウェットリース	16
Webトラベル	16
ウェルカムイン	17
ウェルカムカード	17
ウェルカムプラン21	17
ウォーキング	17
ウォーキングトレイル	18
ウォークラリー	18
ウォーターフロント	18
浮世絵	18
右舷・左舷	18
歌枕	19
内湯	19
運営委託	19
運航管理者	19
エアオン	20
エアバス	20
エアポートコード	20
エアポートホテル	20
営業保証金制度	20
営造物公園	21
エイチ・アイ・エス	21
『易経』	21
エキスカーション	21
エキストラベッド	21
駅弁	21
エコエアポート	22
エコツアー	23
エコツーリズム	22
エコツーリズム推進法	23
エコノミークラス運賃	23
エコパスポート	23
エコビジネス	23
エコマーク	23
エコミュージアム	24
エコロジーキャンプ	24
SL	24
エスニックツーリズム	24
NPO	25
FIT	25
FFP	25
エリアマーケティング	25
宴会	26
遠足	26
エンターテイメント	26
エンターテイメント産業	26
エンターテイメントホテル	27
縁日	27
近江八景	27
往来手形 ⇨パスポート	193
オウンユースチャーター	27
OECD観光委員会	28
オーガナイザー	28
オーバーブッキング	28
オープンスカイ	28
オープンチケット	29
オールスイートホテル	29
おかげ参り ⇨伊勢参宮	11
女将	29
奥座敷	29
お座敷列車 ⇨ジョイフルトレイン	136
御師	29

オフィシャルホテル	30	格安航空会社	42	観光資源	55	
オフシーズン	30	**格安航空券**	41	観光施設	55	
オプショナルツアー	30	貸切バス	42	観光週間	55	
お遍路さん	30	カジノ	42	観光消費	56	
おまつり法	30	家族旅行村	43	観光商品企画	56	
オリエンテーリング	31	過疎地域	43	観光情報センター	56	
オルタナティブツーリズム	31	語り部	43	観光振興	56	
オンシーズン	31	割烹旅館	43	観光親善大使	57	
温　泉	32	稼働率	44	観光税	57	
温泉地	31	カフェテリアプラン	44	**観光政策**	57	
温泉湯治	33	歌舞伎	44	観光政策審議会	58	
温泉の効果	32	カプセルホテル	44	観光宣伝	59	
温泉の三養	33	カルチャーカード		**観光地**	58	
温泉法	33	⇨ウェルカムカード	17	観光地域	59	
温泉ホテル	34	枯山水	45	観光地計画	59	
温泉浴	34	川下り	45	観光地診断	59	
温泉療法	34	川　床	45	観光地の開発	60	
温泉旅館	34	簡易宿所営業	45	観光地のライフサイクル仮説	60	
		簡易税率	45	観光地「100選」	60	
か行		環　境	46	観光調査	60	
		環境基本法	46	**観光地理**	61	
カードキー	36	環境教育	46	観光地理学	61	
カーフェリー	36	環境破壊	47	観光都市	62	
会員制ホテル	36	環境保護	47	観光農園	62	
会員制リゾートホテル	36	環境保全	48	観光農林業	62	
海外安全相談センター	37	**観　光**	47	観光の経済的効果	62	
海外観光渡航の自由化	37	観光イベント	48	観光の社会的効果	63	
海外ホテル協会	37	**観光開発**	49	観光のネットワーク（連携）	63	
海外旅行	37	観光学	50	観光の文化的効果	63	
海外旅行傷害保険	37	観光カリスマ	48	観光の立地条件	63	
海外旅行倍増計画	38	観光基盤施設	49	『観光白書』	64	
外客誘致法	38	観光基本法	49	観光馬車	64	
外航クルーズ	38	観光客入り込み数	50	観光バス	64	
外食産業	38	観光キャンペーン	51	観光バスの日 ⇨バスの日	193	
海水浴場	38	**観光教育**	51			
会席料理	39	観光協会	51	観光は平和へのパスポート（国際観光年）	64	
懐石料理	39	観光行政	51			
外為法（外国為替及び外国貿易法）	39	**観光行政機関**	52	観光パンフレット	65	
		観光漁業	52	観光ビジネス	65	
海中公園	39	観光拠点	53	**観光文化**	65	
開　帳	40	観光経営	53	観光文化財	66	
海浜リゾート	40	観光研究	53	観光ホスピタリティ	66	
回遊式庭園	40	観光公害	54	観光ボランティアガイド	66	
海洋性レクリエーション	40	観光交通	54			
		観光交流	54	観光マーケティング	66	
界　隈	41	観光交流拡大計画（ツーウェイツーリズム）	54	観光マップ	67	
カウンターセールス	41			観光丸	67	
カクテルパーティ	42	**観光産業**	55			
		観光事業	55			

項目一覧

観光魅力	67	共同浴場	80	ケーブルカー	90
観光立県推進運動	67	拠点観光地	80	ゲスト	90
観光立国	68	近畿日本ツーリスト	80	ゲストハウス	90
観光立国推進基本法	68	クアハウス	80	ゲストルーム	90
観光ルート	69	クイーンエリザベス2		検　疫	90
観光・レクリエーション		（QE2）	81	源泉かけ流し	91
	68	クイーンサイズベッド	81	現地通貨	91
関西国際空港	69	空　港	81	原風景	91
関税法	69	空港コード（空港略号）		講	91
歓楽地	70		82	広域観光圏	92
管理運営受託方式（マネジメントコントラクト方式）	70	空港使用料	82	広域観光宣伝	92
		空港税	82	広域観光ルート	93
		空港整備法	82	**公　園**	92
企画旅行	71	空港免税店　⇨免税店	230	航空運賃	93
危機遺産	70	クーポン	82	航空貨物	93
寄港港	73	クチコミ	83	**航空規制緩和**	94
キセル乗車	73	熊野古道　⇨熊野詣で	83	航空協定	93
木賃宿	73	熊野三山	83	航空券	93
起点港	73	熊野詣で	83	航空法	94
機内サービス	73	**グリーンツーリズム**	84	航空輸送	95
機内食	73	グリーンツーリズム法（農山漁村滞在型余暇活動のための基盤整備の促進に関する法律）		航空旅客運賃	95
機内持込手荷物	74			高原リゾート	95
記念物	74			鋼索鉄道　⇨ケーブルカー	90
客室係	74				
客室乗務員	74		83	高山病	95
客室単価	75	グリル	84	交通博物館	96
客室予約	75	クルー	84	交通バリアフリー法（高齢者，身体障害者等の公共交通機関を利用した移動の円滑化の促進に関する法律）	
キャッシャー	75	**クルーズ**	85		
キャッチフレーズ	75	クルーズアドバイザー制度			
キャパシティ	75		84		
キャビン	76	クルーズ元年	85		96
キャプテン	76	クルーズ客船	85	公的宿泊施設	96
キャプテン主催パーティ	76	クルーズ振興協議会	86	行　楽	97
		クルーズディレクター	86	港湾法	97
キャプテンズテーブル	76	クルーズフェリー	86	小江戸	97
キャリア	76	グルメ	86	コードシェアリング	98
キャリアコード	77	クレーム	86	コーポレートレート	98
ギャングウェイ	77	クレームタグ	87	コールセンター	98
キャンセル	77	クローク	87	五街道	98
キャンピングカー	77	グローバリゼーション	87	小型船舶操縦士	98
キャンプ場	77	**景　観**	88	顧客価値	99
キャンペーン	78	景観条例	87	顧客歓喜	99
キャンペーンガール	77	景観保全	88	顧客進化のプロセス	99
休暇村	78	景観緑三法	88	顧客満足	100
救命艇	78	芸術村	88	国営公園	100
救命胴衣	79	景勝地	88	国際運転免許証	100
行政主導型観光	79	迎賓館	89	**国際会議**（コンベンション）	
協定旅館	79	ケーススタディ	89		100
共同運航	79	ケータリング	89	国際会議観光都市	101

国際学生証（ISIC カード）	102	雇用創出効果	111	ンティティ）	123
国際観光	102	コレクトコール	111	GIT 運賃	121
国際観光客	102	コンシェルジュ	111	JR（ジェイアール）	121
国際観光交流	103	コンチネンタルプラン	112	JTB（ジェイティービー）	122
国際観光市場	103	コンチネンタルブレックファスト	112	シェフ	122
国際観光収支	103	コンドミニアム	112	潮湯治	122
国際観光振興機構	103	コンピュータ予約システム	112	シカゴ条約	122
国際観光テーマ地区	104	コンベンション	112	四国遍路	122
国際観光文化都市	104	コンベンションビューロー	113	視察（旅行）	123
国際観光ホテル整備法	104	コンベンション法	114	時差ボケ	124
国際観光見本市	104			史跡	124
国際観光モデル地区	104	**さ行**		自然環境	124
国際観光量	105			自然環境保全審議会	124
国際観光旅館連盟	105	サービス	115	自然環境保全法	125
国際観光レストラン協会	105	サービス価値	115	自然休暇村	125
国際記念物遺跡会議	106	サービス経営	115	自然景観	125
国際空港	106	サービス産業	116	自然公園	125
国際交流	105	サービス貿易	115	自然公園法	126
国際交流基金	106	サービスマーケティング	115	自然に親しむ運動	126
国際自然保護連合	106	サービスマネジメント	116	自然保護	126
国際電話	106	サービス料	116	自然保護運動	126
国際ホテル協会	106	サイクリング	116	自然保護憲章	126
国際見本市	106	西国巡礼	117	自然歩道	127
国際民間航空デー ⇨空の日	156	最少催行人員	117	七福神めぐり	127
国際旅行収支	107	再入国手続き	117	シティコード	127
国定公園	107	在来線	117	シティホテル	127
国土交通省	107	サイン	117	私鉄	127
国内旅行業務取扱管理者試験	107	サウナ	118	自転車施策先進都市	128
国宝	108	索道	118	地場産業	128
国民宿舎	108	査証相互免除国	118	姉妹都市	128
国立劇場	108	サスティーナブルツーリズム	118	社家町	128
国立公園	108	薩摩守	118	社寺参詣	128
国立博物館	109	里山	119	社団法人全国旅行業協会	129
国立美術館	109	産業遺産	119	社団法人日本観光協会	129
心付け（チップ）	109	産業観光	119	社団法人日本旅行業協会	129
個人包括旅行運賃 ⇨IIT 運賃	2	三古泉	119	借景	129
コテージ	110	三古湯	119	シャトルバス	130
古都	110	三山・五山	120	ジャパニーズイン	130
ご当地検定	110	山村集落	120	ジャパンエキスポ（制度）	130
古都保存法	110	三大珍味	120	ジャパンツーリストビューロー	130
コマーシャルホテル	110	三大美林	120	ジャパンレールパス	131
コミッション（手数料）	111	三大祭	120	ジャルパック(JALPAK)	131
コミューター航空	111	三名泉	121	ジャンボ機	131
		CI（コーポレートアイデ			

項目一覧

修学旅行	131
宗教観光	131
自由時間	132
自由時間都市	132
周遊（型）観光	132
重要伝統的建造物群保存地区	132
重要美術品	133
重要文化財	133
熟年旅行	133
宿　場	133
宿泊カード	134
宿泊産業	134
宿泊施設	134
宿泊約款	135
宿場町	135
宿　坊	135
主催旅行　⇨企画旅行	71
出入国管理及び難民認定法	135
出入国審査	135
出入国手続き	135
主任添乗員資格	136
巡礼さん	136
ジョイフルトレイン	136
生涯学習	136
商家町	137
城下町	137
小京都	137
乗車券	137
消防法	138
商用旅行（ビジネス旅行）	138
食品衛生法	138
植物園	138
食文化	139
ショッピング	139
シルバースター登録制度	139
新ウェルカムプラン21	140
新幹線	140
シングルルーム	140
新婚旅行	140
親水公園	141
人的サービス	141
人的資源	141
神仏分離令	141
人文的景観	141
人力車	142
森林破壊	142
森林法	142
森林浴	142
スイートルーム	143
水　郷	143
水上オートバイ（特殊小型船舶）	143
水族館	143
水墨画	144
スーパー銭湯	144
スカイマーク	144
スカイマーシャル	145
スカイメイト	145
スカイレジャー	145
数寄屋（づくり）	145
スターアライアンス	145
スターウォッチング	146
スタジオツイン	146
スチュワーデス	146
スチュワード	146
ステーションホテル	146
ストップオーバー	146
素泊まり	146
スパリゾート	147
スローツーリズム	147
スローフード	147
生活環境観光	148
生活必需時間	148
税　関	148
青春18きっぷ	148
整備新幹線	149
政府観光局	150
政府登録ホテル・旅館	150
セーフティボックス	150
世界遺産（条約）	149
世界一周クルーズ	150
世界観光機関	150
接　遇	151
接遇サービス	151
セミナー	151
善意通訳運動（グッドウィル・ガイド）	151
全国旅行生活衛生同業組合連合会（全旅連）	152
全国旅行業協会　⇨社団法人全国旅行業協会	129
先進地視察	152
船　籍	152
先　達	152
全日本空輸（ANA）	153
全日本シティホテル連盟	153
餞　別	153
千枚田	153
全旅連　⇨全国旅館生活衛生同業組合連合会	152
送客手数料	154
総合保養地域	154
総合保養地域整備法（リゾート法）	154
総合旅行業務取扱管理者試験	154
総支配人	155
総トン数	155
ソーシャルツーリズム	155
卒業旅行	155
外　湯	155
ソファーベッド	155
ソムリエ	156
空の日	156
ソリューション営業	156

た 行

ターミナルホテル	157
第一種空港	157
第一種旅行業	157
大規模自転車道	157
体験（型）観光	157
滞在型観光	157
第三種空港	157
第三種旅行業	158
第三セクター	158
ダイナミックパッケージ（ツアー）	158
第二種空港	158
第二種旅行業	159
代　売	159
棚　田	159
旅	159
旅の日	159
旅の窓口	159
ダブル・トラック	160
ダブルブッキング	160
ダブル（ベッデット）ルーム	160
タラップ	160
タリフ	160

探検クルーズ	160	提携販売店	170	トランジット	181
団体運賃	160	帝国ホテル	171	トランスファー	181
団体包括旅行	161	ディスカバー・ジャパン	171	トリプル・トラック	181
団体料金	161			トレッキング	181
団体旅行	161	ディスパッチャー ⇨運航管理者	19		
地域開発	161	定点定期クルーズ	171	**な行**	
地域観光事業	162	ディナー	171		
地域計画	162	テーブルメイト	172	内航クルーズ	182
地域社会	162	**テーマパーク**	172	ナショナルトラスト	182
地域振興	163	鉄道事業	172	浪花講	182
地域制公園	163	鉄道唱歌	173	成田国際空港	182
地域伝統芸能等活用法	163	鉄道の日	173	**にぎわいづくり**	184
地域文化	163	手荷物	173	二国間協定	183
チェーンホテル	163	デレギュレーション（規制緩和）	173	日本アルプス	183
チェックアウト	163			日本温泉協会	183
チェックイン	164	田園風景	173	日本外航客船協会	183
地球（環境）サミット	164	田楽	174	日本観光協会 ⇨社団法人日本観光協会	129
チップ ⇨心付け	109	天守閣	174		
知的お土産	164	伝統工芸品	174	日本観光研究学会	184
チャーター便	164	伝統的建造物群	174	日本観光旅館連盟	185
着地型旅行	164	伝統的の工芸品 ⇨伝統工芸品	174	日本芸術文化振興会国立劇場	108
チャプター11	165				
茶屋町	165	天然記念物	175	日本航空	185
中心市街地活性化法（中心市街地の活性化に関する法律）	165	東海道五十三次	175	日本サイクリング協会	185
		東海道自然歩道	175	日本山岳ガイド協会	185
		『東海道中膝栗毛』	175	日本三景	186
中部国際空港	166	東京国際空港（羽田空港）	176	日本自然保護協会	186
超過手荷物料金	166			日本のナショナルトラスト	186
鳥獣保護区	166	東京ディズニーランド（TDL）	176		
朝鮮通信使	166			『日本百名山』	186
直行便	167	東京ディズニーリゾート（TDR）	177	『日本風景論』	187
ツアーオペレーター	167			日本船旅業協会	187
ツアーコンダクター（添乗員）	168	桃源郷	177	日本ホテル協会	187
		湯治	177	日本ユースホステル協会	187
ツインルーム	168	道中記	178		
通関士試験	168	道中双六	178	日本旅行	187
通年型観光	168	動物園	178	日本旅行業協会 ⇨社団法人日本旅行業協会	129
通年型リゾート	168	登録有形文化財	178		
ツーリストインフォメーションセンター	169	通し運賃	179	日本レクリエーション協会	188
		渡航手続代行	179		
ツーリズム	169	登山	179	**ニューツーリズム**	188
築地ホテル館	169	都市観光	179	入湯税	188
坪庭	169	都市公園	180	人間国宝 ⇨無形文化財	228
出会いの場づくり	169	都道府県立自然公園	180		
定員稼働率 ⇨稼働率	44	トラベラーズチェック	180	年中行事	189
定期観光バス	170	トラベルトレードショー	180	農村集落	189
定期客船	170			ノーショウ	189
テイクアウト	170	トラベルローン	180	ノーマル運賃（普通運賃）	189
デイクルーズ	170				

は行

項目	頁
パークアンドライド	190
バードウォッチング	190
拝　観	190
バイキング（料理）	190
ハイシーズン	191
ハウスエージェント ⇨インハウスエージェント	15
ハウステンボス	191
バウチャー	191
波及効果	191
泊食分離	191
博物館	192
博覧会	192
バス事業	192
バスの日	193
パスポート	193
旅　籠	194
『八十日間世界一周』	194
バックパッキング	195
八　景	195
パッケージツアー（募集型企画旅行）	194
ハブ・アンド・スポーク・システム	196
ハブ空港	195
パブリシティ	196
パブリックスペース	196
バリアフリー	196
万国博覧会	196
帆装クルーズ客船	197
販売手数料 ⇨コミッション	111
B&B	197
BTM	197
美観地区	197
ピクニック	198
ビザ（査証）	198
ビジター	198
ビジット・ジャパン・キャンペーン	198
ビジネスクラス	198
ビジネスホテル	199
美術館	199
美術工芸品	199
美　食 ⇨グルメ	86
ビップ	199
百観音めぐり	199
白夜ツアー論争	199
ビュフェ	200
標準旅行業約款	200
ファーストクラス	200
ファームイン（農家民宿）	201
ファサード	201
ファミリーレストラン	201
フィットネス	201
フィルムコミッション	201
風　景	202
風景条例	202
風　水	202
風致地区	202
フェリー	203
武家町	203
富士山	203
普通運賃 ⇨ノーマル運賃	189
ブッキング	203
不定期航空	203
風土記	205
フライ&クルーズ	205
ブランド商品（第一・第二）	204
ブリッジ	205
フルコース	205
ふるさと創生論	205
ふるさと富士	206
フルペンション	206
ふれあいやすらぎ温泉地	206
プレジャーボート	206
プロムナード	206
プロムナードデッキ	207
フロントデスク	207
文　化	207
文化遺産	207
文化イベント	207
文化観光	207
文化観光資源	208
文化経済学	208
文化財	208
文化財の国際的不正取引防止	208
文化財の指定	209
文化財保護法	209
文化事業	209
文化庁	209
文化的景観	210
ベイエリア	210
並行在来線 ⇨在来線	117
ペックス（PEX）運賃	210
別送手荷物	210
ヘルスセンター	211
ヘルスツーリズム	211
ベルボーイ	211
ペンション	211
ベンチャービジネス	211
防火管理（者）	212
包括旅行	212
包括旅行チャーター	212
防火優良認定証	213
報奨旅行	213
奉仕料 ⇨心付け	109
⇨サービス料	116
訪日旅行	213
ホエールウォッチング	214
ポーター	214
ボーディング・パス	214
ホームステイ	214
ホールセーラー	214
ホステス	214
ホスト	215
ホスピタリティ	216
ホスピタリティ価値	215
ホスピタリティ産業	215
ホスピタリティ人財	215
ホスピタリティ・プロセス	217
ホスピタリティ・マネジメント	217
ホテリエ	218
ホテル営業	218
ホテルオペレーター	218
ホテル経営	218
ホテル税	218
ホテルチェーン	219
ホテルの商品	219
ホテルブーム	219
本四架橋	220
本　陣	220
ボンド	220
ボンド保証制度	220

ま行

間（ま）	222
マーケティング	222
マーケティングミックス	222
マーケティングリサーチ	222
マイレージ	222
マスツーリズム	223
まちづくり	223
まちづくり観光	223
まちづくり条例	223
町並み保存 ⇨伝統的建造物群	174
町　家	224
まつり	224
マルチメディア（MM）端末	224
漫　遊　⇨物見遊山	232
ミールクーポン	225
「水」の記念日	225
道の駅	225
ミッドナイトビュフェ	225
港　町	226
ミニ西国	226
ミニ四国	226
ミネラルウォーター	226
みやげ	226
民間航空記念日　⇨空の日	156
民芸品	227
民　宿	227
民　族	227
民俗資料	227
民俗資料館	228
民俗文化財	228
民　話	228
無形文化財	228
村おこし	228
名　勝	229
名所旧跡	229
名所図会	229
メガキャリア	230
メガクルーズ客船	230
メッセ	230
メディア販売	230
免税店	230
モーターロッジ	231
モータリゼーション	231
モーニングコール	231
モール	231
持ち込み料	231
モチベーション	231
モテル	232
モニュメント	232
モノクラス船	232
物見遊山	232
門前町	232

や行

夜　景	233
屋敷林	233
約　款	233
宿　帳	234
遊園地	234
有形文化財	234
ユースホステル	234
遊覧船	235
ゆとり社会	235
ユニバーサル・スタジオ・ジャパン（USJ）	235
ユニバーサルデザイン	236
輸入禁制品	236
ヨーロピアンプラン	236
余　暇	237
余暇開発	238
余暇時間	236
余暇社会	237
余暇マーケット	238
予約確認証	239
予約コード	239

ら行

ライトアップ	240
ライフスタイル	240
ラウンジ	240
落書き	240
ラムサール条約	240
ランドオペレーター	241
ランドマーク	241
ランニングコスト	241
リコンファーム	242
リザベーション	242
リゾート	243
リゾート開発	242
リゾート事業	242
リゾートの三浴	243
リゾート法　⇨総合保養地域整備法	154
リゾートホテル	243
立食	243
立地条件	244
リテーラー	244
リネン	244
リバークルーズ	244
リピーター	244
リフレッシュ休暇	245
料理長	245
旅　館	245
旅館営業	246
旅館業法	246
旅　券	246
旅券法	246
旅行医学	247
旅行関連商品	247
旅行業	247
旅行業者	247
旅行業者代理業	248
旅行業法	248
旅行業法施行令	248
旅行業約款	249
旅行市場	249
旅行商品	249
旅行地理検定	250
旅行特別補償制度	250
『旅行用心集』	250
旅程管理	250
旅程管理主任者	251
旅程保証制度	251
リョテル	251
ルーミング（リスト）	251
ルームサービス	251
ルームチャージ	252
ルームメイド	252
ルーラルツーリズム	252
ルック	252
霊場めぐり	252
歴史的建造物	252
歴史的風土特別保存地区	253
レクリエーション	253
レジャー　⇨余暇	237
レジャー憲章	254

レジャー産業	253	ロケーション	255	ワークショップ	257
レストラン	254	ロッジ	256	脇本陣	257
レストラン船	254	露天風呂	256	和　室	257
レセプション	254	路面電車	256	ワシントン条約	258
レンタカー	254			和洋室	258
レンタサイクル	254	**わ行**		ワンダーフォーゲル	258
ロイヤルティ	255			ワンワールド	258
ロープウェー	255	ワーキングホリデー	257		

アーバンツーリズム (urban tourism)

アーバンツーリズムの定義は,「都市の中心市街地(まちなか)がもつ,生活文化を楽しむ身近な自由時間行動」とされている。アーバンツーリズムは,ヨーロッパやアメリカでは週末のレクリエーション,レジャーとして一般化している。小さなまちに行き,1泊か2泊して,食事をしたり,ぶらぶらまちを歩いたり,まちの歴史や文化,雰囲気などを楽しむことをいう。また日本でのアーバンツーリズムは,まちなかツーリズムといった視点で議論がなされている。すなわち,まちなかツーリズムは,まちの発展戦略の重要な1つの柱になり,人口増が望めないなか,まちを元気にさせるためには,地域外の人たちに来訪してもらうことが必要だと考える。今後そういうまちが,都市のまちづくりの原点,あるいはまちイメージの原点の1つになっていくのではないかと思われる。→都市観光

(多方一成)

アーバンリゾート (urban resort)

神戸市では,「アーバンリゾート都市」づくりを市政の重点政策に掲げている。この「アーバンリゾート都市」とは何か。アーバン(urban)とは,「都会の」とか「都市の」という意味であり,リゾート(resort)とは,「人のよく集まるところ」とか「保養地」という意味である。神戸市が目指している「アーバンリゾート」とは,この2つの言葉を合わせたもので,「都会の活力をもちながら,人間性にあふれ,心身ともにリフレッシュできる空間」を意味している。このように「アーバンリゾート都市」とは,"都市のにぎわい"と"都市のやすらぎ"が調和したまちのことで,市民が「人間性豊かに,いきいきとした生活を送ることができ,またその都市を訪れる人が何度も訪れて滞在したいと思えるような魅力あふれる都市」のことである。「アーバンリゾート都市」の例として,お台場(東京都)や幕張(千葉県),横浜などに代表される東京ベイエリア,神戸などに代表される大阪ベイエリアがあげられる。→リゾート

(中尾 清)

アーリーチェックイン (early check in)

客がリクエストし一般にホテルが規定する利用時間より早く利用をはじめること。通常ホテルの利用のはじまりをチェックイン,終わりをチェックアウトといい,それらの規定時間より早い利用という意味で,追加料金が必要となる。同様に規定時間より終わりが長くなることをレイトアウト(late out)という。こちらも追加料金が必要。料金は利用時間によって1泊分の室料に対して規定の割合をかけた金額となる。遅い時間のアウトの場合,1泊分の室料を請求されることもある。→チェックイン,チェックアウト

(井村日登美)

アール

リベート(rebate)の意味で,頭文字のRをとって業界では通称「アール」と呼んでいる。顧客を紹介する婚礼エージェントや旅行エージェントのような社外チャネルに,顧客との契約成立を条件として代金決済後に支払う仲介料などを意味し,販売促進を目的

とする一種の奨励金の性格を備える。これとは別にコミッション（commission）がある。ホテルでは一般的に旅行エージェントやホテルレップ（hotel representative の略称）などに支払う手数料で，金額は税・サービス料を除くルームレートに10％前後の利率を乗じて求める。率はホテルとそれらの業者との間の契約で決める場合が多い。→コミッション　　（井村日登美）

IIT 運賃（individual inclusive tour fare）

宿泊施設や地上交通機関，観光施設などと組み合わせて旅行業者が販売する際に使用できる航空運賃。従来のGIT（団体包括旅行）運賃の最低催行人数の規定が，個人旅行者の増大という市場動向の変化のなかで実情に合わなくなったことにより，1人より適用可能な国際運賃として導入された。→団体包括旅行　　　　　（山脇朱美）

i 案内所

国際観光振興会（現国際観光振興機構：JNTO）が訪日外国人旅行者の地方への関心の高まりに対応するため，全国観光案内所のうち，一定の条件を備えたものを「『i』案内所」として指定のうえ，情報提供や共通のロゴマーク（「？」マーク）により組織化した。2007（平成19）年3月現在で，全国99都市・155か所に「i」案内所が整備されている。なお，国際観光振興機構が東京に，「ツーリスト・インフォメーション・センター」を設置している。
（小久保恵三）

IT 運賃（inclusive tour fare）

IT 運賃には，GIT（団体包括旅行）運賃とIIT（個人包括旅行）運賃がある。いずれも航空輸送と地上手配を組み合わせた旅行商品（主催旅行）に対して，航空輸送部分に適用する特別割引運賃。地上手配にはホテル代などの宿泊費，食事費，地上交通費などが含まれる。日本では1965年にヨーロッパ方面へのGIT 運賃が初導入され，その後世界の各方面・主要都市向けに続々と導入された。1980年代後半ごろから日本人の海外旅行形態がしだいに個人旅行へ志向していくのに応じて，1994年にはIIT 運賃が導入されて，海外旅行におけるIT の主流はIIT へシフトしている。→IIT 運賃
（杉田由紀子）

アイデンティティ（identity）

国立国語研究所「外来語」委員会の提案によると，独自性あるいは自己認識という意味があてられている。したがって，「私は何者か」という問いに答えることはアイデンティティを明らかにすることであるといえる。すなわち，興味・関心のあること，得意なこと，経験や実績，能力や資格，または自身のルーツや性格などが明確であることが求められている。転じて，観光地としてのアイデンティティという使われ方もあり，擬人的にとらえられる場合がある。観光地として観光客にアピールできる能力，得意なこと，歴史など，個人の場合とその考え方は同様である。今後とも，観光客が観光地として訪れたいと思うだけではなく，何度でも繰り返し訪れたいと思わせるアイデンティティを確立することが重要である。→リピーター　　　（吉原敬典）

AIDMAの法則（AIDMA）

セールス担当者が消費者に製品を販売するプロセスについて，消費者の反応の推移から経験的に導きだされたモデルの一種。消費者が，製品に注目（attention）し，興味（interest）を抱き，その製品を購買したいという欲求（desire）を感じ，それを記憶（memory）し，製品を購買するという行為（action）にいたるという反応プロセスの頭文字からなる。　　（住木俊之）

IUCN 日本委員会

IUCN（International Union for Conservation of Nature and Natural Resources：国際自然保護連盟）は，1948（昭和23）年に設立された国，政府機関，NGO（非政府組織）からなる国際的な自然保護機関。IUCN日本委員会は，この国際機関に加盟する国内団体の連絡組織として1980（昭和55）年に設立された。現在の構成は，国家会員（外務省）・政府機関（環境省），および国立公園協会・日本野鳥の会など民間23団体の計25団体で構成され，日本自然保護協会に事務所を置く（2008年現在）。　　　　（北川宗忠）

アウトソーシング（out sourcing）

専門的なサービス機能を組織外部の組織あるいは個人に委託することである。これには，次の2つの側面がある。1つは，組織外部と連携することによって効率性を高めるねらいがある。2つ目は，新たな価値を創造する場合にホスピタリティの視点から組織外部の主体的な能力を活用するという側面がある。前者については，見積もり，受発注，請求，回収までの取引全体にわたる事務処理，拠点間情報処理などが該当する。また，電子商取引とそれに伴う電子決済などである。一方，後者については，新たな価値創造を目的にした情報や思考の交換活動プロセスが該当する。サービスの質と専門性が高いことが特徴である。その手段として，多くの企業が導入し実用化の過程にあるグループウェアや組織間のインタラクション（interaction）などが考えられる。→ホスピタリティ
（吉原敬典）

アウトドアレジャー（outdoor leisure）

戸外・野外において消費する余暇時間とそれに伴う一連の活動をいう。スキーや水泳，登山，トレッキング，キャンプなど自然体験・体感・参加型による余暇活動である。エコツーリズムやグリーンツーリズム，ワーキングホリデイなどと連動する部分も少なくないが，一方で，アウトドアブームやアウトドアグッズ，アウトドアウェアなどの普及やタウンカジュアル化，あるいはクルマのジャンルにおけるRV車やSUV車のブーム，またバーベキューをはじめとする野外型ホームパーティの機会の増大化などが各地の日帰りキャンプ場の整備・充実につながり，このレジャーの形態をより身近なものにしたといえるであろう。
（井口　貢）

アウトバウンドツーリズム（outbound tourism）

居住する国から外国への旅行客の流れをいい，旅行目的に関係なくすべての外国旅行（海外旅行）のことをさす。アウトバウンドツーリズムの出発国における増加要因は，所得や休暇の増加という基本要因のほか，航空運賃の低下や外国への旅行商品の値下げ，自国通貨の対外通貨に対する外貨交換比率の上昇（日本の場合，行き先国通貨に対する円高の進行）などが相互関連的に機能しての外国旅行費用の低廉化によるところも大きい。また，国の状況によっては国際的経済協力や援助のためや国民の余暇活動に関連する国民生活上のためにとられるアウトバウンド政策によっても左右される。わが国のアウトバウンドツーリズムは1994（平成6）年1500万人を超え，以後着実に増加しつづけている。→インバウンドツーリズム　　　　（末武直義）

アクアリゾート（aqua resort）

プールや各種レジャープール，クアハウス，海洋療法など水に関連した施設を種々配置した健康や保養，娯楽を目的とした施設。海辺に立地するケースが多く，沖縄ではマリンスポーツを

主体にした施設を備えるホテルや，伊勢志摩にはタラソテラピー（海洋療法）をメインにするホテルがある。

(井村日登美)

AXESS 実用検定

日本航空が独自に開発したコンピュータ予約システム（CRS）であるAXESSの操作実務能力を認定する試験。CRSを使っての航空機の予約や発券業務，ホテル予約，旅行情報の入手など，その操作技能は航空業界，旅行業界では必須のものである。1989（平成元）年から実施されており，受験者数は11万7000人，合格者数は7万人の実績がある（2008年2月現在）。試験の内容は国内全般（予約，運賃，発券，払戻，交換発行など）1・2・3級と国際予約1・2・3級（各1級は一定の合格基準により1級または準1級に認定）で（株）アクセス国際ネットワークが年3回実施している。→コンピュータ予約システム

(山脇朱美)

アグリツーリズム（agri-tourism）

農村に滞在して農業体験や農村景観などを楽しむ旅行。このようなタイプの観光はヨーロッパ，特にフランス，ドイツ，イギリスにはじまった。アメリカやオーストラリアなどそれ以外の国ではむしろルーラルツーリズムという言葉で総称され，その内容はさまざまである。フランスを例にとると，アグリツーリズムの上位概念はグリーンツーリズムである。どこが違うかというと，グリーンツーリズムは「人口2000人以下の農村における観光」全体をさし，そのうち「農家が行う観光事業」をアグリツーリズムとしている。すなわち農家以外の個人や法人が観光事業を行うこともあり，それはアグリツーリズムとはいわないが，グリーンツーリズムには含まれる。なお，フランスではグリーンツーリズムに対して海浜部での観光をブルーツーリズム，山岳部での観光をホワイトツーリズムと称している。わが国では1994（平成6）年に制定された「農山漁村滞在型余暇活動のための基盤整備の促進に関する法律（農村休暇法）」によって，アグリツーリズムの推進が図られている。→グリーンツーリズム

(小久保恵三)

上げ膳据え膳

自分は何もせずに食膳を出してもらったり，取り下げてもらったりすること。旅館の魅力の1つに食事の提供がある。提供の方法は2種類あり，1つは客室まで女中が食膳を運び，また取り下げる方法。一般的にこれを部屋出しという。2つ目は部屋以外の場所で提供する。料亭風の和室の個室やレストランで，1品ずつ料理を提供するフルサービスからビュフェスタイルのセルフサービスなどがある。もっともこの語句の意味に近いのは部屋出しの食事といえるかもしれない。→バイキング

(井村日登美)

アコモデーション（accommodation）

宿泊，宿泊施設・設備などに関して，多義的に用いられる用語である。ホテルなどの「宿泊施設全体」を意味する場合や，客室・寝台などの就寝に関連した設備を意味する場合など，多様に使用されている。特にホテルの宿泊予約の用語として，客室タイプと客室数をさす時に多く使用される。

(芝崎誠一)

朝　市

本来，市とは生業が異なる人々が，互いの収穫物や生産物を交換する場として成立したものとされるが，平安末期に定期市が成立すると，やがて民衆の交流や娯楽のための場という色彩を強くもつようになる。朝市とは早朝より展開される定期市にその起源を求め

ることができるであろうが，高山市（岐阜県）や輪島市（石川県）などで見られる"観光朝市"がイメージとして強く定着している。しかし一方で，観光客を顧客に想定しない住民のための本来の意味での朝市は，今でも全国に点在しており（たとえば，愛知県岡崎市の「二七市」は，西三河地方を代表する"生活朝市"である），オルタナティブな観光が求められている状況下，それらを常在観光の貴重な地域資源として認識しなければならない。

(井口　貢)

アジア太平洋観光交流センター
(Asia-Pacific Tourism Exchange Center : APTEC)

世界観光機関（UNWTO）アジア太平洋事務所（1995年設立：大阪府）の支援事業を展開する財団法人。関西国際空港の対岸，りんくうタウンに誘致，開設された同事務所の活動支援のほか，国際観光交流の増進，国際観光情報の集積・発信，観光学の振興，観光分野における調査研究支援などにより，関係自治体・関係団体・経済界などとアジア太平洋地域との太いパイプづくりを行っている。→世界観光機関

(北川宗忠)

アシスタントマネージャー (assistant manager)

ホテルのロビーにデスクを構え，顧客の送迎，利用客の要望および苦情への対応，館内外の案内，観光施設および交通機関の予約の手配などを担当する職種である。総支配人の不在時には代行としての役割を果たす場合もある。コンシェルジュ (concierge)，ゲストリレーションズ (guest relations) と類する業務を担う。→コンシェルジュ

(住木俊之)

足　湯

温泉地で足を湯に浸す「足湯」の施設が人気を呼んでいる。温泉を利用した足湯は，登山客の疲れを癒すためにつくられたもので奥飛驒温泉郷が起源といわれる。JR上諏訪駅には「足湯」がある。もともと「足湯」は入浴法の1つで，足の関節までお湯に15〜20分，足が赤くなるまで浸ることをいい，やや温めのお湯に膝下まで浸る入浴法を「脚湯（きゃくとう）」という。温泉地などで人気のある「足湯」は，「足つぼの湯」ともいわれ，湯船に腰かけて，のんびり・和気あいあいと「足湯」「脚湯」を利用して，疲労回復・ストレス解消を楽しんでいるところが多い。それぞれの効用は，「足湯」は疲労や風邪・喉の痛み，「脚湯」は便秘や下痢・食あたりによいとされる。→温泉湯治

(北川宗忠)

遊び心 (creative mind)

遊びの概念規定は，J.ホイジンガ (1872-1945) の『ホモ・ルーデンス』（中央公論社，1963年）およびR.カイヨワ (1913-78) の『遊びと人間』（講談社，1958年）を基本に置くことができる。これらの著書によれば，遊びとは，創造的・独創的・文化的な活動，時間・空間的に制限をもつ，ルールに従う，自発的である，遊びは遊び以外のものではない，結果は不確定である，非日常的である，と示されている。場面場面において，遊びを行おうとする気持ち（遊び心）がわくが，そのような気持ちは，緊張と緩和，日常性と非日常性，閉鎖性と開放性の相対的な関係から生じる。祭りに見られるように，日常的な褻（け）状態から非日常的な晴（はれ）へ移り変わると，一定のルールに基づき，時間的・空間的・精神的に解き放たれ，同時にエネルギーや創造性・独創性を育む環境が生じる。たとえば，遊び心は，古代ギリシア・ローマの日常的なブドウ栽培とその豊饒を願う非日常的なディオニュソス（バッカス）の祭りといったリズミカ

ルな相互作用によって，悲劇を誕生させ，上演する円形劇場をつくりだした。そして，現代においても，遊び心は文化・芸術・科学などのさまざまな範疇で息づき，インスピレーションやパワーを生じ，新たなコト・モノ・情報を創造しつづけている。→エンターテイメント，歌舞伎，田楽，ゆとり社会
(山本壽夫)

アトラクション（attraction）

テーマパークにおける魅力ある乗り物やショーなどの総称。「ライドタイプ」（東京ディズニーランドのスペースマウンテンなど），「シアタータイプ」（ユニバーサル・スタジオ・ジャパンのターミネーターなど），「クルーズタイプ」（東京ディズニーランドのカリブの海賊など）があり，テーマ性の高いものが多い。アトラクションの質がテーマパークの集客力を左右するといってよく，人気の高いものは，常に入場待ちの列ができる。一定の期間ごとにアトラクションの入れ替えや新規導入をすることで，テーマパークが進化し集客力を維持・向上させている。
(高橋一夫)

アネックス（annex）

宿泊施設において本館に対する離れ，別館，別棟のことをいう。客室数を増やすために後から増築された場合と，同時期に建築されても機能的に本館とは異なる機能，たとえばスイートルーム，ファミリールームなどの特別室や会議室，宴会場，屋内プールなどの付帯機能をもつ場合がある。また，フロントやレストランなどの中心的な機能をもつ本部棟の周囲に客室棟を配備したホテルや旅館もリゾート地には見られる。
(芝崎誠一)

アフィニティ（affinity）

アフィニティとは本来，姻戚関係や類似性を意味する言葉である。団体旅行のうち，同じ性格の構成員（類縁団体）を対象にした旅行をアフィニティと呼び，簡易保険や老人会，労働組合などの旅行がこれにあたる。また，チャーター航空契約のうちの一形態（affinity group charter＝旅行以外に主たる目的を有する各種団体がその会員のためにチャーターを行うこと）をさす場合もある。→チャーター便
(高橋一夫)

アペックス（APEX）運賃（advance purchase excursion fare）

旅客割引運賃の1つで，事前購入回遊運賃。予約，支払い，予約変更，払戻しなどに制限がつくが，出発の何日か前に事前に購入することにより，割り引かれる運賃。業務上予定変更の可能性のあるビジネス旅客には利用しにくいが，観光旅客などには低運賃が歓迎される。一方，航空会社にとっては新規需要の開拓や座席利用の効率化に有効である。特定区間においては空路のみならず，空路と海路あるいは陸路の組み合わせもある。国際線旅客運賃としてだけでなく，わが国の国内線においても，早期の購入旅客には低額な割引運賃を提供するという同様の概念に基づき，各社それぞれのネーミングを冠した事前購入割引運賃が導入されている。
(杉田由紀子)

アミューズメント産業（amusement industry）

狭義の解釈では，ゲームセンターでの各種ゲーム，カラオケに代表される音楽ソフト利用機器，パチンコ・パチスロなど，機械装置による娯楽を提供する産業をさしているケースが多い。これに家庭用ゲームなどを含めて，日常の行動範囲内で楽しむことができる娯楽産業のことをさす。一方，テーマパークや遊園地など娯楽が提供される産業全般をさすなど，広く使われる場合もある。→エンターテイメント産業
(高橋一夫)

アミューズメントパーク（amusement park）

アミューズメントとは「慰み」「楽しみ」「遊び」「娯楽」などの幅広い行動概念をもち、レジャーに類似する言葉である。一般に、アミューズメントパークとは、さまざまな遊びを提供する遊戯具やイベントなどを楽しみながら回遊する遊園地をさす。したがって、従来の遊園地の多くはアミューズメントパークとみなされる。また、ウォーターパーク、サファリパークなど遊びの分野が特定された遊園地もアミューズメントパークに含まれる。歴史的には、17世紀ヨーロッパに登場したプレジャーガーデンを原型とみなすことができるだろう。産業革命以後、イギリス・アメリカにメリーゴーランドやコースターが登場した。日本では、明治期に洋風公園が輸入され、和洋折衷の公園がつくられた。その後、公園内に遊戯具が設置されるようになり、現在の形態に近づいた。東京浅草の花屋敷が原型を彷彿させる。現在、テレビゲーム機器をアミューズメント機器、アミューズメント機器で構成されているゲームセンターをアミューズメントセンターと呼ぶ。このため、多数のアミューズメント機器を備えたり、アミューズメントセンターを併設した遊園地のことをアミューズメントパークと呼ぶケースが多くなっている。これも情報化社会を反映した現象である。→テーマパーク、東京ディズニーリゾート、東京ディズニーランド

(山本壽夫)

アメニティ（amenity）

"生活環境の快適性"を意味する言葉である。もともとは、19世紀半ばのイギリスにおいて、産業革命後の劣悪化した都市環境に対する反省から生まれた概念である。文化経済学の創始者の1人であるW.モリス（1834-96）らが提唱した"生活の芸術化"というライフコンセプトは、その延長線上にあるものといえよう。わが国では、OECD（経済協力開発機構）の報告書『日本の環境政策』（1977年）以降、急速に注目されるようになる。現在では狭義の観光問題の文脈にとどまらず、まちづくりや観光地づくりなど広義の地域環境とくらしやライフスタイルの問題を考えるうえでも、重要な概念となっている。→文化経済学

(井口 貢)

アメニティグッズ（amenity goods）

アメニティ（amenity）の原義は「生活の快適さ」であるが、宿泊施設の快適さは、施設・設備状況、内装、什器・備品の質、卓上の飾り花・音楽・冷暖房などの環境、および従業員が提供するサービスの質など、多くの要因から構成される。また、客室のバスルーム内に備えられている小物類は、アメニティグッズ、またはバスルームアメニティーズと呼ばれており、石鹸・シャンプー・バスジェル・ヘアーコンディショナー・シャワーキャップ・油取り紙・櫛・髭剃りなどであるが、高級ホテルになればなるほど点数・質が考慮されている。しかし、最近ではホテルによっては環境に配慮して宿泊客に要求された場合にだけ提供することも行われはじめた。→観光ホスピタリティ

(芝崎誠一)

アメリカン・エキスプレス（American Express）

世界最大級のクレジットカード業務、個人金融サービス業務、旅行関連業務を中心とするグローバル企業である。1850年ニューヨーク州バッファローに誕生し、初代社長H.ウェルズによって創業されたアメリカン・エキスプレスは、創業以降、駅馬車による人と荷物と郵便物の輸送を生業としていたが、1882年世界ではじめてマネーオーダー

（郵便為替）業務を開始，1891年世界初のトラベラーズチェックを発行，1915年ニューヨーク本社に旅行サービス部門を設置，17年横浜に日本初の事務所を開設した。銀行業務では，19年にアメリカン・エキスプレス銀行が誕生，59年に東京支店を開設し，2006年4月現在，世界45か国72オフィスのネットワークをもつ。クレジットカード業務では，58年にアメリカとカナダで発行を開始し，93年には日本でプラチナカードを発行，96年にはギフトクーポン発行を開始した。2007年には日本開業90周年を迎え，個人・法人カード会員に対する旅行関連サービスを，主に24時間稼動のコールセンターで実施している。→トラベラーズチェック
（甄江　隆）

アメリカンプラン（American plan）

アメリカ式のホテル宿泊料金として，室料，3食の食事代，サービス料を含んだ宿泊料金をいう。この時の食事はホテル側が指定する料理（定食）が基準になる。これは，かつてアメリカのリゾート地におけるホテル料金の設定にこの形式が多く見られたことから，この名称となった。これに対し，食事代を含まない室料（ルームチャージ）だけの宿泊料金を"ヨーロピアンプラン"と称するようになった。→ヨーロピアンプラン
（甄江　隆）

アメリカンブレックファスト
（American breakfast）

ホテルの朝食で，パン，飲み物（ミルク，コーヒー，紅茶，ジュースなど），卵料理（ボイルド，スクランブル，フライドなど），ハム，ベーコン，ソーセージ，サラダ類などを揃えたボリュームのあるメニューの食事をいう。これに対し，パン，コーンフレーク，飲み物だけの簡単な朝食を"コンチネンタルブレックファスト"という。→コンチネンタルブレックファスト，イングリッシュブレックファスト
（甄江　隆）

アラカルト（a la carte）

一品料理の総称をいう。選択性の一品料理であり，フルコースの定食である「タブルドート（table d'hote）」と対をなす。かつての日本のホテルでは，主な利用客が欧米などの外国人であったためダイニングルームで洋食の定食をサービスし，グリルルームで一品料理を提供していた。日本人をはじめ利用客の多国籍化と利用の多目的化につれホテルの食堂も多種多様化し，洋食・和食・中華など種々のレストランが出現し，それぞれのレストランで，定食も一品料理も提供するようになった。なお，アラカルトの語意は，「値段表にしたがって」を意味するフランス語が起源といわれている。
（芝崎誠一）

安・遠・短

1998（平成10）年ごろから，国民の宿泊旅行の分野で，従来からの「安（旅行商品の低廉化）・近（近距離への旅行）・短（短い日数の旅行）」の傾向に加えて，北海道，沖縄方面を中心とした「安・遠（遠距離への旅行）・短」の旅行が人気を集めはじめた。その背景としてバブル経済の崩壊とともに進行してきたデフレ経済が旅行，観光の分野にも影響しはじめたことが指摘できる。ちなみに全国主要旅行業者50社の国内ブランド商品単価は1993年度を100とした場合，13年後の2006年度には61.9にまで低下している。
（小久保恵三）

安・近・短

2度にわたる石油危機を経験するなかで国民の消費行動は変貌を遂げた。可処分所得が伸び悩む状況では，当然のことながら観光旅行に回される経費にはおのずと限界があるが，それでも人々は遠距離への旅行を近距離とし，

旅行日数を短縮しながらも出かけていった。これまで、いわば贅沢品と見られ、不況期には真っ先に切り捨てられる商品の1つと見られていた観光旅行が、実は国民生活になくてはならない必需品になりはじめたのである。いわゆる「安・近・短」の旅行志向が指摘されはじめたのは1977（昭和52）年の夏ごろからであるが、これは観光旅行が、高度経済成長期、特に1970年代以降、いかに生活に密着した存在となっていたかを、かえって証明することとなった。この安・近・短というフレーズはその後、1994（平成6）年夏から再び注目を集めはじめた。

(小久保恵三)

アンテナショップ (antenna shop)

地域観光事業の広報宣伝や地域物産の販売、および観光情報の収集を兼ねて大都市圏に出店、展開する店舗をいう。観光・旅行関連のアンテナショップの多くは、道府県や市町村の観光協会などの直営方式で、観光案内や直送された特産物品の販売を行っている。また、全国各地を紹介する「むらからまちから館」（全国商工会連合会）や「ふるさとプラザ東京」（都市農山村交流活性化機構）なども地域観光・物産のアンテナショップの役割を果たしているといえる。→道の駅　(北川宗忠)

アンノン族

女性誌『an an（アンアン）』が平凡出版（現マガジンハウス）から創刊されたのが1970（昭和45）年、その1年後に集英社からは『non no（ノンノ）』が創刊された。それまでの女性誌といえば、主婦層を対象にしたものが多かったが、10代後半から20代前半という比較的自由にお金（お小遣い）を使うことができる若い女性をターゲットにした両誌は、女性誌ブームのはしりとして爆発的にヒットした。それは、高度経済成長を経て豊かになった日本の1つの象徴でもあった。創刊間もないころ、国鉄（現JR）によってディスカバー・ジャパン・キャンペーンが展開され、いわゆる小京都ブームが引き起こされた。両誌は競うようにしてこうした小京都への旅を誘う特集を組み、雑誌を小脇に抱えるようにしてやってくる若い女性たちで古い町はあふれ返った。萩（山口県）を訪れた若い女性が、松下村塾を見て、松下電器の経営する私塾と曲解したという笑い話もまことしやかに流布したが、こうした若い女性たちに若干の揶揄の念も込めて社会が呈したのがこの語であった。→ディスカバー・ジャパン

(井口　貢)

IATA (International Air Transport Association)

国際航空運送協会。世界の国際航空輸送を営む民間航空会社で構成される同業者組合。1919年ハーグ条約により、現在のIATAの母体となるInternational Air Traffic Associationが設立された。1945年国際連合の専門機関である ICAO（国際民間航空機関）が設立され、業界団体として支援すべく同年現在のIATAが設立された。国際航空運送にかかわる商業的基準、グルーバルスタンダードの設定などを主な目的としている。本部はモントリオール（カナダ）とジュネーブ（スイス）に置かれている。IATAの主な

活動は，運賃調整，運賃精算，および運送にかかわる標準方式の設定などである。具体的事例としては，運送約款や航空券などの仕様に関する標準化，連帯航空輸送（複数社による運送）に関する協定，販売代理店との標準契約や銀行集中決済方式（Billing and Settlement Plan：BSP）の設定などである。わが国では日本航空が1954年に，全日本空輸は89年に，それぞれ国際線進出にあたり会員として加入した。→ICAO　　　　　　　　（杉田由紀子）

IATA運賃（IATA fare）

IATA（国際航空運送協会）の運賃調整会議で決定される運賃。事業者団体が価格を定めることは，一般的に独占禁止法違反にあたり禁止されているが，IATAは特例として，世界的にその適用が除外されている。IATAの運賃調整会議は世界を，①南北アメリカ地区，②ヨーロッパ・中近東・アフリカ，③アジア・オセアニアの3地域に分け，各地域内および地域間ごとに開催される。通常の運賃調整会議では，各国の経済情勢や需要動向，地域間の整合性などさまざまな事情をふまえ，翌年4月以降1年間の運賃水準，シーズナリティ（シーズンにより異なる航空旅行需要に対応して設けられた，運賃水準の差を示すタリフ用語），規則などを協議する。各運賃会議の採択を経て協定されたIATA運賃は，その後関係各国の認可を得て発効するが，市場に流通する運賃は必ずしもIATAで決定した運賃と同じというわけではない。たとえばIT運賃などについては，IATA運賃額を上限とした幅全体について，包括的に認可を受ける仕組みである。航空会社はこの幅の範囲内で，各社の戦略的な運賃額を設定する。IATA運賃は正式にはIATA協定運賃であり，国際航空運賃の共通ルールの大枠を定めたものととらえるべき性格のものである。各航空会社間での運賃清算にかかわる規則・制度などをはじめとして，IATA運賃が果たしてきた役割は決して小さくないが，航空規制緩和が世界的に進行し各航空会社間の競争が激しさを増す昨今では，IATA運賃には取り組むべき多くの課題がある。→IATA，IT運賃　　　　　　（杉田由紀子）

慰安旅行

慰安型の旅行は，1950年代半ばより60年代終わりごろまでの間，わが国の団体旅行の主流として重要な意味をもっていた。それは，人々の日常生活の疲れを癒し，苦労をねぎらい，気晴らしをすることが明日への活力となったからである。特に企業や組織で働く人々に対して，日ごろの労をねぎらう職場旅行は参加者の楽しみでもあった。それには温泉と宴会を組み合わせた型の旅行が多く，"旅の恥はかき捨て"的な行動も多く見られた。1990年代に入ると，ニーズや価値観の多様化により旅行形態も変わった。団体で行動する慰安型の旅行は1964（昭和39）年の（社）日本観光協会による第1回調査「観光の実態と志向」以来，減少傾向が続いている。　　　　　（蟹江　隆）

イエローカード（yellow card）

国際予防接種証明書のことであるが，各国とも黄色い用紙を使用していることから，通称「イエローカード」と呼ばれている。現在，予防接種を受けてイエローカードに証明を受ける必要がある検疫伝染病として，一般的にはコレラ，マラリア，黄熱病などがある。これらの伝染病にかかる恐れのある地域を訪問する渡航者は，WHO（World Health Organization：世界保健機関）が規定した基準に合う予防接種を受けて証明を受けなければならない。接種を受けると，イエローカードに接種を行った医師の氏名，月日，内容，製造

番号が記載され，医師の署名を受ける。それを検疫所（国際空港・港）に持参し認証印（桜マーク）を受けることにより有効となる。　　　　（蜑江　隆）

以遠権（beyond right）

　航空運送において，航空協定路線表付表に基づき相手国内地点から先の第三国地点までの運輸権をいう。自国の航空会社が，相手国の国内地点から第三国地点までの間にまたがって旅客および貨物の積み込み，積み降ろしをする権利。→航空協定　　（杉田由紀子）

ICAO（International Civil Aviation Organization）

　国際民間航空機関。国際民間航空条約（シカゴ条約）に基づいて，1947年に設立された国連の専門機関の1つ。国際民間航空の安全で秩序ある発展と，健全で経済的な運送業務の運営を図ることを目的としている。本部はモントリオール（カナダ）。航空保安施設，空港施設，航空規則，通信組織，記帳情報，税関出入国手続きなど，広範囲にわたって国際航空標準を採択してきた。航空技術の奨励，航空輸送の安全性確保，航空統計なども担務している。日本は戦後の平和条約に基づいて加入を申請し，国連総会およびICAO総会の承認を得て1953年に加盟国となった。→シカゴ条約　　（杉田由紀子）

いこいの村

　週休2日制の普及に伴って増大する勤労者の余暇対策として設置された野外活動施設。勤労者が余暇を利用して自然に親しみながら，健康の増進，人間性の回復，生活の充実感の増大などを図るための施設とし，あわせて雇用の促進，職業の安定に資することを目的とした。施設の種類は以下の通り。①ハイツ　Aタイプ：中小企業レクリエーションセンター（1965〔昭和40〕年～），Bタイプ：勤労総合福祉センター（1968〔昭和43〕年～），②いこいの村　Cタイプ：勤労者野外活動施設B型（1973〔昭和48〕年～）。2007（平成19）年現在，全国で48の施設が運営されている。内容は，研修施設，園地，テニスコート，プール，観光農園などで構成されているが，①のハイツは会議・研修と観光施設宿泊基地型で，②のいこいの村は園地を付帯したレクリエーション機能重視型という違いがある。建設・所有・経営は厚生労働省の外郭団体である雇用・能力開発機構（旧雇用促進事業団）で，運営は（財）日本勤労者福祉センターあるいは地方公共団体が行っている。いこいの村をはじめとした公的宿泊施設については財産管理の健全性確保のみならず，天下りに対する批判の発生など，その存在意義が問われ，行政改革の一環として，今後施設の新規開発は行わないことが決定している。

（小久保恵三）

異国情緒（exoticism）

　わが国では，中国やヨーロッパに対する憧憬が異国情緒のベースになっている。現在では，江戸時代に中国やオランダと通商の窓口であった長崎や，幕末に開港された横浜，神戸，函館などに，異国情緒の"残り香"を見ることができる。それらの港町には，世界各国から多くのエトランゼがやってきて，文化・芸術・風俗・技術や情報を伝えた。そしてこれらのよいところを吸収し，エキゾチックでファッショナブルな国際感覚に満ちあふれた国際都市づくりをした。現在にも異国情緒が引き継がれ，観光魅力となっている。

（中尾　清）

伊勢参宮

　伊勢神宮（三重県）の内宮（皇大神宮）・外宮（豊受大神宮）という2座の正宮に参詣することをいう。江戸時代，庶民の旅には制約があったが，社寺参拝，なかでも伊勢参宮は許され

「お伊勢さん」として親しまれた。伊勢から遠く離れた地方からの参拝は、長い日数と多額の費用負担などで容易なことではなかったが、伊勢御師の活躍や近世伊勢講の盛行、おかげ参りの流行などでにぎわった。「伊勢参り大神宮へも　ちょっと寄り」といわれたように、庶民の伊勢参宮への参拝は、その後の西国巡礼などの社寺詣でや、都見物・芝居見物などの観光的要素が大いに受け入れられたものである。また、1650（慶安3）年以降数回にわたるおかげ参りの大流行があった。これは「抜け」参りとも呼ばれ、奉公人や年少の少年・少女が奉公先・家族の許可を得ずに集団で伊勢へ詣でる突発的な伊勢参宮で、道中は大混乱を起こした。→巡礼さん、宗教観光

(北川宗忠)

いちげん（一見）さん

はじめてのお客を意味する。「一見さん、おことわり」という言葉があるが、これは紹介者なくしてははじめての客はとらないということであり、京都の高級な料亭や飲食店（とりわけ祇園や先斗町など）をイメージする人が多いかもしれない。これは排他性によるものというよりも、常連客を大切にして店を守っていこうとする意思の表明であり、あわせて紹介者のいない見ず知らずの客（主にとってもどう接していいかわからず、客にとっても店と常連客の雰囲気がわからない。すなわち、お互いの気まずい思いは避けたい）に対するネガティブなホスピタリティなのである。

(井口　貢)

一期一会

茶会における心得を表現した語で、一期は一生涯、一会は一度のお茶会をいい、これを貴重な出合いと心得て、主客ともに互いに心をこめてもてなすことをいう。安土桃山時代の茶人山上宗二（やまのうえのそうじ 1544-90）の『山上宗二記』や幕末の大老井伊直弼（いいなおすけ 1815-60）が著した『茶湯一会集』が出典。ホスピタリティを重視する観光業界では、一期一会をおもてなしの基本とするところが多い。わが国には「旅の恥はかきすて」という古いことわざがあるが、現代は旅行者として訪れる旅行先での出合い、ふれあいを人生の一期一会と心得て行動する観光交流時代である。→ホスピタリティ

(北川宗忠)

一時上陸客

船舶・航空機などが、到着した同一の港・空港から再び出発する間（72時間以内）を利用して上陸をする乗客をいう。たとえば、クルーズで寄航した船舶が港に停泊している間に、乗船客が一時的に上陸し、近郊にある観光地を訪問する場合が考えられる。類似のケースとしては、一国の港に着いた船舶が同一国の他の港に移動する間、乗客が上陸して観光をしながら他の港に行き、再び同じ船舶に乗って出発する場合は「通過観光客」と称し、滞在期間は15日以内が許可される。

(甑江　隆)

一夜湯治

温泉の利用形態の1つで、旅行中の一夜を温泉地（宿）で過ごすことをいう。わが国の温泉利用は古来から「養生湯」といわれる温泉湯治、病気治療の長期滞在型利用が主で、2廻り（14日）、3廻り（21日）が基本になっていたが、江戸時代後期ごろから街道を駆け抜けて行く旅の人々が旅の一夜を温泉宿で過ごすことも見られるようになった。これが一夜湯治のはじまりであるが、参勤交代の大名などの温泉地入浴は認められていなかった。現在の温泉地利用の観光は、気晴らし、慰安、保養が中心となり、宴会娯楽型一夜湯治の形態が多くなってきている。→温泉湯治、湯治

(北川宗忠)

一村一品運動

　全国の地域づくり運動の代名詞となった大分県の一村一品運動は，1979（昭和54）年にはじまった。この運動は，地域の不利な条件を嘆く前に，自分たちの住む地域をもう一度見直し，地域の誇りとなるものをつくりあげ，地域を活性化することを目的にしている。一村一品運動には，モデルとなる2つの町があった。湯布院町（現由布市）は，「湯布院映画祭」「ゆふいん音楽祭」「牛喰い絶叫大会」などの独自のイベントを通じて，農村の風情と自然を大切にする「保養温泉地」としてのイメージを全国に発信し，多くの人々に支持されるようになった。湯布院町の一村一品運動は「自然をいかした全国どこにもない観光地づくり」である。一方大山町（2005年日田市へ編入合併）は，米づくりの代わりに収益があがり，軽作業ですむ梅や栗の栽培を呼びかけた。梅や栗を加工し付加価値をつけることにより，高収益を目指すこの運動がNPC（New Plum and Chestnut）運動である。「梅・栗植えてハワイに行こう」というキャッチフレーズはあまりにも有名である。→村おこし　　　　　　　　（多方一成）

一般旅券

　公用以外の一般渡航者に対して発給される旅券。国の用務以外で渡航する者は，すべてこの旅券で渡航することとなる。発給を受けようとする者は，居住地の都道府県庁に出頭し，外務大臣に対して発給を申請する。成年者は，有効期間が5年間または10年間（選択制）の数次往復旅券が発行されるが，20歳未満の者は5年間有効のものに限定。2006（平成18）年3月20日から国籍や氏名，生年月日などの身分事項のほか，所持人の顔写真を電磁的に記録させているICチップ搭載のIC旅券が導入された。→パスポート，旅券
　　　　　　　　　　　　（山脇朱美）

異文化交流

　観光の本来の意味や意義を考えた時に，異文化交流は観光という行為の大きな目的の1つとなる。迎え入れる側の自らの文化に対する理解と矜持をもったその開示を前提に，来訪者が共感の念とともにそれに臨み，学び取ろうとする態度が持続的に進むことがこれにつながる。互いの文化に対する相互理解とそれを仲立ちとした文化的再生産こそが重要なのである。→国際観光交流　　　　　　　　　（井口　貢）

異文化コミュニケーション（intercultural communication）

　互いに異なる文化背景をもつ人々の間における言語，あるいは非言語でのさまざまなメッセージ交換によるコミュニケーションをさす。多くの人が家族，友人，職場の人々と経験するコミュニケーションは，いわば同文化コミュニケーションである。これに対して，国内外において自分と異なる文化の人と展開するコミュニケーションが，異文化コミュニケーションである。同文化では一般的で常識とされる事柄なども，異文化においては異なる場合がある。特に文化背景が異なる場面や人間同士が交錯する外国旅行は，異文化に出会いそれらを理解する絶好の機会であるが，時には誤解やトラブルから双方の意思がうまく通じ合わない場合も発生する。異文化コミュニケーションにおいては，単に言語の問題に限らず，内在する地域・民族などの違いから発生する文化のさまざまな差異を深く理解して対処する必要がある。
　　　　　　　　　　　（杉田由紀子）

イベント業務管理者

　（社）日本イベント産業振興協会（JACE）が認定する資格で，イベントの的確な企画から施行・実施にいたるまでを，総合的に管理できる人材の

イベント (event)

行政組織や企業，各種団体が企画・主催をして，自らのもつ目的達成のために，特定の人あるいは不特定多数の人を集め，時間と場を共有する話題性のある行催事のことである。

組織の構成員や消費者，生活者などの対象者に対し，個別にそして直接的に新しい経験や感動をもたらし新たな価値を創造して，主催者と共感し合えるようにメッセージを伝えるツーウェイコミュニケーションのメディアでもある。

(社)日本イベント産業振興協会(JACE)によれば，イベントをジャンル分けすると「博覧会」「見本市・展示会」「会議(コンベンション)」「文化・スポーツ」に大別され，さらに「文化・スポーツ」は「文化」「スポーツ」「メセナ」「エンターテイメント」「美術展」に分けられるとする。

これらのイベントが果たす社会的役割と機能としては，
①経済的波及効果(行政組織)，
②地域振興と活性化(行政組織)，
③地域住民の連帯意識の醸成(行政組織)，
④社会や市場とのコミュニケーションの深化(企業)，
⑤企業イメージの向上(企業)，
⑥組織の活性化および社員や関係者の意識向上(企業)，
⑦新たな知的刺激・体験が得られる場(一般市民)，
⑧海外や他の地域の文化や伝統，進んだ技術や情報を享受できる場(一般市民)，などがあげられる。

また，イベントの特性として，イベントプロデューサーの平野暁臣は以下の3点を指摘している。すなわち，
①輻輳性：イベント制作過程における部分の変化が全体へと波及する。このためイベントの目的を関係者が把握し，相互の関係についても十分に把握したうえで全体を1つの体系として認識することが必要となる。
②臨時性：ある限られた瞬間にだけ特別に現出するもの。だからこそ日常とは違うインパクトと効果が得られる。
③一回性：全く同じ条件で前例に沿ったものを行うということはないといっていい。この一回性こそが強烈なインパクトでイメージを残す，さまざまなトライアルや提案が許されるが一方でマネジメントの難しさをはじめとするハードルの高さにつながる。

一方，運輸省(現国土交通省)の「21世紀のコンベンション戦略」では旅行業はイベントコンベンション振興にとって重要な役割を担っていると指摘されており，旅行業にとってのイベント事業の意味は，既存の営業インフラが活用でき旅行業で養ったノウハウと経験が活用できる分野であるといわれている。たとえば，イベントへの送客以外に入場券の販売管理，会場外での交通アクセスの計画・運営をはじめ，企業の販売促進イベントにも積極的に取り組んでいる旅行会社もある。

(高橋一夫)

育成を図るために，1994年度より「イベント業務管理者資格試験」を実施している。23歳以上で3年以上のイベント業務に関する実務経験をもち，イベント業務管理についての専門的な知識と企画管理，安全管理に熟知した人材に対して与えられる。　　（高橋一夫）

違約料

一般的には，「債務者が債務不履行の場合に債権者に支払うことを約束した金銭」のことである。「旅行業法」では，第12条の4（取引条件の説明）および第12条の5（書面の交付）のなかに記載されている「旅行者が旅行業者等に支払うべき対価に関する事項」に違反した場合には違約料の支払いが生じる。たとえば，旅行者が契約書面（パンフレットなど）に記載する期日までに旅行代金を支払わない時は，旅行者の債務不履行となり，旅行業者は，旅行者が募集型企画旅行契約を解除したものとみなして，解除の場合の取り消し料の額に相当する「違約金」を請求することになる。なお，旅行業者が契約に違反して解除した時は損害賠償金の支払いが必要となる。→キャンセル　　　　　　　　　　（甄江　隆）

入り込み観光客数　⇨観光客入り込み数

イン（inn）

アルコール・ドリンクが提供される施設，また来訪者が泊まれるように宿泊設備が用意されている施設をいう。通常，1階がバーで，2階がベッドルームとなっている。現代では一般的には小規模で家庭的なサービスを提供する宿泊施設のことをインという場合が多いが，ホリデイイン（holiday inn）のような宿泊施設の名称や企業名に見られるように規模が大きくても名称は制限されていない。わが国においては，東急イン，東横インなどのように使われている。　　（芝崎誠一）

イングリッシュブレックファスト（English breakfast）

イギリスの料理が美味しくないという風評は過去の話であるが，イングリッシュブレックファストはアメリカンブレックファストと同様にボリュームもあり，さらに美味しいという評判である。メニューとしては，パン，飲み物（イングリッシュティー，コーヒー，ミルクなど），ベーコン，卵料理（ボイルド，フライド，スクランブルなど），ベイクドビーンズ，マッシュルーム，焼きトマトなどがあり，ホテルによってはキッパ魚の燻製なども用意されている。→アメリカンブレックファスト，コンチネンタルブレックファスト　　　（甄江　隆）

飲食業

飲食を扱う営業の総称である。ホテル・旅館をはじめ，レストラン・料理店・すし屋・そば屋・仕出し屋・弁当屋・喫茶店・カフェ・バー・キャバレーなどである。これらの営業は「食品衛生法」の規制の対象になっている。営業をはじめる場合は都道府県知事，または保健所のある市では保健所の許可が必要であり，違反者には刑罰が科される。→食品衛生法　　（芝崎誠一）

インセンティブツアー（incentive tour）　⇨報奨旅行

インハウスエージェント（inhouse agent）

企業グループ内または団体内の旅行需要吸収と組織内での利益確保および出向者向けのポスト確保を目的として，設立される旅行会社である。旅行会社は参入が容易なため，特に海外出張需要が多い大手企業は，経営の多角化も視野に入れて設立を進めてきた。しかしながら，株式公開企業は2000（平成12）年3月期決算から有価証券報告書を連結ベースで開示することとなり，インハウスエージェントが利益を出せ

ない場合や親会社が旅行業をコア事業と位置づけない場合は，大手旅行会社に事業を譲渡するケースも出てきた。この受け皿となっているのが，大手旅行会社が中心に参入してきたBTM（Business Travel Management：出張関連業務のアウトソーシング）事業である。→BTM　　　　　（高橋一夫）

インバウンドツーリズム（inbound tourism）

　外国から自国への外国人による旅行客の流れをいい，すべての旅行客を含んだ外国人旅行のことをさす。インバウンドツーリズムの量は相手国と自国間の所得差や物価差といった経済的要因，政策などによる社会的要因に左右される。国際観光政策による経済効果を見るのに外貨収入の増加や内需拡大のため外需への依存など受入れ国の経済に大きく寄与するため，一般的にはアウトバウンドツーリズムよりインバウンドツーリズムが重視される。わが国のインバウンドツーリズムの状況は2005（平成17）年には673万人で，アウトバウンドツーリズムの3分の1の状況にあり，また日本は世界で32位であるため，インバウンドツーリズムの増加のための施策が積極的にとられている。→アウトバウンドツーリズム

（末武直義）

インフラ整備

　観光地やリゾートの立地は単に観光施設や宿泊施設が整っているだけでは実現しない。道路，空港，港湾，電力，上下水，通信などの公共基盤施設が不可欠である。少なくとも基幹ネットワークが観光地やリゾートの周辺にまで整っている必要がある。このような公共基盤施設をインフラストラクチュアというが，近年では観光地らしいインフラ，景観に配慮したインフラのあり方なども研究されている。道路の線形設計においても景観的に優れたカーブ（クロソイド曲線）の構成などが採用されている。　　　（小久保恵三）

ウェットリース（wet lease）

　航空会社が他の航空会社から航空機および乗員を借り受け，自社便として運航する形態。借り手側の運航規程および整備規程を適用して運航が行われるため，安全管理責任は借り手側が負うことになっている。高額な航空機の購入は航空会社にとって負担が大きいため，各航空会社はウェットリースを活用してネットワークおよび便数の拡充を図っている。機体だけをリースする場合はドライリース（dry lease）と呼ぶ。　　　　　　　（山脇朱美）

Webトラベル

　インターネットやマルチメディア端末を利用したオンライン販売のこと。インターネットの普及に伴い，サイトの閲覧が旅行の動機あるいは旅行先の決定のきっかけとして重要な要素となっている。これは好きな時間に最新の情報が豊富に入手できることが評価されてのことであるが，そのままネットでの旅行申し込みにもつながってきている。宿泊や航空予約，テーマパークの入場券などの単品販売では，販売する商品がわかりやすいこともあり，ネットでの販売が急激に伸びている。一方で，海外主催旅行商品など，アドバイスを必要としている商品はクリック&モルタル（インターネットと現実

の店舗を組み合わせたネットビジネスの手法）の活用が求められている。営業店舗の立地を問われないこと、営業時間に制限なく24時間を有効に使えることなど、旅行会社などにとっては従来の顧客層以外へのアプローチが可能な手段として位置づけられている。→カウンターセールス　　　（高橋一夫）

ウェルカムイン（welcome inn）
　訪日外国人のみを対象にした手頃な料金の宿泊施設で、無料で予約できる。1995（平成7）年の宿泊料金は1人1泊8000円以下となっている。外国人旅行者を心から温かく歓迎し、家庭的な雰囲気や宿の周辺の人々との出会いを通して素顔の日本を理解してもらえるウェルカムインの宿は、わが国の国際交流の舞台となっている。1991（平成3）年発足、2006（平成18）年現在、参加している宿泊施設は全国で289軒となっている。→宿泊施設
　　　　　　　　　　　　（芝崎誠一）

ウェルカムカード（welcome card）
　国が策定した訪日観光交流倍増計画「ウェルカムプラン21」（1996年）により導入されたもので、わが国を訪れた外国人旅行者に対し、一定の地域内で交通機関や博物館・美術館などの観光施設、宿泊・飲食施設などを利用する際に割引を行うカードのこと。オランダのレジャーカードなどヨーロッパでは制度化されていたが、わが国では1995年に長浜市（滋賀県）周辺の89か所が加入して発行された「カルチャーカード」が最初である。その後、広域観光の国際観光テーマ地区（全国12地区）の設定の際、また各地域でも「ウェルカムカード」が発行されることになった。また、この形態の鉄道交通機関の制度にJR6社の「ジャパンレールパス」がある。→国際観光テーマ地区、ジャパンレールパス　　（北川宗忠）

ウェルカムプラン21（Welcome Plan 21）
　1980年代の後半になって、日本人海外旅行者数は、円高の進行や海外旅行倍増計画など国のアウトバウンド政策の推進により増加した。日本人海外旅行者数は1986（昭和61）年には500万人台に達し、90年には1100万人、97年には史上最高の1680万人となった。98年には長引く景気の低迷などを背景とし、1581万人と減少したが、99年には1600万人台に回復した。一方、訪日外国人観光客数は、円高などの影響から伸び悩み200〜300万人台で推移し、出国日本人数と訪日外国人観光客数の格差が拡大した。こうした状況のなか、観光政策審議会は、1995年に「今後の観光政策の基本的方向について」を答申し、それに基づき1996年には、「ウェルカムプラン21（訪日観光交流倍増計画）」を公表した。概ね、2005年を目途に訪日外国人観光客数を700万人に増やすことを目指して、訪日外国人観光客誘致の広報宣伝、運賃割引やウェルカムカードによる旅行費用の低廉化、情報提供による利便性の向上、その他インフラの整備、宿泊滞在施設の推進などが採られた。その結果、訪日外国人観光客数は、97年には初の400万人台に、2002年には500万人台に到達したが、目標にはほど遠かった。→ビジット・ジャパン・キャンペーン、外客誘致法　　　　　　　　（中尾　清）

ウォーキング（walking）
　21世紀に入って人々の健康への意識の向上とともに、ウォーキングに対する国民や社会の関心がますます高まっている。その運動は長寿社会における健康スポーツとしての認識とともに歩行文化としても1つのジャンルが形成されつつあるといえる。また、身近な街や野山を歩くことや公園・名所旧跡をめぐり歩くなど、日帰りの小さな旅

でもある。→サイクリング

(多方一成)

ウォーキングトレイル（walking trail）

都市や自然環境地域における散策用の小道で、大規模なものではトレッキングのルートに相当するものがある。国土交通省では1996年度よりウォーキングトレイル事業を開始した。これは道路、河川堤防、公園の園路、農道、自然歩道、私道、鉄道駅、並木、親水施設、案内標識、ベンチ、ポケットパーク、水飲み場、トイレ、案内所、救急施設などの付帯施設、機能を加えて展開するものである。一方、自然環境地域における代表例には尾瀬の木道がある。こちらは一般には自然保護のためのカーレスエリアに設置される歩行者専用道としての性格が濃い。多くの場合、舗装はせず最低限の幅員にとどめる。ニュージーランドのミルフォードトラックのように3、4泊の行程でガイド付きのウォーキングを体験する大規模なコースもある。このような自然環境地域のウォーキングトレイルをネイチャートレイルという場合もある。→自然歩道　(小久保恵三)

ウォークラリー（walk rally）

しばしば地域イベントの一環として行われることが多いものであるが、公道を使っていくつかのチェックポイントを通過することで成果を得ることができる。チェックポイントとしては地域資源やランドマーク、歴史遺産・名所旧跡などが活用されることが多く、競技を通して地域を学ぶ、あるいは来訪者に知ってもらうという効果も大きなねらいの1つとなる。したがって、成果としての景品は地域の特産品ということもよくあることである。→ウォーキング　(井口　貢)

ウォーターフロント（water front）

文字通りの意味合いは「水際」。海水浴場、マリーナ、河川公園など、水と人間の交わり（親水空間）が人を寄せつける魅力に昇華したもの。水のあるところすべてがウォーターフロントであるが、「都市の大規模再開発」とセットで使用されることが多い。横浜市（神奈川県）のみなとみらい地区、門司港（福岡県）レトロ地区、小樽運河（北海道）、神戸市（兵庫県）のハーバーランド、東京都のお台場、海外では、サンフランシスコのフィッシャーマンズワーフ、ボルチモアのインナーハーバー、ニューヨークのバッテリーパーク、シドニーのダーリングハーバーなどの事例がある。ウォーターフロントが注目されるのは多くの都市で港湾のあり方、港湾機能の再構築が大きな課題となっているからであり、それは都市の産業構造の変化によってもたらされたものであるともいえる。

(小久保恵三)

浮世絵

17世紀後半、菱川師宣（ひしかわもろのぶ）により大成された社会風俗画で、肉筆画と版画がある。なかでも錦絵と呼ばれる多色刷りの版画が発展して、多くの風俗画・風景画が登場した。安藤広重や葛飾北斎などが画いた風景画や名所旧跡の版画は、現代の絵はがきや写真の役割を果たしてきたといえる。以後、その応用は、各地の名所図会、絵地図、さらには道中双六などの作画を通じて旅・観光の教育的効果ももたらしてきた。→道中双六

(北川宗忠)

右舷・左舷（starboard-side・port-side）

客船の進行方向に向かって右側を右舷、左側を左舷と呼び、英語ではスターボードサイド、ポートサイドと呼ぶ。クルーズ客船では、両舷に救命艇が配置されており、旅客1人ひとりが緊急時に乗る救命艇が決まっているの

で，右舷側か左舷側かが重要となる。ポートサイドは港に着岸する舷という意味からきており，古い時代に舵が右舷側に取りつけられており，その反対舷を着岸する時に利用したことに由来する。現在の客船ではどちらの舷でも着岸するが，飛行機の場合には今でも必ずポートサイドの出入口を使うことが続いている。→クルーズ客船
(池田良穂)

歌　枕

奈良時代に編纂された『万葉集』以来，倭歌（和歌）が詠まれるようになって，その歌に詠まれる時に必要とされた枕詞や名所などを「歌枕」という。本来は歌詞の注釈や枕詞をあげて名所を説明した作歌のための書物をいったが，のちに名所や風景そのものをいうようになった。平安時代の歌人能因法師の歌学書『能因歌枕』や藤原範兼の『五代集歌枕』，鎌倉時代の順徳院の歌学書『八雲御抄』や澄月の名所歌集『歌枕名寄』，室町時代の飯尾宗祇編の『名所方角抄』などが名所や名所を詠んだ歌の選定をしている。選ばれた各地の名所旧跡は，のちに物見遊山の名勝地となった所が多い。→物見遊山
(北川宗忠)

内　湯

語義は内風呂と同義で自分の家のなかにつくった浴場をいうが，旅館などの宿泊施設がその施設内に設置した浴場をさす場合が多い。施設外にある共同浴場などの外湯と対比させて用いられ，原則として宿泊客など施設利用者のみが入浴できる。もともと共同浴場を主とした温泉地で，引湯や泉源掘削などによって旅館のなかに浴場がつくられるようになってから，外へ出かけて入浴する共同浴場と区別するために使われるようになった。最近は，露天風呂に対して建物内にある浴場の意で用いられることもある。→外湯，共同浴場，旅館，露天風呂
(白石太良)

運営委託

ホテルの所有者がホテルオペレーター（ホテルを管理運営する人または会社）に運営を委託することをいう。運営委託料を支払うことが必要であるが，実績と知名度のあるホテルオペレーターに運営を任せることにより，自ら行う場合のリスクを軽減できる。具体例として，阪神電鉄がアメリカのリッツ・カールトン社に運営を委託しているザ・リッツ・カールトン大阪があげられる。
(芝崎誠一)

運航管理者 (dispatcher)

航空における運航管理者とは，航空会社において航空機の出発に先立って安全かつ効率的に飛行できるフライトプラン（飛行実施計画書）を作成し，出発した後は目的地に到着するまで連絡を保ち，必要な情報を送って運航の監視などを行う者である。フライトプランの作成では，最新気象情報や航空情報（Notice to Airmen：NOTAM）などを収集し，使用する機体の状況，旅客や貨物の重量などを総合的に検討し，飛行コース，飛行高度，代替飛行場，搭載燃料の量などを決定する。飛行に先だって機長にフライトプランの概要の説明をしたり，協議などの打ち合わせ（ブリーフィング）を行う。運航管理者は，航空機の運航について幅広い知識と正確な判断力が要求されるため，運航管理者になるためには，航空会社での一定の運航管理にかかわる実務経験ののちに国家試験に合格し，さらに航空会社内での審査をも経なければならない。その他，航行中の航空機との交信を行うにあたり，航空無線通信士の資格が必要であり，英会話に支障のないことも要求される。ディスパッチャーとも称される。
(杉田由紀子)

エアオン（air ticket only）
　ホテルやガイドなどの現地手配を含んだ包括旅行と対比して使用される。普通航空運賃やペックス運賃と異なり、海外格安航空券と呼ばれているのは、IT（包括旅行）運賃あるいはIIT（個人包括旅行）運賃やGIT（団体包括旅行）運賃（原則廃止だが、太平洋線のみ例外あり）のバラ売りによるもので、航空運賃・ホテル・観光・食事などが包括されて用意されるべき旅行の航空運賃部分のみが切り売りされているのである。→格安航空券
（高橋一夫）

エアバス（airbus）
　1970年代に登場した中・短距離間の大量輸送を目的としてつくられた広胴型（ワイドボディ）旅客機で、フランス、ドイツ、イギリスおよびスペインによる欧州統合企業であるエアバス・インダストリー社が開発した機種名。エアバス社の本社はフランス・ツゥルーズに置かれている。エアバス・シリーズはA300からはじまり、現在では中・短距離区間のみならず、長距離路線用の機材も順次、開発されてきた。2007年、エアバス社の次世代旅客機であるA380（座席数525席）1号機が、シンガポール航空に引き渡された。元来は、航空機をバスのごとく気軽に利用できるよう、航空輸送の大衆化を図ろうとする構想により開発され、エアバスと名づけられた。1970年代以降、航空旅行の大衆化は進み、航空機に対して誰でも乗れるようになったエアバスと、比喩的表現に用いられる場合もある。
（杉田由紀子）

エアポートコード（airport code）
　航空輸送の業務においてスムーズで正確な情報交換やサービスが遂行できるように、世界の空港をアルファベット3文字の省略形でコード化したもの。コード管理はIGHC（IATA Ground Handling Council）において行われている。たとえば、ニューヨークは3つの空港を擁しているため、ケネディ空港はJFK、ラガーディア空港はLGA、ニューアーク空港はEWRとあらわして、それぞれの空港を識別する。日本の例では、東京の空港として成田空港（新東京国際空港）はNRT、羽田空港（東京国際空港）はHNDとされている。大阪では関西国際空港はKIX、伊丹国際空港はITMとしてコード化されている。→シティコード、空港コード
（杉田由紀子）

エアポートホテル（airport hotel）
　空港、ならびに空港周辺に立地する西洋式宿泊施設の総称。（住木俊之）

営業保証金制度
　旅行業者と取引を行う旅行者の保護を図るため、旅行業者があらかじめ供託所に一定の金額を営業保証金として供託する制度。旅行業の登録を受けても営業保証金を供託して、その旨を国土交通大臣に届け出なければ事業は開始できない。営業保証金の額は、旅行業者の登録別（第一種～第三種）や前事業年度における旅行業務に関する旅行者との取引額に応じて定められている。なお、旅行業者代理業者は営業保証金の供託は義務づけられていない。旅行者が旅行代金を支払い後、旅行業者が旅行を実施しなかった場合は、当該旅行業者が供託している保証金から、

一定の範囲内で弁済を受けることができる。→旅行業者，ボンド保証制度
(山脇朱美)

営造物公園

土地に関する権利（権原）に基づき，国と地方公共団体が整備・管理を行う公園であり，権原に関係なく地域を指定する国立公園などの地域制公園と区別される。なお，国の営造物公園としては，国民公園（皇居外苑，新宿御苑，京都御苑および北の丸公園）と国営公園（飛鳥歴史公園，淀川河川公園などの都市公園）があり，地方公共団体の営造物公園には都市公園の大部分と，規模などにより「都市公園法」の対象にはならないその他の公園がある。→公園
(和田章仁)

エイチ・アイ・エス (H. I. S. Co. Ltd.)

1980（昭和55）年に，（株）インターナショナルツアーズとして設立された会社。1990（平成2）年に社名を（株）エイチ・アイ・エスに変更。格安航空券市場に参入し，急成長を遂げた新興の旅行会社の代表格である。現在は格安航空券だけではなく，国内旅行やホテル事業，バス事業にも進出し，2004（平成16）年には東証一部に株式上場した。海外拠点は世界62都市（2007年6月現在）に広がり，取扱額で業界第5位（2006年度）の会社である。→旅行業者
(山脇朱美)

『易　経』

'tourism' の訳語として用いられる「観光」の語源の出典とされる古代中国周の時代の易学（占い）の書。『周易』ともいわれ，「観光」は同書の風観にある「観」の卦「観国之光，利用賓于王（国の光を観るはもって王の賓たるに利あり）」に由来する。その解釈には，「一国のすぐれた風光や文物を観る」という「視察」「見て回る」という意と，「国の光を他国にしめす」という意味を合わせもつ。こののち，孔子の『十翼』（『周易』の解説書）の「象伝」には，「観国之光尚武」（来賓に国の光を示すのは，その来賓を尊びもてなすことである）とある。→観光
(北川宗忠)

エキスカーション (excursion)

エクスカーションともいい，大きな会議や大会の開催に付随して開催される現地視察会，あるいは体験型の見学旅行をいう。旅行社が開催するパッケージツアーにおけるオプショナルツアーの形態と見ることもできる。受入れ側では，会議や大会を誘致する地域の観光協会やコンベンション協会，また国際会議観光都市では観光コンベンションビューローなどが中心となって，出席者に対する歓迎レセプションの開催などとともに多様なエキスカーションのプログラムを準備して，地域に開催効果をもたらすよう努力をしている。→国際会議，コンベンション
(北川宗忠)

エキストラベッド (extra bed)

客室定員以上の人数を宿泊させるために用いられる簡易寝台の総称である。わが国のホテルで多く使用されているものは，折りたたみ式の運搬可能なローラウェイベッド（roll away bed）と，昼はソファとして利用されて夜間必要な時にベッドになるスタジオベッド（studio bed）である。また，コンバーチブルソファと称されて，ソファの下部にベッドが納められているタイプもある。
(芝崎誠一)

駅　弁

鉄道の駅構内で乗降客を対象に販売される弁当。当初は竹の皮で包んだ握り飯形式，のちに花見などの行楽や野点の際に持ち運ぶ茶箱に由来した食事一式を折箱詰めにした形式が登場し，鉄道旅行の楽しみの1つになった。「駅弁」は大阪〜神戸間（1874年）が

エコツーリズム（eco tourism）

　エコツーリズムは，エコロジー（ecology）とツーリズム（tourism）の合成語として広く使われるようになった言葉である。

　エコツーリズムとは，日本エコツーリズム協会の定義によると，第1に自然・歴史・文化など地域固有の資源をいかした観光を成立させること。第2に観光によってそれらの資源が損なわれることがないよう，適切な管理に基づく保護・保全を図ること。第3に地域資源の健全な存続による地域経済への波及効果が実現することをねらいとする，資源の保護＋観光業の成立＋地域振興の融合を目指す観光である。エコツーリズムは，それらにより，旅行者に魅力的な地域資源とのふれあいの機会が永続的に提供され，地域の暮らしが安定し，資源が守られていくことを目的とする。

　エコツーリズムの基本的な考え方としては，自然環境への負荷を極力抑え，自然と共生する観光，地域の文化や歴史についても観光体験を通じて学ぼうとするものである。従来の観光では，大衆化，大量化した観光による地域の自然や文化財の破壊，周辺環境と著しく調和しない施設といった景観上の問題などが指摘されていた。エコツーリズムは，そうしたことの反省として広まった観光形態である。　　　　　　　（多方一成）

開通し「往きしもどりの休場所」（俗謡）となった神戸駅に，1877（明治10）年「七月　立売弁当販売開始」（神戸駅譜）が最初である。本格的な現代風の幕の内弁当は，1888（明治21）年当時の山陽鉄道姫路駅に二段式経木箱に鯛・蒲鉾入りという駅弁が登場した。鉄道の高速化時代に伴い，車両の閉鎖窓や停車時間の短縮で需要は著しく変わったが，百貨店の「駅弁大会」は人気を呼んでいる。百貨店への駅弁出展は，1953（昭和28）年，大阪高島屋が最初といわれる。駅弁業界では「弁」の文字が「4」と「10」の組み合わせという由来をつけて，1993（平成5）年より4月10日を「駅弁の日」とした。　　　　　　　（北川宗忠）

エコエアポート

　2000年9月の運輸政策審議会環境小委員会において，「循環型の空港整備・管理に関するガイドライン等の検討」および「空港関連事業者の主体的な取り組みのための定期的協議会開催」が報告され，エコエアポート構想がスタートした。国土交通省において2003年8月に「エコエアポート・ガイドライン（空港環境編）」（2006年3月改訂），2005年7月に「エコエアポート・ガイドライン（周辺環境編）」を制定した。エコエアポートとは，空港の運用段階で達成すべき，大気汚染や騒音・振動，省エネルギーやリサイクルなどの環境目標，目標年度，実施計画などを規定した「空港環境計画」を策定し，これに沿った活動を行う空港を示す。具体的には，このエコエアポート・ガイドラインに従い，空港（空港本体）および空港周辺地域において環境の保全および良好な環境の創造を行う。空港ごとに「エコエアポート協議会」を設置し，空港管理者・空港内事業者・地方公共団体と連携し実施にあたる。なお，成田国際空港は1998年5月に「エコ・エアポート基本構想」を発表したが，その内容は，地球的視野に立った循環型の空港づくり

および空港周辺地域の農業の再生への協力である。基本理念はエコエアポートに類似する。成田国際空港では、「エコ・エアポート」と呼んでいる。→空港、成田国際空港、国土交通省
(山本壽夫)

エコツアー（eco tour）
　日本自然保護協会（NACS-J）による「エコツーリズム・ガイドライン」では「エコツーリズム」と「エコツアー」を明確に区分している。エコツーリズムは自然観察を主とする旅行が繰り返し行われることにより、地域の自然と文化の保護、地域経済に貢献する社会的仕組みがつくられることである。これに対して、エコツアーとは自然観察を主とする旅行そのものをさす。→エコツーリズム　(小久保恵三)

エコツーリズム推進法
　エコツーリズムについての認識や、保護意識の高まりが深まってきたことを背景に、2007（平成19）年6月成立、翌年4月に施行の法律。具体的な推進方策として、①政府による基本方針の策定、②地域の関係者による推進協議会の設置、③地域のエコツーリズムの推進方策の策定、④地域の自然観光資源の保全を基本にして、自然環境の保全、観光振興、地域振興、観光教育の推進を図っていく。　　(北川宗忠)

エコノミークラス運賃（economy class fare）
　国際旅客運賃は大別して普通運賃と特別運賃（各種割引運賃）の2つに分けられる。普通運賃のなかでエコノミークラス用の運賃が、エコノミークラス運賃である。普通運賃とは旅行開始日より1年間有効で、ファーストクラス、中間（ビジネス）クラス、およびエコノミークラスなどに搭乗できる運賃である。途中降機、乗り換えに制限のあるY2運賃を除き、予約・経路変更などの適用上の制限はない。普通運賃はすべての運賃の基本となるもので、さまざまな割引率も普通運賃に対する割合で示される。日本では当初、海外旅行は奢侈品とみなされ国際線運賃はファーストクラス運賃のみであったが、1954年にはじめてツーリストクラス運賃（現在のエコノミークラス運賃にあたる）が導入された。→航空旅客運賃　　　　　　　　(杉田由紀子)

エコパスポート（eco passport）
　エコパスポートには3タイプある。第1のタイプは特典型で、割引券やイベント参加券がつくもので、1997年7月から2003年3月まで行われた岐阜県と飛騨高山地方の「飛騨高山エコパスポート」が先駆的である。第2のタイプは交通負荷軽減型で、特定エリアへの車の流入を抑制するため公共交通機関の料金を割り引くチケットであり、鎌倉市の取り組みが有名である。第3のタイプはスタンプラリー型で、環境保全活動の記録帳的なもので、ポイントをためると記念品がもらえる。このようにエコパスポートを活用した観光振興が行われる地域が増えつつある。
(多方一成)

エコビジネス（eco business）
　エコビジネスとは、環境への負荷が少ない製品・サービスや、環境保全技術・システムなどを提供するビジネス全般のことをいう。公害防止装置や廃棄物処理・リサイクルプラント、測定分析機器など環境負荷を低減する装置・機器にかかわる産業や、低公害車などそれ自体環境負荷の少ない製品の製造・販売、廃棄物処理業など環境保全関連サービス、水処理施設のようなインフラストラクチャー整備など、さまざまな業種・業態がある。
(多方一成)

エコマーク（ecology mark）
　地球環境に優しい商品につけられるマーク。地球環境保全に向けて世界中

でエコ事業に取り組む動きが盛んなな
か，日本では（財）日本環境協会が認
定している。1989年からスタートした
事業で，環境保全に役立つと思われる
商品につけることによって消費者に選
択しやすくするのが目的。対象商品は，
製造や使用，廃棄などによる環境への
負荷が他の同様の商品と比較して相対
的に少ないこと，またその商品を利用
することにより，他の原因から生ずる
環境への負荷を低減することができる
など環境保全に寄与する効果が大きい
ことなど，いずれかに該当することが
条件。ホテルや旅館においても環境に
優しい商品を使用したり，生ゴミの肥
料化などゴミの排出量の減量化に向け
ての取り組みがはじまっている。21世
紀は環境の世紀といわれるように，環
境問題は避けて通れない重要な項目で
ある。

エコマーク

（井村日登美）

エコミュージアム（eco museum）

エコミュージアムは，エコロジー
（ecology）とミュージアム（museum）
の造語で，フランスで誕生した概念で
ある。地域の人々が培ってきた生活環
境の実態や成り立ちを総合的に学び，
地域の人々の生活の向上や豊かな環境
を守り育てていくことを目的としてい
る。時間と空間を超えた普遍的な価値
ある資料を専門家が収集，保管，展示
することに重点を置いた従来の博物館
の概念と大きく異なる。地域に散在す
る資源をいかし，地域をまるごと博物
館としてとらえる。日本では，エコ
ミュージアムの考え方を用いて「田園
空間博物館」として各地で整備されつ
つある。
（多方一成）

エコロジーキャンプ（ecology camp）

エコロジーキャンプは，「人間と自
然とのかかわりのあり方をエコロジカ
ルな視点から探る」キャンプのことで，
（財）キープ協会によると，次の8つ
のカテゴリーのキャンプを総称してエ
コロジーキャンプと呼んでいる。①人
間と自然とのかかわりを考える。②サ
イエンス（自然科学）を楽しむ。③子
供たちの感性と自立性を育てる。④作
業を通して自然と向き合う。⑤生き物
視点で森を見る。⑥環境教育の指導者
を育てる。⑦家族で気軽に自然体験。
⑧少しぜいたくに自然体験。これら8
つであり，それぞれのカテゴリー別に
キャンプメニューが用意されている。
→エコツアー
（多方一成）

SL（steam locomotive）

蒸気機関車のことをいうが，蒸気機
関車が先導する列車（SL列車）の編
成をいう場合もある。通年運転をする
大井川鉄道（静岡県）のほか，JRの
山口線・北陸線・磐越西線などで季節
運転が実施され，多くの観光客・鉄道
ファンの人気を集めている。→鉄道唱
歌，鉄道の日
（北川宗忠）

エスニックツーリズム（ethnic tourism）

観光目的地において，主として土着
の人々の暮らしぶりや習俗などに関心
が向けられた観光活動を称する。あま
りにも世俗化してしまった場所は，旅
行者にとって異国情緒や魅惑という点
に欠け，一般的には先住民族や少数民
族などが主たる対象とされる。村や家
への訪問，固有の行事や民俗芸能の鑑
賞，工芸品の買い物などもエスニック

ツーリズムの範疇である。→エコツーリズム　　　　　　　　（杉田由紀子）
NPO〈nonprofit organization〉
　非営利組織の総称。政府機関や行政機関ではないため民間非営利団体とも呼ばれる。広義には，財団法人・学校法人・宗教法人・社会福祉法人・社団法人などの非営利団体も含まれる。狭義にはボランティア団体・コミュニティ団体の一部・地域づくり団体などをさす。現在，1998年に施行された「特定非営利活動促進法」に基づき法人格を取得した団体に対して使われている（NPO 法人）。NPO の特徴は，公益性，非営利性，非政府性，組織性，自発性などをあげることができる。また，NPO の種類は政策系と事業系に大別される。地方分権が進むなか，地域で活動する NPO の役割が大きくなっている。特に，地方自治体と協働してすすめるまちづくり事業での活躍が著しい。しかし一方で，多くの NPO が十分な予算を確保できずに，苦しい組織運営を強いられている。また，専門性の高度化が必要である。→中心市街地活性化法，道の駅，ベンチャービジネス　　　（山本壽夫）
FIT〈foreign independent tour〉
　海外旅行を個人で行うこと。わが国でも海外旅行経験者の増加とともに，この形態による海外旅行が増えつつある。昨今は FIT 専門の旅行業者の出現や，既存の旅行社においては FIT コーナーを設置するなど，増加しつつある FIT 旅行者への対応が見られる。一般的には，FIT 旅行者は航空券の購入だけ，あるいは航空，ホテルおよびその他必要な手配だけをして単独で（独立して）旅行する場合が多い。FIT に対して，FET〈foreign escorted tour〉がある。この FET という言葉はエスコート（添乗員など）のついた海外旅行などをあらわす。
　　　　　　　　　　　（杉田由紀子）
FFP〈frequent flyers program〉
　「上顧客優遇制度」のことで，搭乗（飛行距離）の積算実績に応じて無料航空券や座席のアップグレードなどのサービスが受けられるもので，上顧客（常顧客）囲い込みの手段として開発された。1981年にアメリカン航空が"AAdvantage Program"を導入，その後次々に大手航空会社が同様の FFP を開発・導入した。日系航空会社では日本航空の「JAL マイレージバンク」，全日本空輸の「ANA マイレージクラブ」がある。現在は搭乗実績のみならず，レンタカーの利用，ホテルの宿泊，カードでの買物によってもマイルが蓄積できるなど，サービスが拡大している。→マイレージ
　　　　　　　　　　　（山脇朱美）
エリアマーケティング〈area marketing〉
　全国一律の大きな括りで市場を見るのではなく，ターゲットとする商圏（エリア）の特性に応じて市場の開拓を目指そうとする一連のマーケティング活動のことをいう。商品のコンセプトや経営資源の配分の問題から考えて，不特定多数の顧客を同質としても差し支えないところまでブレークダウン（分類）することが市場細分化戦略上求められているが，セグメント（細分化）の切り口を地域単位に置くことが必要な場合に，エリアマーケティングが必要となる。郊外型のショッピングセンターを例にすると，その商圏は消費者が車を使用して来店する所要時間や距離によって決まるため，地域の消費者の生活様式を反映した魅力づくりや周辺人口に応じた売り場面積・駐車場規模などが必要となる。一方，旅行商品は，旅行の出発地（ゲート）として使用する空港や駅の違いによって決まるため，そのゲートを利用する商圏

宴会 (banquet)

飲食を伴う集会の総称として用いられる。日本のホテルの特徴の1つとして，高級ホテルでは宿泊部門の売上額よりも宴会部門の売上額のほうが多い。宴会部門は通常，結婚式披露宴と一般宴会に大きく分けられる。一般宴会は多様で，歓送迎会・記念会・周年パーティ・結婚式以外の各種披露宴・展示会・クリスマスディナーショー・テーブルマナー講習会・謝恩会などであり，ホテル側が企画する商品も増加傾向にある。飲食のサービス形式も多様化しており，正餐・立食・着席ビュフェから，飲み物と軽い料理を中心としたカクテルパーティまで幅が広い。また，一般宴会はその時々の経済状態に左右される傾向があり，バブル経済が崩壊した以後は，利用する会社の経費節減により数量が激減し，さらに各ホテルの競争により単価が下落したこともあり，宴会の営業は苦戦を強いられている。→ビュフェ　　　　　（芝崎誠一）

遠足

学校などの特別教育活動で，目的をもって遠くへ出かける日帰り行動をいう。自然探勝や施設見学，レクリエーションを伴うものなど観光旅行的要素がある。わが国に近代的な学校制度が誕生して（1872年），「遠足」ははじまった。1875（明治8）年，栃木県の小学校で40名が揃って初詣でに出かけたのが最初といわれる。1886（明治19）年，東京師範学校の銚子（千葉県）への10日間にわたる旅行は「長途遠足」と呼ばれ，今日の修学旅行の原型となった。各地で行われるウォーキングや歩こう会などの行事は，現代の大人の遠足といえる。→修学旅行
（北川宗忠）

エンターテイメント (entertainment)

エンターテイメントとは，アミューズメント（楽しみ・遊び）を提供することで，人々をもてなす文化的活動である。また，催し物や余興といった意味にも使われる。さらに，一定の時間内で人の情動に訴えかけるプレゼンテーション行為をエンターテイメントと定義できよう。このため，エンターテイメントの良し悪しは，提供するアミューズメントやプレゼンテーション行為の質・量・オリジナリティに左右される。エンターテイメントの種類は千差万別だが，一般的に音楽，ミュージカル，映画，演劇，能，歌舞伎，落語，漫才，詩の朗読などの公演や上映，また，スポーツやレースなどの開催をさす。アメリカのネバダ州ラスベガス市のエンターテイメントは有名。現在，従来の客観的報道とは別に，テレビのニュース番組にエンターテイメントが導入され，物語性やキャスターの喜怒哀楽を重視する報道が多くなった。このため，報道番組のシナリオや見せ方，そしてキャスターの個性が尊重されている。このように，豊饒な社会ではさまざまな分野でエンターテイメントが要求されている。→遊び心，歌舞伎，田楽，アミューズメントパーク
（山本壽夫）

エンターテイメント産業 (entertainment industry)

エンターティナーによってうみだされた音楽，演劇，イベント，映画，テレビ・ラジオなどによる娯楽の提供をする業界全般をいう。また，これらのソフトをコンテンツに利用している，ビデオ・DVDの制作・販売・レンタルにかかわる業界全般も包含して使用することもある。→アミューズメント産業　　　　　（高橋一夫）

エンターテイメントホテル〔entertainment hotel〕

エンターテイメントとは，歓待・娯楽・余興などを意味する英語で，イギリスで発達したイン（inn）のなかには宿泊客を余興でもてなしたものがあったといわれている。現代ではアメリカのラスベガスに存在する巨大ホテル群が有名である。なお，ディズニーランドに代表されるテーマパークホテルはこの一分野である。　　（芝崎誠一）

縁　日

ある神仏や聖人が生まれ，または亡くなった日，あるいは奇跡をおこした日を特別の日として祭典・供養を行う日である。また，この日に参詣すると大きな御利益が得られるとされることから，多くの人々が参詣する。それらの参詣人を目当てに露店が出てにぎわうことをいう。この例として，毎月5日の水天宮，8日の薬師，25日の天満宮などがある。京都では，25日の北野天満宮の縁日は「天神さん」，21日の東寺の縁日は「弘法さん」と呼ばれ親しまれており，境内所狭しと骨董品，古本，陶器，植木から，金魚すくいやたこ焼きまで多種多様な露店が並ぶ。
→まつり　　　　　　　　　（和田章仁）

お

近江八景

1500（明応9）年に選定された，琵琶湖の八景をいう。「近江八景」はその後各地で選定された名所八景のモデルとなった。近江（滋賀県）の守護大名佐々木六角高頼に招かれて琵琶湖上に遊んだ前太政大臣近衛政家，尚道父子が，中国洞庭湖の「瀟湘八景（しょうしょうはっけい）」の故事にならって琵琶湖の風景を，秋月・夕照・晴嵐・夜雨・暮雪・落雁・帰帆・晩鐘の八題詠詩にしたといわれている。選者には異説もあるが，江戸時代になり近江八景の地は，わが国を代表する観光地となり，安藤広重など浮世絵画家の題材にもなり，その作品はのちの名所絵はがきの流行に大きな影響を与えた。絵はがきの多くが8枚組であるのは，名所八景画の組み合わせによるところが大きい。→八景，名所旧跡
　　　　　　　　　　　　（北川宗忠）

往来手形　⇨パスポート

オウンユースチャーター〔own-use charter〕

IATA（International Air Transport Association：国際航空運送協会）によって認められたチャーター制度の1つ。個人または団体が自分自身の利用のために費用の全額を負担して借り上げるチャーター制度で，ITC（Inclusive Tour Charter：包括旅行チャーター）などに比べて利用資格を厳しく制限している。契約は個人または法人が航空会社と直接行う。一方で，旅行会社は契約の仲介として役割を果たすことができ，チャーター料金の支払いも可能であるが，契約書面には，用機者＝オーガナイザーが用機者として契約し，押印を行う。オウンユースチャーターは，アフィニティグループチャーターに対し，比較的スムーズに許可されるが，国土交通省は用機者に対して次の項目を問い合わせる場合がある。

①チャーター料は実際に用機者が全額払ったかどうか。

②実際に払った額はいくらか。それに対応するだけの資本金，あるいは年商額はあるか。
③参加者から参加費を徴収したり，パンフレットにより集客などをしているかどうか。

また，主な利用例としては，
①事業者が行う得意先・仕入先招待旅行。
②販売主が主催する小売店への報奨（インセンティブ）旅行。
③販売元の特約セールスマンに対する報奨旅行。
④社員研修，社員への報奨旅行，などがあげられる。

また，2003（平成15）年の国土交通省航空局長通達によって，オウンユースチャーター，アフィニティグループチャーターについて，単一用機者要件（単一の用機者が航空機の全座席を借り切ること）が外され，複数の用機者によるチャーターが認められた。→チャーター便　　　　　（高橋一夫）

OECD観光委員会

OECD（Organization for Economic Cooperation and Development：経済協力開発機構）の委員会の1つで，観光委員会（Tourism Committee）は，国際的な観光振興を図るための国際協力を目的にして1961年に設立された。OECDが市場主義を原則とする先進国の集まりであるので，観光委員会では，加盟国の観光政策の進展に関する情報交換および各国ごとの観光政策レビューなどを実施している。参加国は，すべてのOECD加盟国30か国（2007年）。→世界観光機関　　（北川宗忠）

オーガナイザー（organizer）

団体旅行営業では職場旅行・招待旅行・簡保旅行といった各種の団体旅行の取り扱いを目指すが，オーガナイザーはそうした団体旅行の組織化をする機関や人をさし，旅行会社の渉外営業担当者はオーガナイザーに対して営業を行う（オーガナイザーセールス）。オーガナイザーは旅行を組織するにあたり，何らかの目的をもっている。すなわち，職場旅行であれば社員の福利厚生・社員間の親睦であり，招待旅行であれば営業目標の達成や販売促進が目的となる。営業担当者にとっては，手段化された旅行がいかにオーガナイザーの目的に合うように企画できるかどうかが重要になる。オーガナイザーセールスにはオーガナイザー自らが参加者を集めるケースもあるが，オーガナイザーを販売チャネルとして旅行会社が参加者を募集するケースもある。後者の場合はオーガナイザーから旅行の手配を請負うのではなく，募集型企画旅行のチャネル販売と見たほうが理解しやすい。大手労働組合が組合員向けに旅行を紹介するようなケースがこれにあたる。　　　　（高橋一夫）

オーバーブッキング（overbooking）

ホテルの客室や航空機の座席などの予約において，収容能力以上の予約を受け付けること。キャンセルやノーショウなどを見越して，意図的に行われる場合もある。→ノーショウ，予約確認証　　　　　　　（住木俊之）

オープンスカイ（open sky）

通常，当該国の二国間航空協定によって定められる路線，便数などを航空企業が自由に設定できるのが「オープンスカイ協定」である。アメリカは従来より日本に対して，この協定の締結を主張しているが，わが国は「オープンスカイ協定は航空輸送強国による独占・寡占を助長するなど公正な競争条件を阻害する内容を有している」という論拠のもとに，これを受け入れていない。国際観光振興との関係でいえば，かつてバリ島への入国に際して，インドネシア政府は国営のガルーダ航空以外はジャカルタ経由の入り込みの

みを認め，ガルーダ航空の権益擁護の姿勢をとった。シンガポール航空や日本航空などは時間的なハンディキャップを負うことになった。当時，国際輸送力の増強を願うバリの観光業者はオープンスカイポリシーの採用を訴えた。このように航空業界の保護育成と観光振興の間では必ずしも利害が一致しない課題も存在する。→二国間協定
(小久保恵三)

オープンチケット（open ticket）

日付，便名の記載のない未予約の航空券。有効期間は発行の翌日から1年間（国内航空券は発行の翌日から90日間）。航空便の予約が取れていなくても発券ができる航空券で，出発後，帰路便の予約が自由にできるチケット。ただしルート変更はできない。→予約確認証
(山脇朱美)

オールスイートホテル（all suite hotel）

全室が居間と寝室を有する続き部屋，すなわち，スイート（suite）である西洋式宿泊施設の総称。大型宴会場や高級レストランなどの本格的な料飲施設をもたない場合が多い。→スイートルーム
(住木俊之)

おかげ参り ⇨伊勢参宮

女 将

旅館や料亭などの女性の責任者で，運営面全般に役割を担うことが多い。ホテルの総支配人や支配人にあたる。家業経営の多い旅館では女将は家族や親族で代々受け継ぐ場合が多く，一般の従業員が女将になるケースは少ない。また優れた女将は運営面のみならず経営面でも手腕を発揮し，事業を拡大していく場合もある。旅館の顔として女将が前面に出て評価されるのは，接客応対の際に女性のほうが印象がよく，女中を取り仕切るのが女将だからである。江戸中期の旅籠屋時代にも接客の善し悪しが客への印象を決める重要な要素となっており，熟達した接客能力を備える女将の場合，宿の奉公人の扱い方が上手であり，亭主よりも宿屋の経営に向いているということもあった。女将は朝の見送り，夕方の出迎え，そして宴会場や客室の客への挨拶などをはじめ，接客全般に気を配らなければならない。よい宿は女将で成り立っているといい，よい女将の条件は，①女将としてきちんとした哲学をもっている，②落ち着いて控えめで，気配り，目配り，心配りのある人，③「あ，うん」の呼吸，「以心伝心」を心得ている人，④あまり蘊蓄を語らない人，であるという（土井久太郎『よくわかるホテル業界』日本実業出版社，2007年より）。最近は求められる接客サービスが変化し，女将をおかない旅館も増えつつある。しかしながらまだまだ女将の存在は大きく，旅行新聞社主催で年1回「女将サミット」を開催し，全国レベルで活動を展開している。→ホスピタリティ，人的サービス，接遇サービス
(井村日登美)

奥座敷

もともとの意味は，日本の家屋において，玄関あるいは表から最も遠ざかった奥まった所にある座敷のことであるが，その落ち着いた佇まいから，ある都市・地域を中心として，そこから離れた保養・行楽地をさす。日本各地には奥座敷と呼ばれる場所が多く存在しているが，自称・他称により，ある都市に対する奥座敷は定まってはいない。また，奥座敷の大部分が温泉地であり，これらの代表的箇所をしいてあげれば，札幌の定山渓，福島の飯坂温泉，富山の宇奈月温泉および神戸の有馬温泉などである。
(和田章仁)

お座敷列車 ⇨ジョイフルトレイン

御 師

古くは御祈禱師・御祝詞師の意で，のちには祈禱を行う比較的身分の低い

神職や社僧をいうようになった。古くから熊野三山の御師，富士山御坊の御師，伊勢神宮の御師（伊勢では「おんし」という）が登場する。御師は，諸国に派遣された先達に案内されてくる参拝者のために宿泊所である宿坊を経営し，社寺参拝の案内を兼ねており，信仰の普及に貢献した。江戸中期（1724年ごろ），伊勢神宮外宮の御師は615軒存在した。この御師の存在形態は，わが国の宿泊施設経営の淵源といえる。→先達　　　　　　　（北川宗忠）

オフィシャルホテル（official hotel）

スポーツイベントや各種イベントをはじめテーマパークなどの主催者や企業と契約し，それらのネームバリューを直接宣伝に用いることを公認されたホテル。主催者や企業は契約料が入り，ホテルはチケットの優先予約やキャラクターをホテルのアメニティのデザインに利用できたりと種々の特典が付与されることで集客増を図ることができる。好例は関東の東京ディズニーリゾートや関西のユニバーサル・スタジオ・ジャパンである。オフィシャルホテルはそれらのテーマパークのイメージを館内の内装やグッズなどに利用し，他ホテルと差別化している。

（井村日登美）

オフシーズン（off-season）

観光地などにおいて，あまり多くの人々が訪れない季節。あるいは，それぞれのスポーツなどが盛んに行われない時期。この季節，あるいはこの時期においては，価格を下げたり，特別なイベントを開催したりするなどして，利用の促進を図るという戦略がとられることもある。→オンシーズン

（住久俊之）

オプショナルツアー（optional tour）

募集型企画旅行をはじめとした旅行参加者に，本体のツアー行程中のあらかじめ行動計画のない空いた時間を利用して，別途費用で参加を募り，催行する小旅行のこと。旅行会社は，画一的なツアーの内容よりも，自由時間を重視したり，海外における言葉の問題などで現地のガイドの案内を必要とするなど，消費者それぞれの好みに合わせて旅行日程の選択（オプション）をできるようにすることで，消費者の価値観の多様化に応えている。→パッケージツアー　　　　（高橋一夫）

お遍路さん

四国遍路の旅をする人をいう。西国観音巡礼などをする人を「巡礼さん」と呼ぶのに対応する。これらの旅をする人は，白衣に手甲・脚絆をまとい，網み笠をかぶり，荷物は衣類・財布・薬・針・糸・雨合羽などを振り分けにし，道中記（旅行ガイド）や『旅行用心集』（1810年刊）などとともにメモ帳や矢立（筆記用具）などを常備した。近世の旅立ちは，往来手形（通行手形）が必要であったが，容易に手に入る伊勢参宮の機会を利用してこれらの旅に出ることが多かった。旅立ちは氏神参拝ののち，村境まで村人総出のサカ送りで見送られ，帰郷の際はサカ迎えを受けた。わが国の近世の旅における送迎の一般的な形式であった。→巡礼さん，四国遍路　　　（北川宗忠）

おまつり法

地域に受け継がれ，その地域の歴史・文化などを色濃く反映した伝統的な芸能や風俗習慣を活用して，観光の多様化による国民や外国人観光客への観光魅力の増進，地域の特性に即した商工業の活性化を図り，観光や特定地域商工業の振興を図ろうとする法律。「地域伝統芸能等活用法」という。その目指すところは国内観光交流では，地域における神楽・踊り・太鼓などの伝統芸能や祭礼・市などの風俗習慣を積極的に活用して，地域の魅力づけを図り，地域の観光や商工業の振興に活

用，国際観光交流においては外国人がこれらの日本の歴史や文化，伝統を理解するため通訳案内業法の特例ガイド制度を設けた。またこの法に基づいたイベントを支援するために，「地域伝統芸能活用センター」が設立され(1992年)，地域伝統芸能全国フェスティバルや地域伝統芸能による豊かなまちづくり大会などの事業活動が展開されている。→まつり　　(北川宗忠)

オリエンテーリング（orienteering）

複数の人が地図とコンパスをもって何箇所かに隠されているポイントを探し当て，定められたコースを走破してゴールに到着するスポーツ競技のことである。短時間に正確にゴールしたチーム，あるいは個人が勝利することから，従来の健康づくりという目的に加えて，切迫感のなかで体験的にチームワークについて学ぶことができる研修プログラムとして普及した。オリエンテーリングという言葉については，ドイツ語の「方向を定めて走る」という意味からきている。→レクリエーション　　(吉原敬典)

オルタナティブツーリズム
（alternative tourism）

1960年代後半にいたると，マスツーリズムとそれに伴う負の効果が地域社会にとって克服すべき大きな観光課題となる。そこでさまざまな議論が展開されるなか1980年代後半に登場してきた概念の1つである。「もう1つの観光」とあえて訳出されることもあるが，マスツーリズムと対峙する視点をもちながら，その矛盾を解消し持続可能な地域社会に寄与する観光行動を実現するための理想と目標をあらわすものでもある。したがって，この概念の具体的な形態としてグリーンツーリズムやエコツーリズムなどを位置づけることができる。→マスツーリズム，グリーンツーリズム，エコツーリズム

　　(井口　貢)

オンシーズン（on-season）

観光地などにおいて，多くの人々が訪れる季節。あるいは，それぞれのスポーツなどが盛んに行われる時期。この季節，あるいはこの時期においては，比較的高い価格を設定するなどして，収益の最大化と混雑の緩和を図るという戦略がとられることもある。→オフシーズン　　(住木俊之)

温泉地

「温泉法」の定義によると，温泉とは，地中から湧き出す温水，鉱水および水蒸気その他のガスのうち，湧出時または採取時の温度が25℃以上あるもの，もしくは定められた物質のうち，いずれか1つを含むもののことをいう。そして，温泉地はそのような温泉が存在する場所をいう。洋の東西を問わず，温泉は貴重なものとされたから，未利用の温泉地は少ない。したがって，温泉地は温泉観光地と同義となり，また，リゾートへと発展したりしている。ヨーロッパでは古代ギリシアの時代に遡る。紀元前5世紀にイパティなど数か所に温泉地の浴場が設けられたと記録にはしるされている。日本の場合も，昔から豊富な温泉資源に恵まれた国である。2007年度温泉利用状況調査（環境省）によると，利用源泉数は1万9000を超え，自噴・動力噴合計の湧出量は毎分277万ℓにも及ぶ。歴史を見ると，日本書紀にはスサノヲノミコトがヤマタノオロチを退治した際に出雲に降り，そこで稲田姫を見初めた。2人の子供はその名を「清之湯山主三名狭漏彦八島野命（すがのゆやまぬしみなさひろひこやしまのみこと）」というが，「清の湯山」とは現在の島根県大東町の海潮温泉のことである。4軒の旅館が静かに建っているが，これが日本の温泉の開祖といってもよい。ちなみにJTBが行った「好きな温泉地

温 泉 (hot spring, spa)

語義は地熱のために熱せられて地中から湧き出る湯で、理学的にはその場所の年平均気温よりも高い水温の自然湧水をいう。一般に日本では25℃、ドイツでは20℃、アメリカでは21.1℃以上を温泉、それ以下を冷泉と呼ぶが、特に学問の根拠はない。日本の「温泉法」では、温水・鉱水・水蒸気その他のガス（天然ガスを除く）で、25℃以上のもの、または硫酸イオン・塩素イオン・ラドンなどの溶解物質のうちどれか1つを規定量以上含むものとしている。そのため、冷泉であっても温泉ということがあり、また冷泉を鉱水と呼んで区別する場合もある。温泉は、水素イオン濃度（pH）により酸性泉・中性泉・アルカリ泉に区別されるほか、環境省では温泉水中の化学的成分の組み合わせによって単純温泉（単純泉）・二酸化炭素泉（炭酸泉）・炭酸水素塩・ナトリウム塩化物泉（食塩泉）・硫酸塩泉・鉄泉・硫黄泉・酸性泉・放射能泉（ラジウム泉）の9つに分けている。また、自噴泉や沸騰泉、間欠泉などといった湧出様式による分類もある。

温泉水の大部分は地下水がマグマの熱や地殻運動による摩擦熱などで加熱されたものなので、温泉の多くは火山帯や地震帯に重なって分布する。温泉は世界各地に見られ、ドイツやチェコ、ハンガリーなどでは医療や保養に利用されているところが多い。なかでも日本は温泉大国ともいわれ、全国の源泉数は2万8154か所、温泉地は3157か所に及び、その湧出量は毎分約277万ℓに達している（2007年現在）。

温泉の存在は古くから各地で知られていたが、古代には貴族の保養、戦国時代には傷病者の治療など上流階級の利用が多く、近世になって休養を兼ねた温泉湯治として広く庶民が利用するようになった。温泉が観光地の代名詞のようになるのは明治時代以降で、温泉の存在は国内観光旅行で最も望まれる条件の1つとなっている。また、観光開発を行う場合も温泉を中心におくことが多い。温泉の利用には、入浴や飲用のほかに温泉熱を利用した野菜などの促成栽培、噴出する蒸気による発電などもある。なお、温泉という語は、温泉を利用した設備や旅館、あるいは温泉浴場のある土地の略称としても用いる。→温泉法、温泉地、温泉湯治、温泉浴、温泉の効果

（白石太良）

の調査」（全国サンプル5.3万）でのベスト5は、草津（群馬県）、登別（北海道）、湯布院（大分県）、城崎（兵庫県）、白骨（長野県）である。

（小久保恵三）

温泉の効果

温泉が人の心や身体にもたらす良い結果のことで、大別して4つ考えられる。①物理作用がもたらす効果。温熱による新陳代謝の促進のほか、温水の水圧・浮力・摩擦抵抗による肉体の活力増進などがある。一般的な入浴効果と同じだが、温泉はより保温に優れている。②化学作用による効果。薬理的効果といってもよく、温泉の効果の中心となっている。温泉水に含まれる有効成分が入浴・飲用・吸入によって体内に浸透し、病気の回復や健康の保持に役立つ。③転地による効果。温泉地が自然環境に恵まれた場所に多いこと

温泉湯治

　温泉を利用して療養することをいうが，病気や怪我の治療だけではなく，心身の疲れをとる休養，健康な身体をつくる保養を兼ねて温泉地で滞在することをさしている。温泉水のもつ治療効果に加えて転地による心理的効果もあり，平安時代に天皇や貴族が温泉で滞在するなど，早くから温泉の利用方法の1つであった。戦国時代になると，「信玄のかくし湯」のように戦場での負傷を療養するために湯治が行われ，温泉浴の治療としての意味を強めた。庶民の温泉湯治が盛んになるのは近世以降で，農村における農閑期を利用した温泉湯治が盛んに行われるようになった。また，伊勢参りなどの寺社詣でにかこつけて各地の温泉地で滞在したり，箱根の七湯回りのように一夜湯治と称して7か所の温泉に泊って名所旧跡を訪ねる観光旅行化したものもあらわれた。農閑期の温泉湯治は，明治以降も温泉の多い東北地方をはじめとして広く全国各地で見られた。
　日本の伝統的な温泉湯治では，「七日一回り」を単位に3回り21日間を湯治に必要な期間とする場合が多い。「七日一回り」は入浴回数を初日と7日目は1回，2日目と6日目は2回，3日目と5日目は3回，4日目は4回とし，7日間のサイクルで治療を行うとする考え方である。長期に及ぶ滞在の間，湯治客は湯屋と呼ぶ温泉宿に泊まって自炊をして暮らし，共同浴場で入浴した。湯治仲間の交流は娯楽の少ない時代の楽しみの1つであった。
　今では伝統的な湯治場は少なくなったが，簡便化されながらも一部には温泉湯治の形式が残っている。また，医学と結合した温泉病院，新しく誕生してきたクアハウス，温泉顧問医のいる国民保養温泉地などは，現代的な温泉湯治を志向するものといえよう。なお，ヨーロッパの温泉の場合，その利用のほとんどが病気の治療やレクリエーションを兼ねた保養目的なので，温泉地へ出かけること自体が温泉湯治といってよい。
→温泉，温泉の効果，温泉浴，湯治，温泉療法，共同浴場，クアハウス，温泉地　　　　　　　　　（白石太良）

から，そこでの滞在によってストレスの多い日常生活を離れるという心理的作用が働く。④心身を安定状態に保つ効果。①～③の3つの効果の総合によりもたらされ，バランスを失った自律神経系や内分泌系の機能を正常化させる。→温泉，温泉湯治，温泉浴，温泉療法，湯治　　　　　（白石太良）

温泉の三養

　温泉湯治は，現代社会における滞在型観光の淵源といえるが，その温泉養生の利用形態には「休養」「保養」「療養」があり，これを「温泉の三養」という。→リゾートの三浴　（北川宗忠）

温泉法 (Hot Spring Act)

　温泉を保護し，適正な利用を図るとともに，公共の福祉に寄与するための法律。1948（昭和23）年に制定され，温泉掘削がブームとなった平成年代になって何度かの改定があった。温泉の掘削をしたり，公共の浴用または飲用に利用するには都道府県知事の許可が必要なこと，温泉の成分や入浴上の注意事項を掲示すること，公共的利用のための配慮を行うことなどが定められ，違反者には罰則がある。この法律では，第2条で温泉の定義を「地中からゆう出する温水，鉱水及び水蒸気その他の

おんせん

ガス（炭化水素を主成分とする天然ガスを除く。）で、別表に掲げる温度又は物質を有するもの」とし、別表のなかで、泉源の温度が25℃以上または硫酸イオン・金属イオンなどの溶解物質のうち１つを規定量以上含むことと定めている。→温泉　　　　　（白石太良）

温泉ホテル

温泉地にあるホテル。あるいは温泉をもつホテル。従来、温泉地には旅館が主流であったが、日本人の生活が洋風化しつつあるなかで、旅館のホテル化が進行している。洋室のベッドルームを増やし、レストランを付帯して洋風料理を提供する。というように、ホテルの施設や機能、サービス面でホテルの利点を取り込んだもの。それでいて大浴場や露天風呂など温泉部分の施設はごく日本的な風情にまとめている。温泉入浴という日本の伝統的な習慣を守りながら、洋風化する日本人のライフスタイルの変化をうまく調和させた宿泊施設である。若い人の温泉利用を視野に入れるとともに、高齢化社会が進み、布団よりベッドを好む客が増え、その誕生に拍車をかけている。ただし、和室中心の旅館であっても"ホテル"と称している施設も多い。→温泉旅館
（井村日登美）

温泉浴

温泉水や温泉の蒸気を浴びたり、身体をひたすことなどを総称している。一般には身体全体を湯につける全身浴が多いが、腰湯・足湯など身体の一部をひたす部分浴もある。落下する温泉水を浴びる打たせ湯、浅い温泉水のなかを歩く歩行浴は部分浴の一種である。ほかに特色ある温泉浴として、温泉熱で温められた砂を身体にかける砂湯、鉱泥の混じる湯につかったり泥湿布をする泥湯、温泉の蒸気で身体を蒸す蒸気浴、地熱で熱くなった地面や床に横たわる熱気浴なども見られる。→温泉、温泉湯治、温泉療法、温泉の効果、リゾートの三浴　　　　（白石太良）

温泉療法 (hot-spring cure)

温泉を利用して心身の健康を回復させる治療法をいう。広義には身体を休める休養、病気を癒す療養、病気を予防する保養が含まれるが、一般には具体的な病気の症状を治すための医学的な治療をさすことが多い。温泉水に含まれる化学成分を飲用、または皮膚から浸透させて病気の治癒を図るほか、温泉浴による温熱作用や水圧・浮力などの機械的作用も治療になる。関節痛・神経痛・消化器病などの慢性の病気に効果があるが、温泉水の化学成分の違いや身体への刺激の与え方などから、医師の指導のもとに行うのが普通である。日本の伝統的な温泉湯治は一種の温泉療法であるが、ヨーロッパの温泉の場合はそのほとんどが療養を目的としたものである。→温泉の効果、温泉湯治　　　　　（白石太良）

温泉旅館

主に温泉地に立地し、温泉を利用している旅館。自社泉源をもつところもあれば、共同で温泉を引くところもある。その昔、湯治目的にきた旅行者を対象にした宿泊施設がのちに旅館になったところも多い。風呂の充実度は高く、男女大浴場をはじめ家族風呂や露天風呂、サウナなどはすでにスタンダードな施設になりつつある。近年では癒しをキーワードにエステ・スパサロンなどを併設するところも増え、また客室では露天風呂付きが人気となっている。規模は個人客を対象にした小規模旅館や団体客から個人客までを対象とした大型旅館、あるいはＢ＆Ｂ（ベッドアンドブレックファスト）の旅館版として１泊朝食付きで提供するところもある。一方で、デザイナーズ旅館といわれるようにデザインにこだわった高級旅館も増えている。このほ

か，温泉をいかし，宿泊客がいない昼間の時間を利用してデイサービスの介護ビジネスに参入したり，病院と提携して検診と温泉をセットにするなど，さまざまな取り組みが見られる。→温泉ホテル　　　　　　　（井村日登美）

か

カードキー(card key)

　ホテルの客室で，カードロック方式を採用したカード式のキー．キーの裏には銀行のキャッシュカードと同様に磁気ストライプを使用し，ここに当日の日付や滞在日数，ルームナンバーなどの情報が記憶される．まずフロントでこの作業をし，カードを発行．客室のドアに設えてある電気錠にカードキーを差し込む．抜き出すと解錠の信号が送られ，ドアが開くという仕組み．従来のシリンダー錠に比べ，そのつど発行するので持ち帰っても差し支えなく，紛失しても再度新たな記憶をもったカードを発行することで，安全性も高い．さらにツインやトリプルなど複数で宿泊する場合には宿泊人数分を発行することもでき，キーに左右されずに自由な行動が約束される．さらにこの磁気カードに館内のレストランや売店など他の施設の情報を記憶させ，コンピュータで集計できるようにしておけば，チェックアウト時に精算業務が簡便になる． 　　　　　(井村日登美)

カーフェリー(car ferry)

　ロールオンロールオフ(ROROと略，車を自走で船内に積む荷役法)式で自動車を搭載することのできる客船を日本ではカーフェリー，もしくは略してフェリーと呼ぶ．ただし，海外ではフェリーは比較的短距離航路に定期的に就航する客船すべてをあらわすのに用いられるし，カーフェリーは乗用車のみを搭載するフェリーを示すことも多いので要注意．最近はROPAX(RORO式客船の意)という言葉も海外ではよく用いられる．300km以上の航路に就航するのを長距離フェリー，100～300kmを中距離フェリー，それ以下を短距離フェリーと分類されている．→フェリー 　　　　　(池田良穂)

会員制ホテル(members' hotel)

　出資金，預託金，さらに入会金や年会費を払った会員に利用を限定したホテルである．メンバー制ホテルともいう．完全に会員でしか客室を利用できない場合をクローズドシステムといい，会員以外にビジターの利用も可能な場合をセミオープンシステムという．通常は，建設資金を出資金や預託金でまかない，運営資金を入会金・年会費，そして利用料金でまかなう．区分所有権を所有する会員制の場合，オーナーズシステムと呼ぶ場合もあり，会員権それ自体が売買されることもある．→宿泊施設 　　　　　(芝崎誠一)

会員制リゾートホテル

　観光地や温泉地などリゾート地に立地し，会員という特定多数の客の利用を目的としたホテル．会員に実際の利用料金とは別に入会金や年会費を支払わせることで，ホテルの建設資金や運転資金の一部を調達し，会員はその分，割安の料金で利用できる特典を付加したもの．一戸建ての別荘をもちたいが経済的に負担できないという人々を対象に民間企業が事業化したもので，その類型は大別して3種類ある．1つは預託金制．会員は入会金や年会費のほかに預託金を預けることで，一般の利用料金の半額程度で利用できる．この場合，会員は事業主である企業に対して預託金返還請求権と施設利用権を有するが，企業が倒産した場合，会員の権利は消滅する．2つ目は共有制．会員は1室を10～20人で共同所有するこ

とになる。つまり土地・建物の共同所有者であり、企業が倒産しても所有権は残るという仕組み。3つ目は合有制といい、所有権は会社名義で、会員には潜在的な共有を認めるが分割請求はできないというもの。預託金制と共有制の中間的な性格をもつ。基本的に会員制リゾートホテルは1室を共同で利用、あるいは所有すれば安く利用できるという発想からきており合理的なシステムではあるが、問題点も多い。利用したいシーズンに集中し、思うように利用できないという会員の声があったり、実際の運営上、料金を安く設定しなくてはならないので収益性が悪い。かといって多数の一般客の受入れをするようでは会員制自体が成立しなくなるなど、さまざまな点があげられている。→宿泊施設　　　　　（井村日登美）

海外安全相談センター

　海外渡航や滞在にあたっての注意事項や安全問題に関する情報を提供し、相談に応じる外務省の機関。電話による相談や海外安全情報、FAXによる情報サービスやビデオ資料なども用意している。安全対策の目安を示す「危険情報」には、①「十分注意してください」、②「渡航の是非を検討してください」、③「渡航の延期をおすすめします」、④「退避を勧告します。渡航は延期してください」の4段階で情報を提供している。海外旅行などの際には渡航先の情報を確認し、「自分の安全は自分でしか守れない」という認識をもつことが大切である。

（北川宗忠）

海外観光渡航の自由化

　1964（昭和39）年、わが国において海外渡航が自由化された。それまで海外渡航が認められていたのは、政府関係者による公務、企業関係者の業務、学者・研究者の会議、留学などによるものに限定されていた。自由化にいたった背景には、わが国が同年IMF（International Monetary Fund：国際通貨基金）8条国に移行するとともに、OECD（Organization for Economic Cooperation and Development：経済協力開発機構）にも加盟し、先進国の仲間入りをしたことにある。これによる初年度の海外渡航者数は12万7749人であった。→パスポート　（甄江　隆）

海外ホテル協会（Overseas Hotel Executive Association）

　海外でホテルを経営し、日本に直営ホテルや事務所などをもっている企業の責任者らで構成。海外旅行市場の活性化を目的に任意団体で1972年に設立された。　　　　　　　　（井村日登美）

海外旅行（oversea travel）

　海を隔てた他国への旅行。四方を海に囲まれた島嶼国である日本では、外国旅行と同義である。わが国では1964年に外国への観光旅行が自由化され、これを一般的に海外渡航自由化と称している。ただし年1回に限り認める、という制限付きであった。1968年に回数制限は撤廃された。→アウトバウンドツーリズム、時差ボケ

（杉田由紀子）

海外旅行傷害保険

　海外旅行中に不慮の突発的な事故によって怪我をしたり死亡したりした場合などに所定の金額が支払われる任意保険である。これは海外旅行出発前に加入しておかなければならない。この保険内容は、旅行中の事故による怪我や死亡以外に、病気になった場合の入院・手術費をはじめ、事故に遭遇した場合に国内の親族者による救援費、自分の不注意により発生した賠償金支払い、携行品損害に対する補償などの特約もある。近年では、旅行業者の主催旅行に参加した場合には「旅行特別補償制度」（1982〔昭和57〕年より実施）や、クレジットカードについている海

かいかい

外旅行傷害保険などもあるが，それだけでは不十分な部分もあり，自己防衛・危機管理の一策として任意加入の海外旅行傷害保険への事前加入が必要である。　　　　　　　　　（甄江　隆）

海外旅行倍増計画（ten million program）

貿易収支の大幅黒字に対して，旅行支出を増加させ，国際収支のバランスをとり，円高進行を防止することを主たる目的としてとられた海外旅行者を倍増させる計画である。1987（昭和62）年，運輸省（現国土交通省）による計画であり，前年の86年の日本人海外旅行者数522万人を5年間で倍増させ，1000万人にしようとする計画であった。海外旅行促進キャンペーン，海外における日本人観光客受入れ環境の整備，税制の改正，輸送事業の改善・整備などを行った。実際には円高進行などにより，1990（平成2）年に1099万人を超え，この計画は4年間で目標達成された。→観光交流拡大計画　　　　　　　　　　　　（末武直義）

外客誘致法（a law to attract foreign tourism）

1996（平成8）年4月の「観光交流における地域国際化に関する研究会」によって「ウェルカムプラン21（訪日観光交流倍増計画）」についての提言がなされ，そのなかで特に地方圏への誘客の促進に関する事項の具体化を図ることを目的として制定された法律である。外客誘致法は略称で，正式には「外国人観光旅客の来訪地域の多様化の促進による国際観光の振興に関する法律」で，1997（平成9）年6月に公布・施行された。この法律に基づき，優れた観光資源をもつ地域と宿泊拠点となる地域をネットワーク化し，外国人旅行者が周遊できる観光ルートを整備する広域的な地域である外客来訪促進地域（国際観光テーマ地区）の形成が進められてきた。→ウェルカムプラン21　　　　　　　　　（末武直義）

外航クルーズ（cruise）

日本以外の外国に寄港するクルーズを外航クルーズと呼ぶ。国際航路となるため乗客にはパスポートが必要となるし，船内では免税が適用される。→クルーズ　　　　　　　　（池田良穂）

外食産業

飲食店業，特にレストランチェーンやハンバーガーショップなどの規模が大きく合理化された飲食業の総称として使用されている。現在では洋食だけでなく牛丼などの和食や中華料理のチェーンも見られるようになった。サービス形態もバイキングスタイルを取り入れるなど，それぞれの顧客層に対応するように工夫されている。→バイキング　　　　　　　（芝崎誠一）

海水浴場

夏季のレクリエーションとして海水浴がはじまったのは明治のことである。1885（明治18）年，大磯海岸（神奈川県）にはじめて海水浴場が開かれたが，当時は「塩湯治」と呼ばれ，泳ぐよりも岩に刺してある鉄棒につかまって海水にひたるのが目的であった。海水浴場とは，海水浴を楽しむための管理施設や休憩施設が整えられ，安全保安体制が整備されている海浜部，海域の総称。後背部の植生や傾斜，砂浜の質と幅や汀線長，水深と傾斜などとともに，最も重要なポイントは水質が遊泳に適しているかどうかである。環境省では環境維持のための諸活動，諸政策が行われていることやアクセスの容易性など周辺の条件まで含めて精査し，全国の優秀な「快水浴場百選」を選出している。ただ，わが国の海水浴場は夏期の1か月程度の稼働であるため，民間事業として恒久的な施設整備を行う条件下にはないのが普通である。したがって，中心的な施設である「海の

家」も仮設の段階にとどまっている場合が多い。→レクリエーション，潮湯治，リゾートの三浴　　（小久保恵三）

会席料理

会合の席における料理。今日では酒宴の際の正式な宴会料理として位置づけられている。懐石料理とは別のもので，基本的に茶の湯を楽しむのが懐石料理，酒を楽しむのが会席料理ともいえる。会席とはもともと連歌や俳諧の席であった。江戸時代になると，こうした会席が折から発達してきた料理茶屋で行われるようになり，公家社会の式正料理のなかに含まれていた本膳料理や懐石料理を形式を崩して酒宴向きの料理として工夫するようになったもので，本膳料理のような厳格な膳組みや作法はない。最初のころは式正料理の形式にならい，膳数を3つの原則にしていたが，その後2つにし，一般に流行していった。現在旅館などでは会席料理の膳を基本に，地元の名産を取り入れ工夫を凝らした料理を提供している。→割烹旅館　　（井村日登美）

懐石料理

茶の湯で茶を出す前に提供する簡単な食事から発祥したもので，茶懐石料理ともいう。もとは会席の文字が使われていたようだが，江戸時代に料理茶屋で盛んになってきた会席料理と区別するために，懐石の文字が使われるようになった。懐石とは禅に由来する言葉で，修行中の禅僧は昼以後，食事が許されない。そこで寒夜の修行には石を温めてて布に包み，懐に入れて空腹をしのいだことから，懐石とは空腹を一時的にしのぐという意味がある。禅の影響を受けた茶の湯で提供する料理はこの意味をなぞらえて懐石というようになった。茶席に料理を出すようになったのは室町時代に入ってからで，安土桃山時代に千利休によって懐石料理の原型がつくられ，江戸末期にはほぼ確立された。料理は飯を主とし，汁，向付け（むこうづけ：さしみやなます），椀盛り，焼き物の一汁三菜を基本とし，箸洗い，八寸，香の物，湯桶などで，このほか1～3種類の料理を出すこともある。今日の懐石料理はこれらを基本に，工夫を凝らして発展させたもので旅館や日本料理店で提供されている。　　（井村日登美）

外為法（外国為替及び外国貿易法）

外国との為替取引ならびに貿易取引について定められたもの。外国為替，外国貿易その他の対外取引が自由に行われることを基本とし，対外取引に対し必要最小限の管理または調整を行うことにより，対外取引の正常な発展ならびに日本または国際社会の平和および安全の維持を期し，国際収支の均衡および通貨の安定を図るとともに日本経済の健全な発展に寄与することを目的とする法律。1949(昭和24)年に「外国為替及び外国貿易管理法」として制定されたが，当時の日本を取り巻く環境を反映して，「対外取引原則禁止」の建前になっていた。その後1980（昭和55）年の改正で，対外取引を原則自由とする法体系に改められ，1998（平成10）年の改正では事前の許可・届出制度が原則として廃止され，名称も「外国為替及び外国貿易法」に改められた。2004（平成16）年にはわが国の平和および安全維持のため特に必要がある時は，閣議において対応措置を講ずべきことを決定できるなどの改正が行われた。　　（山脇朱美）

海中公園

法律用語では，「自然公園法」の規定による国立公園，国定公園において，保全すべき優れた海中景観を有する区域として環境大臣や都道府県知事によって指定された海域。2006年現在で，25の国立公園・国定公園の区域内で63か所が海中公園として指定されている。

一般的な用語としては「海中景観を楽しむことのできる場所」と拡大定義することもできる。たとえば、南紀串本(和歌山県)、足摺(高知県)、牛深(熊本県)、勝浦(和歌山県)、名護市(沖縄県)などではグラスボートや海中展望塔で海中、海底の景観や魚が遊泳するさまを楽しめる施設が整っている。→自然公園法　　　(小久保恵三)

開　帳

　帳(とばり)を開く。普段は開けない社寺の本尊厨子などを特別に開いて、内部の仏像や宝物などを拝ませることをいい、本来は宗教信仰と人々との結縁のためのものであった。その形態は鎌倉時代に見られるが、近世中・後期に全盛となり現在も行われる。開帳には、その社寺において開帳する「居開帳」と、各地へ出張して行う「出開帳」があり、日程は通常30～50日であった。また布教として行われる「巡行開帳」というものもあった。開帳時には、社寺周辺に多数の参拝人をあてにして芝居小屋・見世物小屋、また茶店などの集客施設が建ち並び、客寄せの派手なのぼりが並ぶなど興行化していった。今日の特別公開や特別拝観につながるもので、社寺にとっては修復などの財源確保、参詣者にとっては博覧「観光」的な興味を十分に満たされるものであった。→拝観　(北川宗忠)

海浜リゾート

　リゾートを立地条件によって分類すると、山岳・高原型、海浜・海洋型などに分けられる。わが国においては、この他に、農村型や大都市圏近郊型も加える意見もある。海水浴場、マリーナ、つり、海中観光船のための埠頭などの施設を中心にホテル、マンション、レストランなどが海浜部に立地する。特に海水浴場を中心とする場合には海浜リゾート、マリーナが施設の中心となる場合には海洋リゾートと称する傾向にある。活動の特質により、若年層にターゲットを合わせる傾向にあるが、近年は温暖な気候をいかした高齢者の避寒施設として注目されている。海浜リゾートは通年稼働が難しく、海水浴場から海浜リゾートへの脱皮は容易ではない。わが国では沖縄が最大の海浜リゾート地域であるが、バリ、ハワイ、グアムなど海外のリゾートとの競合が激しい。→リゾート　　(小久保恵三)

回遊式庭園

　江戸時代の代表的な作庭様式の庭園であり、庭園の中心につくられた池の周りに起伏に富んだ苑路を設け、それを回遊することにより、それぞれの場所から庭園内のさまざまな景観を鑑賞できるようになっている。ここでは、歩きながら見ることを重視しつつも、見晴らしの良い場所では立ち止まって、絶景を鑑賞することも考えに入れながら作庭されている。この回遊式庭園の代表は、京都の桂離宮や金沢の兼六園などのような大規模なものから、福井の養浩館庭園や京都の等持院などの小規模なものまで存在する。→枯山水
　　　　　　　　　　　(和田章仁)

海洋性レクリエーション（marine recreational activity）

　レクリエーションは、遊びや娯楽によって、仕事や勉強などの疲れを回復することに目的がある。このため、海洋性レクリエーションは、海や水産資源などの豊かな自然環境を活用して、海水浴、つりや潮干狩り、モーターボートやヨットによるクルージング、ボードセーリングやダイビングを行い、楽しみながら自己回復する余暇活動をさす。また、海洋性レクリエーションのツールであるプレジャーボートを係留・保管し、各種サービスを提供する施設はマリーナと呼ばれる。全国に民間マリーナは約400か所あり、港湾区域を中心に河川、漁港、海岸などに設

格安航空券

　正規料金を下回る価格で販売される航空券のことである。"格安航空券"という名称で国際航空券が売りだされた背景には、わが国の海外渡航自由化（1964年）以降、1960年代の団体旅行の拡大に続き、70年代にはパッケージツアーが出揃い、海外旅行者数も400万人に達するころ（1979年）に、FIT（海外個人旅行）が急増してきたことがあげられる。このFITへ対応する国際航空券は、当初、団体航空券のバラ売りという方法のものが多く、当時は国内航空会社から正式に認められるものではなかった。したがって、大手旅行業者はこのような格安航空券とは一線を画していた。しかし、90年代に入るころには格安航空券が市民権を得、正規航空運賃のあり方や、旅行会社の収益構造にまで影響を及ぼしはじめた。格安航空券の取り扱いを専門としていた旅行業者の代表的なものには、80年にインターナショナルツアーズ（現エイチ・アイ・エス）があり、時代のニーズに適合し急成長したことは承知の通りである。このような状況により、90年代半ばを過ぎると大手旅行業者も子会社を設立し、FIT向けの格安航空券販売をはじめた。

　格安航空券の一般化は、さらなるFITの増大を呼び、航空運賃のあり方そのものにも変化をもたらした。これにより、92年には日本発GIT（団体包括旅行）運賃のMTP（最低販売価格）が撤廃され、94年にはGIT運賃そのものが廃止され、代わってIIT（個人包括旅行）運賃が導入された。さらに、98年にはIIT運賃の所定価格の下限も撤廃された。現在では短期個人旅行用の回遊運賃（excursion fare）、通称ペックス運賃（purchase excursion fare）が導入され、利用区間や時期によっては、格安航空券より安い場合もある。→格安航空会社　　　　　　（甑江　隆）

置されているが、東京湾、大阪湾、瀬戸内海沿岸に集約されている。マリーナ規模は、プレジャーボートの係留・保管数が50～100隻程度のものが多く、500隻以上の大規模な施設は少ない。このため、マリーナ周辺のホテルや宿泊施設も小規模なものが多いことから、欧米のような長期滞在型海洋性レクリエーションが発展しない要因にもなっている。→プレジャーボート、小型船舶操縦士、水上オートバイ、レクリエーション　　　　　　　（山本壽夫）

界　隈

　日本固有の都市空間に対する呼び名であり、道路や公園などの地物により区画・構成されるものではなく、人の諸活動によって構成される商店街や盛り場のような空間である。材野博司は著書『かいわい』（鹿島出版会、1978年）のなかで、かいわいは日本人の文化の空間的な焦点であるとし、自然発生的に形成され、発展した庶民的空間と定義し、さらにその空間は個人ごとにイメージとして残り、それが多くの人に共通したイメージを示すと述べている。→まちづくり観光　（和田章仁）

カウンターセールス（counter sales）

　旅行業者の店頭で顧客と対面して旅行商品の販売や相談を行うことをいう。これまで旅行業者による旅行商品販売活動には、カウンターセールスのほかに外販担当者、メディア、特約店・提携店による販売があった。しかし、

1990年代初めのIT化がはじまると旅行商品のインターネット販売が拡大し、IT化率（全旅行商品販売高に対するネット販売高比率）が急速に高まっている。これにより店頭販売では，旅行業本来のリアル業務（機械化できない旅行業務）の強化のために，担当者の業務知識の向上はもとより，ホスピタリティある接遇マナーの向上が求められている。→Webトラベル

（甄江　隆）

カクテルパーティ（cocktail party）

カクテル（cocktail）とは，何種類かの酒やその他の材料を混ぜ合わせた飲み物のことであるが，カクテルパーティとは，料理ではなく，カクテルを主体にしたパーティのことである。料理は，前菜程度の軽いものに限られる。また，パーティの進行途中での入・退場の制限も比較的自由なので，多忙な現代社会ではホテルなどで多く行われている。→宴会

（芝崎誠一）

格安航空会社（low cost carrier）

ローコストキャリア，あるいは低コスト航空会社とも称される。予約販売制度・方法の合理化，機内サービスの簡素化，あるいは乗員・スタッフのマルチ業務などの効率化などによって低い運航費用を実現し，低価格で簡素化された航空輸送サービスを行う航空会社。アメリカの航空規制緩和による激しい企業競争のなかで定評を得てきたサウスウエスト航空や，EUの航空市場統合後に安価な航空券を求める市場の声に対応したアイルランドのライアンエアーやイギリスのイージージェットなどが，成功をおさめてきた格安航空会社の代表とされる。昨今では欧米に限らずアジアをはじめ世界各国で格安航空会社が誕生している。既存の大手航空会社も，これら格安航空会社のビジネスモデルを部分的に取り入れた子会社（格安航空会社）を設立，進出している。

（杉田由紀子）

貸切バス

団体旅行や修学旅行などで活用されて久しいものであるが，高速道路網の整備に伴って，このような旅行の形態においては今でもその需要は減じていない。長所としては，顧客1人当たりの単価が安くなるということが大きい。短所としては，道路渋滞など不測の事態が生じやすく，鉄道や飛行機よりも時間がかかることがあげられる。予約制に基づく高速長距離バスも貸切バスの発想を援用したものといえる。→バス事業

（井口　貢）

カジノ（casino）

ルーレットのような賭博を行うための建物や部屋をさす。また，娯楽集会所の意味にも使われる。アメリカのネバダ州ラスベガス市，中国の特別行政区マカオにおけるカジノは世界的に知られている。1950年に人口約2万5000人だったラスベガス市は，カジノ，エンターテイメント，コンベンションの複合的な組み合わせによって，2006年1月現在の人口が約59万2000人，2005年度の観光客数が約3856万7000人といった，滞在型観光の大都市を形成した。しかし，健全なカジノをつくりだすためには，長い年月を費やし，賭博を規制する法律の制定と犯罪への具体的な対策を実施する必要がある。ネバダ州では，1931年に不正カジノをなくすためにカジノを合法化し，50年代に組織犯罪対策にFBIが本格参入し，70年代に連邦政府の肝いりでカジノの金の流れを明確化する会計規則を導入し，90年代に組織犯罪とのかかわりを断つことに成功した。現在，カジノ管理組織が全体をコントロールしている。日本では法律によりカジノは設置できない。最近では羽田空港の国際化強化に伴い，国際交流や外貨獲得などを目的に，東京湾内にカジノ構想が立案さ

れたが法律の壁に阻まれている。→観光開発，コンベンション，国際観光交流，リゾート　　　　　（山本壽夫）

家族旅行村

定着化してきた家族旅行に対応するため，1978（昭和53）年度に開始された運輸省（現国土交通省）補助事業で，恵まれた自然のなかで家族が一緒に手軽な観光レクリエーションを楽しみつつ，保養できるようにするとともに，薄れがちな家庭基盤の充実および定住構想の推進を図ることが目的とされた。事業名称は「中規模観光レクリエーション地区整備事業」という。なお，これに対して，「小規模観光レクリエーション地区」は通称では「青少年旅行村」と称されている。事業主体は原則として都道府県で，30～50ha程度の土地に宿泊施設（キャンプ場，ケビン，ロッジなど），ピクニック緑地，スキー場，スポーツ広場，レストハウス，創作広場，民俗資料館などが配置されるのが一般的。補助額が潤沢ではないため，公益性の高い付帯環境整備程度の支援にとどまった。また，公共セクターが主導して整備することについての意義も薄れてきている。→公的宿泊施設　　　　　　　（小久保恵三）

過疎地域

過疎地域とは簡単に表現すれば，平均以上に人口減に見まわれ，経済的，社会的に不活性化した地域である。過疎地域かどうかは国が認定する。その条件は以下の2つの条件を満たすことである。第1は人口の減少率など，第2は財政力指数である。第1の場合は，①1960（昭和35）年～1995（平成7）年の人口減少率30％以上，②1960（昭和35）年～1995（平成7）年の人口減少率25％以上で高齢者比率24％以上，③1960（昭和35）年～1995（平成7）年の人口減少率25％以上で若年比率15％以下，④1970（昭和45）年～1995（平成7）年の人口減少率19％以上，第2の場合は1996（平成8）年度～1998（平成10）年度の平均財政力指数が0.42以下，かつ公営競技収益が13億円以下であることである。国は2000（平成12）年に「過疎地域自立促進特別措置法」（10年間の時限立法）という新法を策定して，従来の過疎対策をさらに強化した。過疎地域として認定されると自立促進計画を策定し，各種公共事業に対する国庫補助率の嵩上げや地方債の対象が増大するなどの支援策が採られる。2007（平成19）年4月現在，全国1805の市町村のうち，238市町村がこの過疎地域に指定されている。人口比では8.4％，面積比では54.1％に相当する。　（小久保恵三）

語り部

各地には歴史・文化，街道，町並み，文学，民俗芸能，祭り，伝説・神話・民話，伝承産業・地場産業，名物料理・郷土料理などがいくつも継承されている。旅先で地元の人にこうしたものを案内されると，新しい発見や良き想い出になる。地域の「見どころ」「聞きどころ」あるいは「穴場」を来訪者に興味深くかつ丁寧に，親切に案内するのが語り部である。日本ではその語り部のほとんどは，ボランティアによるものであり，観光ボランティアとしての働きも担っている。→地域文化　　　　　　　　　　（多方一成）

割烹旅館

料理をメインとする旅館で，料理店から旅館に発展したところも多い。料理旅館という場合もある。ちなみに割烹とは肉を割き（さき），烹る（にる）意味から食物を調理することで，多くの場合，日本料理をいう。洋食なら最近レストラン営業を主体にした宿泊施設の呼称として使われている「オーベルジュ（auberge）」にあたるであろう。　　　　　　　　　　（井村日登美）

稼働率

施設が本来もつ提供可能量に対して，実際どの程度利用されたかを示す指標。たとえばホテルの場合には，客室稼働率と定員稼働率がある。100室，200ベッドを有するホテルの年間宿泊可能室数は$100 \times 365 = 36,500$室である。また，人数ベースでは$200 \times 365 = 73,000$人である。ある年，4万5000人が宿泊して3万室を使用した場合，客室稼働率は$30,000/36,500 = 82.2\%$となる。定員稼働率は，$45,000/73,000 = 61.6\%$となる。航空機の場合は座席稼働率と重量稼働率で発表されている。施設規模を少なめに設定すれば稼働率は高まり，経営の安定に資するが，これは逸失利益が大きいということでもある。また，最も努力すべき策の1つは利用の平準化による稼働率向上である。

(小久保恵三)

カフェテリアプラン (cafeteria plan)

企業における社員ニーズの多様化に対応し導入が進められている福利厚生メニューの新しい制度である。利用可能なさまざまな福利厚生メニューをポイント制で提供し，社員はあらかじめ与えられたポイントの範囲内で自分が必要とする福利厚生メニューを自由に選んで利用する制度である。企業にとってはコストコントロールができるうえに，社員のさまざまなニーズに応えることが可能なことから，福利厚生制度の再構築の手法として導入する企業が増えてきている。こうした制度をアウトソーシング（社外の企業に業務の一部を一括して請け負わせる経営手法）により対応することで，企業側のコスト負担を減らそうとしており，リロクラブ，ベネフィットワン，JTBベネフィットなどの受け皿会社が出はじめた。また，このメニューには旅行に対する企業からの補助金や募集型企画旅行商品の割引などがあることで，既存旅行会社の個人旅行需要獲得の対応策として注目されるようになってきている。

(高橋一夫)

歌舞伎 (kabuki)

古代神祭りの芸能として，「まひ（舞い）」と「をどり（踊り）」があった。舞いは旋回運動で静かな神の一面をあらわし，踊りは跳躍運動で荒々しい神の他面をあらわした。舞いは神の鎮魂儀礼へと変化し，踊りは伊勢踊りや念仏踊りなどを経て，1603年に出雲のおくにが登場することにより歌舞伎へ発展する。歌舞伎が演劇として飛躍的な発展を遂げたのは元禄期であり，市川団十郎，中村伝九郎，坂田藤十郎らの役者個人の力量に支えられた。享保・宝暦期（1716〜64年）に近松門左衛門らの「道行き」を演じた人形浄瑠璃が全盛期を迎えるが，歌舞伎は沈滞する。宝暦から寛政・享和期（1751〜1804年）に歌舞伎は人形浄瑠璃の作・演出・衣装などを取り入れ，くまどりメイクアップを顔に施し，花道やスッポン・回り舞台などを設けた立体的舞台構成を捻出し劇的効果をつくりだした。特に丸本（原作）に基づく演出・演技が歌舞伎を魅力ある演劇とした。そして，再び人気を取り戻し現在にいたる。現在の特徴は，歌舞伎役者がミュージカルや映画・テレビドラマなどに出演し，役者としての魅力や技量を近接する他分野で表現する。それを見た人々が新たな観客となって歌舞伎公演に足を運ぶ。歌舞伎演出にも現代性を取り入れるなど，現代とのマッチングを試行しているといえるだろう。

→遊び心，エンターテイメント，田楽

(山本壽夫)

カプセルホテル (capsule hotel〔和製英語〕)

人1人が横になることができる大きさのカプセル状の小部屋を数段に重ね

て並べた簡易宿泊施設。カプセル状の小部屋のなかには，一般的に，寝具，テレビ，時計などが備えられている。日本においてはじめて登場したといわれている。
　　　　　　　　　　　（住木俊之）

カルチャーカード（culture card）
　⇨ウェルカムカード

枯山水
　日本の庭園様式の1つで，主に室町時代に禅宗寺院で作庭された。禅宗寺院の質素な建築様式に合わせながら，禅の精神性を高めるため，水や高木を用いず，主に石や砂利あるいは白砂を用い，それに最小限の苔や低木を加えて作庭されたもので，小規模なものが多い。平安時代の寝殿造庭園や江戸時代の回遊式庭園のような，華美・豪華で大規模な庭園と比較される。この代表的な庭園は，石庭として世界的に有名な京都の竜安寺や，同じく京都の大徳寺大仙院などがある。→回遊式庭園，坪庭　　　　　　　　　（和田章仁）

川下り
　一般的に川の上流から下流に向かって船や筏で移動する観光行動をいう。手段として選ぶ船には，ライン川下り（ドイツ）や瀞峡（どろきょう）のウォータージェット船（和歌山県）などに見られる動力船による川下り，天竜ライン下り（静岡県）や保津川下り（京都府）などに見られる船頭が操る急流下りがあり，類型として屋形船などによる川下り，水路めぐりなどの船遊びがある。わが国の川下りは奥深い山林から木材を筏に組んで下流に運搬する林業からはじまり，林業衰退により観光業へ転化していったものが多い。一方，急流を一気にゴムボートやカヌーで下る，ラフティングやカヤックはアウトドアスポーツ型の川下りである。
→アウトドアレジャー，遊覧船
　　　　　　　　　　　（北川宗忠）

川　床
　風景を楽しむ主な場所の1つに河畔があげられるが，ただ風景を愛でるだけではなく，そこで飲食の楽しみを付加することを目的としてつくられたのが川床である。構造は水面上に張りだした仮設の座敷であるが，川の大小によりその構造は異なっている。水面の一部を利用している代表例は，京都鴨川の先斗町側から張りだしている川床であり，水面の全体を利用している代表例は，同じく京都洛北の貴船川の川床である。これらは，冷房がなかった時代に，川風にあたりながらの遊興が目的であったことから，夏季に限定されているのがほとんどである。
　　　　　　　　　　　（和田章仁）

簡易宿所営業
　「旅館業法」が定める，宿泊する場所を多数人で共用する構造および設備を主とする施設を設け，宿泊料を受けて人を宿泊させる営業で，下宿営業以外のもの。一般的に民宿，ペンションなどが含まれる。→旅館業法
　　　　　　　　　　　（住木俊之）

簡易税率
　課税される関税（輸入品に対して課

入国者の輸入貨物に対する簡易税率

品　名	税　率
1．酒類	
ウィスキーおよびブランデー	500円／ℓ
ラム，ジン，ウォッカ	400円／ℓ
リキュール，焼酎など	300円／ℓ
その他（ワイン，ビールなど）	200円／ℓ
2．その他の物品（関税が無税のものを除く）	15%
3．紙巻たばこ	1本につき7.5円

（2007年9月現在）

せられる税）と内国消費税（酒税，たばこ税，消費税など国内で消費するものに対して課せられる税）を統合したものを基礎とした税率で，旅具通関（一般の貿易手続きより簡単な通関手続き）の際，免税の範囲を超える携帯品または別送品に対し，簡単で迅速な課税処理をするために設けられた簡易な税率。　　　　　　　　（山脇朱美）

環　境（environment）

　周りを取り囲む外界の意味で，元来は生物学的な概念であったが，今では，人体や人間活動，社会生活に影響を与えるさまざまなものの総称として用いる。大きく地形，気候，動植物などの自然環境，歴史や伝統，政治・経済，社会組織などの社会環境（人文環境）の2つに分けられる。公害問題や地球環境問題の高まりのなかで，人間の生命ともかかわる自然的諸条件の意味で使われることが多いが，ほかに，生活環境，家庭環境などといった暮らしを取り巻く状況の意味としても使われる。観光にとっての環境としては，観光地の自然や歴史・伝統文化，観光産業に関係する経済的・社会的状況，観光行動の背景となる人々の意識や生活実態などがある。→自然環境，環境破壊，自然保護運動　　　　　　（白石太良）

環境基本法（Basic Environment Law）

　高度経済成長時の大量生産，大量消費，そして大量廃棄を見直し，環境にやさしい社会を築くために1993年11月に制定された環境政策のための法律。わが国の環境行政は公害防止および自然環境保全を基本に，67年に「公害対策基本法」，72年に「自然環境保全法」を制定し推進されてきた。しかし，今日の環境問題である地球温暖化，増大する廃棄物処理，窒素酸化物による大気汚染などへの対策は，「公害対策基本法」や「自然環境保全法」のような規制法の枠組みでは不十分である。このため，「環境基本法」では国民のライフスタイルや経済優先の社会システムを見直すことを重視した。同法は，全3章から成り，第1章は環境の保全についての基本理念，第2章は環境保全の施策としての環境基本計画，そして第3章は環境庁（現環境省）および都道府県に環境審議会を設置することなどについて規定している。また，「環境基本法」制定に伴い，「公害対策基本法」は廃止され，「自然環境保全法」は一部改正された。→環境保全，自然環境保全法　　　　　（山本壽夫）

環境教育（environmental education）

　現代日本の環境教育は，1969年の学習指導要領の改訂時に「公害」を取り上げ，77年の改訂で「公害防止など環境保全」の重要性が示されたことにはじまる。89年の学習指導要領改訂に伴い小学校低学年の授業に「生活科」が新設され，環境問題の解決に必要な能力および社会の変化に主体的な対応能力の育成などが盛り込まれた。98年の新学習指導要領では「総合的な学習の時間」に「環境教育の実践」が位置づけられ，地域のごみ問題から地球全体の問題まで幅広いテーマに取り組み，自然体験学習を通じた新たなライフスタイル育成を目指している。このような環境教育の変遷において，当初のテーマは高度経済成長から生じた公害に対し，その防止と環境の保全にあった。しかし，92年の国連環境開発会議（地球サミット）で取り上げられた「持続可能な利用」を機に，環境問題は地球規模化する。現在，日本の環境教育は，持続可能な社会の実現をテーマに実施されている。その目的は，多様な生物が生息できる環境のあり方を学習し，環境に即したライフスタイルを構築しながら，課題に対して適切かつ主体的な行動のとれる人材を育成す

観　光 (tourism)

　余暇社会における自由時間を利用して，一時的に日常生活圏を離れ，各地を周遊して，ふたたび出発地へ戻ってくる旅行行為をいう。また，この行為を推進させて国や地域社会間の交流や関連産業を発展させ，国や地域社会に貢献する事業の総称としても用いられる。

　わが国では，古くから名所旧跡めぐりをする物見遊山などの行為があり，しばしばこれとの混同が見られるが，現代では，観光が及ぼす社会的，文化的，経済的な効果を評価して，国や地域社会におけるこの展開の重要性が認識されるようになり，観光学という分野の研究も盛んになってきている。

　「観光」という言葉の語源は，古代中国周の時代（紀元前11～紀元前3世紀）の易学の書『周易』（周の五経の1つ）の風観にある「観」の卦に見られる「観国之光，利用賓于王」に由来する。

　ここでは，国（地域）の光（さまざまな資源）を「見る」という行動と，「見せる」という行為の解釈が含まれることからわが国ではtourismの和訳として用いられるようになった。

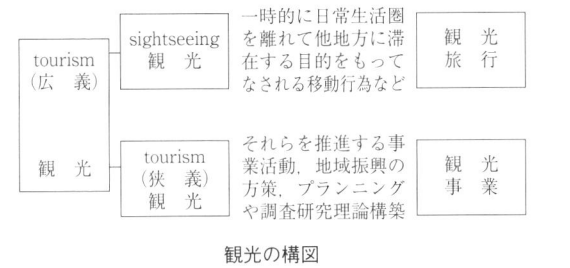

| tourism（広義）観光 | sightseeing 観光 | 一時的に日常生活圏を離れて他地方に滞在する目的をもってなされる移動行為など | 観光旅行 |
| | tourism（狭義）観光 | それらを推進する事業活動，地域振興の方策，プランニングや調査研究理論構築 | 観光事業 |

観光の構図

（北川宗忠）

ることにある。　　　　　（山本壽夫）

環境破壊

　これまで調和を保ってきた環境が破壊され，人類や生物の生活・生存が脅かされることをいう。公害の発生や開発の増大など人為的要因が大きくかかわるが，自然災害によるものもある。地球温暖化，大気汚染，水質汚濁などの自然破壊のほか，人々の長い営みのなかで形成されてきた歴史的風土の破壊も問題になっている。森林破壊や地形の改変，野生生物の絶滅などのように，環境が破壊されたため観光資源の価値が変わることもある。一方で，観光開発や観光活動が環境破壊をもたらす場合も少なくない。→自然環境，森林破壊，歴史的風土特別保存地区

（白石太良）

環境保護 (nature conservation)

　一般に，環境保護とは自然環境に対して用いられる。このため，環境保護は自然保護と同じ意味をもつ。自然保護の概念規定には変遷があり，当初は「自然を守ること」だったが，次いで「自然の賢明で合理的な利用」となった。1992年に開催された国連環境開発会議（地球サミット）では「自然との調和による持続可能な開発」が中心議

題となり、「生物の多様性に関する条約」が締結され、自然保護は「総合的自然資源管理」をさすことになった。地球サミットにおける自然保護の規定は、人間と自然の関係を常に良好な状態に保つことを意味し、生態系に異常が起きた時には自然に関する治癒・リハビリテーション・復元などを行い、各国が持続的に共同利用できる環境を保つ。保護の方法には、施設保護と現地保護がある。施設保護は絶滅種を施設内（遺伝子バンク・動植物園など）で保護し、現地保護はある一定の生物生息地における生物多様性状態の保護を示す。→環境教育，環境保全

(山本壽夫)

環境保全 (conservation and safety system of environment)

保全とは保護して安全にすることを意味するため、環境保全は自然保護を含み環境を安全な状態に保つための政策・法律・制度などのシステム全体を示す。一般に、公害問題を念頭に置くことになる。現在、環境保全は、1992年に開催された国連環境開発会議（地球サミット）で締結された「生物の多様性に関する条約」を前提とし、生物の多様性の保全と持続可能な利用を目的として策定された国家戦略に対応する。日本では、1995年10月に生物多様性国家戦略を策定、2000年12月に環境基本法に基づき第2次環境基本計画を閣議決定、2002年3月に前回の生物多様性国家戦略を見直した新国家戦略が策定された。新国家戦略は国土全体を対象として、自然環境全般の施策の検討および自然と共生する社会の実現を目的に、自然の保全と再生のためのトータルプランとして位置づけられている。新国家戦略は、①種の絶滅、湿地の減少、移入種問題などへの対応としての保全の強化、②保全に加えて失われた自然をより積極的に再生修復し

ていく「自然再生」の提案、③里地里山など多義的な空間における持続可能な利用、すなわち地域の生物多様性保全を進めるために、生活・生産上の必要性などを調整する社会的な仕組みや手法についてのアプローチをより積極的に進めること、の3点から構成されている。そして、2006年8月より、新国家戦略を見直す懇談会が開催され、2007年3月第7回会合で終了した。懇談会の結果として、次期国家戦略は、市民への普及および広報という視点から内容を書き換えることが示された。
→環境保護，環境教育　　(山本壽夫)

観光イベント

来訪のための動機づけ、来訪者の創出という点で観光振興において不可欠な手段・手法であるが、イベントのためのイベントであったり、一過性のものであってはならない。そのためにも、主催者側は義務感からではなく、主体的に参加し連携し楽しみながら展開させること（内部交流の充実や人材育成、地域産業の振興など）への動機づけ、来訪者には再訪者となりうるような充実感を与える仕組みづくりが内包されていることが必要である。→観光キャンペーン　　(井口　貢)

観光カリスマ

内閣府と国土交通省、農林水産省が選考委員会を組織して、「観光カリスマ百選」の第1回・11人の認定を行ったのは、2003年1月のことであった。市村良三（長野県）や小澤庄一（愛知県）、溝口薫平（大分県）などまちづくりの1つの時代を築いた人物がここに選ばれた。2005年2月の第8回委員会において、最終的に100人のカリスマが名を連ねた。時代が要請する地域の姿を求めて、地域づくりに日夜粉骨してきた地域リーダーに対して与えられることになった呼称である。観光地づくりにおいて、景観や施設以上に人

観光開発 (development of tourism)

元来は,観光資源である名勝・遺跡・温泉などを活用して集客し,収益を得る観光地づくりをさした。しかし現在では,旧来の名所旧跡めぐりに加え,地域資源である商業施設群・飲食街・地域の芸能および芸術文化・地域産業・最新アミューズメント・自然環境を相互に連携し,買い回り・グルメ探訪・鑑賞・視察・体験・憩いなどを複合的に楽しみ,さらに国際コンベンションの開催・地域住民との交流・イベント・展示会などを含む多様な魅力を統合的に創造する行為をいう。最近は,都市型観光開発の需要が高い。たとえば,恵比寿ガーデンプレイスのように,旧サッポロビール恵比寿工場の跡地という地域資源を背景に,センター広場・ビヤステーション・展望エレベーターホール・シネマ・写真美術館・レストラン・ホテル・海外人気機能の誘致などの都市の魅力を引きだす機能・施設・装置の複合化を行い,都市中心部に集客力の大きな観光スポットを生みだしている。また長い時間をかけて,1つの市全体を新たな観光地としてつくり変える方法もある。たとえば,アメリカのネバダ州ラスベガス市は,地域資源である温暖な気候をいかし,金銭的に余裕のある高齢者(ビジネスリタイヤメント者)の定住人口を増加させ,多様なエンターテイメントおよび国際コンベンションの開発整備を行った。居住する高齢者,訪問する高齢者の家族,コンベンションに参加する各国の人々がエンターテイメントに金銭を消費するリピーターとなり,他の観光客も呼び込み,航空路が整備され航空産業が活性化し,さらに高齢者のためのヘルスケア産業やIT (information technology:情報技術) 産業が誘致された。このように,1950年に人口約2万5000人の小都市だったラスベガス市は,2006年1月現在の人口が約59万2000人,2005年度の観光客数は約3856万7000人といった,滞在型観光の大都市へ変貌した。日本では,福岡市のキャナルシティ博多や博多リバレイン,小樽市のマイカル小樽のような地域開発・地域活性化が一体となった大型観光開発も行われているが,ラスベガス市に質・量ともに遠く及ばない。このように,観光開発は,地域づくり・産業振興・地域開発・地域活性化・国際化を含む広い概念としてとらえることで,対象地域を大きな魅力ある都市へ変えることが可能である。→地域計画,アミューズメントパーク,テーマパーク,コンベンション,CI　　　　(山本壽夫)

や人づくりの大切さを再確認しようとする意味もここにはあったのではないだろうかと思われる。　　　(井口　貢)

観光基盤施設

観光開発にあたり,あらかじめ整備しておくべき基本的な施設を観光基盤施設という。それらには,交通施設(道路,駐車場,広場,遊歩道,交通機関など),宿泊施設(ホテル,旅館など),情報提供施設(観光案内所,観光案内板など),サービス施設(飲食施設,商業施設,医療施設など),管理施設(管理事務所,消防施設など),供給処理施設(上下水道,電気,ガス,ゴミ処理施設など)がある。
　　　　　　　　　　　(多方一成)

観光基本法

わが国の観光振興に関する政策展開

観光学 (tourismology)

1920年代後半, ヨーロッパではじまった体系的な観光の研究に起源し, これらの理論や講義録がわが国に伝わった。30年前後, A.マリオッティの『観光経済学講義』(1928年), A.ボールマンの『観光学概論』(1930年), A.J.ノーヴァルの『観光事業論』(1935年), R.グリュックスマンの『観光事業論』(1940年)が国際観光局の手で翻訳, またF.W.オギルヴィエの『ツーリスト移動論』(1933年), フランス経済審議会編の『観光事業調査報告書』(1935年)やスイス旅行公庫の創設者W.フンツィカーの観光学理論などの影響が契機となり, わが国初期の観光研究がはじまったといえる。このころの研究は, これらの著作理論が中心であった。第二次世界大戦後, マスツーリズムの発展に伴い, わが国の観光研究は一挙に開花した。まず観光振興に関する政策理論の研究がはじまり, 続いて事業経営理論の研究が醸成されていった。この間, 研究者の機関として「日本観光学会」(1960年創設)が誕生し『研究報告書』(1963年創刊)が刊行され, また60年代後半には大学・短期大学に観光学科が創設されて, わが国における「観光学」が新しい研究分野としての地位を確立していった。21世紀の観光学は, 観光関連事業研究が盛んであるが, 観光の基盤となる地域観光資源の開発, 観光文化の振興, 国際観光交流分野などに新しい「観光学」の展開が期待されている。観光学研究機関も8大学に観光学部, ツーリズム学部(2007年現在)があり, 観光関連学科・コースを設置する大学は全国各地にある。→観光研究

(北川宗忠)

の基本的な方針を示した法律(1963年法律第107号)。この法律が制定された1963(昭和38)年ごろは, 戦後復興から立ち直り, 経済的にも国際的にも大きな躍進が期待された。翌年には, 海外観光渡航の自由化や東京オリンピックの開催, 東海道新幹線開通などがあり, 観光交流の飛躍的な発展を印象づけた。観光基本法は, 2006(平成18)年12月に改正され, 「観光立国推進基本法」(2006年法律第117号)として成立した。→観光立国推進基本法

(北川宗忠)

観光客入り込み数 (tourist visitors to the site)

観光地を訪れた観光客の数のことを「観光客入り込み数」または「入り込み観光客数」という。地方公共団体がその地域の観光客数を把握し, 観光政策・行政の参考にするために, ①観光地の宿泊観光客, ②日帰り観光客(観光施設の入場者など), ③両者の観光消費額などを調査し, 公表している。この調査では, 観光地の範囲や観光客のとらえ方, 調査の手法など, 各地方公共団体で統一されていない。たとえば, その地域の住民であっても, 観光目的以外の人であっても, また, 同一人が複数の観光施設に入場しても, 入り込み観光客として計上している場合が多い。したがって, 各観光地の「観光客入り込み数」を単純に比較してもあまり意味はないが, その地域の観光客の傾向や動向を探ることはできる。今後は, 観光統計の国際基準として, 国際連合の勧告によって2000年3月に出されたTSA(Tourism Satellite Account)の手法などを導入して「観光客入り込

観光教育 (tourism education)

観光に関係のある事業すべてにわたって行われる教育のことである。観光のための教育という視点からすると、第1は観光者を対象にした教育がある。第2は、観光産業にかかわる人を対象にした教育が考えられる。ともに持続可能な観光を目指す取り組みであるといえる。前者の観光者を対象にした教育については、観光全般に関する知識教育があり、また良き観光者としてのマナーに関する教育なども含んでいる。一方、後者の観光産業従事者や観光地の住民などを対象にした教育については サービスとホスピタリティに関する知識教育や技能教育などが重視されている。今後、観光振興へ向けて、観光者、観光産業従事者、および観光地住民によるインタラクション (interaction) のしかけが重要である。すなわち、観光者との関係づくりが課題である。加えて、行政体の施策について具体的に実践的に話し合う場づくりは、これからの観光教育に欠かせない取り組みである。→観光産業、サービス、ホスピタリティ、ワークショップ、観光学

(吉原敬典)

み数」を各地方公共団体で統一した基準での算出が求められる。なお、国土交通省は、観光客入り込み数、観光消費額を全国統一の基準でとらえる観光統計を2010年を目途に整備しようと、「観光統計の整備に関する検討懇談会」を2006年12月に設置し、検討を進めている。 (中尾 清)

観光キャンペーン

特定の都市、地域への一定期間内での集中的な送客を目的に行われる、需要創造のための一連のマーケティング活動をいう。行政、観光協会、旅館組合など地元の観光関係諸団体、キャリア（JR、航空会社などの輸送機関）、旅行会社などが主体となって合同で、または単独で行われる。その手法としては、ターゲットとするエリアでの広告宣伝活動のほか、ペイドパブ（記事広告）、物産展などのイベント開催のほか、旅行会社社員の現地見学会、旅行会社へのインセンティブフィー（報酬金）の実施などが行われる。→観光イベント (高橋一夫)

観光協会

都道府県や市町村の行政機関を補完し、民間団体や企業と共同で観光政策を推進する団体。頂点は社団法人の日本観光協会で、都道府県や市町村の観光協会が加盟している。これらの観光協会にはホテルや交通機関や土産品店など地元の観光業者の多くが加盟している。都道府県組織ではすべて公益法人格を有しているが、市町村組織は任意団体である場合が多い。事務局も市町村の観光関係の部課に付設され、職員が兼務しているのが実態である。業務は観光政策のうち、行政が直接的には行いにくいものを代行するというのが基本で、具体的には誘客キャンペーンや会員間の調整、観光施設運営受託、調査統計などである。→コンベンションビューロー (小久保恵三)

観光行政 (tourism administration)

観光行政は、観光政策の理念に基づき、その政策を具体化し実施する行政行為である。政府の観光行政は、国土交通省が観光主管官庁である。その他、警察庁・外務省・農林水産省・経済産業省・環境省なども担当している。多くの地方公共団体では、観光行政を商工・農林・水産行政などと同じ産業振

観光行政機関 (organizations of tourism administration)

　観光政策を具体化し実施する機能をもった組織を観光行政機関という。政府の観光関係行政機関としては，国土交通省が観光主管官庁である。また，内閣府・警察庁・総務省・法務省・外務省・財務省・文部科学省・厚生労働省・農林水産省・経済産業省・環境省も観光関連省庁として担当している。そして，縦割りの弊害をなくすために観光対策関係省庁連絡会議を設け相互の連絡調整を図っている。

　国土交通省には，大臣官房総合観光政策審議官のもとに，大臣官房審議官・企画官および総合政策局に観光政策課，観光経済課，国際観光課，観光地域振興課，観光資源課，観光事業課，全国の9運輸局の企画観光部には，国際観光課，観光地域振興課が設置され，政策立案・業界指導などの業務を担当している。

　なお，関連法案の審議などを経て，2008年10月1日付けで，国土交通省の外局として観光庁が設置される予定である。観光庁には長官，次官，審議官，部（観光地域振興部），6課（総務・観光産業・国際観光政策・国際交流推進・観光地域振興・観光資源課）および参事官（2名）が設置される見込みである。

　一方，地方自治体の観光行政機関としては，企画・調整，健康・福祉，環境，商工・農林・水産，道路・公園・防災，住宅，都市計画，港湾・開発，交通，水道・下水道，消防，教育・文化，総務・人事・財政などの部局の多岐にわたっており，その部局のほとんどが国の省庁につながって，縦割りで展開されているのが現状である。

　多くの地方自治体では，観光行政を商工・農林・水産行政などと同じ産業振興に位置づけている。

　ところが，観光行政は，一観光主管課のみではなく，他部局と連係・調整して，全庁的なまちづくりの一環として"きわめて総合行政的"に取り組まれている。この実をあげるため，たとえば2004年4月，神戸市・京都市には，それぞれ観光監・観光政策監が置かれた。また，近年，部・局に観光の名称を入れる自治体が増加してきている。　　（中尾　清）

興に位置づけている。ところが，観光行政は，一観光主管課のみではなく，他部局と連係・調整して，全庁的なまちづくりの一環として"きわめて総合行政的"に取り組まれている。これを"広義の観光行政"という。そして，従来から展開してきている観光行政は，観光主管課と観光協会（連盟）などが行う観光計画，観光客誘致・宣伝・受入れ，コンベンションの推進，観光施設の管理運営，各種観光関係団体との連絡調整などをさしており，これを"狭義の観光行政"という。

　　　　　　　　　　　　（中尾　清）

観光漁業

　海洋資源を活用した漁業振興策の1つで，観光を意識した形態をいう。体験漁業型，海洋レジャー型がある。体験漁業型には，「獲る漁業」から「観る漁業」への転換といわれるホエールウォッチングやドルフィンウォッチング，定置網・底引網やはえなわ漁業などの漁業体験をともにするものがある。海洋レジャー型には，遊漁船やつり船，魚つり場や養鱒場，さらにはマリンスポーツ事業への参画なども見られる。

また，磯遊びや潮干狩りなどのレクリエーション型が「観光漁業」に含まれる場合もある。漁業の転換，新しい漁業の展開として期待され，漁場と旅館・民宿が一体化して，観光客の誘致に積極的なところが増えている。県の観光統計に「観光漁業」の分野（愛知県）を設けたり，早い時期（1962年）に観光漁業協会（兵庫県）を設立しているところもある。　（北川宗忠）

観光拠点

地域観光において集客の「核」となる場所や施設をいう。地域の歴史・文化・経済などとの結びつきが多い社寺仏閣や博物館・美術館などの文化観光的施設，展示場やコンベンションなどの集客施設，また自然公園などの風景地や景観の優れた名所旧跡，温泉地や遊園地などの観光資源が「観光拠点」となりうる要素をもつ。優れた観光拠点となるには，①予測される来訪者の観光行動や志向，②観光拠点への交通路や交通機関の発展による周辺地域の状況の分析，③観光拠点を中心とした拠点観光地の整備やにぎわいづくり，④社会経済の動向や余暇時間の推移など，社会の現実問題や状況を把握し，これらに対応した地域の「核」としての観光拠点の整備・構築が重要である。一般的に「観光拠点」での滞在時間はおよそ30～90分，飲食・買い物を含めても90～120分ぐらいと考えられる。
→拠点観光地　　　　　　　（北川宗忠）

観光経営

観光経営は，大別すると企業が行う営利活動としての観光経営と，国や地方自治体が行う行政行為としての観光経営に分けることができる。前者については，観光を経営の観点からとらえると，ホテルやレストランなどの事業があり，その事業を支えるための具体的な業務活動がある。そして，人材などの経営資源が必要である。観光経営とは，激しい環境変化に適応するためにこれらの「事業」「業務」「資源」が事業を起点にして常に適合するようにマネジメントすることである。事業は新たな観光商品やサービスを生みだし，経営するうえで資源をはじめとした事業基盤を充実しなければならない。たとえば，高価な旅行を演出するクルーズ事業については，クルーズ事業を起点にして，具体的な業務活動を担う人材，技術，施設・設備，資金，情報などの経営資源を必要とし，競争優位の条件を構築しようとして起業し経営する諸活動であるととらえることができる。一方，行政行為としての観光経営については，その代表的なものとして観光地経営があげられる。主に観光を振興して地域を活性化しようとするもので，何を観光マーケットに対して訴求するのか，が最も問われるところである。すなわち，観光との関連で新たな商品や無形のサービスなどを生みだすことが観光地を経営するうえで重要であるといえる。また，美術館やテーマパークなどの観光施設，美しい風景，気候，温泉，地域住民との交流など，観光地全体の魅力を複合的にとらえ，そこで生活している住民こそが誇りをもって暮らすことができる点も考慮しなくてはならない。いかに観光地として継続的に発展・成長させるのか，そのプロセスが大切であるといえよう。
→観光事業，観光商品企画

（吉原敬典）

観光研究

第三者の依頼や委託，あるいは特定の第三者の利益などを目的とせず，観光にかかわるさまざまな仮説の検証を行うもの。観光の歴史，観光の行動，観光の開発，観光事業，観光と人間の心理，観光政策，観光経済などさまざまな分野がある。→観光学，観光教育

（小久保恵三）

観光公害

　観光が過度に発展したり，無計画に開発したりする場合に起きる地域への悪影響。交通渋滞や空気の汚染，ゴミの散乱，植物の枯死，騒音の発生などが代表的なものであるが，さらには物価上昇，方言の消失，伝統文化の変質，消費経済化の進展なども含められる。こうした公害を防ぎつつ，観光地の発展を図る要諦の1つは，常に点検，修正を行える速度で開発を進めることにある。
　　　　　　　　　　　　　（小久保恵三）

観光交通

　観光を目的とする移動の総体をいう。観光交通に対して，生活交通，産業交通などの概念もあるが，観光交通に固有な特質には，以下のようなことが指摘できる。①快適な移動手段：アクセスのしやすさ，観光地内の移動のしやすさを提供する。②観光資源に転化する交通：帆船，蒸気機関車，人力車，レトロバスなど交通機関自体が「見られる対象」となる。さらには錦帯橋や眼鏡橋，廃線後の古い交通施設が魅力的な観光資源となる場合もある。③展望点，視点としての交通空間：列車やバスの窓から沿線の景観を楽しむ。そのような場の提供も果たしている。④オーバーユースの制御：観光地は過剰利用による荒廃の危険性を常に有している。交通機関の規制や誘導，交通施設の整備の抑制などによって需要を抑制し，観光地の荒廃を防ぐ意味合いもある。
　　　　　　　　　　　　　（小久保恵三）

観光交流

　観光交流とは，観光を通じて行われる人と人との交流のことである。具体的には，観光地を訪れる人は観光地に住む人たちとの交流を期待しているとよくいわれている。1987（昭和62）年，政府は第四次全国総合開発計画（四全総）を閣議決定した。多極分散型国土の構築を目標にして「交流ネットワーク構想」を打ちだし，その実現へ向けて指針をまとめた。さらには，1998（平成10）年にこれまでの開発方式とは一線を画して全総という表現を使用せず，「21世紀の国土のグランドデザイン――地域の自立の促進と美しい国土の創造」を閣議決定し，「参加と連携」をキーワードにした。具体的には，長野県の小布施町は，1つのモデルを提示しているといえる。（株）桝一市村酒造場の取締役であるセーラ・マリ・カミングスの発案で「まち」から自動販売機や電話ボックスを撤去した。町並みに不釣り合いな機械ではなく，人から人への温もりや暖かみを伝えたいという考えからである。また，それは観光者が地元の人とのコミュニケーションを望んでいるとする考えからである。酒蔵を改造してオープンさせたレストラン「蔵部（くらぶ）」についても同様の考えに基づいており，いつもにぎわいのある場を演出している。地域の特性をいかしつつ，観光を通じて交流する機会を提供している1つのケースである。→観光のネットワーク，国際観光交流　　　　　　　（吉原敬典）

観光交流拡大計画（ツーウェイツーリズム）(two way tourism)

　海外旅行倍増計画（テンミリオン計画）などにより日本人のアウトバウンドツーリズムは急激に増大したが，外国人の訪日となるインバウンドツーリズムの伸びは停滞し，この双方の量の間には大きな開きがでていることが国際観光の意義からして，問題視されるようになった。そのため1991（平成3）年7月運輸省（現国土交通省）はアウトバウンドツーリズムに力を入れつつも，インバウンドツーリズムを拡大させるための観光交流拡大計画（ツーウェイツーリズム）を策定した。その内容には主にアジア諸国からの訪日外国人に，日本観光に関する便宜を

観光産業 (tourist industry)

あるところに滞在することを目的にして、日常住んでいるところから移動する観光者を対象にして、さまざまなビジネスを展開する産業のことである。広くホスピタリティ産業ともいわれており、旅行する観光者を対象にして成り立つ産業のことである。観光産業に類別される事業は、実に広範囲にわたっているといえる。具体的にいえば、旅行代理店をはじめとして、ホテル・旅館、レストラン、テーマパーク、航空会社、鉄道、船舶、バス、タクシー、レンタカー、クルーズ、温泉、土産品店など多彩である。このように観光産業と表現する場合には、民間企業が営利を目的にして行う事業の総称であると考えてよい。→観光事業 (吉原敬典)

図り量的に増加させることと、日本人の海外旅行の質的向上の方策が盛り込まれた。→海外旅行倍増計画、ウェルカムプラン21 (末武直義)

観光事業 (tourism industry)

観光に関連して新たな商品・サービスをはじめとした顧客価値を生みだし、観光マーケットに訴求しようとする事業のことである。これまで観光産業とよく混同されて使用されてきた言葉でもある。観光事業を行う目的にはいろいろと考えられる。経済的効果をねらったもの、文化の交流や教養の向上、そして社会的には地域振興などが考えられる。観光事業を国や地方自治体の関係行政部局が行う観光政策の側面からとらえる場合もある。→観光産業、観光政策、顧客価値 (吉原敬典)

観光資源 (resources for tourism)

自然の風景や社寺仏閣などを見学したり、異文化に触れ、体験や学習を行い、あるいはレクリエーションを楽しむなど、日常生活を逃れ、人々の基本的欲求を満たすことのできる観光対象をいう。通常、自然観光資源や人文観光資源に分類されるが、産業観光資源や都市の景観そのものが重要な観光資源となるなど、観光行動の多様化に伴い、その対象となる観光資源の領域も複雑化の傾向にある。「観光資源」の語は、国が鉄道省(現国土交通省)の外局に国際観光局を設けた際(1930年)、resources for tourism の和訳としたことにはじまる。→世界遺産、国定公園、国立公園、文化観光資源 (北川宗忠)

観光施設

観光施設には宿泊施設、物販施設、飲食施設、案内施設、交通施設など観光客の利便を図る施設や鑑賞施設、娯楽施設などがある。これらは観光資源とともに、観光地の魅力を形成し、観光目的にも転化しうるが、観光資源と違って、資本や時間や技術によって、同じもの、それ以上のものを創出することが可能であり、施設所有者が比較優位を継続して維持する保証はない。しかし、一定以上の時間を経過すると評価が定着し、その独自性、希少性が認められるようになる。錦帯橋(山口県)は単なる交通施設としての一般的な橋のレベルから、代替の利かない観光資源としての橋にいたった例である。 (小久保恵三)

観光週間

「観光道徳の高揚と観光資源の保護週間」をいう。観光に関する正しい概念の普及と観光資源の保全などについての認識を広める国民運動で、観光対策関係省庁、都道府県が主体となって毎年8月1日から7日までの1週間実施されている。具体的な目標には、

「観光の意義や重要性の啓発と普及」「連続休暇の意義と普及」「観光交流道徳の高揚」「観光資源の保護」「観光地の美化」「地域の魅力に対する自信と誇り」を促進することにある。なお，2001（平成13）年，名古屋市で開催された産業観光サミットを記念し，10月25日を「産業観光の日」，この日を含む週を「産業観光週間」と定めた。

（北川宗忠）

観光消費（consumption for tourism）

観光者（客）が日常生活圏を離れて移動することを観光行動という。観光行動には，する，観る，乗る，泊まる，食べる，買い物をする，遊ぶ，学ぶなどの行動がある。観光行動は観光消費をもたらす。たとえば，乗るということは，当然，乗車料金を支払うわけで，運輸業に運賃を支払うことになる。泊まるということは宿泊業に，食べるということは料理・飲食業に代金を支払うことになる。このように観光行動に伴う観光消費は，直接的にはこれを提供する観光・関連産業の生産活動を拡大させる。生産活動の拡大は，さらにそこで使用される原材料の調達を通して関連産業の生産を促進する。たとえば，泊まればどのようなサービスを受けるか，考えてみればよくわかる。すなわち，泊まれば食事をする。そうすれば，米や魚，肉，野菜，果物などを消費するので，農林業，水産業に関係する。また，調理をするため水道や電気・ガスも使う。食器なども必要であるので，揃えなければならない。これは製造業にも関係がある。そこで寝ることにもなるので，ベッドや布団が必要であり，シーツの洗濯などリネンサービスも必要になってくる。このように観光消費（直接）は，あらゆるところに影響を及ぼしている。

（中尾　清）

観光商品企画（tourism product planning）

観光者に提供する物産品や土産品，または観光者の便宜を図ったサービス活動などを企画して喜んでもらおうとする取り組みのことである。地引網の体験やエコツアーなども，観光商品企画に該当する。観光目的を達成するために行う観光資源，観光施設，旅行スケジュールなどに関する観光企画とは区別している。→観光経営，旅行関連商品

（吉原敬典）

観光情報センター

観光案内所，すなわち観光客を迎え入れるためのコア施設（核となる施設）であり，五感に訴えまちに対する期待感を喚起させるものでなければならない。さまざまな資料・パンフレット，物産の類からボランティアガイドやレンタサイクルにいたるまで，来訪者に便宜をもたらすツールや人材の基地・宝庫としての役割が必要であり，また外国人来訪者に対応できるシステム（標識や言葉の問題）や施設のバリアフリー化の実践など，求められる役割は多種多様である。昨今，観光客十人十色ならぬ一人十色とまでいわれているため，それに的確に応えられるためにも，地域内に対しての人材育成機能もあわせ有することも必要である。→観光協会

（井口　貢）

観光振興（tourism promotion）

地域を振興する１つの視点として，観光に焦点を当てた場合に使用される表現である。各地域とも歴史・文化があり，それらは自然と並んで観光資源であるといえる。また，観光者のニーズ（不足，欠乏，必要，求め）に適応するために，新たな観光資源を創造していく取り組みは欠かせない活動である。それが古い町並みであるのか，新たに建設するテーマパークなどであるのか，各地域の観光による振興策を立

観光政策 (tourism policy)

観光政策とは,国および地方公共団体(以下,「自治体」という)が,国や地域の活性化を図るため,適切な経費で最大の効果をあげることを目的とした観光事業展開のための施策である。国および自治体では,観光政策の体系を基本的に「政策-施策-事業」の3段階でとらえている。

一方,観光行政は,観光政策の理念に基づきその政策を具体化し実施する行政行為である。このように観光政策と観光行政とは,"車の両輪"の関係である。

国の観光政策は,「観光基本法」に基づき,外国人観光旅客の来訪の促進,観光旅行の安全の確保,観光資源の保護・育成および開発,観光に関する施設の整備などのための施策を実施している。

自治体の観光政策は,基本的には自治体の「公共事務」としてその自治体が自由に選択して行うものである。したがって,自治体の観光政策は,「最小の経費で最大の市民福祉を達成するための政策」である他の政策に比べると,今までは,「職員や財政に余裕があれば取り組む」という程度の,はなはだ"おまけ"的に扱われてきた。過去の自治体の観光政策を顧みれば,特に不況時などには,観光振興が地域活性化の"切り札"として,首長や議員から声高に叫ばれてきた。すなわち,わが市・わが町では,「不況だから,あるいは,ものづくりが海外へシフトしたから」「観光でも振興しようか」「観光客誘致しかまちの活性化策はない」など,全くの偶然や思いつきで発想され,発言されてきたきらいがある。このような「でも」「しか」の観光政策などはもってのほかであり,明確な観光政策のもとに計画的な観光行政を進めていくことが肝要である。　　　　　　　　(中尾　清)

案して,実際に地域を活性化させることである。→観光資源　　(吉原敬典)

観光親善大使

国や地域を代表して観光振興を担い,国や地域の顔として観光交流や広報宣伝活動を行う人をいう。多くがボランティア活動である。国,都道府県,市町村の行政機関や観光協会,商工会議所,商工会などの公的機関が委嘱し,その活動は公的観光事業の象徴的な場面に登場することが多い。芸能人やタレントなどの有名人や,広く一般公募で選任される。ミス○○,観光キャンペーンガールなどとも呼ばれてきたが,近年は男女の区別をなくして観光大使,ふるさと観光大使などと呼ばれる場合が多い。→キャンペーンガール

(北川宗忠)

観光税

観光資源の保護や観光振興の財源確保のため観光関連施設や観光客などに課税して徴収するもの。20世紀の後半,京都市は3度にわたり観光客の受入れ先(主に社寺)に対して課税を徴収する施策を実施した。①「文化観光施設税(文観税)」(1956年):「京都国際文化観光都市建設法」(1950年)に基づき,観光施設や文化財保護の財源確保のため(7年半の期限付き実施)。②「文化保護特別税(第二の文観税)」(1964年):前記の文観税の延長実施(5年間の期限付き実施)。③「古都保存協力税(古都税)」(1982年):年間2万人以上の拝観者のある社寺などを対象に1人1か所50円を拝観料などに上乗せして10年間実施する(1988年廃

観光地

　観光資源や観光施設が一定のまとまりで集積し、それを見たり、体験するために人が集まるところ。「観光地」に類似する言葉として、観光地点、観光地区、観光地域などがあるが、これらを総称して観光地ということもある。厳密に区分すればそれらの違いは空間的な広がりの程度で分けることができる。「観光地点」は最小単位で、1つの観光資源や観光施設の概念に近い。観光客が歩ける範囲で観光資源や観光施設が集積する空間を「観光地区」、そして、交通機関で移動する広がりをもつが、1つの観光的まとまりとして旅行者に意識される範囲を「観光地域」と定義できる。たとえば、三重県の伊勢志摩は観光地域であり、鳥羽は観光地、二見浦は観光地区、夫婦岩は観光地点、というように表現する。ただ、観光客の居住地によっては見方が異なる。たとえば、大阪や東京の居住者から見ると九州は大きな観光地域であり、同様に阿蘇(熊本県)も観光地域と認識されるが、福岡市に居住する人から見ると、阿蘇はともかく、九州を観光地域と認識することはない。このように居住地と観光地域との位置関係によって空間の広がり認識が異なることもある。観光地はおおむね、中核となる観光資源や観光魅力によって、都市観光地、自然風景観光地、温泉観光地、スポーツ・レクリエーション観光地に分けることができる。このうち、都市観光地は東京や大阪のような都市のもつ総合的、複合的な集客魅力があるものと、もっと規模が小さく、歴史文化や町並み景観の魅力に特化した都市観光地、たとえば萩(山口県)、高山(岐阜県)などに細分化できる。また、スポーツ・レクリエーション観光地は本来、観光地というよりはリゾートの前段階といえるが、わが国の利用実態を見ると観光地として定義することもできる。さらに、近年、観光や観光魅力という概念そのものが拡大しているため、とりわけ観光資源がない地域で地域住民との交流を楽しむ、たとえば農村に滞在するというような観光形態が出現している。観光地はその他に、日帰り、立ち寄り、宿泊、滞在といった立地別区分もできる。→拠点観光地　　　　　　　　(小久保恵三)

止)。いずれも社寺を巻き込んで観光問題の大論争に発展した。また東京都では、2002(平成14)年10月から「宿泊税」を実施した。これは、宿泊料金1人1泊1万円以上に100〜200円を徴収する法定外目的税で、税収は全額国際都市東京の魅力を高め、観光振興を図る費用に充てられる。　(北川宗忠)

観光政策審議会

　観光政策審議会の歴史は1949(昭和24)年に運輸省(現国土交通省)に誕生した観光事業審議会をもとにしており、1963(昭和38)年には総理府(現内閣府)に観光政策審議会として設置され、1983(昭和58)年には運輸省に移り、2001(平成13)年に廃止されることとなった。「観光基本法」成立当時、国会では「観光庁」設置の議論もあったが、東京オリンピックの開催に間に合わせるということもあって、その代案として設置されたきらいもあった。わが国の観光行政は1府9省という多省庁の業務に関係し、その総合性・統一性を確保する機能が不可欠で

あった。それを担うべく，省庁の政策調整機能をもつ総理府内に導入されたのである。しかし，内閣総理大臣との間の諮問，答申こそあったものの，それを受けて細目の観光政策立案に資する各種の諮問が関係大臣から行われたことはなかった。目的を十分に果たせないまま，「観光基本法」を根拠法とする法律を提出・成立させたことがある運輸省に移管され，さらに，2001（平成13）年には廃止，交通政策審議会に吸収されることとなった。ただ，省庁再編により，『観光白書』の発行が総理府から国土交通省に移管されるなど，観光政策の一元化に向けての努力が進められ，2008年10月には観光庁設立が予定されている。→観光行政

（小久保恵三）

観光宣伝（tourism promotion）

宣伝とは，本来は政治，軍事，社会，宗教などの主義・主張を広く流布するための諸活動のことである。現在では，広告，パブリックリレーションズ（PR），旅行業者や交通機関への営業活動，観光物産展その他のイベント，観光案内所の開設など，多様な情報提供手段を駆使して，特定の観光地の魅力や観光商品・価格などを広く認識してもらうための活動をさしており，観光プロモーションとほぼ同じ意味で使われている。行政，観光協会（連盟），旅館組合，旅行業者，交通機関などの観光主体が，単独であるいは共同で行っている。特定の観光地域を目的地として，重点的に集（送）客するために，官民が協働して大がかりなデスティネーションキャンペーンを実施して，観光需要の喚起，地域のイメージの向上などを図っている。→観光地「100選」，観光魅力 （中尾　清）

観光地域

交通機関で移動する広がりをもつが，いくつかの観光地や観光地区が集まって，1つの観光的まとまりとして旅行者に意識される範囲。まとまりにはイメージ的な収束で決まるものもあれば，地形的・地勢的なもの，あるいは交通機関によって形成されるまとまりもある。→観光地 （小久保恵三）

観光地計画

観光計画はその段階や精度によって，ポリシープラン（観光政策策定），パイロットプラン（構想計画），マスタープラン（基本計画），また，個々の収益施設についてはさらにフィージビリティスタディ（事業化可能性調査），基本設計，実施設計に分けられる。観光計画は市町村や都道府県の総合計画のなかのセクタープランという性格も有するが，総合計画との整合性が十分に図られているかというと，必ずしもすべてがそうではない。観光所管課で策定した計画が企画担当では認知していない，あるいは各課とさらなる調整が必要であるというレベルにとどまることも多い。したがって，観光計画は他のセクタープランと同様に，総合計画と土地利用計画の3点セットで策定することが望ましい。観光地計画は観光計画のうち，構想計画以下の段階に相当し，具体的な開発地域が確定している条件のもとで必要な調査を実施したうえで，具体的な提案を数的なフレームと空間的デザインによって明示するものである。その内容は，目標，基本方針，計画課題の発見，市場の特性とターゲット，空間分析・敷地解析，土地利用計画，施設配置計画，交通動線計画などであり，フィージビリティスタディを含める場合には，需要予測，事業フレームの策定，資金調達計画や営業収支計画などの作業も含まれる。 （小久保恵三）

観光地診断

観光地の現状を調査し，問題点の発見や解決のための提言を行うという一

連の作業をさす。1955（昭和30）年前後に全日本観光連盟が取り組みはじめた。診断はさまざまな観点で行われるが，当時は観光調査や計画の専門家が少なかった。それで，観光業界と近い関係にあった商工会の紹介などによって，中小企業診断士が担当することが多かった。そのため，商業的な観点を重視したものが多く，空間的な課題発見，計画提言にいたらないケースが散見された。→観光調査　（小久保恵三）

観光地の開発

一般的には，宿泊施設や観光施設の整備をさすが，観光を狭義にとらえると，これは観光資源の鑑賞のための便益施設の整備といえる。しかし，近年は観光の概念が広がり，特別な観光資源がなくても保養機能，体験機能や地域交流機能の提供などの工夫により，それらが新たな観光魅力になりうる時代といえる。したがって，保養，体験，交流あるいは学習や健康も含めて，さまざまな機能の顕在化を図ることなども観光地開発に含めることができる。さらに，観光地にいたる交通基盤施設の充実や観光地を取り巻く自然環境の保全も含めるのが一般的である。→リゾート開発　（小久保恵三）

観光地のライフサイクル仮説

観光地のライフサイクル仮説は，プロダクトサイクルの考え方を基礎に，観光地の発展と俗化の過程の関係を示すものとして知られ，観光地の生成から衰退までを次の6段階に区分している。①探索：限定的・散発的な来訪者がある段階。②関与：来訪者が増加し，滞在施設が求められる段階。③開発：来訪者が急増する一方，環境破壊が進行する段階。④整理・統合：来訪者の漸減が続き，古くなった施設は好まれなくなる段階。⑤停滞：来訪者はリピーターによって占められ，環境・経済・社会的な問題が表面化する段階。⑥衰退：来訪者に見向きもされない状況となり，諸観光施設が別の用途に展開される段階。観光地のライフサイクルは，このような段階を経て観光地はその一生を閉じるという仮説である。
（多方一成）

観光地「100選」

全国各地から観光地100か所を選定すること。現代社会のさまざまな分野で選定されて，そのネットワークが国民の理解を得ることや，地域の自覚を促すことに効果をもたらしている。観光地の100選には，「観光地百選」（1950年）・「新日本観光地100選」（1987年）・「平成にっぽん観光地百選」（1996年）などがある。また観光資源としての100選のPR効果には，登山家深田久弥が選定した『日本百名山』の影響が大きい。主な全国的な100選には，自然観光資源型として，「日本の自然100選」（1982年）・「名水100選」（1985年）・「さくら名所100選」（1990年）・「農村景観百選」（1995年）・「棚田百選」（1999年）・「日本の紅葉百選」（2001年）など。人文観光資源型としては，「日本の道100選」（1986～87年）・「遊歩百選」（2002年）など。観光文化型としては，「ふるさとおにぎり100選」（1986年）・「日本音風景100選」（1996年）・「かおり風景100選」（2001年）などがある。そのほか地方公共団体が選定するもの，出版社が独自に選定して刊行するものなどが多く見られる。→八景　　　　（北川宗忠）

観光調査

調査は独立して行われるものと，計画と不可分で行われるものがある。独立して行われる調査でとりわけ重要なものは「観光統計調査」である。特に観光政策の基礎となる入り込み観光客数の把握については不十分なものが多く，国土交通省も統計の充実と手法の統一化を促すため，全国一律の宿泊者

観光地理 (geography of travel)

　観光旅行の対象となる国内・国外の地域のさまざまな特色を総称していう。旅行先に関する知識と最新の情報の意味から，旅行地理の同義語と考えてよい。もっとも，地理という名称はついているが，観光地の形成過程や空間的構造，地域的展開などを学問的に追求する観光地理学とは区別される。

　観光地理の内容は，具体的には，観光地の山・川をはじめとする地名や都市名からはじまり，自然特性や観光資源，公園や美術館などの観光施設，宿泊・休憩施設のほか，その地域の歴史や文化，芸術，風俗，行事，特色ある料理，特産品などに関する事項からなる。移動のための交通手段と交通経路なども含まれる。観光地紹介的な要素が強いが，観光地の自然・社会・文化が織りなす地域性と人々の暮らしに基づいた説明が求められるので，さまざまな知識を羅列した単なる観光ガイドとは異なっている。

　観光地理は，観光あるいは旅行について教育する学校（大学，専門学校）の教育課程に組み込まれ，そこでは国内観光地理（国内旅行地理）と海外観光地理（海外旅行地理）の2つの科目に分けられる。それぞれを日本地理，世界地理と呼ばないのは，観光地理が企画立案や現地案内などの旅行実務にかかわる知識と位置づけられていることによる。また，国内・海外それぞれの地理的知識が，国家試験の1つである旅行業務取扱管理者試験（総合は日本旅行業協会，国内は全国旅行業協会）の主要な出題内容であることとも関係する。ほかに，観光地理に関する試験には，旅行地理検定試験（旅行地理検定協会），地理能力検定試験（日本余暇文化振興会）などがある。→観光地理学，総合旅行業務取扱管理者試験，旅行地理検定　　　　　（白石太良）

に関する調査を開始した。また，単なる人数把握のみならず，広域観光の進展とともに流動調査の必要性も高まっている。次に経済効果調査が注目を浴びている。国レベルでは観光の経済波及総効果が約50兆円であるという調査結果に基づき，観光産業振興の国民世論醸成に寄与していることから，都道府県レベルでもその実施が求められている。計画と不可分で行われる調査には，観光資源調査，観光事業所調査，住民意識調査，観光市場調査，開発可能地域の自然・社会条件調査，開発予定地域の環境アセスメント調査などがある。　　　　　　　　　（小久保恵三）

観光地理学 (tourism geography)

　観光資源・観光行動・観光産業の分布，自然的・社会的条件，発達の背景と経緯，地域における役割などを考察する学問分野をいう。地理学が各地の地域性の追求をする学問であることから，観光地や観光圏を研究対象に，その立地や空間的構造，観光諸要素の地域的展開などを扱う。個別の観光地について，形成過程や機能，地域分化などを追求する観光地域論となることも多い。単なる観光地の紹介や観光案内などとは区別され，観光をめぐる諸問題の地域的特色の解明が必要である。1960年代ごろから欧米諸国を中心に盛んになってきた学問分野で，一般的には経済地理学または文化地理学の一分野とされるが，歴史地理学・集落地理学・交通地理学などとも関係が深い。

→観光地理，観光文化　　（白石太良）

観光都市（tourist city）

　観光都市とは，その都市の観光資源や観光施設が地域外から多くの観光客を集め，旅行業，輸送業，宿泊業その他の観光関連産業が地域の産業構造のなかで特化した地位にある都市のことをいう。しかし，都市は複合的機能をもっており，必ずしも統計データだけで「観光都市」であるか，否かを見分けることは難しい。たとえば，神戸や横浜が「観光都市」であるかどうかについての評価は難しいが，少なくとも両都市は，ともに第二次世界大戦前から観光課（神戸市），土地観光課（横浜市）を設け，観光行政を推進してきた実績がある。そして，現在でも「観光振興」を市政の重要な柱の1つとしており，札幌，京都，奈良，日光，松江，長崎，別府などと並ぶ日本を代表する「観光都市」であるといえよう。
→都市観光　　　　　　　　（中尾　清）

観光農園（tourist farm）

　農業経営に観光要素を取り入れたもので，都市住民が自然環境に親しむことで都市と農村の交流促進を目的に，農作物の収穫や農作業の一過程を体験させるなどのレクリエーション利用に提供する農園。一般的に，都市農業の振興・発展を目的とするケースが多い。リンゴ狩り，イチゴ狩り，ブドウ狩り，栗拾いなどが代表的である。1994年6月に制定された農村休暇法（「農山漁村滞在型余暇活動のための基盤整備の促進に関する法律」）に基づき，グリーンツーリズムを構成する要素の1つとして位置づけられる。グリーンツーリズムでは，農村滞在型余暇活動として，民宿を中心に食の教育・農業体験・レクリエーションなどを行う。場の提供として観光農園のほか，学童農園や市民農園がある。また余暇との関係では，ドイツのクラインガルテンが知られている。クラインガルテンは，別荘などに付帯する小規模農園である。医者・法律家・実業家など日常的に精神をすり減らす職業分野の人々が，余暇に園芸を楽しみながら疲労した精神面の治癒を行うなどの役割をもっている。→滞在型観光，余暇時間，余暇開発　　　　　　　　　　　（山本壽夫）

観光農林業

　観光農林業とは，観光事業の性格をもつ農林業のことをいう。たとえば，ミカンを栽培している農家が来訪者に有料でミカン狩りをさせる行為をいう。ミカン狩りに限らず，ブドウ狩り，イチゴ狩り，ナシ狩り，イモ掘りなどは観光農業の典型で，観光農園として広く行われている。また牛，馬などの家畜とのふれあいを目的としたのが観光牧場で，牛乳，乳製品などの販売はもとより，レストランや加工体験施設（たとえばアイスクリームづくり，チーズづくりなど）を併設しているところもある。シイタケ狩りは観光林業の一例である。観光農林業は，このような例のように来訪者に農林業の現場に足を運んでもらい余暇を楽しむほか，貸し農園のような農業の生産手段を貸す場合もそれに含まれる。→グリーンツーリズム　　　　　（多方一成）

観光の経済的効果（economic effect of tourism）

　観光の経済的効果とは観光客が行う観光消費によって観光地では観光需要が発生するが，そのことによってもたらされる諸々の経済的プラス効果をいう。観光需要は観光供給を行う観光事業を誘発し，観光関連産業は商品やサービスの生産を増大させ，観光客受入れ地域（観光地）に所得効果，産業効果をもたらすことが認識されている。所得効果は観光供給によってもたらされるもので，その販売による直接的効果に加えて，その直接的所得によって

派生する所得の波及効果も含まれる。産業効果としては観光による地域の産業振興と雇用創出が主なものであるため，地域の広範囲にわたり産業振興の効果がある。また，観光産業を中心にする地域産業は労働集約産業であるサービス産業によって構成されるため，その雇用効果は大きい。これらのほか，観光客利用によって交通資本の高度利用，地域の伝統的産業の存続や国際観光の場合の輸出品増加につながる貿易拡大効果などがある。　　　（末武直義）

観光の社会的効果

①雇用効果：これは社会的効果ではなく経済効果に含めることもある。雇用には，観光振興のために整備された施設における直接的な雇用と，消費による生産波及に関連する間接雇用がある。②第一次産業への刺激：農業などの第一次産業に対して生産への刺激，地場需要の拡大をもたらす。③製造業への刺激：製造業でも，土産物生産や観光施設での消費財生産を含めて地場産業の発展をもたらす。④土地利用の進展：観光の発展は観光以外には利用不能であるような荒れ地の活用を可能にすることもある。⑤社会基盤施設整備の促進：観光の発展は，地域の交通手段などインフラストラクチャーの改善に役立ち，その結果，地域経済全体の発展に資する。⑥資源の再利用：いわゆる産業遺産（ヘリテージ）観光はその典型である。⑦景観の修復：地域の伝統的な景観が観光資源化することで地域景観の復活に資する。⑧人材育成：参加型観光が活発化すると，農漁業体験や伝統工芸制作体験などのプログラムが盛り込まれ，ボランティアを含めて地域の人材への需要が発生する。⑨地域アイデンティティの確立：観光振興による地域の認知やイメージ形成から地域に対する深い理解や親近感・愛着につながることになる。⑩いきがい事業の創出：住民参加型の観光振興に主体的にかかわる人々の「やりがい」や「いきがいづくり」に結びついている。　　　　　　（小久保恵三）

観光のネットワーク（連携）

今後とも，持続可能な発展を実現するためには，観光産業に携わる人のみが主体的に動くのではなく，観光地を訪れる観光者，また観光地の住民，観光行政を推進する人，観光学を研究する人などがネットワークでつながり，互いに交流してプラスの相乗効果を生みだすように取り組むことが重要である。しかし，相互に連携することはなく，体系的な動きがとれていないのが現状である。観光者からすると，訪れたいと思う観光地は国内外を問わず多い。その点，競争力のある観光地，すなわちリピート率の高い観光地に仕上げていくことが肝要である。観光関係者が共通の目的のために思考し開発することが求められているのである。連携することは効果的な施策であるといえる。→観光交流，広域観光ルート
　　　　　　　　　　　　（吉原敬典）

観光の文化的効果

「観光とは地域文化の創造である」。これは三州足助屋敷創設のころ（1980年4月開館）に，愛知県足助町（現豊田市）で発せられた言葉である。観光の振興は，必ず地域に新しい文化価値の創造の機会をもたらすものである。流行と不易という言葉があるように，たしかに流行やブームに終わる効果としては一過性のものもあるだろうが，持続的な交流を伴う観光の推進は，地域社会に不易なる新たな地域文化の創造，あるいは忘れられていた地域資源の再発見に基づく地域再創造の芽をもたらすものである。　　　（井口　貢）

観光の立地条件

立地条件の基本は資源性，到達性，市場性である。資源性は観光魅力と換

言できるが，どれだけ人を引きつけるものが整っているかということである。到達性とは交通条件である。どれだけ速く，大量に，機会が多く，定時に，安定して観光客を移動させられるか，そういう条件が整っているかである。市場性とは誘致可能な圏域に居住する人口規模である。たとえば，ヒマラヤの資源性は世界規模であるが，到達性と市場性で劣る。一方，六甲山は資源性では劣るものの，到達性と市場性で有利な条件にある。観光地が事業の立地条件を整えているかどうかは，これら3条件のバランスがどの程度整っており，どの程度の観光客数が誘致可能かのシミュレーションで決定される。優れた観光地は当然採算性の合う観光地と同義ではない。価値の高い観光地は誘客可能な観光客数ではなく，誘致圏の大きさが尺度となる。ヒマラヤに登る人，見る人はそれほど多くなくても世界中から集まることがその好例である。→観光地のライフサイクル仮説
(小久保恵三)

『**観光白書**』(Tourism in Japan)

政府が，2006年に制定した「観光立国推進基本法」の第8条に基づき，毎年，前年度の観光の状況について国会に報告する白書のことである。また，交通政策審議会の意見をもとに観光に関して次年度に講じようとする施策について明らかにした文書を作成し国会に提出するものである。毎年，国土交通省が編集し発行している。近年では，インバウンドツーリズム（訪日外国人旅行）の振興を掲げて観光立国へ向けての分析と施策の立案を行っている。
→観光政策　　　　　　　(吉原敬典)

観光馬車

主として観光客を乗せた車を馬に牽引させて運行するものをいう。馬車交通は，欧米では自動車が登場するまで人々や物資の輸送手段として重要な乗り物であった。わが国ではこのような発展の経緯は見られなかったが，観光地で観光客用に利用されるようになった。喜多方（福島県）の観光蔵馬車，昇仙峡（山梨県）のトテ馬車，鳥取砂丘（鳥取県）の遊覧馬車，湯布院（大分県）の観光辻馬車などが知られ，海外ではモンブラン山麓（スイス）のツエルマットやロマンティック街道（ドイツ）のノイシュバンシュタイン城の観光馬車などが有名である。竹富島（沖縄県）では，水牛にひかせた水牛車による集落内観光に人気がある。
(北川宗忠)

観光バス

観光を目的とした旅行の交通機関として利用されるバスをいう。一般乗合の定期観光バスと，貸切の観光バスやチャーターバスがある。1960年代前後，わが国のマスツーリズム（大衆の観光時代）の花が開いたが，その主役はバスを利用した観光旅行であった。1925（大正14）年，最初の遊覧乗合自動車（定期観光バス）が東京で走り，まもなく東京や別府（大分県）でバスガイドが登場した。魅力ある観光スポットを結んで走る観光バスは，モータリゼーションの発展とともに花形交通機関の座をマイカー観光に譲ったが，サロン感覚やワイドな眺望に配慮した車種（ダブルデッカーやハイデッカー）の登場は，快適な観光旅行時代の「観光バス」としての地位を確保しているといえる。→バスの日　　　(北川宗忠)

観光バスの日　⇨バスの日

観光は平和へのパスポート（国際観光年）(Tourism, Passport to Peace〔International Tourist Year〕)

1945年，第二次世界大戦は終わった。世界の人々は，この戦争がもたらした悲惨な経験から，「観光が平和に寄与するものである」という認識を新たにした。そこで国際連合は1967年を国際

観光文化

比較的新しい現代の造語であるこの言葉の概念を一言でいえば、観光と交流の促進によってもたらされる地域文化の諸相の1つといっていいだろう。観光という知的交流は、他文化（あえて"異文化"という表現はとらない）との持続的な接触や影響、相互理解によって、独自のものを基盤におきながらも地域文化の新たな創造とその継承を生み、育んでいく。そのことによって磨き上げられた地域文化が、新たな魅力として、常在の地域資源に付加価値を与え、新規の交流人口を創出していくことも可能になるだろう。三州足助屋敷（愛知県）創設の際に（1980年）、「観光とは地域文化の創造である」という言葉が発せられたという。足助町のまちづくりの歴史は、これによって大いに飛躍し、福祉文化をも観光の射程に入れた「福祉センター・百年草」の設立（1990年）にまでつながっていくことになる。観光という行為によって創造あるいは再構築される、地域の固有価値としての伝統文化や生活文化、民俗文化、福祉文化、環境文化などを包摂する地域文化こそが、観光文化といえるだろう。　　　　　　　（井口　貢）

観光年と定め、「観光は平和へのパスポート（Tourism, Passport to Peace）」という標語のもとに、国際観光に関する各国の協力、国際観光事業の振興、国際観光の普及などを図った。わが国では、運輸省（現国土交通省）を中心に国際観光年の記念行事が行われたほか、出入国手続きの簡素化・合理化、国際観光地および国際観光ルート整備5か年計画の推進、観光資源の保護、観光旅行の安全の確保、観光旅行の円滑化、国土の美化、観光に関する普及啓蒙などの施策が関係各省庁によって行われ、その後の政策に反映されている。この「観光は平和へのパスポート」という標語の精神は、観光がただ単なる"経済効果"や"文化創造効果"のみならず"平和創出効果"も担っている、ということを私たちに教えている。このことを肝に銘じるべきである。この精神は、未来永劫に引き継がなければならない。　（中尾　清）

観光パンフレット（tourism pamphlet）

観光パンフレットとは観光者（客）が着地（目的地）で手軽に利用してもらうように、その観光地を簡単に紹介・案内した小冊子のことである。着地の市役所・町村役場など公共の観光機関や各地域の観光案内所、駅や空港、バスターミナル、道の駅などに備えられている。通常は無料で配付されているが、昨今の行政における財政状況も反映して、有料のものも増加してきている。観光パンフレットには、観光地の主要な立寄り先などを記載した観光マップに加え、図・表、写真・イラスト、文章などにより、見る、食べる、遊ぶ、学ぶ、泊まるなどの観光施設や観光資源、宿泊施設の内容、利用可能期間、利用料金、モデルコースなどのさまざまな情報が提供されている。→観光拠点　　　　　　　（中尾　清）

観光ビジネス

観光産業および観光関連産業にかかわるビジネスのことを観光ビジネスという。すなわち、宿泊業（ホテル、旅館など）、旅行業（旅行会社、旅行業者など）、運輸交通業（航空、鉄道、船、バス、モノレールなど）、娯楽業

(テーマパーク，遊園地など)，飲食業(食堂，レストラン，居酒屋，カフェなど)，土産物業(生鮮食料品，加工食料品，工芸品，民芸品など)にかかわるさまざまなビジネスのことである。
→観光産業　　　　　　　　(多方一成)

観光文化財

文化財は「文化財保護法」により，その保存とともに活用(公開など)を図ることを目的としている。しかし，諸事情により非公開の文化財も多い。「観光」文化財は，国などの文化財に指定されたもののうち，その所有者や管理団体により，有料・無料を問わず一般に公開の便宜が図られているものをいう。観光資源として活用される文化財は，国などの指定を受けたもののほか，社寺仏閣や個人・団体などが所有する由緒ある宝物なども含むものである。　　　　　　　　　　(北川宗忠)

観光ホスピタリティ

観光に関する事業やサービスについてのホスピタリティをいう。宿泊業や料飲サービス業における「おもてなし」は，わが国の伝統的ホスピタリティであるが，これには詩歌管弦や茶華道などの伝統芸能や多様な食文化の伝承による影響を受けていると考えられる。観光交流時代のホスピタリティは訪れる「ひと」(観光客)と迎える「ひと」(受入れ側)のコミュニケーション，これらの「ひと」と「もの」(利用する観光資源や観光施設)との評価(魅力，好感度など)の優劣により成果が計られる。観光立国を掲げるわが国にあっては，観光関係者に観光ホスピタリティの認識があらためて要望される時代になってきている。観光関連産業は観光ホスピタリティ産業ともいわれる由縁である。　(北川宗忠)

観光ボランティアガイド

近年，市民ボランティアによる観光ガイドが各地で活発に展開されている。(社)日本観光協会の調査(2007年1月)によると，全国都道府県で観光ボランティアガイド連絡協議会を有するところは19道県(北海道，青森，岩手，山形，福島，茨城，神奈川，石川，福井，岐阜，静岡，愛知，三重，奈良，滋賀，岡山，広島，山口，宮崎)を数える。組織数は全国で1200団体以上を数える。これがもたらす効用として，ボランティアを希望する高齢者の生きがいづくりや，地域住民参加型の商業ベースに流されることが少ない形でのホスピタリティの充実，温かみのある交流の機会の創出などがあげられる。
→社団法人日本観光協会　(井口　貢)

観光マーケティング(tourism marketing)

観光者は，多様なニーズを有している。観光者を"客"として受け入れる側は，観光客のニーズ(顧客満足度)という市場のシグナルを的確に把握し，そのニーズを満たすために積極的に適応する必要がある。簡単にいえば，観光マーケティングとはこのような活動全体のことである。観光事業主体(観光組織)が観光マーケティングの主体であり，ターゲットは観光客である。観光事業主体は，政府・地方公共団体と民間企業・民間非営利団体などが営む旅行業，ホテル・旅館などの宿泊業，飲食業，土産物の製造・販売業，道路・旅客輸送業，輸送に付帯するサービス業，旅行ガイドブックなどの出版業，ラジオ・テレビの情報メディア産業，物品賃貸業，洗濯・理美容・浴場業，その他のサービス業，娯楽業など多岐にわたる。近年になって，IT技術を利用した観光事業の展開が著しい。観光事業主体は観光客のニーズに応えるために，たえず，経済的，文化的・社会的，自然的・生態的，技術的，政治的・法律的諸環境の変化を見極めながら，① Product (観光商品)，②

Price（価格），③ Place（場所，立地，流通，チャネル），④ Promotion（コミュニケーション，促進活動）の4Pの活動を通して，取引を実現するように行動しなければならない。

（中尾　清）

観光マップ（tourism map）

観光マップとは，その観光地を案内した地図のことで，観光者（客）が着地（目的地）で手軽に利用できるように，編集されている。観光マップは，観光パンフレットと同様に着地の市役所・町村役場など公共の観光機関や各地域の観光案内所，駅や空港，バスターミナル，道の駅などで，無料で配付されている。観光マップには，はじめて現地を訪れた観光者（客）でもスムーズに移動できるように，主要な観光資源や観光施設，宿泊施設や交通ターミナルなど，観光者（客）のよく立ち寄る箇所を中心に，目印となる主要な建物などが記載されている。詳細な地図をベースにしたものよりもイラストや写真を使って外来者の視点に立った，見やすくわかりやすいものが多い。→拠点観光地　　（中尾　清）

観光丸

1856（安政3）年，オランダ国王から徳川将軍へ贈られた蒸気船の軍艦である。国威発揚の思いを汲んで「観光丸」と名づけられ，長崎海軍伝習所で活躍した。長崎海軍伝習所は，海軍士官や軍艦運用の専門家を育成するためにつくられたわが国における近代的な海軍兵学校のはじまりである。長崎海軍伝習所では，観光丸を練習艦として活用し，勝海舟や榎本武揚を育てた。その後，観光丸は江戸に回航され，幕府の軍艦教授所で海軍士官を教育した。軍艦教授所は，軍艦操練所などと名を変えて日本海軍の創設に深くかかわった。その後，軍艦奉行並の勝海舟は，神戸海軍操練所を設置し，観光丸は操練所の練習艦となった。操練所では，広く幕臣以外の薩摩・長州・土佐など諸藩から人材を集め，育成に努めた。特に坂本龍馬らの海援隊が有名である。その後，操練所は幕府によって廃止されてしまうが，幕末にあって敵味方関係なく，観光丸は日本の軍艦乗りを育成した。→観光　　（中尾　清）

観光魅力

人に観光しようという動機を起こさせるものの総体。基本は観光資源である。観光資源には自然資源と人文資源があり，その条件は神秘性，美しさ，規模などの面で代替性がないものとされる。また，観光資源を補完するものとして観光施設がある。これらの集合によって，観光地の魅力が形成される。ただ，観光資源には潜在的なものもある。これを顕在化させるのが政策であり，計画・開発であり，管理・保全であるといえる。一方，観光魅力を資源や施設だけで説明するのは不十分であるといえる。旅行者や観光客のニーズが多様化している現代にあっては，地域住民との交流機会やこれまで観光資源とは意識されていなかった郷土料理や地域景観，習俗，生活技術などもその地域の観光魅力につながると認識されるようになってきた。雪国のアイデアからはじまった「雪下ろしツアー」「地吹雪ツアー」，棚田を抱える山村が募った「稲刈り体験ツアー」などもこうした新たな観光魅力に負うものである。→観光資源　　（小久保恵三）

観光立県推進運動

地域にとって観光は，経済に広範な波及効果を及ぼし，外国人観光客との交流機会の増大を通じて地方の国際化などに寄与するものである。そこで，1988年4月，運輸省（現国土交通省）は，21世紀を目指して観光のより一層の振興を図るため「90年代観光振興行動計画（TAP90's）」を策定した。こ

観光立国 (nation based on tourism activities)

国民が観光価値に対する広い認識とその意義を重視するとともに，国は観光を国の基本政策の1つとして観光発展に取り組み，観光が経済の支えとなっているなどの効果をあげている国をいう。

観光立国とする理由は社会的には国民観光の増大と国際観光交流の増進を目指す必要性と，経済的には観光事業の振興による経済の活性化にある。特に経済的理由が重視され，内需拡大効果，新しい産業の創出効果，雇用効果のほか，国際収支改善のための国際観光収入による外貨獲得，すなわち貿易収支が赤字である国にとっては国際観光収支の黒字でその赤字を補填するなど，経済発展や経済秩序の維持に対する期待もある。

わが国では2003（平成15）年に「観光立国」の提唱が行われ，その実現に向け施策を強力に推進していくこととした。そして観光立国の実現のためには，経済だけでなく自然環境の保全，歴史・文化などの観光資源の創造と整備による観光と地域振興を両立させることにより，住みやすく，誇りに思う地域社会をつくることが必要であるとした。それには日本の総合的かつ多彩な魅力を発信できるように，あらゆる方面の力を結集して観光立国への活動に取り組むことが必要であるとする提言がなされている。 （末武直義）

の行動計画は，中央および地方ごとに有識者からなる「観光立県推進会議」を開催して，観光振興に関する具体的施策を提言し，関係者が一致協力して実行に移そうとするものであった。1998年以降は，広域連携による観光振興と地域の活性化・国際化を目指して，「観光立県推進会議」は地方ブロック単位に編成しなおされ，「広域連携観光振興会議（WAC21）」として開催された。→観光立国 （中尾　清）

観光立国推進基本法

観光を21世紀における日本の重要な政策の柱に位置づける基本法として，2006（平成18）年12月に成立，翌年1月に施行された法律。この法律は，1963（昭和38）年に制定された「観光基本法」のすべてを改正し名称も改めたもので，国をあげての観光戦略の位置づけを明確にしたものである。この法律により，国土交通省は施策のマスタープランである「観光立国推進基本計画」を作成し，国際観光の振興，観光旅行の促進，人材の育成など，観光に対する国際競争力の強化を中心とした施策の展開，観光環境の整備，構築を目指すことになった。→観光基本法
（北川宗忠）

観光・レクリエーション

一般に「観光」は社寺や城跡や庭園など優れた文物や山岳，海岸，自然現象などの風景を「見る」行為が主となり，「レクリエーション」の場合は身体を動かして，スキーやゴルフや陶芸などを「する」行為である。両者を抽象的，概念的に定義づけすると，「自由時間における自由な，そして自発的な活動」とされる。しかし，自由とはいっても週末型とか長期休暇とか，自由時間のタイプによって活動の内容は違ってくる。また，自発的であるがゆえに人間性や好みが反映され，それはその人の教育なり，生活水準なり，所得などをもとに形成されるものであるため，少しずつ異なってくる。心の内面を基準に区別すると，観光とは「自

観光ルート

　特定のテーマに基づいて旅行が完結するように起終点が設定され，見どころや休みどころが用意されているもの。通常は市町村や広域市町村圏，都道府県の観光プロモーションの一環として各種提案されている。一方，旅行業者のパッケージ旅行で設定されている行程もそれに近いが，こちらは観光コースということが多い。ルートはあくまで「基盤」であり，それをコースとしてどう使うかはユーザー側の選択になるわけである。地域側で設定する観光ルートは市町村によるものであれば，その行政域で完結し，都道府県によるものでは隣の県との連携がないなど，ともすると「ひとりよがりなもの」になりがちである。それもルートとコースが異なる理由の１つである。ヨーロッパではドイツのロマンティック街道，イングランド南部コーンウォール地方の田舎めぐり，スペインのサンチャゴデコンポステーラを終点とするキリスト教巡礼ルートなどが有名である。わが国でも紀伊半島の熊野古道，四国のお遍路さん八十八カ所めぐり，東北から北陸にかけての芭蕉の奥の細道，さらには東海道五十三次や中仙道といった定番の観光ルートに加え，日本ロマンチック街道やサラダ街道など，ユニークな観光ルートが広域市町村の連携事業で設定され，最近の街道歩きブームに貢献している。→地域観光事業　　　　　（小久保恵三）

己発見の機会」であり，日本や世界のさまざまな自然，文化に接するなかで自分の人生や思想，感情を対比させ，自己を発見し成長させる契機となりうるものである。一方，レクリエーションは「自己陶酔の機会」といえる。これは自分のなかへの没入であり，それによって自分の世界をつくっていくという行為である。絵画や陶芸に打ち込んだりすることによって，多面的なパワーや才能を発揮し，それがその人にとって非常に意味があるとするならば，同時にそれは人間社会にとっても好ましい活動であるといえる。→レクリエーション　　　　　（小久保恵三）

関西国際空港（Kansai International Airport）

　関西国際空港は1994年９月４日に開港した国際空港である。大阪府南東部，泉南沖約５kmの海上に位置し，面積は約510ha，長さ3500m，幅60mの滑走路を１本もち，年間着陸回数は約16万回，航空旅客数は約2500万人，航空貨物量は約100万tの処理能力をもっている。国際空港とは国際航空路線に必要な空港（第一種空港）で，わが国では東京国際空港（羽田），大阪国際空港（伊丹），新東京国際空港（成田），関西国際空港の４空港がある。関西国際空港は日本初の24時間空港として建設され，国際便の大幅な増便が可能となったが，ハブ機能をもつ空港としてははなはだ不十分であった。そこで，空港島を545ha拡張し，4000mの滑走路を建設し，合計5000haの面積，２本の滑走路をもつ空港にするため二期工事が行われ，2007年８月２日に完成・供用された。→空港　　（中尾　清）

関税法

　関税の賦課と徴収，および貨物の輸出入についての税関手続きの適正な処理を図るために必要な事項を定めた法律である。現行法は1954（昭和29）年に制定された。関税は近代国家が法律

または条約上の協定によって、外国から輸入される貨物に対して賦課する租税であり、税関で関税を徴収する。国際法上、国内事項に属する関税について、独立国家が任意に規律しうる権利である「関税自主権」が認められている。 　　　　　　　　　　（芝崎誠一）

歓楽地
　大都市の中心部に位置し、飲食店や風俗営業店などの享楽施設がひしめき合って、まちの一画を形成している地域である。そのほとんどは、遊・食・飲のあらゆる施設が高層ビルのなかに多種雑多入っており、複雑で立体的な土地利用がなされている。例をあげれば、東京の歌舞伎町、札幌の薄野（ススキノ）、長崎の思案橋などである。なお、薄野や福井の片町など、歓楽地の多くが正式な地名ではなく、愛称で呼ばれていることも興味深い。→中心市街地活性化法　　　　　（和田章仁）

管理運営受託方式（マネジメントコントラクト方式）（management contract）
　宿泊産業は土地・建物を所有し、それをホテルや旅館として運営し、経営するビジネスである。このうち、運営を別企業に業務運営委託する方式である。世界的なホテルチェーン「ヒルトン」が開発したシステムで、「ヒルトン方式」とも呼ばれる。運営だけを受託するため、土地・建物の固定資産にかかわる費用や経営に関する財務的な危険負担は委託した企業が担う。これに対して、ホテル運営会社（大半はホテルをチェーン展開している企業）はノウハウの提供を前提に総支配人以下主要スタッフを派遣し、報酬料（マネジメントフィー：management fee）を受け取る。ただし、それ以外の従業員は委託会社の社員となる。マネジメントフィーの多くは基礎的な部分（basic manegement fee）と売上げに合わせてスライドする部分（インセンティブフィー：incentive fee）の2本立てとなる。インセンティブフィーは売上げに対して一定の比率あるいは絶対額で取り決められるが、業績が上がらなかった場合はゼロである。ただし、受託企業が派遣したスタッフの人件費は委託会社の負担となる。契約期間は長く、10～20年、あるいはそれ以上が一般的。それゆえ、受託するホテル企業は高度なノウハウを象徴するブランド力をもつ企業が多い。
　　　　　　　　　　（井村日登美）

き

危機遺産（world heritage in danger）
　世界遺産に登録されたのち、重大な危機にさらされている遺産として、緊急に保全策が必要なものをいう。これらの遺産は「危機にさらされている世界遺産リスト」に登録され、世界遺産基金から優先的に財政的支援を受けることができる。世界遺産登録851件のうち危機遺産に登録されているものは、30件（2007年7月現在）が存在する。また、状況が改善されればリストから除外される。イエローストーン国立公園（アメリカ）や、アンコールワット（カンボジア）は、その例である。さらに、危機遺産に登録ののちも改善されない場合は、世界遺産登録そのものが抹消される。アラビアオリックス動物保護区（オマーン）はその例である。→世界遺産　　　　　　　　（北川宗忠）

企画旅行

旅行素材の代理販売にとどまらず，素材を組み立て，付加価値を与えることが旅行会社本来の商品造成だとすれば，企画商品こそが旅行会社の商品であるといえよう。旅行会社は旅行者の委託により旅行手配をしてきたが，1969（昭和44）年のJTBと日本通運による「ルック」の販売開始により，旅行会社による「企画旅行」がはじまった。これは旅行を斡旋するものから，商品を自主企画し販売するものへと発展したことを意味する。

2004（平成16）年の「旅行業法」の改正により企画旅行は「募集型企画旅行（旧主催旅行）」と「受注型企画旅行（旧包括料金特約付企画手配旅行）」とに区別されることになった。

募集型企画旅行とは，旅行業者が，旅行者のためにあらかじめ，旅行の目的地および日程，旅行者が提供を受けることができる運送または宿泊のサービスの内容ならびに旅行者が旅行業者に支払うべき額を定めた旅行に関する計画を作成し，これにより実施する旅行のことをいう。一方，受注型企画旅行とは，旅行業者が，旅行者からの依頼により，旅行の目的地および日程，旅行者が提供を受けることができる運送または宿泊のサービスの内容ならびに旅行者が旅行業者に支払うべき額を定めた旅行に関する計画を作成し，これにより実施する旅行のことをいう。

また，これらの企画旅行を扱うにあたり，旅行会社は「自己の計算」，すなわち各社の自己の経済的リスクにより旅行サービスなどを仕入れ，自由に値付けをすることが「旅行業法」のなかに記載された（第2条第1項第1号）。

企画旅行の実施にあたっては，募集型・受注型を問わず書面に記載された旅行日程を管理する責任（旅程管理責任）を負うのみならず，旅程保証制度（いわゆる不可抗力の場合を除き，重要な契約内容の変更に対して，旅行会社に故意・過失がない場合でも一定の補償をする）および携帯品を含む特別補償の3点セットが導入された。これにより，企画旅行における旅行日程の変更が起きないようにする仕組みづくりと商品の品質管理がより重要となった。

募集型企画旅行と受注型企画旅行との違いは募集性の有無と，受注型企画旅行では旅行者から変更の申し出があれば，旅行業者は可能な限り要望に応じることが求められることにある。また，受注型企画旅行と通常の手配旅行との最も大きな違いは，旅行の企画から請負までを一貫して行い，その対価として企画料金を収受することである。

受注型企画旅行は，旅行業ならではの無形のノウハウに対する報酬を企画料金と定めて制度化したものである。完成度・満足度の高い手づくり旅行を提供し，旅行者からその企画・手配に対する旅行業務取扱料金として企画料金を収受するということは，旅行業の存在価値を今後に向けて高めていく第一歩といえる。各旅行会社はこの受注型企画旅行を低収益からの脱皮へのきっかけとして，また旅行者の旅行形態・ニーズの多様化・個性化などに柔軟かつ機敏に対応するための手段として積極的に活用することが望まれる。

＊次のページに，「新たな旅行契約の区分」と「契約区分と業務範囲」の表を掲載する。

新たな旅行契約の区分

旧 業 法		改 正 業 法	
契約区分	責 任	契約区分	責 任
主催旅行契約	・旅程管理責任 ・旅程保証責任 ・特別補償責任	募集型企画旅行契約	・旅程管理責任 ・旅程保証責任 ・特別補償責任 （携帯品を含む）
企画手配旅行契約 （包括料金）	・特別補償責任 （携帯品を除く）	受注型企画旅行契約	
企画手配旅行契約 （包括料金以外）		手配旅行契約＋旅行相談契約	
手配旅行契約		手配旅行契約	
渡航手続代行契約		渡航手続代行契約	
旅行相談契約		旅行相談契約	

契約区分と業務範囲

旅行契約と取り扱い方の区分		旅行業の業務範囲等			
		第一種	第二種	第三種	旅行業者代理業
企画旅行契約	海外募集型企画旅行契約	○	×	×	○[注] （第一種の代理業）
	国内募集型企画旅行契約	○	○	×	○[注] （第一・二種の代理業）
	受注型企画旅行契約	○	○	○	○[注] （第一～三種の代理業）
手配旅行契約		○	○	○	○[注]
旅行相談契約		○	○	○	×
渡航手続代行契約		○	○	○	○[注]
他社実施の募集型企画旅行契約の代理締結		○	○	○	○[注]
他社実施の受注型企画旅行契約の代理締結		×	×	×	×
他社の手配旅行契約の代理締結		×	×	×	×
営業保証金（最低額）		7,000万円	1,100万円	300万円	—
旅行業務取扱管理者		営業所における国内、海外の業務範囲に応じて国内又は総合の管理者を選任			

（注） 所属旅行会社の代理人として業務を行う。
（出所） 国土交通省。

（高橋一夫）

寄港港（port of call）

クルーズは一般に決まった港から出て、同じ港に戻ることが多い。このクルーズの途中に寄る港を寄港港と呼ぶ。寄港港は観光資源の豊かな地域の港が選ばれ、乗客はオプショナルツアーや地元文化などを楽しむ。港では各種の歓迎イベントなどを行って、クルーズ客船を歓迎することも多い。地域経済への貢献もあり、また港と市民とをつなげる効果もあることから、各港はクルーズ客船誘致のためのポートセールスを積極的に進めている。→クルーズ

（池田良穂）

キセル乗車

鉄道など交通機関で、乗車駅・下車駅を含むそれぞれの乗車券・入場券をもち、途中の区間を無賃乗車する不正乗車行為を「キセル」という。江戸時代、南蛮貿易の影響で喫煙具（パイプ）が伝わり、わが国で煙管（キセル）による喫煙風習が流行した。このキセルは雁首（先端部分）と吸口（口元部分）が金属で、羅宇（雁首と吸口をつなぐ胴の部分）は竹でできていた。両端だけ「カネ」を使うところから「キセル」といい、無賃乗車そのものは「薩摩守（さつまのかみ）」という。→薩摩守　　　　　　　（北川宗忠）

木賃宿

庶民が自炊のための薪代（木賃）を払って利用した料金の安い宿泊施設。宿泊者に食事を提供する旅籠屋が増加し、木賃宿と旅籠屋の格差が広がるにつれて、木賃宿という呼称は下級の宿泊施設を意味するようになっていった。→旅籠，宿場，宿泊施設　（住木俊之）

起点港（cruise hub port）

クルーズがはじまる港を起点港と呼び、最近のクルーズではクルーズが終わる港も同じとなる場合が一般的である。起点港は、港湾施設が整い、大量の食材などの供給能力があること、空港などの交通拠点が整備されていることなどの条件が必要である。カリブ海クルーズはマイアミ港（アメリカ）が一大起点港となっており、クルーズハブ港と呼ばれることもある。アラスカクルーズではバンクーバー港（カナダ）、エーゲ海クルーズではピレウス港（ギリシア）、地中海クルーズでは、ジェノヴァ港（イタリア）やヴェネツィア港（イタリア）がクルーズハブ港として機能しており、大きな経済波及効果がある。→クルーズ

（池田良穂）

機内サービス（in-flight service）

航空機内において、飛行中に提供されるサービス。機内食をはじめとして、スクリーンあるいは個別テレビモニターによる映画・各種映像の提供、オーディオセットやゲームセットの提供、パソコン機器への接続可能な座席など、詳細は各航空会社によって異なるものの、昨今では多様なサービスが機内において提供されている。また国際線を中心とした機内での物品販売（免税品の販売など）も、機内サービスとしてあげられる。→機内食

（杉田由紀子）

機内食（in-flight meal）

航空機において飛行中に提供される旅客用の食事、茶菓や飲み物など。航空輸送の始動期は航空機自体が小型で揺れも激しく、国際線といえども簡単なサンドイッチとポットに入ったコーヒーなどの軽食が提供されるのみにすぎなかった。1928年、ルフトハンザ航空が機内にギャレー（調理場）を備えて、はじめてホットミールによる機内食サービスを開始した。わが国では日本航空が1954年、国際線の運航を開始する際、in-flight meal を機内食という和訳で行った。各航空会社はそれぞれ自国の食文化をあらわすべく、工夫をこらしている。また日本発着路線で

は日系航空会社以外でも和食の要素を取り入れるなど、各路線における旅客の嗜好を考慮してメニュー作成が行われる。乳幼児や小児づれの旅客に対しては、①離乳食（ベビーフード）・ミルクや、②子供用の食事セットなどの特別食（special meal）がある。また宗教上あるいは健康上の理由によって食事に制限がある旅客に対しては、①ヒンズー教徒用のヒンズーミール（牛肉不使用など）、②回教徒用のモスレムミール（豚肉不使用など）、③ユダヤ教徒用のコーシャーミール（祈禱・封印された食事など）、④菜食主義者用のベジタリアンミール、⑤糖尿病患者用のダイアベティックミールなどの特別食が用意されている。特別食の内容や予約方法などは、各航空会社により異なる。昨今、航空会社間の競合が激しく運賃の低廉化に伴い、近距離路線やエコノミークラスでは、機内食を簡素化する傾向も見られる。

(杉田由紀子)

機内持込手荷物

旅客自身が機内へ持ち込み、保管する手荷物で、航空会社が機内への持ち込みを認めたもの。機内に持ち込めるのは国際線の場合、旅客が携帯し保管する身の回りの物品（ショッピングバッグ、ハンドバッグなど）1個のほか、会社規則に定める物品で、客室内の収納棚または旅客の前の座席の下に収納可能で、かつ、三辺の和が115cm（45インチ）以内のもの1個とし、両者の合計重量が10kg（22ポンド）を超えないもの。国内線の場合は身の回り品1個のほか、三辺の和が115cm程度のもの（航空会社により三辺の和、サイズ、重量の制限は若干異なる）1個で、両者の合計重量が10kg（5 kgの航空会社もある）を超えないもの。

(山脇朱美)

記念物

「文化財保護法」により、史跡（貝塚・古墳・都城跡・城跡・旧宅・その他の遺跡でわが国にとって歴史上、または学術上価値の高いもの）・名勝（庭園・橋梁・峡谷・海浜・山岳・その他の名勝地でわが国にとって芸術上、または観賞上価値の高いもの）・天然記念物（動物・植物・地質鉱物でわが国にとって学術上価値の高いもの）をいう。文部科学大臣は、記念物のうち重要なものを史跡、名勝、天然記念物に指定することができる。またこれらのうち、特に重要なものを特別史跡、特別名勝、特別天然記念物に指定することができる。→文化財保護法

(北川宗忠)

客室係

客の世話をする係。部屋係ともいう。ホテルと旅館ではその内容が違う。旅館では客室で食事を提供する部屋出し業務を主に担当する。食膳を差し出したり、また下げたりする。旅館のなかには酒宴の接待などをする場合もある。またホテルの場合、食事の世話はしない。一般にメイドといい、主に客室の清掃や整備業務を行う。現在ではそれらの作業は外注化され、客室係としてはVIPルームやスイートルームなど特別な客室を担当することが多い。客と直接、接するため、ホテルや旅館の顔であるともいわれる。

(井村日登美)

客室乗務員（cabin attendant, flight attendant）

客室を担当するサービス要員。英語では航空会社によってcabin attendant、あるいはflight attendantと表現される。客室乗務員は、主に次の3つの役割を担っている。①目的地まで快適なサービスを提供するサービス要員としての役割、②飛行中の旅客の安全を確保する保安要員としての役割、

③直接間近で旅客と接して企業イメージを表現し，かつ自社商品告知や機内販売を行うセールス要員としての役割がある。航空機に限らず船舶や鉄道においても，旅客が乗る客室を担当する接客要員を客室乗務員と表現する場合がある。→スチュワーデス，スチュワード　　　　　　　　　（杉田由紀子）

客室単価

販売可能客室の１室当たりの売上単価をいう。ホテルや旅館の客室料金はタリフ（料金表）に書かれている正規料金以外に個人や団体，プラン商品などさまざまな料金がある。これを平均化していったいいくらで客室が売れているのか判断できる重要な数字である。一般に次の公式で求められる。

$$1室当たりの客室単価 = \frac{客室収入}{販売客室数}$$

分母は販売した客室数であって，使用客室数でないことに注意する。使用客室数とすると，売上げを伴わないハウスユース（自社で使用する）ものも含まれ，いったいいくらで客室が売れているのか正確な数字が出てこないからである。　　　　　　　　（井村日登美）

客室予約

単純に客室の予約のことをいう。事前予約と当日予約があり，予約なしに当日，やってくる客のことをホテルではウォークイン（walk in）という。ホテルや旅館は毎日の客室を100％稼働させることを目標としており，予約はいかに効率的に客室を販売できるかどうかにおいてかなめとなる最重要項目であり，営業セールスの目標とするところである。予約の種類は，個人，団体，旅行代理店，固定顧客，ファーム（ホテルや旅館が企業と宿泊利用に交わす契約），航空会社，広告代理店，特別予約，VIP予約などがある。さらに国内，国外に分けられる。予約を解除する際には，キャンセル料が発生する場合もあり，それは宿泊約款で定められている。　　　　　　　（井村日登美）

キャッシャー（cashier）

会計係の総称で，ホテルではフロントキャッシャーとレストランキャッシャーの職種がある。フロント・料飲施設・付帯施設などの料金収受の必要な場所に配置されて，主として料金収受・領収書発行・売上集計などの業務を担当する。かつては経理部門に属していた例が多かったが，近年ではフロントキャッシャーは客室部門に属する場合が多くなった。さらに合理化されたホテルでは，チェックインを担当するレセプションクラークがチェックアウトの時間帯にはキャッシャーの業務を行っている例も見られる。機能的に優れたコンピュータの開発がなされた結果であり，経営的には人件費の抑制の目的もある。　　　　　　（芝崎誠一）

キャッチフレーズ（catch phrase）

広告は，言葉であらわすコピーとイラストや写真，映像，音響などによって表現される。魅力的なキャッチフレーズは，観光客の注意を引きつけ，その心をとらえ，「行ってみよう」という観光欲求を喚起させるための有効な手段である。キャッチフレーズとは，キャッチコピーもしくは見出しのことをいい，本文を読ませるための重要な役割を果たすものである。キャッチフレーズは，①観光商品がはっきりとイメージできること，②誰のための広告かわかるようにターゲットを明確にすること，③思わず本文を読みたくなるような表現であること，④中身も簡潔に伝えられるものであることなどが求められる。→ AIDMA の法則

　　　　　　　　　　　　（中尾　清）

キャパシティ（capacity）

英語では容積，許容量，能力，才能，資格などの意味。ホテルや旅館においてはその収容能力をいう。旅館は１室

当たりの収容人員が多いため，客室数は少ないが収容能力は大きい。たとえば1室5名定員で20室あるとすれば，100名収容となる。一方，ホテルは50室でも全室シングルだとすると50名の収容となる。したがって一般的にホテルのほうが客室数が多く，旅館と比較して規模が大きくなる。

（井村日登美）

キャビン（cabin）

　クルーズ客船の船室をキャビンと呼び，基本的にはホテルの機能と同じである。客船の場合にはスペースに制限があることから，外側の窓付きのキャビン以外に，内側で窓のないキャビンもある。前者をアウトサイドキャビン（outside cabin），後者をインサイドキャビン（inside cabin）と呼ぶ。最近のクルーズ客船では2人部屋が一般的であるが，家族連れなどのために壁に埋め込まれた2段ベッドを必要に応じて利用して3～4人部屋になるキャビンも多い。この2段ベッドを使用した乗客の料金は非常に低く設定されている場合が多い。最近のクルーズ客船はモノクラスで，船内サービスは全く同じという場合が多く，キャビンの大きさおよび設備によってクルーズ料金に差がついている。　　　（池田良穂）

キャプテン（captain）

　船長を英語でキャプテンという。クルーズ客船の船長の場合にはすべての面での最高責任者であり，犯罪などが発生した場合には警察権ももっている。航海の専門家であり，商船大学などの教育機関で教育を受け，3等航海士，2等航海士，1等航海士を経て，船長に就任する。狭水道や港内では，船長自ら操船の指揮をとる。　（池田良穂）

キャプテン主催パーティ（captain's party）

　クルーズ客船では，キャプテン主催パーティが開催されるのが一般的。乗船した翌日にウェルカムパーティ，下船の2日前にフェアウェルパーティが開催されるのが一般的。1週間以内の短いクルーズでは1回だけ，また世界一周などの長いクルーズでは数回開催される。このパーティでは，服装の指定がされているのが一般的で，前日の夜にキャビンに入る船内新聞にドレスコードとして表示されている。一般的にはフォーマルとされ，男性であればタキシードもしくは黒系のスーツ，女性はイブニングドレスもしくは華やかなワンピースなど。ただし，最近はあまり厳密ではなく，男性はネクタイ着用でジャケットを着ていればよい船も多い。インフォーマル，カジュアルとされている場合もある。乗船当日の夜，下船前夜に開催しないのは，洋服の準備が難しいことによる。　（池田良穂）

キャプテンズテーブル（captain's table）

　ダイニングルーム（レストラン）でキャプテンと同席するテーブルで，クルーズ客船の乗客にとっては最高の栄誉。前日までに，船から招待状が届き，出欠の問い合わせがあるのが普通。一般に，ダイニングルームの中央付近の比較的大きなテーブルで8～10人程度が招待される。コース料理なので，時間に遅れずにテーブルに付くのが礼儀。船や海のことなど，船長の豊富な体験談が聞ける。船長以外の，機関長，パーサーなどの高級士官が招待するテーブルがある船も多い。

（池田良穂）

キャリア（carrier）

　運送・運輸などにかかわる業者（会社），あるいは輸送車（機，船）などである。観光・旅行産業界においては，一般的に航空会社のことをキャリアと称する。ICAO（国際民間航空機関）やIATA（国際航空運送協会）は航空輸送の業務をスムーズかつ正確に遂

行できるように，世界の航空会社をアルファベット3文字あるいは2文字の省略形でコード化している。それらはキャリアコードあるいはエアラインコードと称される。→ IATA, ICAO, キャリアコード　　　　（杉田由紀子）

キャリアコード（carrier code）

航空会社をアルファベット2文字（2レター）または3文字（3レター）の省略形でコード化したもの。エアラインコードとも称される。2レターコードはIATA（国際航空運送協会）に，3レターコードはICAO（国際民間航空機関）によって管理されている。ICAOでも従来は2レターコードを使用していたが，1985年に3レターコードに変更した。それぞれの事例は，たとえばユナイテッド航空はUAとUAL，エールフランスはAFとAFR，日本航空はJLとJALである。3レターコードを用いている団体は，ICAOのほかFAA（連邦航空局）などがあるが，実際に航空旅客が空港の発着案内や航空券・搭乗券に表示されたコードを目にする場合は，2レターコードが多い。　　　　（杉田由紀子）

ギャングウェイ（gangway）

日本語では舷門と呼ばれ，船の出入口のこと。クルーズ客船では，ギャングウェイにおいてボーディングカードなどの証明書の確認をし，乗客や船員の確認が行われ，シージャックやテロの予防のために金属探知機などの装置のついた保安用ゲートが用意されていることもある。最近の大型クルーズ客船では，水密ドアを設置して比較的低い位置にギャングウェイを設けている場合も多い。　　　　　（池田良穂）

キャンセル（cancel）

英語で取り消すこと，解約の意味。ホテルや旅館，旅行会社などで宿泊や旅行の予約を客側から取り消すこと。予約取り消しの時期や内容によっては違約金を支払うケースがある。それらは各企業で規定されており，その額は無料から全額支払いまで種々ある。これは予約を確実なものにするためで，二重予約やノーショウ（予約をした客が当日こない）を防ぐ役割もある。→ノーショウ　　　　（井村日登美）

キャンピングカー（camping car）

ベッドやキッチンなどを備え，生活をしながら移動可能な車両をキャンピングカーという。運転席とエンジンをもち，1台で行動できる自走式タイプ（モーターホーム）と，乗用車など他の車に牽引されないと移動できない被牽引式タイプ（トレーラーハウス）とがある。　　　　　　（多方一成）

キャンプ場

テントやログハウスなどの簡易施設で宿泊し，アウトドアライフを楽しむもの。宿泊施設であると同時にレクリエーション施設でもある。基本的にはテントを設営するキャンプサイトと調理施設，トイレ，芝生広場，管理棟，駐車場などで構成される。立地は林間や海浜などで自然環境に優れているものほど人気は高い。これに近年はオートキャンプの人気が高まっている。こちらの施設では，個々の駐車場分のスペースが各サイトに追加され，食材販売のための施設があるなど，従来のキャンプ場に比べて施設水準が高い。アメリカでは日本よりもキャンプ場は充実しているが，これにはリタイヤメント層や季節労働者が定住的にキャンピングカーで生活したり，宗教団体の公益活動で青少年キャンプが盛んである，といった社会的背景がある。→アウトドアレジャー　　　（小久保恵三）

キャンペーンガール

キャンペーンの展開において，そのイメージキャラクターとして登用される若い女性である。基本的には，明朗快活かつ大衆的な笑顔や清潔感，親近

キャンペーン （campaign）

　観光客を地域やイベントなどに勧誘・誘致するため採られる，最もオーソドックスな手法の1つである。主体は，政府・自治体から企業（旅行代理店，電鉄会社，レジャー産業など）にいたるまで，あるいは官民による連携に基づくものなど多様である。また，ある商品を購入することで有名観光地や名旅館に招待するといった一石二鳥の類のものもある。さらには，テレビ番組に乗じて行われるものも少なくない。特に，NHKの大河ドラマによる効果はたいへん大きい。これらに際しては，駅に貼られた1枚のポスターや構内に流れるキャンペーンソングからマスメディアやインターネットの活用によるものまで，高度情報化社会ゆえに多様な戦略のなかで，多様な媒介がそれぞれの個性に応じた役割を演じているといえる。大河ドラマ型キャンペーンなどは，アナログ・デジタル・官民による地域一丸型の展開がなされることが多い。いずれにしても総じていえることは，文化性あふれる手法で，いかに地域のイメージアップ戦略を図るかということが大きなテーマとなる。また，キャンペーンを行うことで，旅行雑誌や地域情報誌などがその特集を組み副次的な後押しをするという効果も期待することができる。さらに，キャンペーンのためにつくりだされたキャッチコピーが世相を反映する流行語になることもあり，サブカルチャーの部分にもたらす効果も看過できない（その例として古くは，「トリスを飲んでハワイへ行こう」から近年話題となった「そうだ京都，行こう」まで，少なからず存在しているのではないだろうか）。また国鉄（現JR）の「ディスカバー・ジャパン・キャンペーン」で見られたように，手法によっては，一躍，そして一夜にして地域，さらには日本を代表する観光地となった"小京都"（高山，萩，津和野など）も少なくない。　　　　　　（井口　貢）

感がそのイメージとなる女性が採用の条件となっているようである。展開キャンペーンや対象企業や対象地域の"顔"ともいえる役割を，一時とはいえ担わなければならないからであるが，大手航空会社やJR東海がかつて展開したシンデレラ・エキスプレス・キャンペーンなどのケースで見られるように，これが彼女たちにとって，スターダムの登竜門となることも少なくない。
→観光親善大使　　　　　　（井口　貢）

休暇村

　休暇村は，厚生省（現厚生労働省）が「自然公園法」に基づいて1961（昭和36）年に発足させた施設である。すべて国立・国定公園のなかにあり，山・高原・川などの美しい大自然のふところに抱かれ，いつでも誰でも気軽に利用できる低料金で清潔な宿泊施設や温泉，自然に親しむための各種のレクリエーション施設が広大なエリアに配置されている。国または地方公共団体が歩道や駐車場，休憩所，キャンプ場などの公共施設を整備し，宿舎やロッジ，スキーリフトなどの施設は，オートレース収益金の助成などを財源として（財）休暇村協会が建設し，運営している。2008年現在，全国に36か所ある。現在では，環境省が監督官庁となっている。　　　　　　（中尾　清）

救命艇 （lifeboat）

　客船に備えつけられているボートで，

緊急時の退船避難の時に用いる。デッキ上で旅客を乗せ、ダビッドと呼ばれる昇降装置で海面まで下ろす。クルーズ客船の場合には、両舷にほぼ等しい数だけ用意され、旅客、乗組員ともに避難時に乗船する救命艇が決まっている。その教育のために航海時間が48時間以上の航海をする場合には避難訓練が義務づけられており、一般にボートドリルと呼ばれている。　（池田良穂）

救命胴衣（life jacket）

海に投げ出された時に浮くための、ベスト状の身につけることのできる浮き。クルーズ客船の場合には、各キャビンに必要数が格納されており、総員退船の指示があった場合にはこれを着用し、指定された救命艇のところに集合する。色はオレンジ色で、レーダーに映りやすい反射板、ホイッスルなどがついている。　（池田良穂）

行政主導型観光

観光事業主体としては、行政（政府・地方公共団体）、民間企業（旅行業、宿泊業、コンベンション業、運輸業、その他観光関連業）、民間非営利団体（NPO・NGO）とそれらを組み合わせたジョイントセクター（観光協会など）がある。このようなさまざまな主体によって多様な目的のもとに観光事業が行われているが、どの機関がイニシアティブをとるかによって行政主導型、民間企業主導型、民間非営利団体主導型、ジョイントセクター主導型に分けることができる。行政主導型による観光事業は、入り込み客の増大による産業振興（生産波及）効果、所得・雇用・税収効果、地域のイメージ向上、交流の促進などといったことを目的として行われる。民間企業主導型による観光事業は、企業の存続、雇用の確保、利潤追求などを目的として行われ、ジョイントセクター主導型による観光事業は、行政主導型・民間企業主導型を補完するものである。近年、平和創出効果を目的とするピースボートやいきがい・文化創造を目的とする観光ボランティアガイドなど、民間非営利団体主導型の観光事業が活発に行われている。　（中尾　清）

協定旅館

旅行会社と送客契約をしているホテルや旅館のこと。大手の旅行会社のなかにはホテルや旅館をグレード別にクラス分けして、それに応じた商品づくりをし、販売している。一般的に旅館は旅行会社からの送客の比率が高く、自社での集客の比率は低い傾向がある。しかし大規模旅館のなかには、独自に営業所や案内所、セールスマンを専属でもち、集客の努力をしているところもある。旅行会社への依存率が高くなるほど、旅館の独自性が失われやすいが、安定した需要を確保するためには旅行会社に頼らざるをえないのが現状といえよう。最近はインターネットの普及やメディアを活用して独力で集客しているホテルや旅館も増えてきている。→講　（井村日登美）

共同運航（joint operation）

2国間の双方の航空会社が、便数確保や経営効率を志向して共同運航契約を結ぶことにより、共同で航空機の運航を行うこと。従来、自社便の座席の一部を相手側航空会社に提供する「共同運航」と、相手側から座席の一部を提供される「共同運送」の呼称で大別されてきた。しかし航空アライアンス（業務提携）の進展などとともに路線や業務提携の形態が多様化し、現在では「相手方の航空便にも自社の便名をつける業務提携」という意味合いが強い。自社便が全く関与しない路線に、コード（航空会社・便名）がつけられるケースが多くなり、現在ではコードシェアという呼び方が一般的である。→コードシェアリング　（杉田由紀子）

共同浴場（public bathhouse）

多数の人々が共同で利用する浴場の意で，共同湯ともいう。広義には公衆浴場（いわゆる銭湯），スーパー銭湯，ヘルスセンター，宿泊施設の大浴場，企業の従業員用浴場，スポーツ施設の選手用浴場などが含まれる。一般には狭義にとらえることが多く，温泉地で旅館などの宿泊施設の外につくられ，複数の旅館の宿泊客や日帰り観光客，地域住民がともに利用する浴場，いわゆる外湯の意味で使われる。クアハウスや日帰り温泉など，新しく誕生した温泉施設も共同浴場である。温泉地ではもともと地元住民の管理する共同浴場形式が中心であったが，自家泉源の保有や温泉水の引湯などによる浴場が旅館内にできるにしたがい，共同浴場は住民のみの利用となったものも多い。もっとも，道後温泉（愛媛県）や城崎温泉（兵庫県）など今も共同浴場を売り物にする温泉地もあり，野沢温泉（長野県）や草津温泉（群馬県）などのように伝統的な共同浴場の魅力が見直されているところも見られる。→外湯，内湯，温泉地，温泉浴，足湯

（白石太良）

拠点観光地

観光地で集客の「核」となる観光拠点と一体化して，観光地として整備された周辺地域をいう。この「拠点観光地」の整備，にぎわいづくりが観光拠点の活力になるとともに，拠点観光地における来訪者の滞在時間を延長し，地域社会にさまざまな波及効果をもたらすことになる。→にぎわいづくり，観光拠点

（北川宗忠）

近畿日本ツーリスト（Kinki Nippon Tourist Co.）

わが国の旅行業界で取扱高第2位の総合旅行業者である。この旅行社は1955（昭和30）年に，修学旅行団体を専門に取り扱う「日本ツーリスト」（1948〔昭和23〕年創業）と近畿日本鉄道（株）の旅行社「（株）近畿交通社」（1947〔昭和22〕年設立）との合併によって誕生した。特に，旧日本ツーリストによる国鉄（現 JR）臨時列車を利用した修学旅行団体の取り扱いの歴史として，作家城山三郎の著書『臨三三一一に乗れ』は有名である。1965（昭和40）年当初に，業界に先駆けてコンピュータによるリアルタイムシステムを導入し業績を伸ばした。さらに1980年にメディア媒体による一般旅客を獲得する手法で業績を伸ばし，1984（昭和59）年には業界第2位の取扱高に成長した。しかし，バブル経済崩壊後はその勢いもなくなり，2003年に業界第3位の日本旅行と合併する交渉をしていたが物別れとなった。2008年1月より店頭販売部門をKNTサービス（旧ツーリストサービス）に移管し，経営刷新を図っている。→旅行業者

（甄江　隆）

クアハウス（qua-house）

18世紀後半のヨーロッパで，温泉保養地への訪問客の増大と娯楽の多様化が進むなかで，複合多目的な社交施設として出現した治療と娯楽の複合施設である。最初の代表的なクアハウスは建築家 Ch. ツァイス（1770-1820）の構想によるヴィースバーデン（ドイツ）のクアハウスといわれる。この複合施設では，観劇，宴会，舞踏会，カ

ジノなど多様な活動が行われた。当時の一般的な温泉保養地は，クアハウスに，温泉治療施設，心臓研究所，クアホテル，博物館，テニスコートなどで構成する保養公園を中心とし，この公園を囲んで，飲泉と吸入の設備をもつ公園，ゴルフ場などのスポーツ施設，宿泊施設，サービス施設などが分散するといった仕組みであった。つまり，研究－治療－指導の3つの機能がすべて揃っているのである。わが国にこのクアハウスを紹介，導入したのは日本健康開発財団で1979（昭和54）年のことであった。わが国の温泉観光地は遊興娯楽の色彩が強まり，団体宴会需要の減少などから長期低落傾向を見せはじめていた。その抜本的対策として注目され，とりわけ物理療法，化学療法による「温泉医療」機能に期待がかけられた。本格的なクアハウスでは治療・療養プログラム，ノウハウが整備され，健康運動指導士，温泉利用指導者といった資格をもったトレーナーも用意されている。しかし，本来の温泉の機能に立ち返るべくスタートしたクアハウスも，実際の利用はかつてのヘルスセンター的な利用の域を抜け出せず，脱皮に成功したとはいえない状況にある。最近では自治体の温泉施設や都市周辺の民間「健康ランド」的施設にもクアハウスに近い設備を整えているものが多いが，ソフトウェアの不足が目立ち，孤立した単体施設の域を出ていない。　　　　　　（小久保恵三）

クイーンエリザベス2（QE2）
（Queen Elizabeth 2）

　1965年に起工し，69年に完成した世界で最も有名な外航客船である。運航会社は，キュナードラインである。クイーンエリザベス2（QE2）は，全長293.5m，幅32m，総トン数6万5863t。乗客定員は1室2名ベースで1791名，総定員では1890名で，乗組員数は，921名である。航海能力は28kt（ノット）の最高速を誇っており，世界一周や大西洋，カリブ海クルーズなどに従事した。わが国へは世界一周クルーズの時に，神戸港や大阪港，横浜港などに寄港している。船内施設は，まさに移動する豪華ホテルである。レストランはキャビンの等級によって利用できるものが異なるが，それ以外のクラブやバー，プール，ジャグジー，サウナ，スパ（マッサージ），フィットネスセンター，映画館，図書館，美容室，医務室，ブティックなどが利用できる。82年のフォークランド紛争では兵員輸送船として徴用された。紛争後，船体は白っぽいクリーム色一色に塗り替えられたが，不評ですぐに元の白黒のツートーンカラーに戻っている。2008年秋の「さよならクルーズ」をもって客船としては引退し，ドバイで海上ホテルとなる予定である。→クルーズ
　　　　　　　　　　　　（中尾　清）

クイーンサイズベッド（queen size bed）

　ベッドはそのサイズによってシングルベッド，ダブルベッド，セミダブルベッド，クイーンサイズベッド，キングサイズベッドなどがある。クイーンサイズベッドは幅1600mm×長さ2000mmが一般的な大きさ。キングサイズは一回り大きく，幅と長さとも2000mm。最近は幅の広いワイドベッドを採用するホテルが多く，シングルの部屋でも幅1200mmや1400mmの幅広ベッドやツインでも同様サイズのベッドを2台備える場合もある。
　　　　　　　　　　（井村日登美）

空　港（airport）

　航空運送の用に供する公共用の飛行場。わが国では「空港整備法」の定義する空港には，①第一種空港，②第二種空港，③第三種空港の3種類がある。空港の運営は，公団あるいは民間会社

などさまざまな形態が存在する。空港の施設は航空機が発着する滑走路などをはじめとして，航空利用者が航空機に搭乗するために必要なサービスを提供する施設である。地上アクセス交通との乗り換え施設，航空会社での搭乗手続き・待合施設や商業施設，あるいは国際線の空港には税関・入国審査・検疫検査（CIQ）のための関連業務施設も含まれる。大規模空港のなかには同一空港内に複数のターミナル（番号などで識別）が存在する空港があり，航空会社や路線構成により使用するターミナルが異なる。　（杉田由紀子）

空港コード（空港略号）

　IATA（国際航空運送協会）では空港のある都市名を表示するのに，アルファベットの3文字からなる都市略号（three letter city code）を制定し，さらに1つの都市に複数の空港がある場合は空港略号（three letter airport code）を使用している。たとえば，東京の都市略号はTYOで，成田はNRT，羽田はHNDの空港コードを使用している。航空業界，旅行業界では日常業務において頻繁に用いられているので，ある程度の知識が必要となる。
→エアポートコード　　　（山脇朱美）

空港使用料

　空港施設の維持管理のために，出国旅客や航空会社から徴収する料金。使用料の種類は，航空会社が支払う着陸料，停留料，保安料などと，旅客が出国の際支払う旅客サービス施設使用料などがある。日本では出国旅客に対し，成田空港では2040円，関西空港では2650円を現在（2007年9月）徴収（航空券購入時に航空運賃とともに支払う）している。　　　　（山脇朱美）

空港税（airport tax）

　国もしくはその委任を受けた機関が，空港を利用する航空会社または旅客から徴収する税金。その主目的は，空港施設の維持管理などにある。国によっては税収入を目的として，出国税と同様に導入している場合もある。航空会社で発券の際に航空券代金と同時に徴収されることが多いが，空港内の専用窓口で支払う場合などもあり，さまざまである。
　　　　　　　　　　　（杉田由紀子）

空港整備法（Airport Development Law）

　航空輸送の基盤となる空港について，「空港の整備を図るため，その設置，管理，費用の負担等に関する事項を定め，もつて航空の発達に寄与することを目的」（「空港整備法」第1条）とした法律。1956年に制定された。空港を第一種，第二種および第三種の3種類に分類した。戦後の急激な経済発展などに伴う国民の旅行へのニーズや国際交流促進などの社会的背景は，法制定時の想定を超えて各地に各種空港を成長させ，地方空港から国際線への伸張や一般空港・小規模（地域）空港間のコミューター路線などを実現させてきた。「空港整備法」はこれまで何度かの手直しを経ているが，実勢と乖離した空港の種類や費用負担などの課題がある。→第一種空港，第二種空港，第三種空港　　　　　　　　（杉田由紀子）

空港免税店（airport duty free shop）
　⇨免税店

クーポン（coupon）

　一般的には切り取り式切符。乗車券・旅館宿泊券・観光券などを一綴りにしたもの。旅行業者が発券するクーポン券には，宿泊機関（旅館券，ホテル券，民宿・公営宿舎などの券），船車券（船舶，バス，タクシー，私鉄，索道，ケーブルカーなど），観光券（各種入場施設），食事券（各種料飲機関）などのクーポン券がある。JRや航空券は専用のものとなる。このようなことから，旅行業者が旅行契約をした旅行客に，代金と引き換えに自社発

券のクーポン券を手渡し，旅行客はそれを持参して，旅行先の宿泊機関，食事機関，入場施設などに手渡すことにより，予約が確認されると同時に現金支払いの代わりとなる。これが関係機関への旅行業者の送客実績となり，あらかじめ契約した手数料を得ることができる。団体旅行の場合には，添乗員が所定のクーポン券を持ち出し，関係機関で人員分を一括手書き発券することになる。→旅行商品，バウチャー

(蟹江　隆)

クチコミ

人の口から口へ直接的にメッセージが伝えられることをいう。特に顧客同士によるクチコミは影響性が高いといわれている。なぜなら，日ごろから親しく接していて，当事者ではなく第三者が流す情報は受け手にとって抵抗感が少なく信頼性が高いと認知されるからである。観光産業においては直接的に影響をこうむることから重視すべき点であり，特にクレーム対策を講じておくことが肝要である。しかし，クチコミは無料のセールスプロモーションでもあり，パブリシティ同様，観光商品・サービスについての話題性を提供する際に活用したい現象でもある。→クレーム，顧客進化のプロセス

(吉原敬典)

熊野古道　⇨熊野詣で
熊野三山

熊野信仰の熊野詣での対象となった紀伊半島にある三社の総称。熊野坐神社（本宮：熊野本宮大社）・熊野速玉神社（新宮：熊野速玉大社）・熊野那智神社（那智：熊野那智大社）をいう。三山詣では，平安時代中期ごろから盛んになり，皇族・貴族たちは京都から80余里（往復およそ600km），約1か月の旅程を，途中九十九王子社で休息と熊野遙拝をしながら精進潔斎をし，熊野先達の案内で歩き，また熊野御師の宿坊に宿泊した。「先達」は今日のツアーガイド，「御師」は宿泊施設（宿坊）の経営者の淵源といえる。

(北川宗忠)

熊野詣で

紀伊半島の熊野地方にある三社（熊野三山）に参詣すること。熊野の神秘的な自然を背景とした熊野信仰に基づく熊野詣では，信仰の旅の淵源，またわが国の周遊旅行の起源ともいえる。古くは，仁徳・天武・平城・清和の各天皇の熊野行幸があるが，平安中期の宇多上皇（うだじょうこう）の熊野行幸（907年）がその契機といわれ，藤原師通（ふじわらのもろみち）の熊野詣で（1080年）のころから盛んとなり，白河上皇にはじまる鳥羽・後白河・後鳥羽各上皇の院政時代（11～12世紀）に隆盛し，中世以降は庶民の参詣も加わった。このため紀伊路（熊野御幸道）や伊勢路（東熊野道）などの熊野参詣路は，「蟻の熊野詣で」といわれるほどににぎわった。当時の観光ルートともいえるこれらの道は，今日「熊野古道」と呼ばれ，2004（平成16）年「紀伊山地の霊場と参詣道」として世界文化遺産に登録され，西欧キリスト教の聖地へのサンティアゴ巡礼道（スペイン）と比較される。→巡礼さん，伊勢参宮

(北川宗忠)

グリーンツーリズム法（農山漁村滞在型余暇活動のための基盤整備の促進に関する法律）

グリーンツーリズム法は，1995年に施行されたもので，グリーンツーリズムの推進のために，農山漁村地域における余暇活動の基盤整備を推進する一方，ゆとりある国民生活の確保と農山漁村地域の活性化に寄与しようとするものである。具体的には，「農村滞在型余暇活動に資するための機能の整備を促進するための措置等」と「農林漁業体験民宿業の健全な発展を図るため

グリーンツーリズム（green tourism）

　グリーンツーリズムは，一般的には「農山漁村における自然や環境，景観，暮らし，文化，人々との交流を楽しむ滞在型の余暇活動」と定義される。しかしグリーンツーリズムとは，都市住民が農村の豊かな自然や美しい景観のなかで，休養はもちろんのこと，地域の人々や文化とのふれあい，農作業体験，自然体験・観察などをするといった広義の「自然への旅，自然のなかでの観光」であると考えたほうがいい。広く農村空間には都会と違ったものが存在し，それらは自然性，文化性，人間性などの地域固有のものである。農村には豊かな自然だけでなく，その自然をいかした農林漁業といった生産空間をもたらす空間がある。具体的には，歴史，伝統文化，民俗芸能，祭り，伝説・神話・民話，伝承技術，郷土料理，農村景観（たとえば棚田）など，日本人の原風景ともいえる「なつかしさ」や「やすらぎ」があり，また豊富な文化空間もある。

　このような農村固有の地域資源に都市住民が出会うところから，もしくは農村においてその地域資源を大切にし，それらをいかすところから，すなわち都市と農村の交流を通じてグリーンツーリズムの展開がはじまるのである。→ツーリズム，エコツーリズム　　　　　（多方一成）

の措置等」との2点から構成されている。　　　　　　　　　　（多方一成）

グリル（grill）

　グリルルームと同義語である。ホテル内料飲施設のうち，定食を主に提供するメインダイニングルームに対し，一品料理（アラカルト）に重点をおくグリルがある。昼食時および夕食時，もしくは昼食時以後連続して営業することが多く，毎食一定時間でクローズするメインダイニングルームの補助的役割を果たしてきた。また，アラカルト料理が中心であるため，利用者が自分の嗜好にあった食事を選ぶことができるなどの特色をもつ。なお，グリルとは調理用語の「網焼き」を語源とする。　　　　　　　　　　（芝崎誠一）

クルー（crew）

　乗組員。航空機の場合，コックピットクルー（cockpit crew）とキャビンクルー（cabin crew）の2つに分けられる。コックピットクルーは運航・操縦にかかわる乗務員で，機長あるいは操縦士（captain あるいは pilot）や副操縦士（co-pilot）などである。キャビンクルーは客室を担当する乗務員で，客室乗務員（cabin attendant あるいは flight attendant）とも称される。→客室乗務員　　　　　（杉田由紀子）

　客船の場合，全権を有する船長以下，航海部門，旅客部門，医療部門などに分けられる。クルーの数は乗客1人あたり0.3～0.5人程度が多い。

　　　　　　　　　　（池田良穂）

クルーズアドバイザー制度（cruise adviser）

　クルーズは，一般の旅行形態と異なることが多く，売る側にも高度な専門知識が求められる。こうした専門家を養成するために，日本外航客船協会，日本旅行業協会，日本船旅業協会の3団体で構成するクルーズアドバイザー認定協会は，2003年よりクルーズコンサルタント認定試験を実施している。この認定には，資格認定研修，試験に合格するとともに，1泊以上の乗船経験が必要とされる。クルーズコンサルタントの上級資格としてクルーズマス

クルーズ (cruise)

クルーズとは、客船による周遊旅行をさす。言葉のもともとの意味は、周回するということで、宿泊施設を有するヨットや、軍艦のなかの巡洋艦もクルーザーと呼ばれており、同じ語源である。

クルーズに用いられる客船をクルーズ客船と呼ぶ。世界最初のクルーズ客船は、19世紀終わりに登場した「セイロン」で、地中海や北ヨーロッパのクルーズを行い、世界一周も行ったとの記録がある。

大西洋や太平洋横断航路に就航していた定期客船がシーズンオフにクルーズに就航することもあった。1960年代に国際航空機網が完備され、大半の定期客船がクルーズに転用されたが、その事業の多くは失敗した。

現在、世界的にブームとなっている新しいタイプのクルーズは、1960年代後半にカリブ海で誕生した。マイアミ港(アメリカ)を起点として、年間を通して決まった曜日に出航し、決まった曜日に帰港する定点定期クルーズで、飛行機を利用して全米の大都市から乗客を運び、クルーズ期間も1〜2週間までのものとした。また、クルーズ料金も飛行機代も含めて陸上のレジャーと十分競争できるものとした。

最初のクルーズ客船は、1.5〜2万t、乗客定員700〜1000名程度であったが、急速に大型化し、2000年前後には7〜14万t、乗客定員2500〜3000名が主流となった。

クルーズ客船の特色は、船としての移動機能のほかにホテルとしての宿泊機能、レストラン機能、ショーなどのエンターテイメント機能をもち、そのほとんどすべての料金がクルーズ料金のなかに含まれていること。移動中に食事をし、エンターテイメントを楽しみ、睡眠をとることができることから、非常に楽で効率のよい旅ができることでも評価が高い。

クルーズを楽しむ人の数は、全世界で約1500万人、約4兆円の産業規模をもつ(2007年現在)。

クルーズ客船には、それぞれ特色があるため、顧客に適したクルーズ客船を選択する能力が旅行業者に求められている。このため、クルーズ先進国であるアメリカには、非常に多くのクルーズ専門旅行会社が設立されている。 (池田良穂)

ターもあり、長年クルーズ販売に携わったベテランに資格が与えられる。
(池田良穂)

クルーズ元年 (beginning of cruise era of Japan)

1989年に日本にとって最初の新造クルーズ客船「ふじ丸」と「おせあにっくぐれいす」が登場し、それまで研修クルーズ船が中心であった日本のクルーズが、一般個人客をターゲットとしたレジャークルーズにも積極的になったことから、この年を日本のクルーズ元年と呼んでいる。この後、日本の海運会社も続々とクルーズ事業に進出した。アメリカでは、この同じ年に7万総t級のメガクルーズ客船が登場しており、日本がクルーズの分野ではかなり遅れていたことがわかる。
(池田良穂)

クルーズ客船 (cruise ship)

移動ではなく観光のために周遊する船旅(クルーズ)を楽しむための船をクルーズ客船という。類似語として、巡洋艦(cruiser)、宿泊設備をもつ

ヨット (cruiser) があり，いずれも周回するという意味からきている。専用のクルーズ客船が運航されたのは19世紀の終わりごろであり，以来ヨーロッパの富裕層のためのクルーズ客船が幾隻か就航している。一般大衆のためのクルーズは，1960年代後半にカリブ海で発祥し，1～2万総t型の小型船であったが，その後急速に大型化し，80年代前半に4～5万t級，80年代後半に7万t級，90年代後半には14万t級，2000年代には16万t級が登場し，2009年には22万t級の超大型船が登場する。　　　　　　　　（池田良穂）

クルーズ振興協議会（Association for promotion of cruise）
　1989年からはじまった日本のクルーズ産業の成長は，海外の事例と比べて著しく低迷している。国土交通省は，日本におけるクルーズマーケットの拡大のための施策として，各地方におけるクルーズ振興，クルーズマーケットの拡大を目的として，産官をあげた協議会を，日本各地に2003年から順次立ち上げ，クルーズ振興に関する事業を行っている。これまで（2007年4月現在），沖縄，関西，北海道，九州，中国で設立されており，日本外航客船協会などとも連携した活動を行っている。
　　　　　　　　　　　　　（池田良穂）

クルーズディレクター（cruise director）
　クルーズ客船のなかで，乗客を楽しませるためのイベントやショーの運営を行うクルーズスタッフをまとめる責任者。乗客に直接かかわる仕事の責任者であるため，クルーズ客船の評判が，クルーズディレクターによって決まるといわれるほど重要なキーマン。メインショーの司会，クルーズスタッフによるショーなどで乗客の前にしばしば登場する。　　　　　　　（池田良穂）

クルーズフェリー（cruise ferry）
　定期カーフェリーで，移動のための客だけでなく，純粋に船旅自体を楽しむ需要が大きいものをクルーズフェリーと呼んでいる。バルト海を横断するスウェーデン～フィンランド間に最初のクルーズフェリーが登場し，多くの人々が同じ船で往復して2泊3日の船旅を楽しむようになっており，フェリーながら船内設備，サービスともにクルーズ客船並みのグレードを誇っている。クルーズ客船との大きな違いは，2点間を定期的に結ぶので，ほぼ毎日運航されること，食事は運賃に含まれておらず，船内のいくつものレストランを自由に選ぶことができることである。最大のクルーズフェリーは，2004年12月にキール（ドイツ）とオスロ（ノルウェー）の間に就航した7万tの「カラーファンタジー」である。→フェリー　　　　　　　（池田良穂）

グルメ（gourmet）
　美食家，または，食通といわれる人をさす言葉である。一方，「ぜいたくなもの・美味なるもの」を食べること，または，その食事そのものを意味することもある。本来は酒の鑑定家に与えられた名称で，今でもワインやブランデーなどの酒類の味がわかる人の意味で使用されることもある。→三大珍味
　　　　　　　　　　　　　（芝崎誠一）

クレーム（claim）
　苦情とか文句の意味である。同じような言葉にコンプレイン（complain）がある。こちらは不平をいうとか，文句をいうとか，どちらかといえば感情的な主張である。これに対してクレームは当然の権利としての要求とか請求とかで，2つの言葉は微妙にニュアンスが違う。一般にホテルではコンプレイン，レストランではクレームという言葉を使用している場合が多い。いずれにせよ，ホテル従業員がサービスに

万全を尽くしたとしても，何かの瑕疵によって顧客から苦情が出ることもある。要はその対応こそが今後のホテルのサービスの善し悪しを決めるもので，コンプレインやクレーム処理対策はホテルの重要な業務の1つである。ホテルのなかには苦情について特別にセクションを設け，発生した苦情について即座にその部署に持ち帰り，対策を検討し，業務の改善に取り組んでいるところもある。　　　　　　（井村日登美）

クレームタグ（claim tag）

搭乗手続きの際，航空会社に受託手荷物を預けると発行される引換証のこと。航空会社は受託手荷物に対して，便名や行き先を記載したタグを取り付け，その副片（クレームタグ）を引換証として旅客に渡す。受託手荷物引取りの際，もしくは紛失事故の調査や補償請求に必要となる。　（山脇朱美）

クローク（cloak room）

クロークルームの略語でホテル利用客の手荷物，携帯品の一時預かり所をさす。玄関脇ロビーのメインクロークのほかに，料飲施設付帯のレストランクローク，宴会場付帯の宴会クロークなどがある。利用客の荷物と引換えに番号札を渡し，預かった荷物に合い札をつけ管理する。クロークで預かる物は，コートや手荷物などの小さな携帯品に限られ，大きな荷物はバゲッジルームまたはポータールームで預かる。　　　　　　　　　　（芝崎誠一）

グローバリゼーション（globalization）

文化・経済・技術などの規模が国家の枠組みを超えて，地球全体に拡大化し統合化するプロセスをさす。地球規模化，地球一体化，世界化などと訳すことができる。類似用語に国際化がある。グローバリゼーションは国家を起点にしないが，国際化は国家を前提にする。また，グローバリゼーションは世界的共通認識に基づく世界標準（グローバルスタンダード）を前提に世界の一体化を図ることから，自国の固有な仕組みやルールを世界標準に合わせなければならない。このため，世界標準が尊重され，自国の文化や社会システムが希薄になり消失する危険性を伴う。これに比べ国際化は，自国の固有な仕組みやルールを尊重しつつ，国際的に人的・文化的・経済的な分野の交流を拡大し，国際的な開放や相互浸透を目的とする。現在，グローバリゼーションは英米型（アングロサクソン型）に偏向しているといわれている。それは，英米型の文化や社会システムに基づく世界標準が多いからだろう。今後日本は，英米型を尊重しながらも，東アジア圏の文化を重視した世界標準を模索する必要がある。→観光開発，ベンチャービジネス　　　（山本壽夫）

け

景観条例

良好な都市環境の形成・保全を図り，市街地の景観を整備することを目的として，地方自治体が定める条例であり，美観地区では対象となりにくい地域の景観保全や，よりきめの細かい地域整備を行うことを目標としている。近年では多くの都市で景観条例が制定されている。なかでも金沢市，倉敷市をはじめとして，京都市，柳川市および盛岡市などが歴史的景観の保全を目指す一方で，岡山市や横浜市などでは都市

景 観 (landscape)

　私たち人間が，周辺の環境を理解・認識する1つの方法が風景や景観である。また，見晴らし，眺望，展望などと同義語である。風景と景観を明確に区別することは難しいが，しいて区別すると，風景は眺めの対象を主観的・情緒的にとらえる場合に用いられ，景観は客観的・現実的にとらえる眺めである。たとえていえば，風景は絵画のようなものであり，景観は写真のようなものである。
　景観の種類としては，人間が展望台などからの立ち止まって眺める景観であるシーン景観と，歩行あるいは走行中の車からの次々と移り変わっていく景観を眺めるシークエンス景観とがある。さらに，眺めの対象が山，川，湖沼などの自然物である「自然景観」と，都市景観，道路景観，橋梁景観などの人工物である「人文的景観」とに分類される。「山紫水明」「白砂青松」などは，優れた自然景観の呼び方である。→自然景観，人文的景観，風景，景観緑三法
　　　　　　　　　　　　　(和田章仁)

景観の積極的な創出が図られている。
→景観保全，自然景観　　　(和田章仁)

景観保全

　1965年以降の経済の高度成長に伴い，美しい自然や歴史的町並みがないがしろにされ，破壊されてきたことに対して，景観保全という考え方が急速に広まってきた。この考え方には自然や町並みを現在のまま凍結保存する方法と，以前の優れた自然や町並みを復元・修復する方法があり，その双方を対象としている。風景保全の実施に向けては，地方自治体において，風致地区や景観条例に加えて，独自の景観保全条例を制定して，きめ細かく行われている。
→景観条例　　　　　　　　(和田章仁)

景観緑三法

　景観緑三法とは，2004（平成16）年に制定された「景観法」と併せて制定された「景観法の施行に伴う関係法律の整備等に関する法律」と「都市緑地保全法等の一部を改正する法律」をいう。緑の山岳風景や懐かしい田園風景，古い町並みなどに出会うと心が癒される。このようなかつてはどこにでも見られた景観が失われていく時代に対応して，地域の景観づくりを支援するのが景観緑三法である。この三法の一体的な活用やおよぼす影響により，全国各地で美しい景観や豊かな緑の形成が進み，地域観光資源の保護の面からも期待される。地域では，景観計画地域や景観地区を設け良好な景観形成が維持されるように，屋外広告物条例の制定や都市緑地の保全，「都市公園法」などを改正して，都市の緑とオープンスペースの確保に関する制度などが創設されている。　　　　　　(北川宗忠)

芸術村 (art village)

　元来は，文学や芸術に関する作家たちが環境を好んで一定の地域に居住・集合したことで，地域の文化が影響を受けるとともに地名も有名になった地域をさす。地域の文化や知的レベルが高まり，次いで生活水準の高い人々が居住・集合するため，地域の活性化へつながる。現在の芸術村は，アートのもつ力で地域振興を行うことを目的に，絵画・音楽・舞踏・演劇・彫刻・映画などの制作・展示・上映の場をさす。芸術村は必ずしも広いスペースではなく，一施設をさす場合もある。村の意味は，自治区の大きさよりも広く参加者が集まる場といった感が強い。元々，

地域に芸術的資源があり，それを活用するケースと他から芸術的要素を誘致するケースがある。地域住民は，実際に芸術（創作）活動に参加することで生きがいを見出したり，自己実現を図ったりする。また，観光スポットでもあり，観光客が制作を体験するツアーなどもある。→観光開発，余暇開発，まちづくり条例　　　（山本壽夫）

景勝地

　景勝地とは客観的に誰が見ても風景の優れている場所のことであるが，名所のようにその場所が何らかの歴史的なかかわりがなくても呼ばれる。なお，景勝地と呼ぶにあたっては，その基準はないが，特に優れた風景は，「文化財保護法」により，「名勝」に指定される。さらに，そのなかで特に秀でた風景は「特別名勝」として指定されている。京都洛西の「嵐山」が有名である。→文化財　　　　　　（和田章仁）

迎賓館（guest house for VIPs from abroad）

　外国の大統領や首相を接待・接遇するために設けられた日本で唯一の施設。旧東宮御所を改修・整備し，1974年に迎賓館として開設した。迎賓館は日本と他国間の相互理解や友好促進に大きな役割を果たしている。開設から2005年12月までにこの施設での外国の要人接遇回数は253回となる。観光スポットであり，ツアー見学コースでもあるが，一般人が敷地や施設内部に入れるのは年1回の公開日だけである。旧東宮御所は，明治天皇の皇太子殿下・嘉仁親王（大正天皇）の御成婚後の新居として，1899（明治32）年に着工し，10年の歳月をかけて建造された。建築家の片山東熊（奈良博物館・京都博物館などを設計）が設計した鉄骨煉瓦石造2階建てのネオバロック様式の華麗な洋風建築である。その後，1969年から5年にわたり建築家の村野藤吾（大阪新歌舞伎座・ウエスティン都ホテル京都佳水園・新高輪プリンスホテルなどを設計）により改修された。また2005年4月，京都御苑内に京都迎賓館が開館した。京都に蓄積された伝統的な文化や産業を数寄屋大工・左官・作庭などの技芸を通じて「しつらい」「もてなし」にいかした和風迎賓館である。和風庭園（池）を中心にコの字型に配置された建物の仕様は，延べ床面積約1万6000m^2，鉄筋コンクリート造（一部鉄骨造，鉄骨鉄筋コンクリート造），地下1階・地上1階（一部2階）建て，金属板葺き入り母屋屋根，数寄屋づくりの外観となっている。調度品として西陣織・蒔絵・漆などの伝統家具を配置している。→国際観光交流，ゲストハウス，数寄屋（づくり）　　　　　　　　（山本壽夫）

ケーススタディ（case study）

　シカゴ大学で実施されたので，シカゴ方式といわれている。講義の途中で比較的簡単な事例がわたされ，なぜこのようなことが起こったのかについてディスカッションをして，一般的な原理や原則を導きだす時に活用する。これに対して，ハーバード方式はケース・メソッドと呼ばれ，問題解決のプロセスについて学習する。そのため，使用するケースは現実に起こったものであり，当事者になって考えることを重視している。したがって，シカゴ方式と比べてケースも複雑であり長いことが一般的である。これらを総称して事例研究という。　　　（吉原敬典）

ケータリング（catering）

　料理飲み物（food and beverage）サービスのすべてを含む意味である。特にホテルでは宴会（banquet）サービスのみをさしてケータリングという場合もあるが，出張での宴会サービスをさすこともある。また，航空会社の機内食サービスや，外食産業での給食

サービスの意味としても使われている。
(芝崎誠一)

ケーブルカー（cable car）

山などの急傾斜面を上下するために車両を勾配最高部の巻上装置により運転する鉄道。法律上は「鋼索鉄道」という。アルプスの山々もケーブルカーやロープウェーの設置により観光開発に貢献した。わが国では，1918（大正7）年，大阪生駒山で最初のケーブルカーが登場している。わが国のケーブルカーの多くは，交走式（つるべのように2つの車両が交互に昇降する形式）である。軌道間は，JRと同様（1067mm）のものが多い。
(北川宗忠)

ゲスト（guest）

ゲストのことを観光者，来訪者，外来者，ビジター（visitor），ツーリスト（tourist），宿泊者などと呼ぶ場合がある。ゲストとは訪れる客（客人）のことである。ホスト（host）との組み合わせで使用される言葉である。現在では，観光地によるゲストの争奪戦の様相を呈しているといえよう。ゲストからすると行ってみたい観光地が国の内外を問わず多様化しているからである。したがって，ゲストに対しての友好的で寛大な受入れが進み，エンターテイン（entertain）することが求められているといえる。何をもって受け入れエンターテインするのか，ゲストを魅了するのかが問われているのである。いずれにしても，ゲストが再び繰り返し訪れたいと思うかどうかがポイントである。→ホスピタリティ，顧客価値，リピーター
(吉原敬典)

ゲストハウス（guest house）

元来は，大学などの訪問者用の宿泊施設をさす。現在では，数種類の意味に使われている。第1に，旅行者用の比較的低料金の宿泊施設である。部屋は個室だが，トイレなどが共用となるケースが多い。第2に，マナーハウスと同義語に使われる。マナーハウスは，イギリスを中心にヨーロッパで使われる言葉だが，旧貴族の館や伝統的なカントリーハウスを活用し，昔の家具・インテリアをそのまま使用し，アンティークな雰囲気を残して整備した旅行者用の宿泊施設である。第3に，欧米・オーストラリアを中心に，比較的低料金で入居できる若者向け居住施設をさす。部屋は個室だが，キッチン・トイレ・シャワールームなどを共同使用とする。留学など，国籍の違う若者が居住する場合も多く，交流を深めることができる。第4に，日本における国および企業の来賓用施設や研修施設などをさす。特に，講師を招く宿泊型の研修施設をさす場合が多い。→迎賓館，数寄屋（づくり）
(山本壽夫)

ゲストルーム（guest room）

宿泊客に提供される，宿泊するための専有スペースをいう。通常，日本のホテルではバスルームを備えた寝室であり，ベッドの数とベッドの幅の大きさにより，シングルベッドルーム，ダブルベッドルーム，ツインベッドルームがある。寝室にパーラー（parlour, parlor：居間）を加えた，2室以上から構成されている客室をスイート（suite），またはスイートルームというが，食堂，会議室，ドレッシングルームなどが付加された広い豪華なスイートもある。なお，近年の日本の高級ホテルでは，最上階または上層階にペントハウス（penthouse）といわれる特別な客室を配置している例が多く見られる。なお，penthouseの本来の意味は「屋上にある部屋」をさす。
(芝崎誠一)

検　疫（quarantine）

外国から到着する航空機や船舶によって検疫伝染病などの病原体が自国に侵入することを未然に防ぐために，

人体および動植物などについて検査（動物検疫および植物検疫）し、「検疫法」に定められた措置をとる衛生上の検査。わが国では原則として入（帰）国時に行われる。特定の地域を経由してきた旅客には、質問表の記入などが求められる。また体調に変化をきたした旅客は、届け出る必要がある。CIQとは税関（customs）、出入国管理（immigration）および検疫（quarantine）の3つの頭文字をとったものである。→税関、出入国手続き

(杉田由紀子)

源泉かけ流し

源泉から湧き出た温泉水をそのまま浴槽に入れ、加水・加温・循環・濾過をしないで排出しているものをいう。2005（平成17）年5月「温泉法」施行規則の一部改正により、①温泉の加水、②温泉の加温、③温泉の循環、濾過、④入浴剤などを使用する場合は施設内に掲示をしなければならなくなった。これらに違反すると30万円以下の罰金が科せられる。源泉かけ流しはこれらの項目すべてにかかわらない温泉といえる。源泉100%、天然温泉というような表示をしているところもある。→温泉

(北川宗忠)

現地通貨

海外旅行で訪問した国の通貨のこと。現在世界の基軸通貨はUSドルであり、ヨーロッパではEU（European Union：欧州連合）統合参加国はユーロ単一通貨となった。海外旅行者が一番気がかりなことは、旅行中に使用する通貨である。海外渡航が自由化された1964年当時は、1人の外貨持出し枠が年1回に限り500USドルという制限があり、そこから、旅行先の滞在費用（現地通貨に換算した相当額）を差し引いた残りが小遣いとして使用できる枠であった。したがって、旅程が長くなるほど小遣い枠は少なくなるという反比例現象が起きた。現在では、持出し枠の制限はなく自由であるが、現地でまとまった支出にはクレジットカード決済や、直接日本円での支払いが可能であることにより、現地通貨への両替は、小額支払いに備えるものが多く見られる。これは不要な両替手数料の支払い節約にもなる。

(甄江　隆)

原風景

人が成長する過程において、感受性の最も豊かな幼年期から青年期までの期間住み、暮らした周辺環境を記憶している風景であり、自然、風土、文化および時代により、人それぞれが異なった風景をもっている。ただ、同級生のように、ほとんど同じ環境で幼年期と青年期を過ごした者同士は、同じような原風景をもち合わせている場合もある。また、この原風景は写真や絵画のような景観や風景そのものから、行為を含めたイメージだけのものまで多種多様である。

(和田章仁)

こ

講

わが国の指定旅館制度のはじまりといわれる組織をいう。本来「講」は、仏教の教説講義や仏教儀礼執行の法会などをいい、近世社会では地域生活密着型の社寺講や、伊勢参宮など遠隔地神仏詣で型の参拝講が発展した。江戸時代も後期になると伊勢参宮や、これに伴う物見遊山、諸国への商用旅行が一般化するにしたがい、旅籠（旅館）

公園

人々が憩うため，あるいは風景地を保護するために設けられた庭園・遊園地または自然地域をいう。この公園は国や地方公共団体が直接整備・管理する「営造物公園」と，国や地方公共団体が一定の地域を指定し，その地域内にある景勝地の風致，景観の維持・利用の障害となるような行為を禁止あるいは制限をして，その保護を目的とした「地域制公園」に区分される。このうち，営造物公園には街区公園や近隣公園などの都市公園や，皇居外苑や新宿御苑および京都御苑の国民公園などがあり，地域制公園には国立公園，国定公園および都道府県立自然公園がある。

なお，公園緑地とは，都市公園の範囲をやや広く解釈したオープンスペースをさし，その自然環境を強調する意味も含まれる。→営造物公園，国営公園，自然公園，地域制公園，都市公園　　　　　　　（和田章仁）

の形態も多様になってきた。この旅宿事情を背景に，良心的で安心して宿泊できる旅籠のネットワークとして登場したのが「浪花講」（1841年）をはじめとする「講」の組織であった。これらは，宗教的な「講」組織（参拝講など）とは異なるもので，旅籠の悪弊を改め，健全な接客業を目指し，街道筋の同じ講組織の旅籠を一覧できる定宿帳を刊行した。明治時代後半，旅行業が誕生するまで存在した。この「講」組織は，のちの旅行業界における協定旅館の制度に匹敵するものといえる。
→浪花講，協定旅館　　　　（北川宗忠）

広域観光圏

従来より，観光政策の立案や観光計画の策定は都道府県，市町村単位で行われてきた。しかし，実際の観光客の行動範囲やパッケージ旅行商品は行政界に関係ないルートをたどり，地域側の思惑とのズレは常に指摘されてきた。個人や旅行会社の情報収集活動が統合的に行えないという状況もあった。さらに，特定の地域単独では多様化した旅行ニーズに応えられないという問題点も明らかになってきた。そうしたことから，行政界を越えた広域的な観光圏を認識し，連携して観光客誘致のための諸政策を打ち出す動きが目立っている。岐阜県北部と富山県南部の市町村が連携して組織化し，共同プロモーションを行っている「飛越観光協会」などはその好例である。

（小久保恵三）

広域観光宣伝 (regional tourism promotion)

特定の観光地では，広告，パブリックリレーションズ（PR），旅行業者や交通機関への営業活動，観光物産展その他のイベント，観光案内所を開設するなど，多様な情報提供手段を駆使して，その魅力や観光商品・価格などを広く認識してもらうための観光宣伝活動をしている。行政，観光協会（連盟），旅館組合，旅行業者，交通機関などの観光主体が，単独であるいは共同で行っている。ところが，特定の観光地だけでは，観光需要を喚起する魅力に乏しい場合がある。この場合に，近隣で観光魅力をもった観光地や同じテーマをもった観光地などが広域でネットワークを組んで，広域観光宣伝をすると効果がある。たとえば，観光イベントと組み合わせて実施された「紅花の山形路」「しんせん・やまなし」などのデスティネーション観光

キャンペーンや「源平八百年広域観光キャンペーン」(京都・神戸・高松・宮島・下関、1984～86年)、全国京都会議など、事例はたくさんある。→観光キャンペーン　　　　　(中尾　清)

広域観光ルート(regional tourist route)

観光客が単一の観光地内の観光ポイントと、ポイントをめぐるルートのことを観光ルートという。また、広域の観光地内の観光ポイントをネットワーク化して、複数の観光地をめぐるルートのことを広域観光ルートという。たとえば、1999年11月、広島県尾道市と愛媛県今治市を結ぶ「瀬戸内しまなみ海道」が開通したが、このルートは、瀬戸内海随一の風光明媚なところで、いたる所に歴史(村上水軍)、絵画、書道、映画などの一流の資産を受け継いでいる。複数の観光地にまたがっており、しかも、このルートのすべての橋は徒歩や自転車で渡り観光することも可能である。魅力的な広域観光ルートであるといえよう。→観光のネットワーク　　　　　　　　(中尾　清)

航空運賃

航空会社が旅客および貨物を出発地から目的地まで航空機で運ぶことを航空運送といい、その航空運送サービスに対する対価として支払われるものを航空運賃という。国際航空運賃は「普通運賃」と「特別運賃」に分けられる。日本国内の航空運賃は「航空法」が改正され許可制から届出制になっている(「航空法」第105条第1項)が、国際航空運賃については「航空法」第105条第3項により、国土交通大臣の認可が必要となっている。→ノーマル運賃、航空旅客運賃　　　　(山脇朱美)

航空貨物(air cargo)

航空機で輸送される貨物(手荷物を除く)。エアフレート(air freight)ともいう。航空機のスピードを利用して、迅速性を必要とする貨物を輸送することは、航空輸送の初期から行われてきたが、旅客機の下部貨物室を利用する副次的なビジネスとされてきた。しかし航空技術の進歩によって輸送力も増大し運航コストが下がり、また貿易品目に占める高級商品の割合が増大するなど、航空貨物輸送を必要とする市場の要求が高まり、貨物専用の航空機が登場してきた。現在では航空貨物輸送は独立した事業として、多くの航空貨物専用会社が出現するにいたっている。
　　　　　　　　　　(杉田由紀子)

航空協定(air agreement)

民間航空輸送に関する関係国の取り決め。国際航空業務を行うにあたって、関係国の運輸権の交換とその内容、付帯条件などを協議し、航空協定を締結する。国際民間航空は、1944年に締結された国際民間航空条約(シカゴ条約)を基礎に、原則として関係国二国間における航空協定に基づき形成されている。昨今、二国間協定では当該国の自国権益保護が強調され、結果的に第三国の排除につながる傾向も指摘され、多数国間体制と自由化に向けて、多国間協定への動きも出てきている。
→二国間協定　　　　　(杉田由紀子)

航空券(airline ticket)

航空会社が旅客および手荷物を運送するために発行するもので、航空会社と旅客間の運送契約の締結を示し、有価証券と同じ効力をもっている。航空券は、国内航空券と国際航空券に大別される。①国内航空券は、予約済みの場合、当該便に限り有効である。予約のない航空券の有効期限は、原則として発行日の翌日から90日間である。特定の運賃を適用する航空券(各種割引運賃など)は、別段の定めがされていない場合、この限りではない。②国際航空券の有効期間は、普通運賃適用の場合、旅行開始日の翌日より1年間であ

航空規制緩和 (airline deregulation)

航空自由化。航空に関する種々の政府規制を緩和し、競争原理を導入することにより、航空運賃の値下げやサービス向上を図ろうとした一連の政策。1978年、アメリカのカーター政権は、従来の許認可を中心とした航空運送上の諸規制を緩和する政策を打ち出した。国際航空のみならず国内航空にも及ぶもので、航空路線および運賃の規制緩和ないし撤廃、チャーターの自由化、定期輸送における輸送力規制の撤廃などであった。その結果、格安運賃と新しいビジネスモデルを掲げた航空会社が次々と誕生し、航空会社間では激しい競争、吸収合併や倒産などが頻発した。すでに開発されつつあったコンピュータ予約システム (Computer Reservation System：CRS) は、多種運賃検索の重要な戦略ツールとなり、アメリカの航空路線網は運航コストの効率化を志向しハブ・アンド・スポーク・システムを基盤とした路線構造へと変貌していった。アメリカでの航空規制緩和は、事実上の規制撤廃であった。この動向は北米からヨーロッパ、そして世界各国へと波及した。日本においては従来、航空会社の事業分野調整が行われてきたが、1986年、運輸政策審議会が、国際線の複数社体制、国内線の競争促進、日本航空の民営化などを答申した。これらに基づき、全日本空輸および日本エアシステム（旧東亜国内航空）が国際線に進出し、国内線ではダブル・トラック、トリプル・トラック化が実施された。96年には航空会社の国内線新規参入基準を緩和し、98年、スカイマークおよびエア・ドゥの2社が参入した。国内線運賃制度も2000年の「航空法」改正によって、団体運賃以外も認可制から届出制による運賃設定が可能となった。また路線ごとの許可も廃止された。これらにより、航空会社は路線選択に際し、自由な事業展開が可能となっている。→コンピュータ予約システム、ハブ・アンド・スポーク・システム、ダブル・トラック、トリプル・トラック

(杉田由紀子)

る。ただし、全く未使用の場合は発行の翌日から1年となる。特別運賃適用の場合は、当該運賃の適用規則に定められた有効期間が航空券の有効期間である。一般的に国内、国際航空券ともに割引運賃の場合は、当該便に限って有効であり、予約変更や経路変更はできない場合が多い。航空券は券面に記載された旅客のみが使用可能であり、特に国際線の場合はパスポートによる本人確認がなされるため、航空券面上の氏名アルファベットとの不一致がないよう確認しておくとよい。最近ではeチケット化（電子航空券化）が進み、予約してクレジットカードで決済したのちは、空港の自動チェックイン機で搭乗手続きをするシステムが稼動している。これにより旅客は航空券を持参する煩わしさがなくなり、同時に航空券を紛失する心配もなくなった。航空会社ではコスト削減の背景からも、eチケット化への取り組みを進めている。→航空旅客運賃　　　　(杉田由紀子)

航空法

1952（昭和27）年に制定されたもので、航空機の運航、航空従事者、航空機の安全性、航空輸送事業、航空路、飛行場および航空保安施設など航空行

政に関する基本的なことを定めた法律。目的は航空機の航行の安全および航空機の航行に起因する障害の防止を図るための方法を定め，航空機を運航して営む事業の適正かつ合理的な運営を確保して輸送の安全を確保するとともに，利用者の利便の促進を図ることにある。
(山脇朱美)

航空輸送 (air transportation)

航空機を使用して，人や手荷物あるいは貨物を運送すること。第一次世界大戦後，新しい産業分野として注目され，ヨーロッパを中心に政府の資金援助のもとに各国を代表する航空会社が誕生した。第二次世界大戦後，航空技術革新により航法や管制の信頼性も増し，航空機のジェット化や大型化により，大量かつ低コストでの輸送が可能となった。現在では，民間交通機関として業務，旅行，あるいは貨物の運送に幅広く利用され，特に島嶼国日本においては国際間の往来に大きな役割を担っている。 (杉田由紀子)

航空旅客運賃 (airline passenger fares)

航空運送の対価として設定される運送料。①国内航空旅客運賃，②国際航空旅客運賃に大別される。①国内航空旅客運賃は，さらに大人普通運賃や小児普通運賃などに代表される普通運賃と，大人普通運賃から割引される割引運賃などに分類される。割引運賃は各航空会社により名称が異なるが，事前に予約購入すると安くなる運賃や年齢などの旅客属性によって割引になる運賃などがある。②国際航空旅客運賃は，普通運賃と特別運賃に分けられる。普通運賃は，制約が最も少なく旅行開始日の翌日から1年間有効である。普通運賃以外は，すべて特別運賃である。特別運賃とは，パッケージツアーに適用されるIT（包括旅行）運賃や航空会社の戦略的運賃として導入されたゾーンペックス運賃などがある。特別運賃の多くは，旅行経路，予約変更，予約購入などについても制限や条件が付与されている。→航空運賃
(杉田由紀子)

高原リゾート

主に2つのタイプがある。①スキー場が発展して通年の滞在環境を形成したもの，②避暑地として利用される別荘地域である。どちらかといえば，①は山岳リゾートで活動的な環境，そして若者中心である。②が本来的な高原リゾートで，保養中心，家族や高齢者が利用の主体である。いずれにしても雄大な高原や山岳の景観，そして森林景観を背景として，ハイキングコース，オリエンテーリングコース，キャンプ場，森林浴などが配置され，スキー場が中心となる場合もある。温泉も開発される場合が多いが，その場合は温泉リゾートと称されることもある。現在，わが国の代表的な高原リゾートにはトマム（北海道），安比（岩手県），那須（栃木県），蓼科（長野県），軽井沢（長野県），草津（群馬県），八ケ岳山麓（長野県），六甲（兵庫県）などがあげられる。軽井沢は明治中期に東京在住のA.C.ショウという牧師が着目したといわれ，外国人の貢献も大きい。→リゾート (小久保恵三)

鋼索鉄道 ⇨ケーブルカー

高山病

富士登山など，平常低地に住んでいる人が高地や山岳に出かけた時に酸素の欠乏によって引き起こされるもので「急性高山病」といわれる。国内旅行の山岳登山や海外旅行の高地遊覧・トレッキングなどが増加するとともに，「高山病」についての高地対策が望まれるようになってきている。症状には個人差もあるが，①頭痛，②消化器症状（食欲不振・吐き気・嘔吐），③疲労・脱力，④めまい・もうろう感，⑤

睡眠障害などの自覚症状が起こるといわれ，顔や手足のむくみ，立っていられなくなることもある。高地や高山への旅行中は，①到着後は，過度な運動は避けて，ゆっくり行動する，②アルコールは控える，③あめ玉をなめたり，水分を取るなど注意が必要である。海外の高地旅行では，手軽な酸素ボンベが用意されている。→トレッキング
(北川宗忠)

交通博物館

交通（鉄道）に関する展示・博物館は全国に多数あるが，JRの交通博物館（東京都）はその代表的なものであった。わが国の鉄道の1号機関車（重要文化財）・国鉄バス1号車・わが国最初の飛行機などの展示があり，新幹線のシミュレーターや模型鉄道パノラマの運転が楽しめたが，施設が狭く2006（平成18）年閉館，JR東日本創立20周年記念事業のメインプロジェクトとしてさいたま市へ移転，新たに「鉄道博物館」として開館された。青梅鉄道公園（東京都）・大阪の交通科学博物館・京都の梅小路蒸気機関車館・門司の九州鉄道記念館（福岡県）・新津鉄道資料館（新潟県），四国鉄道文化館（愛媛県）など各地に国鉄（現JR）時代からの鉄道資料の展示館がある。また，地下鉄博物館・東武博物館（以上東京都）・貨物鉄道博物館（三重県）・長浜（滋賀県）の長浜鉄道スクエア（最古の旧長浜駅・長浜鉄道文化館・北陸線電化記念館）・小樽交通記念館（北海道）などさまざまな交通に関する展示・博物館がある。→博物館
(北川宗忠)

交通バリアフリー法（高齢者，身体障害者等の公共交通機関を利用した移動の円滑化の促進に関する法律）（Transportation Accessibility Improvement〔The Law for Promoting Easily Accessible Public Transportation Infrastructure for the Aged and the Disabled〕）

高齢者や身体障害者のように身体機能の低下や障害をもつ人々が，社会・経済活動へ積極的に参加するために，公共交通機関を利用する際の障壁（バリア）を取り除くことを主目的に2000年11月に制定された法律。駅やバスなどのバリアフリー化以外に，地方自治体（市町村）が駅やその周辺地域について地域の実情に即して基本構想を作成し，関係者が協力してバリアフリー化を進めることとしている。国土交通省が支援する内容は，鉄軌道駅など旅客施設のバリアフリー化，道路・駅前広場・通路などのバリアフリー化，基本構想策定に資する支援であり，各種整備事業および融資などで構成されている。2006年10月現在，213市町村から国土交通省へ255件の基本構想を提出し受理されている。また類似の法令として，1994年に「高齢者，身体障害者等が円滑に利用できる特定建築物の建築の促進に関する法律」（ハートビル法）が制定されている。ハートビル法では，不特定かつ多数の人々が利用する建築物の出入口・昇降機・便所などを高齢者，身体障害者などが円滑に利用するための指導・支援などについて規定する。→中心市街地活性化法，まちづくり条例
(山本壽夫)

公的宿泊施設

国や地方公共団体による宿泊施設の総称。具体例としては以下のようなものがある。国民宿舎（環境省），国民休暇村（環境省），ユースホステル（国土交通省），青少年旅行村（国土交

通省），家族旅行村（国土交通省），簡易保険加入者福祉施設（総務省），ハイツ＆いこいの村（厚生労働省），大規模年金保養基地（グリーンピア）（厚生労働省）など。このほかに各種共済組合が運営する研修宿泊施設も実質的には一般国民の利用が可能なものがある。さらには市町村が単独事業として整備運営する「公共の宿」も非常に多い。もともと，公的宿泊施設はわが国の旅行の大衆化が進み，国民の誰もが等しく宿泊可能な施設を提供するため，全国に建設されたものである。しかし，従来より，旅館をはじめとした民間宿泊施設の経営悪化が続き，その背景の１つに公的宿泊施設の存在があったため，民業圧迫であるとの批判が全国的に起きた。一方では，公的宿泊施設自体もずさんな運営や過大な投資が目立ちはじめ，条件不利地域に立地するものなどの経営危機が表面化しはじめた。現在，新規建設凍結や採算性の悪い施設の売却が進んでいる。ただ，観光地としての魅力の乏しいエリアで，新たに交流拠点として整備される場合や障害者対応が可能な施設など，民間では行いにくい種類の施設を公共セクターが行う意義は残されている。
→宿泊産業　　　　　　（小久保恵三）

行　楽

　身近な野や山あるいは川や海に出かけて遊び楽しむことであり，そこには一般的には季節性を有している。たとえば春の花見や潮干狩り，夏の海水浴および秋の紅葉狩りなどである。したがって，行楽日和とは行楽に適したそれぞれの季節ごとの天気の良い日をさしている。なお，行楽地とは概ね景勝地であるが，観光施設のある観光地も含まれる。→景勝地，レクリエーション　　　　　　　　　　（和田章仁）

港湾法　(Port and Harbor Law)

　1950年５月に発布された法律。本法は，港湾の秩序ある整備，港湾の適正な運営，そして航路の開発および保全を目的とする。本法において，重要港湾は，港湾計画の策定を義務づけられている。重要港湾とは，国の利害を左右する港湾であり，法的には輸送網の拠点となる港湾をさす。重要港湾以外の港湾は地方港湾と呼ばれ，主に地方公共団体の利害に深く関与する。港湾計画は，長期的な観点から港湾の開発，利用および保全ならびに開発保全航路の開発の基本方針を定める。1996年11月に本法における港湾の開発，利用および保全ならびに開発保全航路の開発に関する基本方針を変更した。その主要点は，ウォーターフロントとしての特性に応じ，多様な機能の調和，歴史的・文化的景観資源としての位置づけ，海洋性レクリエーションの核としての位置づけ，廃棄物海面処分場の確保など，今日の都市問題を考慮した内容となっている。また，2006年４月に港湾物流基盤を強化する目的で「港湾法」の一部が改正された。→国土交通省，海洋性レクリエーション，小型船舶操縦士，プレジャーボート　（山本壽夫）

小江戸

　近世の「江戸」（現在の東京）の風情が残るまちを小江戸という。20世紀後半以降，まちづくりを進める市町村において，何かの縁にこだわりをもってイメージづくりをすることが流行している。小江戸は，小京都のようなネットワークはないが，江戸城や江戸との水運，交通など江戸との交流意識が強いまちが名乗りをあげている。川越（埼玉県），栃木（栃木県），厚木（神奈川県），彦根（滋賀県）が小江戸と称しているほか，北総の小江戸・佐原（千葉県），房総の小江戸・大多喜（千葉県），遠州の小江戸・掛塚（静岡県）などがある。→小京都

（北川宗忠）

コードシェアリング（code sharing）

　世界的な航空アライアンス（airline alliance）の進展に伴い，共同運航・運送の路線や形態が多様化してきた。従来は自社の機体や乗員がかかわった場合に共同としていた業務提携から，自社便での運航が全くない路線にコード（便名）がつけられる場合が増加し，コードシェアという呼称が一般的になった。航空会社にとってコードシェアのメリットは，販売力の相互補完，コスト削減，航空路線の増強・拡大などである。旅行者にとっては，フリークアンシー（便数）の増加や，提携航空会社のマイル積算などのメリットがある。しかし予測できない提携航空会社のストライキや経営悪化などによっては，顧客の信頼を損なう可能性もある。→共同運航　　　　　（杉田由紀子）

コーポレートレート（corporate rate）

　特定の企業と宿泊料金の割引契約を締結する場合，その特別料金を意味する。カンパニーレート（company rate），コマーシャルレート（commercial rate）ともいう。予約時や宿泊時にその企業名を表示すると宿泊料金を割引したり，またあらかじめ設定された特別料金で提供したり，事前に10〜50％の割引券を配布したりする場合などがある。割引率は各企業との契約内容で異なる。またインターネットの販売サイトで個人はもとより企業割引で予約できる仕組みをもつところもあり，企業予約の利便性が高まっている。　　　　　　　　　　（井村日登美）

コールセンター（call center）

　電話による旅行商品の通信販売の受注や資料請求や問い合わせへの顧客対応業務を行う（テレマーケティング用語でインバウンド）ほか，リピーターを中心に見込み客を獲得するためのセールス関連の活用（アウトバウンド）を行うためのセンター。メディア販売が増加するなど，旅行の非来店販売が増えるなかで重要性を増してきている。特にメディア販売においては新聞での広告が掲載された後の集中的な申込みを1人の顧客も無駄なく，効率的に受け付けるためにACD（Automatic Call Distributor：着信電話の自動分配システム）やCTI（Computer Telephony Integration：電話・FAXをコンピュータシステムに統合する技術）などのシステム投資が求められている。　　　　　　　　　　　（高橋一夫）

五街道

　徳川幕府は，1601（慶長6）年に全国統一政策の一環として五街道の整備に着手した。五街道は，江戸日本橋（東京都）を基点とした東海道・中山道・日光道中・奥州道中・甲州道中をいう。これらの本街道の幹線から分岐する諸道は，「往還」「脇往還」と呼ばれ，また36町を1里とする一里塚や並木の整備が行われ，現代の道路交通の基盤となった。日本橋は五街道の基点から，現代ではわが国の道路の起点「日本道路元標」となっている。日本の道路は日本橋からはじまっている。
　　　　　　　　　　　　（北川宗忠）

小型船舶操縦士（boat's operator）

　国土交通大臣が許可する小型船舶操縦士国家資格である。1951年に「船舶職員法」が改正され20t未満の船舶操縦を対象にした小型船舶操縦士免許が制定された。1974年から5t未満の船舶にも適用になる。その後，海洋性レクリエーションの普及から，2001年度の小型船舶操縦士免許受有者数278万人のうち，約7割がプレジャーボート利用者，同時に事故の増加，ボートの種類や遊び方の多様化があらわれた。現状を踏まえ，1999年5月に「船舶職員法」を一部改正し小型船舶操縦士資格に五級を加え，2003年6月に「船舶

職員法」を「船舶職員及び小型船舶操縦者法」に改正し，旧法で一体化していた業務船とプレジャーボートの免許を分離し，プレジャーボートの操縦者用に新たに「小型船舶操縦免許証」を設けた。また，旧制度の資格区分である一級から五級小型船舶操縦士までの5段階区分を改め，一級小型船舶操縦士（2区分に分かれる）・二級小型船舶操縦士（3区分に分かれる），水上オートバイ専用の特殊小型船舶操縦士（1区分）の3段階区分とした。そして，2004年11月に省令を改正し小型船舶操縦士免許のプレジャーボート5t区分を廃止し，一級小型船舶操縦士（1区分）・二級小型船舶操縦士（2区分）・特殊小型船舶操縦士（1区分）と簡素化した。なお，2004年度の小型船舶操縦士免許受有者数は，298万人を超えた。しかし，2004年度の海難船舶隻数2883隻のうち，約7割は小型船舶が占めている。→水上オートバイ，海洋性レクリエーション，港湾法，プレジャーボート　　　　　（山本壽夫）

顧客価値（customer value）

　顧客が評価する価値のことであり，顧客が主観的に知覚した体験の結果で決まるとされている。カール・アルブレヒト（1920-　）によると，顧客価値には4つの階層がある。第1は，基本価値（basic value）であり，顧客に提供するにあたって基本として備えておかなくてはならない価値要因である。第2は，期待価値（expected value）で顧客が選択するにあたって当然期待している価値要因のことである。第3には願望価値（desired value）といって，期待はしていないが潜在的に願望していて提供されれば評価する価値要因がある。最後は未知価値（unanticipated value）である。期待や願望を超えて全く考えたことがない感動や感銘や驚嘆を与え魅了する価値要因のことであ

る。→ホスピタリティ価値，サービス価値　　　　　　　　　　（吉原敬典）

顧客歓喜（customer delight）

　観光事業で受入れ側のホスピタリティとして重要な顧客満足から一歩進んで，来訪客に大満足（顧客歓喜）を与えることをいうが，同時に受入れ側にも大満足（住民歓喜：citizen delight）をもたらす観光交流の効果をいう。現代観光交流におけるこうした交流効果は「ひとの魅力も観光資源」というグッドウィル（善意の利潤）をもたらすものである。受入れ側の観光地に新たな誘客効果，リピーターを呼ぶ新しい時代の観光戦略として「CD（顧客歓喜・住民歓喜）」の構築がニューツーリズム時代を創造していくホスピタリティであると考えられる。→顧客満足　　　　　　　（北川宗忠）

顧客進化のプロセス

　顧客と一言で表現しても顧客との関係や顧客の心理的な状態によって顧客の種類は異なる。最初の段階の見込み客（prospects）は観光事業としてターゲット化した潜在的な顧客のことである。顧客（customers）は1，2回顧みる客のことで，一見客ともいう。顧客が頻繁に対価を支払って購入するようになると得意客（clients）へ進化する。次に，得意客が積極的にビジネス活動に参加するようになると，支持者（supporters）に進化する。たとえば，行動に移すまでにはいかないがアイデアを出すようになるとか，提案するようになることをいう。次に代弁者・擁護者（advocates）といって，企業側に立ってクチコミ役を果たすようになる。パートナー（partners）は企業活動のなかに入ってきて経営に貢献しようとする顧客のことであり，これからは顧客との関係づくりが鍵を握っているといえる。→クチコミ　　（吉原敬典）

国際会議（コンベンション）（international conference, convention）

外国からの参加者を伴って開催される諸会議のことである。その会議開催主体は政治・外交，産業，学術，宗教，スポーツなどさまざまな分野の国際的組織であり，2か国以上から世界的規模の参加による会議すべてが含まれる。国際会議といわれるものに対する議題や趣旨などの資格や条件はない。国際会議は国際交流の場であり，国際協調，国際間相互理解や国際親善にとって重要なものである。

また，外国からの国際会議参加者は外国人来訪者であり，会議出席に伴っての滞在諸行為となる宿泊，飲食，交通のほか視察や観光旅行などに費やされる旅行消費は開催都市，開催国にとっては大きな経済的効用を得ることとなる。このようなことから，多くの国々や都市では国際会議受入れ体制の整備や誘致の事業を積極的に推進している。

わが国においては，国際会議開催件数は欧米に比べ低い水準にあるが，その重要性を鑑み，国際観光振興会のコンベンションビューローを中心に国際会議誘致や開催にあたっての支援活動を行っている。なお，「国際会議等の誘致の促進及び開催の円滑化等による国際観光の振興に関する法律」（コンベンション法）に基づき，2007（平成19）年末現在，全国51都市が国際会議観光都市に認定されている。　　　　　　（末武直義）

顧客満足（customer satisfaction）

顧客が抱く期待を基準にして実際に経験・体験した出来事が期待通りであれば，「満足」という。反対に期待を裏切るものであれば，「不満足」といって，顧客からするとクレーム（claim）やコンプレイン（complain）をいいたくなるのである。実際の経験・体験が期待を上回る場合には，「喜び」や「感激」へとつながっていくであろう。観光産業に携わる者としては，クレームを顧客の声として謙虚に受けとめ改善していくことが顧客との信頼関係を築いていく第一歩であるといえる。→顧客価値，顧客歓喜

（吉原敬典）

国営公園

国の営造物公園であり，「都市公園法」に基づき国が整備・管理する都市公園である。この公園には，広域的な見地から設置する大規模公園と，国家的記念事業として，あるいは優れた文化遺産を保存するために設置する公園の2種類がある。前者には海の中道海浜公園（福岡県）や淀川河川公園（大阪府）があり，後者には昭和記念公園（東京都）や飛鳥歴史公園（奈良県）がある。→公園，営造物公園

（和田章仁）

国際運転免許証

わが国の旅行者が外国で自動車の運転をする場合に必要な運転免許証のことで，外国で発行された国際運転免許証と区別するため「国外運転免許証」ともいう。日本人が外国で自動車を運転できる方法は，①日本で「国際運転免許証」を取得，②日本の運転免許証を持って行き，その国の運転免許証に切り替える，③外国で運転免許試験を受けて，その国の運転免許証を取得する方法がある。申請には，運転免許証・パスポート・写真1枚・手数料（2650円）などが必要，有効期間は発給の日から1年間となっている。「国際運転免許証」の有効な国は「道路交通に関する条約」（ジュネーブ条約）

加盟の93か国2行政区である(2007年現在)。→レンタカー　　　(北川宗忠)

国際会議観光都市

国際会議を開催することは,外国人参加者が開催地域を理解する機会になるほか,地域経済の活性化や地域の国際化にも貢献する。このため,各地にコンベンションホールや多目的ホールが建設され,それらを有効活用し地域振興につながるようにコンベンションビューローなどの会議誘致組織が各地にできている。このような流れのなかで,1994(平成6)年に「国際会議等の誘致の促進及び開催の円滑化等による国際観光の振興に関する法律」(コンベンション法)が施行され,従来制定されていたコンベンションシティが国際会議観光都市として改められ,42都市(2007年10月現在51都市—地図参照)が認定を受けた。この制度は国際会議場施設,宿泊施設などのハード面やコンベンションビューローなどのソフト面での体制が整備されており,コンベンションの振興に適すると認められる市町村を,市町村からの申請に基づき,国土交通大臣が国際会議観光都市として認定する制度である。認定を受けるための要件は,

①国際会議場施設等が整備されていること,

②宿泊施設等が整備されていること,

③国際会議等の誘致体制が整備されていること,

④近傍に観光資源が存在すること,

と,規定されている。認定を受けた都市に対して国際観光振興機構(JNTO)は,

・国際会議等の誘致に関する情報提供,

・海外における国際会議観光都市の宣伝,

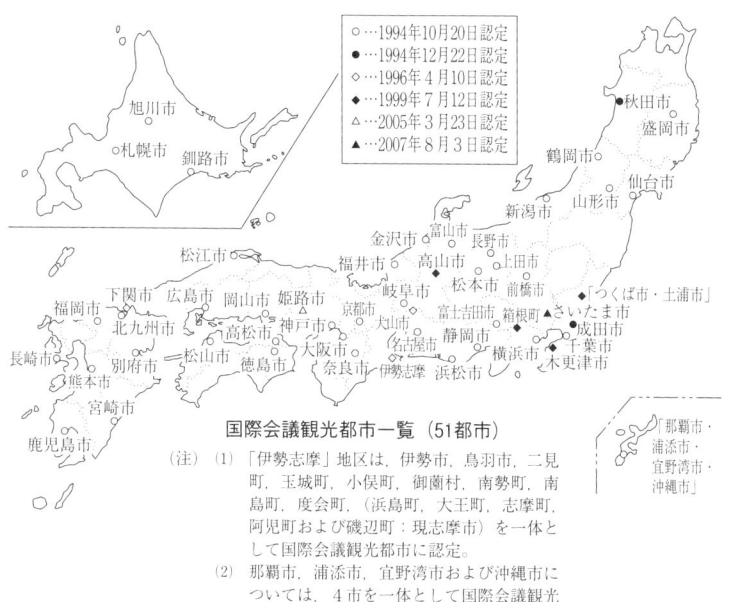

国際会議観光都市一覧(51都市)

(注) (1) 「伊勢志摩」地区は,伊勢市,鳥羽市,二見町,玉城町,小俣町,御薗村,南勢町,南島町,度会町,(浜島町,大王町,志摩町,阿児町および磯辺町:現志摩市)を一体として国際会議観光都市に認定。

(2) 那覇市,浦添市,宜野湾市および沖縄市については,4市を一体として国際会議観光都市に認定。

(出所) 国土交通省。

国際観光（international tourism）

国境を越えて行われる観光旅行の現象を国際観光という。国際観光旅行は他国への保養・休養，自然景観，異文化などを求める観光レクリエーション目的の旅行に限定されるが，観光の目的そのものに関しては国内観光との差異はないといえる。しかし，観光行動に与える制約や手続き面，また観光行動が与える社会的または経済的影響において区別される。国際観光旅行では旅券や査証を必要とすること，また国際親善など社会的効用，国際収支上や観光需要上，経済的効用において国内観光とは異なる面がある。

国際観光の現象には外国からの観光客流入のインバウンドツーリズム（外国人の来訪旅行）と外国への観光客流出のアウトバウンドツーリズム（海外旅行）の双方の流れがあるが，一般に観光政策上，経済的影響の面からして前者のほうが重視される。

国際観光は19世紀以降，本格化したが，それはブルジョアジーを中心とした国際観光市場が形成されたこと，一方ではホテル業，交通業，旅行業などの観光事業の発達が見られたことによるところが大きい。

21世紀の国際観光はあらゆる面での国際関係の改善，国際協調のほか，産業経済の発達に寄与するものとして，さらに重要視されるであろう。
→海外旅行　　　　　　（末武直義）

・海外における関係機関との連絡調整その他支援，
・国際会議観光都市において開催される国際会議等に係る寄付金の募集，交付金の交付，
・必要に応じ，通訳案内業者および旅行業者その他の斡旋，
の支援を行っている。　　　（高橋一夫）

国際学生証（ISICカード）（international student identity card）

2006（平成18）年に，国際学生旅行連盟と世界青年旅行連盟が統一して設立された世界青年学生教育旅行連盟が発行している，ユネスコ（UNESCO）承認の世界的に共通の国際学生証。世界106か国（2007年4月現在）で，史跡や博物館，美術館などの学割利用ができる。資格条件は，

・student：大学・短大・大学院生，高等専門学校4・5年生，専門学校の本科生。
・scholar：中学・高等学校生，高等専門学校1～3年生，高等専修学校，専修学校一般課程の本科生。
　　　　　　　　　　　　　（山脇朱美）

国際観光客（international tourist）

国境を越えて観光行為を行う旅行客をいい，国内で自国民が行う国内観光客と区別され，対比される。WTO（World Tourism Organization：世界観光機構）では観光目的で居住地を離れ，国境を越えて1泊以上1年未満の外国訪問の旅行を統計上国際観光客とすべきとしている。国際観光客の観光消費によってもたらされる経済的影響は国内観光客に比べて大きく，国際収支上のサービス収支に含まれる観光収支として重視される。なお，観光政策において国内観光には制限を加えなくとも，国際観光客としての外国への観光旅行には経済的または政治的理由などにより，自国民に制限を加える例がある。→インバウンドツーリズム，外客誘致法，訪日旅行　　（末武直義）

国際観光交流（international tourist exchange）

　国際間において，観光を通して行われる人と人との交流や観光事業活動の相互交流をさす。一般的には観光客と受入れ国の人々との国際交流が主であるが，観光客による国際交流の実際は自国民のアウトバウンドツーリズムによってなされる場合と外国からのインバウンドツーリズムによってなされる場合の両方がある。国際観光交流によって得られる効果としては相互理解，文化交流，国際親善，経済的協力などがあげられ，その効用は大きいとされている。そのため国の観光政策レベルだけでなく，多くの国際機関においても，真に期待される効果があげられるような国際観光交流増加のためのさまざまな方策がとられ支援がなされている。→観光交流，異文化交流

（末武直義）

国際観光市場（international tourist market）

　観光客は観光行動によって，観光に対する自己の満足を得ようとする。この場合，観光に必要な便益を代価（観光費用）をもって行い，観光欲求を充足する。これが観光需要であり，これに対して関連する組織や企業などは観光便益を商品化して供給しようとする。この場合の観光便益という財に対する需要と供給が出合って，価格と観光量が決定される場を観光市場という。国際観光市場とは国際的観光魅力をもつ観光地への国際観光需要のある国や地域（送出し国または地域）を一般にはさす。たとえばハワイの大きな国際観光市場は日本であるといえる。なお，市場の大きさは経済面や社会面における動向のほか，季節的な時期によっても変動する。

（末武直義）

国際観光収支（balance of payments of international tourism）

　国際観光客流動に伴う観光消費額は受取り国では国際観光収入となり，支払い国では国際観光支出となる。一国におけるその集計が国際観光収支である。国際観光収支と国際旅行収支の違いについては，前者は観光目的の旅行客の観光消費額だけを集計したものに対し，後者はすべての旅行客の旅行消費額を集計したものをいう。実際には国際観光収支は推計することはできるが，統計上あらわすことができないため，国際旅行収支と国際観光収支は同じ収支として取り扱われる。しかし，国際旅行収支の動向を実際に左右するのは観光目的の旅行者によるものであるので，国際観光収支はその意味では区別されるべきである。→国際旅行収支

（末武直義）

国際観光振興機構（Japan National Tourist Organization：JNTO）

　わが国の公的な対外観光宣伝機構である。わが国への国際観光客の増大を目的とした誘致宣伝活動と来訪客の便宜を図るための情報提供を行っている。海外の主要13都市，北米3か所（ニューヨーク，ロサンゼルス，トロント），ヨーロッパ3か所（ロンドン，パリ，フランクフルト），アジア・大洋州7か所（ソウル，北京，上海，香港，バンコク，シンガポール，シドニー）に観光宣伝事務所を設け，また国内では来訪者のための観光案内機関として，東京などに総合観光案内所（tourist information center）を置いている。なお，この（独）国際観光振興機構は，1959（昭和34）年に設立された（特）国際観光振興会が2003（平成15）年10月1日，新たにわが国の観光行政の役割を担う機関として新発足したものである。→社団法人日本観光協会

（末武直義）

国際観光テーマ地区〔international tourist theme areas〕

1997（平成9）年6月に公布・施行された「外国人観光旅客の来訪地域の多様化の促進による国際観光の振興に関する法律」（外客誘致法）に基づいて指定された，地域・テーマをもった広域観光地区をさす。訪日旅行の促進を図るため優れた観光資源を有する観光地域と宿泊施設を有する宿泊拠点からなる地域をネットワーク化し，外国人旅行客が3～5泊程度で周遊できる観光ルートの整備された外客来訪促進地域のことを通称「国際観光テーマ地区」という。国土交通省によって指定され，国際観光振興機構（JNTO）が国際観光テーマ地区についての重点的な海外宣伝を実施し，また地方推進協議会などの関係機関と共同してプロモーション活動を行っている。→外客誘致法　　　　　　　　（末武直義）

国際観光文化都市

わが国の国民生活，文化および国際親善に果たす役割を考えた場合，国際観光文化都市にふさわしい良好な都市環境を図り，あわせて国際文化の交流に寄与するため，これらの都市が必要とする諸施設の整備を促進するための法律（正式には「国際観光文化都市の整備のための財政上の措置等に関する法律」）が，1977（昭和52）年に制定された。この法律によって政令で指定された都市は日光市，鳥羽市および長崎市である。一方，「日本国憲法」第95条に基づく個別の特別法によって，別府市，伊東市，熱海市，奈良市，京都市，松江市，芦屋市，松山市および軽井沢町が指定されている。たとえば，京都市の場合には「京都国際文化観光都市建設法」として，1950（昭和25）年に制定されている。これらの都市では，国際観光文化都市としてそれぞれの都市に見合った建設がなされている。

→国際会議，観光都市　　　（和田章仁）

国際観光ホテル整備法

ホテルや旅館などの外客宿泊施設について登録制度を実施するとともに，これらの施設の整備を図り，合わせて外客に対する登録ホテルなどに関する情報の提供を促進するなどの措置を講ずることにより，外客に対する接遇を充実し，国際観光の振興に寄与することを目的とした法律。1949（昭和24）年に制定された。→政府登録ホテル・旅館　　　　　　　　　　（住木俊之）

国際観光見本市〔international tourist trade fair〕

主として国際旅行に従事する旅行業者や関係者を対象に開催される国際的な観光フェアである。外国人観光客誘致を目的とし，開催国の旅行情報・観光情報の提供，来訪外客の旅行取り扱いに便宜の供与などが行われる。また，諸外国からの参加機関は開催国の旅行業者や一般来場者に対して同様の情報提供・案内を行っている。そのほか土産品に関連して，開催国ならびに参加国の物産品の展示・即売も実施される。→トラベルトレードショー

（末武直義）

国際観光モデル地区〔international tourist model areas〕

1984（昭和59）年に出された「国際観光の新たな発展のために」（観光政策審議会意見具申）に基づいた国際観光モデル地区制度により指定された地区をいう。海外に紹介しうる観光資源を有する観光地であって，国際化に積極的で外国人旅行客受入れ体制の整備に熱心な地域が，国土交通省によって国際観光モデル地区として指定されている。その目的は外国人旅行者が安心して一人歩きすることのできる環境づくりを進めることにより，当該地域への外国人来訪を促進し，国際化，国際相互理解の増進などに寄与することに

国際交流 (international exchange of people)

自国民が外国人と場をもって交わり，種々の分野の交換を行うことを国際交流という。すなわち，国際交流には人の交流をもって文化交流，学術交流，経済交流，スポーツ交流などさまざまな交流がなされる。

国際交流の主たる目的は相互理解，国際親善，国際協調などの促進にある。

国際観光は国際交流として最も期待されるので，近年国際観光交流の拡大のための取り組みが重視されている。それは観光が人と人とのふれあいであり，国際観光により多くの分野の国際交流が推進されるからである。

国際観光交流の国際経済への寄与はアウトバウンドツーリズムよりインバウンドツーリズムのほうが大きい。そのためわが国では諸外国と比べて極端に少ない外国人の訪日旅行を増大させ，観光交流の拡大に向けて，効果ある積極的施策や活動が望まれている。　　　　　　　　(末武直義)

ある。指定地方自治体に対し外客誘致接遇に関する国の支援がなされている。
　　　　　　　　　　　　　　(末武直義)

国際観光量 (volume of international tourism)

国際観光量は外国旅行者の人数で示されるほか，国際旅行で消費される金額（旅行収入となる）でもあらわされる。人数の国際観光量は，世界観光機関（United Nations World Tourism Organization：UNWTO）の国際観光客の定義に基づいて，国際間の旅行者の流れが示される。その合計となる世界の国際観光量は，原則入国旅行者を集計して総数が算出されている。金額による国際観光量は，外国人旅行者が旅行に伴って支出する金額であらわされ，受入れ国の旅行収入となるので，各国の旅行収入に基づいて集計される。UNWTOによれば，2005年の世界の国際観光量は総客数で8億628万人，総消費金額で6804億ドルとなっている。
　　　　　　　　　　　　　　(末武直義)

国際観光旅館連盟 (Japan Ryokan Association)

日本旅館を世界に紹介し，国際交流を深めるために組織された，国土交通省所管の社団法人である。事業内容は，外客受入れ施設の向上・整備充実，施設・接遇に関する調査研究指導，従業員の資質向上，国際観光に関する観光事業機関との連絡協調，機関誌の発行などである。1948（昭和23）年12月に発足し1953（昭和28）年3月に認可された。　　　　　　　　　　(芝崎誠一)

国際観光レストラン協会 (Japan International Restaurant Association)

訪日外客のレストラン利用の増大を目的に，業界の相互協力・対外折衝機関として1959（昭和34）年12月に(社)国際観光レストラン協会が設立された。また，1981（昭和56）年に運輸省（現国土交通省）告示として，国際観光レストラン登録（Registered International Restaurant）規定が定められた。「外国人観光客に対し良質な食事を適正価格で提供し，メニューや言語に不自由なく食事を楽しむことができるようにする」などである。上記のような条件を満たすレストランに対して審査を受けた後，「国際観光レストラン」の名称が与えられている。
　　　　　　　　　　　　　　(芝崎誠一)

国際記念物遺跡会議（International Council On Monuments and Sites：ICOMOS：イコモス）

貴重な文化財や歴史的環境の保存および復元・再生の事業活動に取り組んでいる国際組織である。1964年、ユネスコ（UNESCO）の諮問・協力機関として結成された非政府組織（NGO）で、本部はパリにある。加盟各国は国内委員会をもっており、行政機関や団体のほか、建築家、歴史学者、考古学者などの個人も参加している。類似の組織イコム（International Council Museums：ICOM：国際博物館会議）とは博物館の連合組織として文化財の保存に協力し合っている。

（末武直義）

国際空港（international airport）

国際間の航空輸送に用いる航空機の発着が可能で、かつ税関、検疫および出入国管理の施設を有する空港。

（杉田由紀子）

国際交流基金（fund for cultural exchange）

国際交流基金はさまざまな分野における国際文化交流を展開し、民間の国際文化交流活動を資金面で支援する組織である。日本文化に関する各種展覧会、公演・音楽演奏会を開催し、伝統文化から現代の文化まで、日本文化の魅力を海外に紹介するなど、さまざまな日本紹介事業を実施している。また、外国で行われる国際文化交流イベントにも積極的に参加している。

（末武直義）

国際自然保護連合（International Union for the Conservation of Nature and Natural Resources：IUCN）

開発による自然破壊や乱獲によって絶滅の危機に直面している野生動物の保護や、生態系保全についての調査研究を含むあらゆる自然保護に関する事業活動を行っている国際的な非政府組織（NGO）連合である。国連機関などの協力のもとに地球全体の自然保護に取り組み、各国政府などに国立公園や自然保護の管理についての勧告なども行っている。日本は1995（平成7）年に加盟した。

（末武直義）

国際電話（international telephone call）

オーバーシーズコール（overseas call）ともいわれ、国と国との間で有線または無線によって連絡されている電話通信システムのことをいう。基本的には番号通話（station to station call）であるが、指名通話（person to person call）も可能である。現在の日本のホテルではダイレクトコール（direct call）といわれる、電話交換手を通さないで通話ができるシステムが一般的になった。また、現在は一部の国との間だけで実現しているが、携帯電話で地球上のすべての人と通話できる時代になると期待されている。→コレクトコール

（芝崎誠一）

国際ホテル協会（International Hotel Association：IHA）

ホテル業界の国際協調、国際ホテル業の経営環境、国際観光事業などホテルに関するあらゆる問題の調査研究、会員に対する情報の提供や業界の利益代表としての関係機関との交渉などを行っている。レストラン業を含むホテル業界の業者・企業を会員とする業界組織の団体で、各国ホテル協会の連合体である。1946年にロンドンで設立されたが、93年フランス法人格を取得、現在本部はパリにある。→日本ホテル協会

（末武直義）

国際見本市（international trade fair）

国の内外の企業や団体が輸出入にかかわる商品を出品し、その展示や商談を行う貿易フェアの場をいう。近年では有形商品だけではなく、技術、情報、観光などに関する国際交流の場として

の機能をもち，特に国際観光客誘致活動も行われている。1925年，国際見本市連盟（事務局はパリ）が設立され，それ以後国際見本市が多くの主要国において開催されているが，日本では1953（昭和28）年より東京と大阪において毎年交互に開かれ，わが国の貿易の発展に寄与してきた。→国際観光見本市　　　　　　　　　（末武直義）

国際民間航空デー　⇨空の日

国際旅行収支（balance of payments of international travel）

　国際旅行によって消費される金額の対外収支であって，外客による商品およびサービスに対する支払いは国際旅行収入であり，自国からの旅行客による外国での商品およびサービスに対する支払いは国際旅行支出となる。国際旅行収支と国際観光収支との区別については困難であるため，統計上は同じ意味に使われている。なお国際旅行収支は「見えざる貿易（invisible trade）」の代表的なもので，観光貿易ともいわれ，多くの国々では国際収支のバランスに大きな影響を与えている。わが国の2005（平成17）年の国際旅行収支（旅客輸送を含まない）は受取りが124.4億ドル，支払いが375.4億ドルで，収支251億ドルの赤字となっている。→国際観光収支　　　　　（末武直義）

国定公園

　わが国に国立公園を誕生させた「国立公園法」（1931年制定）が，1949（昭和24）年に改正された際，新たに国立公園に準じる区域が国定公園として指定されることになった。翌50年，最初の指定として「琵琶湖」「佐渡弥彦」「耶馬日田英彦山」が選ばれた。1957（昭和32）年には「自然公園法」が制定され，国立公園の風景に準じる傑出した自然の大風景の選定が進むこととなった。国定公園は，環境大臣が関係都道府県の申し出により，中央環境審議会の意見を聞き，区域を定めて指定する。これより国定公園に指定されている地域は，2007（平成19）年指定の「丹後半島天橋立大江山」（京都府）まで全国に56か所（2007年現在）ある。→自然公園法　　　　（北川宗忠）

国土交通省（Ministry of Land, Infrastructure and Transport）

　国土交通省は，2001年1月に旧省庁の建設省，運輸省，国土庁，北海道開発庁の4省庁を統合し誕生した。日本の公共事業関係予算全体の約8割を担当する巨大官庁である。組織は本省下に内部部局，施設などの機関，特別の機関，地方支分部局がある。内部部局は，大臣官房，総合政策局，国土計画局，土地・水資源局，都市・地域整備局，河川局，道路局，住宅局，鉄道局，自動車交通局，海事局，港湾局，航空局，北海道局，政策統括官の15局から構成される。また外局として，船員労働委員会，気象庁，海上保安庁，海難審判庁の4局がある。国土交通省は，農林水産省所管の農地などを除く国土の総合的かつ体系的な利用，開発および保全，そのための社会資本の整備，交通政策の推進，気象業務の健全な発達ならびに海上の安全および治安の確保を図ることを任務としている。2007年現在，重点政策として，「世界の成長と活力を我が国に取り込む基盤づくり」「自立した活力ある地域づくり」「歴史，風土等に根ざした美しい国土づくりと観光交流の拡大」「地球環境時代に対応したくらしづくり」「安全・安心で豊かな社会づくり」の5つの政策を大きな柱としている。→道の駅，エコエアポート，地域計画

　　　　　　　　　　　　（山本壽夫）

国内旅行業務取扱管理者試験

　「旅行業法」第11条の3に基づき，旅行業務取扱管理者の職務に関して，必要な知識および能力について国土交

通大臣が行う国家試験。この試験の合格者は国内旅行のみを取り扱う営業所などの旅行業務取扱管理者としての資格を有する。試験科目は3科目で，①旅行業法および関係法令，②旅行業約款および関連約款，③国内旅行実務である。試験業務は「旅行業法」第25条の2に基づき，(社)全国旅行業協会が代行し，年1回実施されている。→総合旅行業務取扱管理者試験

(山脇朱美)

国　宝

「文化財保護法」により，有形文化財分野（建造物・美術工芸品）で指定されたものをいう。文部科学大臣は，重要文化財のうち世界文化の見地から価値の高いもので，たぐいない国民の宝たるものを国宝に指定することができる（「文化財保護法」第27条）。→文化財保護法，観光文化財　(北川宗忠)

国民宿舎

国民宿舎は，自然公園，温泉地，景勝地などにおいて，国民の健全なレクリエーションと健康の増進を図ることを目的とした低廉で快適な宿泊休養施設である。1956（昭和31）年から地方公共団体が年金積立金還元融資などによって建設している。国民宿舎は，地方公共団体が設置し運営する場合（直営）と，地方公共団体が設置し第三セクターなどに運営を委託する場合（委託）がある。委託先については，2003年の「地方自治法」改正によりほとんどの自治体では，指定管理者制度が導入されている。地方公共団体の財政が厳しい状況にあるので，神戸市の「オテル・ド・摩耶」のようなPFI（Private Finance Initiative）方式によるリニューアル・運営事例がある。また，民間が設置し運営する国民宿舎もある。なお，施設を設置する場合は，環境大臣の承認をうけることが必要である。2006年3月現在，公営167施設（国民宿舎協会による），民営112施設（民営国民宿舎協議会による）の国民宿舎が運営されている。→公的宿泊施設

(中尾　清)

国立劇場（national theater）

国立劇場は，その国の演劇文化の維持向上の目的をもって国内外の観光客に感銘を与えるもので，パリのオペラ座（フランス国立歌劇場），コミック座（国立第二歌劇場）や，モスクワのボリショイ劇場（ロシア国立劇場），ミラノのスカラ座（イタリア国立歌劇）など近世からの歴史をもつものが多い。わが国では「国立劇場法」（1966年）により設立された特殊法人国立劇場（大劇場・小劇場）が最初で，その後，国立演芸資料館（国立演芸場）・国立能楽堂（以上，東京都）・国立文楽劇場（大阪府）が開場された。1990（平成2）年には芸術文化振興基金が設立され，名称も日本芸術文化振興会となり，2003（平成15）年に同会は独立行政法人に移行した。また，1997（平成9）年に新国立劇場（東京都）・2003（平成15）年に伝統芸能情報館（東京都），2004（平成16）年に国立劇場おきなわ（沖縄県）が開場している。

(北川宗忠)

国立公園（national park）

国や地域の自然風景を代表する広大な範囲を占めるものが多い。世界最初の国立公園は，ロッキー山脈（アメリカ）にあるイエローストーン国立公園で，わが国の明治初期にあたる1872年に設定（1978年世界遺産登録）された。わが国では，明治時代に来日したドイツの医学者E.ベルツ（1849-1913）の提言や志賀重昂（しがしげたか，1863-1927）の『日本風景論』（1894年）の影響により早くから国立公園の整備が望まれた。一方では国際的な観光地としての必要性も高まり，1931（昭和6）年「国立公園法」が制定さ

れ，翌年わが国最初の国立公園として「瀬戸内海」「雲仙」「霧島」が選定された。同法は，1949（昭和24）年，改正されて新たに国定公園の指定もはじまり，1957（昭和32）年にはこれを母胎に「自然公園法」が制定された。国立公園は，環境大臣が関係都道府県および中央環境審議会の意見を聞き，区域を定めて指定する。これにより，わが国を代表する国立公園は，2007（平成19）年に指定された「尾瀬（おぜ）」を含めて全国に29か所（2007年現在）ある。→自然公園法　　　　（北川宗忠）

国立博物館（national museum）

わが国の博物館を代表する「国立博物館」には，1世紀以上の歴史を有する東京国立博物館・京都国立博物館・奈良国立博物館，2005（平成17）年開館の九州国立博物館（福岡県）の4館がある（2007年現在）。2001（平成13）年に独立行政法人となり，「独立行政法人国立博物館法」により運営されている。ここでは国宝・重要文化財などの有形文化財を収集して常設展や大規模な特別展を開催するなど，貴重な国民的財産である文化財の保存や活用を図り，より質の高い細やかなサービスの提供を行っている。→博物館

（北川宗忠）

国立美術館（national museum of art）

わが国の美術館を代表する「国立美術館」には，東京国立近代美術館・京都国立近代美術館・国立西洋美術館（東京都），国立国際美術館（大阪府），国立新美術館（東京都）の5館がある。2001（平成13）年に独立行政法人に移行され，「独立行政法人国立美術館法」により運営されている。東京国立近代美術館（1952年設立）は，わが国の美術館の中枢としての機能を果たし，京都国立近代美術館（1963年設立）は当初は前記の分室として発足，国立西洋美術館（1959年設立）は松方コレクションをもとに，国立国際美術館（1970年設立）は大阪万国博美術館施設を利用（2004年大阪市内へ移転），国立新美術館（2006年設立）はコレクションをもたない展示施設を中心とした新しいタイプの美術館である。→美術館　　　　　　　　（北川宗忠）

心付け（チップ）（tip）

ホテルやレストランでウェイターやポーター，ベルボーイ，メイドなどに，旅館では客室係にサービスの提供後あるいは提供前に支払う些少の対価。言い換えれば人的サービスを提供する場合，提供された側が提供した側にその善し悪しについて支払う対価である。強制ではないが，それが従業員の給料となっている場合があり，支払うのが客の心得になっている。チップの語源は to insure promptness で，迅速なサービスを保証する，すなわち gratuity と同じ意味である。チップを支払うことでよりよいサービスの提供が受けられると解釈できる。日本のホテルではサービス料という特別な料金体系にあることから，チップを断るホテルが多い。しかし海外のホテルやレストランでは一部にはサービス料制を導入しているところもあるが，まだまだチップ制が社会習慣となっている。金額の目安としては支払う料金の10％程度。このほか海外ではタクシーや有料トイレなど人的サービスの提供を受けた際にはチップが必要だと思って差し支えない。旅館では一般に心付けといい，客室係にサービスの提供前にわたすのが一般的。『ふたりで泊まるほんものの宿』（新潮新書，2004年）の著者の1人宮城谷聖枝（みやぎたにきよえ）は「心付けはサービス料として支払われていても，出す方が良い。これは人と人との潤滑油である」という主旨のことを述べている。よりよいサー

ビスを受けるにはやはりチップは大切なことである。いまだにわが国のホテル業界においてもチップ制とサービス料制をめぐる論議は後を絶たない。→サービス料　　　　　　　　（井村日登美）

　海外でのクルーズ客船では，レストランのウェイター，キャビン担当スチュワードなどにチップを下船前に渡すのが一般的で，1日あたり3〜5ドルが標準的。これがウェイターやスチュワードの給料の一部となる。多くのクルーズ運航会社は，チップの標準額をパンフレット，乗船ガイドブックなどに明記しており，下船前にチップ用の封筒がキャビンに配られる場合も多い。　　　　　　　　　　（池田良穂）

個人包括旅行運賃　⇨IIT運賃

コテージ（cottage）

　戸建て宿泊施設のことをコテージという。コテージは，比較的敷地面積の大きなリゾート施設に見られ，周囲の自然環境との調和を図った低層の宿泊棟である場合が多い。施設内にはキッチンルームが配備され，利用者自身で調理できるようになっており，家族やグループ向けのリゾートライフのための宿泊施設である。→リゾート
　　　　　　　　　　　　（多方一成）

古　都

　広義では古くからの都市または都市のあった所をいうが，狭義ではわが国における昔の政治・文化の中心都市として，歴史的に重要な地位にある京都市，奈良市および鎌倉市をさしている。一方，古くからの都市の自然景観および歴史的風土を保存するため，建築行為や宅地造成が制限される古都保存法（正式には「古都における歴史的風土の保存に関する特別措置法」）が制定され，その都市として，京都市，奈良市および鎌倉市のほかに天理市，橿原市，櫻井市，斑鳩町，明日香村，逗子市および大津市が指定されている。→古都保存法　　　　　　　　（和田章仁）

ご当地検定

　当該地域の歴史や文化について，知識の有無を問いただす検定試験のこと。自然資源や文化財，郷土の人物や地場産品などを広く認識しているかどうか，また特定の分野の検定試験もある。観光地の理解や新たな観光資源の認識など地域イメージの向上に役立つことで，「東京シティガイド検定」（2003年より実施），「京都・観光文化検定」（2004年より実施）の人気にあやかり，全国各地で商工会議所などが中心となって実施されているものが多い。ご当地とは「御当地」と書いて，本来は他所から来た人が訪れた地を敬って呼ぶ場合に使用するが，この場合「ご当地」は当該地域の人々が自らの地域を謙遜美化して表現している。　　（北川宗忠）

古都保存法

　1955年以降の高度経済成長による人口と産業の都市への集中により，わが国の代表的な古都である京都，奈良および鎌倉において，歴史的に保存すべき箇所に道路建設や宅地造成などの開発が計画された。しかし，これらの開発計画に対抗する法整備がなされていなかったことから，国民の声を反映させた法律，すなわち，これらの都市の歴史的な意義が高い景勝地帯を文化財として保存するため，古都保存法（正式には「古都における歴史的風土の保存に関する特別措置法」）が，1966（昭和41）年に制定された。→古都
　　　　　　　　　　　　（和田章仁）

コマーシャルホテル（commercial hotel）

　ホテルのカテゴリーで，俗にビジネスホテルと呼ばれているホテルと同等のホテルのことをいう。町の中心地区に立地し，主な対象客はビジネスマンでシングルルームが主流である。中小の会議室，レストランもあり，料金的

には中位程度。日本の会社の部長・課長の平均的出張旅費の範囲内で泊まれるホテルのカテゴリーを意味する。→ビジネスホテル　　　　　（芝崎誠一）

コミッション（手数料）(commission)

旅行業者または旅行業代理業者が，収受する手数料には，旅行業務を遂行するうえで契約関係機関（宿泊・運輸・飲食・観光施設など）から収受する「送客手数料」と，受託販売（他社募集型企画旅行商品・旅行用品・土産物・イベントの入場券・保険・図書など）をすることによって，委託販売先から収受する「販売手数料」がある。2001年4月にはじまったアメリカの航空会社による旅行業者への国際線航空券販売に対するコミッションカット問題は，従来の手数料（9％）を7％へ引き下げるということであった。これはわが国にも波及してきており，2007年4月からはさらに5％へ引き下げられ，IATA（国際航空運送協会）の代理店である旅行業者にとっては大きな収益減収となった。→アール
　　　　　　　　　　　　（塹江　隆）

コミューター航空 (comuter airline)

近距離間を小型機で結ぶ航空輸送事業のうち，定期輸送サービスを提供する事業者あるいは航空輸送事業をコミューター航空と称する。第二次世界大戦後のアメリカにおいて，小型機による簡便な定期航空輸送業を政府が認めたことが，今日のコミューター航空のはじまりであるとされる。日本では1983年，日本エアーコミューターがはじめて奄美大島を中心に運航を開始した。座席数100席または最大離陸重量が50t以下の航空機，またはヘリコプターで定期的旅客輸送を行ういわば少量輸送であるが，鉄道・バスでは移動に時間を要する比較的需要の少ない都市を結ぶ地域の交通手段として，近年各地で路線が拓かれている。日本には現在（2006年3月）14社のコミューター航空が存在する。　（杉田由紀子）

雇用創出効果 (effect of employment creation)

商品やサービスへの需要が生じるとそれらに対する供給のための生産活動が行われる。労働は生産要素であるため雇用が創出されるので，観光消費は雇用効果をもたらす。観光消費は主にサービスに対して行われるので，サービス供給が増大する。この場合サービス業は労働集約産業であるため，観光サービス業による雇用創出効果は大きいと考えられている。国土交通省の調査・研究によれば，2005（平成17）年の旅行・観光産業の雇用創出効果の状況は，旅行・観光総消費額（直接生産効果）推計24.4兆円により229万人，さらに誘発生産効果を合わせた生産波及効果合計額55.3兆円により469万人の雇用を生みだしているとしている。→観光消費　　　　　　　（末武直義）

コレクトコール (collect call)

料金受信人払いの電話通信システムのことをいう。アメリカでは早くからこのコレクトコールが普及し，ホテルやモーテルを利用する場合に，料金を支払うことなしに利用者が宿泊予約を行うことができた。近年日本の一部のホテルでも顧客サービスの1つとしてこのシステムを取り入れている。また，このシステムを利用すればホテルや旅館の宿泊クーポンを買いに旅行会社に出向く必要がなくなる。最近ではインターネットによる予約も増加している。→国際電話　　　　　　　（芝崎誠一）

コンシェルジュ (concierge)

ホテルのロビーにデスクを構え，館内外の案内，観光施設および交通機関の予約の手配などを担当する職種である。元々は，ホテルの入り口で宿泊客に客室の鍵を手渡す門番であったとさ

コンベンション (convention)

コンベンションとは，①大会，年次総会，会議，②大会参加者，代表者，③協定，協約，申し合わせ，④慣例，慣習，習俗などの意味をもつ。観光分野では，①の意味として使用するケースが多い。各地域でコンベンションを開催する場合，開催テーマは対象地域の風土や歴史を重視した内容になる。このため，①に④の意味が重なる。また，コンベンションは観光および学術，ビジネスなどの複合的な目的で開催されるため，滞在型観光の大きな目玉となる。特に，国際コンベンションは，集客規模が大きく，観光客の支出による地域経済への波及効果も大きい。このため，コンベンション開催後，外国の観光客が楽しみながら支出するエンターテイメントやカジノといった仕組みをつくり運営することが重要になる。なお，集会・会議や見本市・展示会などを開催する施設をコンベンションセンターという。コンベンションセンターは，ホテルなどの宿泊施設に併設するか，宿泊施設の内部機能として設けることが望ましい。→エンターテイメント，国際会議，国際会議観光都市，カジノ

(山本壽夫)

れる。主にヨーロッパ系のホテルにおいて置かれる職種であり，ゲストリレーションズ (guest relations)，アシスタントマネージャー (assistant manager) と類する業務を担う。→アシスタントマネージャー (住木俊之)

コンチネンタルプラン (continental plan)

ホテル宿泊料金の一形態として，室料と簡単な朝食（コンチネンタルブレックファスト：パンとコーヒー，紅茶，ミルクなどの飲み物だけの朝食）付の宿泊料金をいう。これに対して，ハーフペンションプラン（朝食と夕食付）やフルペンションプラン（2食または3食付）の宿泊料金がある。

(甑江 隆)

コンチネンタルブレックファスト (continental breakfast)

西洋風の簡単な朝食の典型として，パンおよびコーンフレーク（ロールパン，クロワッサン），飲み物（コーヒー，紅茶，ミルク，ジュース）だけの簡単な朝食を称していう。これに対し，アメリカンブレックファストやイングリッシュブレックファストではボリュームのある朝食となる。→アメリカンブレックファスト，イングリッシュブレックファスト (甑江 隆)

コンドミニアム (condominium)

分譲形式による集合住宅。観光地などにあるコンドミニアムにおいては，所有者が利用しない期間，運営会社などを通じて一般に施設を貸す場合もある。→リゾート (住木俊之)

コンピュータ予約システム (Computer Reservation System：CRS)

航空会社におけるコンピュータによる予約システム。航空会社のホストコンピュータと支店・営業所，旅行代理店などに設置した端末装置を通信回線で結び，旅客の座席を予約するシステムの総称。当初は航空座席の予約のために開発されたが，その後，運賃計算機能，ホテル・レンタカーなどの予約機能などが付加されて，予約発券から旅行代理店との精算にいたるまでの一貫したシステムへ進展した。世界最初のCRSは，1962年アメリカン航空とIBMが共同開発した「セーバー」と

コンベンションビューロー (convention bureau)

コンベンションビューローとは「国，地域，都市を代表し，会議，大会，集会，見本市，展示会といったいわゆるコンベンションの誘致を図り，もって地域文化・経済の振興を目的とする団体または組織」である。広告，展示，リース，人材派遣，ホテル，旅行業者，飲食店，印刷業などさまざまな業種，企業が会員になる。ビューロー執行部はコンベンション誘致により，こうした企業にビジネスチャンスを提供する。ビューローの日常的な業務は誘致活動や広報活動，開催支援活動などである。わが国では，財源調達の難しさや人材難により，これらの業務を行政（特に市）が主導する構造が草創期から続いてきた。ビューローの法人格を見ると，組織化の準備段階では任意団体の形態をとり，その後民間も参加する財団法人へ移行するケースがほとんどである。国土交通省は国際観光振興機構（JNTO）と連携して，コンベンション誘致に積極的な都市・地域を「国際会議観光都市」として認定しているが，2007年現在，その数は51に達している。

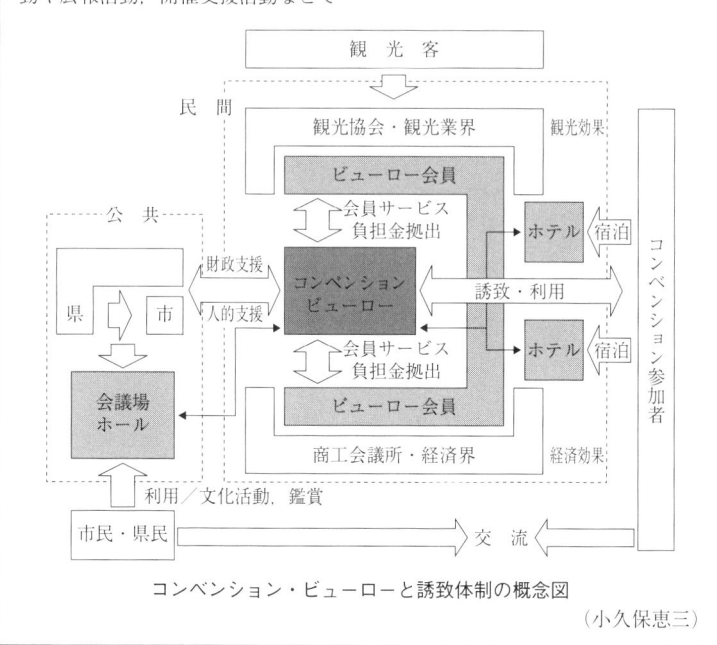

コンベンション・ビューローと誘致体制の概念図

(小久保恵三)

される。わが国では日本航空が1964年に「JALCOM-Ⅰ」をカットオーバーし，88年には「アクセス」と名称変更された。アメリカのユナイテッド航空のCRSは「アポロ」，エールフランスやルフトハンザ・ドイツ航空などが中心となったCRSは「アマデウス」，キャセイ・パシフィック航空とシンガ

ポール航空が主となって東南アジアの主な航空会社が参加しているCRSは「アバカス」である。昨今では自社の航空券に限らず，他社の航空券も取り扱い，特定航空会社の利益を誘導しないようにCRS専門会社化され，予約・発券手数料を基盤とした独立したビジネスに移行し，多方面とのネットワークに対応している。このような変化から，昨今ではCRSをGDS（Global Distribution System）と称する場合が多い。　　　　　　　　（杉田由紀子）

コンベンション法

国際観光交流を拡大する方策として，国際コンベンションを振興するため，1994年に，「国際会議等の誘致の促進及び開催の円滑化等による国際観光の振興に関する法律」（コンベンション法）が制定された。コンベンション法の目的は，わが国における国際会議などの開催を増加させるため国際会議などの誘致促進を図り，それに伴う観光，その他の交流の機会を充実させることによって，国際観光の振興を図り，国際理解の増進に寄与することにある。国際会議などの誘致を促進するための措置として国際観光振興機構（JNTO）は，①国際会議観光都市に対して，国際会議などの誘致に関する情報を定期的にかつタイムリーに提供すること，②海外において国際会議観光都市の宣伝をすること，③市町村が行う国際会議などの誘致に関する活動を支援すること，が定められている（第8条）。また，国際観光振興機構は，国際会議観光都市で開催される国際会議などの開催の円滑化を図るため，寄付金を募集し，国際会議を主催するもので資金援助を必要とするものには，交付金を交付するように努める，としている（第9条）。外国人観光客の観光の魅力を増進するために，国際観光振興機構が，国際会議が開催される市町村の区域，またはその近傍で外国人観光客の観光に適するイベントの実施に関する情報提供，助言その他の措置を講ずるよう努めなければならない（第10条）としている。　　　　　　　（中尾　清）

さ

サービス（service）

人や機械,あるいはそれらの複合体などが生みだす効用。奉仕,接客,値引きなどの意味で使用される場合も多い。サービスは,購買の前に見たり,触ったりすることができないという「非有形性」,生産と消費が同時に行われるという「不可分性」,提供する人や場所などが異なることにより,品質が大きく変わってしまうという「変動性」,提供されてすぐに消滅してしまうため,在庫ができないという「非貯蔵性」といった特性を有している。→ホスピタリティ　　　　　　（住木俊之）

サービス価値（the value of service）

サービスという言葉の語源は,エトルリア語から派生したラテン語のServusであり,転じてslaveやservantといった言葉を生みだしている。したがって,ホストのゲストに対しての従属的な関係を維持し固定化することが意図されているものといえる。サービス価値には,2つの価値要因がある。1つは,顧客に提供するにあたって基本的に備えておかなければならない価値要因である。もう1つは,顧客が当然期待している価値要因である。サービス価値については,競合する組織がすでに行っているか,もしくはタイムラグを伴って同様の内容を行うようになることが一般的である。すなわち,サービス価値を提供するだけでは競争優位の条件を築くことはできないと考えるべきであろう。→ホスピタリティ価値　　　　　（吉原敬典）

サービス経営

サービスの本質は何かといえば,代行である。本来,顧客がすべきことを代わりに行うことによって顧客から対価が支払われ経営が成り立つのである。その点,観光経営はまさに観光者を手軽に旅行しやすくするところで成り立っているといえる。サービス経営が拠って立つ考え方は効率性という価値の追求であり,顧客に役立つことを一方的に提供することである。したがって,経営手法としては仕事の標準化とシステム化であり,具体的にはマニュアル化が基本である。これが行き過ぎると,マニュアル通りで機械的な対応であるといった問題が起こることが予想される。→観光経営,サービス価値
　　　　　　　　　　　　　（吉原敬典）

サービス貿易（international service trade）

有形財商品（モノ）の貿易に対し,無形財の商品をサービス貿易という。輸送,旅行,通信,建設,保険,金融（銀行・証券手数料）,情報（コンピュータデータサービス,ソフトウェアの開発など）,特許使用料,文化・娯楽などのモノ以外の対外取引をさす。IMF（国際通貨基金）方式による国際収支上では,経常収支のうちの貿易・サービスでモノの貿易とサービスの貿易に区別して集計されている。近年,世界規模でサービス貿易の割合が増大しており,そのなかでも旅行収支は大きな部分を占め重視されてきている。なお,わが国のサービス貿易は近年赤字基調にある。　　　　（末武直義）

サービスマーケティング（service marketing）

サービス,あるいはサービス業を対象にしたマーケティングの総称。モノ,あるいは製造業において発展してきた

サービス産業 (service industry)

主に非物質的生産物を生産する産業の総称。

産業分類においては，産業を第一次産業（原材料や食糧などの生産にかかわる農業，林業，漁業など），第二次産業（原材料を加工する製造業，建設業など），第三次産業（卸売・小売業，運輸業，宿泊業など）と三分割することが一般的である。第一次産業ならびに第二次産業は物的産業とも呼ばれるので，第三次産業を「サービス産業」という意味でとらえることもある。

日本標準産業分類においては，「電気・ガス・熱供給・水道業」「情報通信業」「運輸業」「卸売・小売業」「金融・保険業」「不動産業」「飲食店，宿泊業」「医療，福祉」「教育，学習支援業」「複合サービス事業」「サービス業」「公務」などが第三次産業と解釈される。→ホスピタリティ産業 （住木俊之）

伝統的マーケティング理論のコンセプトや技法を，重要性が理解されてきたサービス，あるいはサービス業に対して適用していこうという考え方から，この領域が形成された。→サービス，マーケティング，サービスマネジメント （住木俊之）

サービスマネジメント（service management）

サービスの管理，あるいはサービス業の経営。サービスマーケティング（service marketing）とほとんど同じ意味で使用される場合もある。→サービスマーケティング，サービス
（住木俊之）

サービス料（service charge）

チップ制に代わり，利用料金に一定の割合を掛け，一度に徴収するわが国のホテルや旅館特有の料金制度。一般的に利用料金の10％だが，なかにはそれ以上を徴収するところもある。当初，チップの代理収受と考えられ，個々のサービス提供者に支払うチップ制の煩雑さを解消するという点ではホテルや旅館の利便性を高めた。しかし従業員に還元されることはなく，ホテルや旅館の収入の一部になっている。基本的にサービス料がチップ制の意味に準ずるならば，サービス向上を促進する機能を果たすものであるはずであったが，現在は当然加算されるものとして形骸化し，その意味があらためて問われている。しかしながら基本的にチップ制である欧米のホテルやレストランにおいてもサービス料制を導入するところもあり，わが国のホテルや旅館において悩ましい問題である。→心付け
（井村日登美）

サイクリング（cycling）

自転車を利用した余暇活動をいう。ポタリング（近郊での自転車散歩），サイクルトレッキング（郊外旅行），ツーリング（遠出の自転車旅行）など，各自の体力に合わせて短距離から長距離までさまざまな楽しみ方ができる。観光地などで自転車を借りる「レンタサイクル」や，専用の輪行袋に自転車をたたんで収納し，公共交通機関を利用して目的地まで移動して楽しむ「輪行サイクリング」，車のトランクや専用のサイクルキャリアを利用して自転車を搭載，目的地まで移動してサイクリングを楽しむ「カーサイクリング」なども行われている。イギリスで1878年に，わが国では1886（明治19）年に同好者組織が誕生している。サイクリングは，ウォーキングやスイミングと並んで，体内に吸入する酸素量を多く

して、心肺機能を活発にし、全身の持久性を養うことに適したエアロビクス（有酸素運動）である。→アウトドアレジャー　　　　　　　　　（北川宗忠）

西国巡礼

観音菩薩霊場めぐりの発端とされる「西国三十三所」めぐりをいう。平安時代以降、貴族・僧侶が『観音経』にある菩薩の三十三姿態に変化、現世の災禍を救い、神通自在の能力をもって安穏な来世へ導く仏としての功徳に感応、こぞって観音菩薩を祀る寺院へ参拝することが流行した。このことから観音を祀る三十三所観音霊場巡礼がはじまった。代表的なものは、青岸渡寺（和歌山県）から大阪・奈良・京都・滋賀・兵庫の各府県を経て谷汲寺（岐阜県）をめぐる西国観音霊場の三十三か寺で、このネットワークは一千年の歴史をもっている。参拝の証拠となる巡礼札を観音菩薩を祀る堂塔に打ちつけたことから「札を打つ」といい、霊場寺院を札所、霊場めぐりを札所めぐりという。中世以降、西国巡礼は庶民の周遊観光への憧れとなり、また各地にミニ西国の設定をもたらした。→巡礼さん、四国遍路　　　　（北川宗忠）

最少催行人員

旅行業者がパッケージツアー（募集型企画旅行）を募集する際には、あらかじめ旅行が成立する最少限度の人数を契約書面に明示しなければならない。その場合の人数のこと。標準旅行業約款では参加旅行者数が契約書面に記載した最少催行人員に達しなかった時には、旅行業者はその契約を解除できるとしているが、国内旅行の場合は、旅行開始日の前日から起算してさかのぼって13日目（日帰り旅行の場合は3日目）にあたる日より前に、海外旅行の場合は23日目（12月20日～1月7日、4月27日～5月6日、7月20日～8月31日のピーク時については33日目）にあたる日より前に、旅行業者は旅行者に旅行を中止する旨の通知をしなければならない。→パッケージツアー

（山脇朱美）

再入国手続き

日本に在留する外国人が日本を出国し、再び在留期間内に日本に入国する際に、査証および在留資格・期間認定の申請を省略するための手続き。手続きは出国する前に再入国許可申請を法務省所管の地方入国管理局に提出しなければならない。1回限り有効のものと有効期間内であれば何回も使用できる数次有効のものの2種類がある。→出入国手続き　　　　　　　（山脇朱美）

在来線

鉄道用語でJR「新幹線」に対応して、新幹線以外のJR路線を称していう。在来線には、幹線と地方交通線があり、乗車運賃計算の基準となるキロ表示が異なる（別に東京・大阪には電車特定区間運賃がある）。新幹線のなかでも、整備新幹線に並行する在来線は、新幹線の開業に伴いJRから分離した鉄道会社に経営が移される。これを「並行在来線」という。北陸（長野県）新幹線開業で分離された旧信越本線軽井沢～篠ノ井間は「しなの鉄道」（1997年）、東北新幹線開業で旧東北本線盛岡～八戸間は「いわて銀河鉄道」（2002年）となった。いずれも第三セクターの経営になりJRからの直通乗り入れはあるが、運賃は別計算で割高である。→鉄道事業、新幹線

（北川宗忠）

サイン（sign）

一般的にはサインは合図、看板および署名などと訳されており、広い分野にまたがっている。このなかでよく使われるのがクレジットカードの利用時などに必要な署名である。また、野球などのスポーツでも選手への合図として使われるのもサインである。一方、

サスティーナブルツーリズム （sustainable tourism）

サスティーナブルツーリズムとは，観光主体（来訪者）と観光対象（自然，社会など）が，本来の姿や価値を損なうことなく，保全，存続，育成されるように配慮した観光振興の形態をさす。「持続可能な観光」と訳されている。

観光開発に自然環境や地域社会が受け入れられる許容範囲を設定し，それに基づいて，①その許容範囲を超えない配慮をもとに，②長期的な展望をもつ開発計画を策定し，③生活圏を地球規模としてとらえ，④地域社会において具体的な行動計画をもち，⑤責任を明確にした観光開発を実施することが，サスティーナブルツーリズムの遂行のキーポイントである。環境に負荷がかからないようにするエコツーリズムの展開は，サスティーナブルツーリズムの典型である。→エコツーリズム，ツーリズム　　　　　　　　　　（多方一成）

狭義で交通標識，まちの地図，施設の誘導標識および絵が主体となった看板などをさす場合もある。特に絵が主体であるサインは，見知らぬ町を移動する場合に必要不可欠なものであり，また，はじめて訪れた施設，たとえば海外旅行での空港や鉄道駅における絵文字によるサイン（ピクトグラム）は，国を超えた視認性を高めることが求められる。　　　　　　　　　　（和田章仁）

サウナ（sauna）

サウナとはフィンランド特有の蒸し風呂のことである。日本の高級都市ホテルではプールの付帯設備として，また，リゾートホテルや温泉地の旅館では大浴場の付帯設備としてサウナが設けられている。サウナの健康増進効果が確認されたことが増加の理由としてあげられる。　　　　　　　（芝崎誠一）

索　道

山岳地や観光地における高低差が大きい場所と場所を対象として，空中に架け渡したロープに運搬機をつけ，動力を使用して旅客や荷物を運ぶものの総称である。これらは「鉄道事業法」の施行規則により，普通索道と特殊索道とに分類されている。前者はロープウェーのゴンドラのように扉を有し，外部から閉ざされているものをいい，後者はスキーのリフトなどのように扉がなく，外部に開放されているものをいう。→ロープウェー　　　（和田章仁）

査証相互免除国

査証相互免除協定（各国相互の交流促進のため政府間で結ばれる取り決めで，短期間の滞在に限って査証を免除しようとするもの）に基づいて，一般旅行者に対して相互に査証を免除している国。これらの国へ入国する際，観光や保養などを目的とする在留資格「短期滞在」に該当する場合は，査証を取得することなく上陸申請を行うことができる。現在日本は，62の国・地域と査証免除を取り交わしている（2008年2月現在）。→二国間協定
　　　　　　　　　　（山脇朱美）

薩摩守

鉄道など交通機関で，無賃乗車による不正乗車行為をすること。平安末期の武将「薩摩守」平忠度（1144-84）の名に由来する。忠度の名が「タダノリ（不正乗車）」の意と同音であるところから，シャレて不正乗車を官職名「さつまのかみ」で呼ぶ。これは，「薩摩守」と題する狂言に，川の渡しで船賃を問われ「薩摩守」と答えて無賃渡船を計った旅の僧が，そのあと「忠度」と続けて答えられずタダノリでき

なかったという話によると考えられる。
→キセル乗車　　　　　　（北川宗忠）

里山

人里の近辺にあって、薪炭生産や山菜の採取が行われる村の人々の共同の入会地（いりあいち）であり、私たち日本人にとって最も身近な自然環境である。しかし戦後の炭から石油、ガスへの燃料革命および科学肥料の導入によって、里山の薪炭林としての役割が低下したことから、里山は経済林としてのスギやヒノキの針葉樹林に替えられていった。その後、海外からの安価な木材輸入により経済林としての価値が低下し、現在では山林の維持管理にも支障をきたしている。このようなことから、近年、国土交通省および地方自治体では、里山の再生や保全に対して力を注いでいる。→棚田

（和田章仁）

産業遺産

産業遺産とは、「産業界において活躍した遺物や遺産」と定義される。大きなものではダムや橋などがあり、工場やそのなかで動いていた機械、道具や工具、それに写真や図面なども産業遺産ということもできる。特に日本では明治から昭和にかけて近代化した過程での産業遺産が取り扱われている。それぞれの産業で、製品そのもの、製品をつくるためのもの、製品をつくることにかかわるもののなかから、重要であると思われる産業遺産を中心に、全国で全分野にわたって選びだされている。それらを実際に見に行くことは産業遺産ツアーと呼ばれ、人気を博している。　　　　　　　　（多方一成）

産業観光

産業の現場やかつての現場（産業遺産、産業遺構）もまた貴重な観光資源（産業文化財）であるという立場に立脚し、これを地域の光として発信しながら交流を図り、新たな地域文化を創出していこうとする観光戦略である。わが国では特に、名古屋を中心に愛知県および東海地方がこれに力を入れたことが嚆矢となった。名古屋商工会議所では「産業技術文化観光」という呼称も使われたことがある。こうした動向の背景として、モノづくりも1つの立派な文化（国の光）であるということに対する再認識や、常在型資源による観光振興の重要性が理解されてきたことなどがあげられるであろう。

（井口　貢）

三古泉

"三古泉"とは、有馬温泉・道後温泉・白浜温泉のことである。"三古湯"が一般的に使われている。『古事記』（712年、太安麻呂の撰上）、『風土記』（713年、諸国に撰進を命令）、『日本書紀』（720年、舎人親王ら撰上）、『万葉集』（771〜780年代に成立）などに登場するわが国で最も古いとされている温泉である。たとえば『日本書紀』によれば、舒明天皇が631年と637〜38年に「有間温泉」に行幸し、湯治をしたという記述がある。さらに639〜40年には伊予温湯に行幸している。また、孝徳天皇も647年に有馬に行幸している。『伊予国風土記』には、596年に聖徳太子が伊予の湯の郡（道後）を訪れていると記されている。白浜湯の崎は『日本書紀』『万葉集』などに、「牟婁の湯」「武漏の湯」と記されている。斉明天皇は657年に牟婁温湯に行幸している。　　　　　　　　（中尾　清）

三古湯

日本人は、ものごとを三で表現するのが好きなようである。たとえば、日本三景、日本三名山、日本三名園、三大夜景、三大祭など。温泉も三名泉、三美人湯（和歌山県龍神温泉、群馬県川中温泉、島根県湯の川温泉）などがある。"三古湯"は"三古泉"と同様に使われており、いずれも有馬温泉・

道後温泉・白浜温泉のことをさしている。わが国で最も古いとされている温泉は、『古事記』『出雲国風土記』『豊後国風土記』『肥前国風土記』『日本書紀』『万葉集』などに登場する温泉で、たとえば、"三古湯"のほか、島根県玉造・海潮温泉、兵庫県湯村温泉、大分県鉄輪温泉、佐賀県武雄・嬉野温泉、長崎県雲仙温泉などがある。たまたま有馬温泉・道後温泉・白浜温泉に都から天皇や公卿、文人墨客などがやってきて入湯したとの記述があり、それに目をつけた人が"三古湯"といいだしたにすぎない。　　　　　（中尾　清）

三山・五山

「三山」は、「熊野三山」（本宮・新宮・那智：和歌山県）や「出羽三山」（月山・湯殿山・羽黒山：山形県）のように信仰の対象の地や、または宗教との関連社寺仏閣を呼称する場合と、「大和三山」（香具山・畝傍山・耳成山：奈良県）のように山岳そのものをいう場合がある。「五山」も同様に、中世の官寺制度で定められた禅宗寺院の「鎌倉五山」「京都五山」をはじめ、各地に「五山」寺院が設けられた。山岳の「五山」の例は少ないが「越前五山」など数例がある。「三山」「五山」の表現は、近世以降の地域観光における観光拠点となるものや、拠点観光地として重要なネットワークを形成をするうえで重要なものが多い。→観光のネットワーク　　　（北川宗忠）

山村集落（mountain village community）

山間部の谷底や山腹に位置する集落をいう。地形上から臨海部や平野部の集落と対比して呼ぶ場合と、機能上から農村集落や漁村集落と対比して呼ぶ場合とがある。多くは林業を主としながら農業・畜産などと結合した生活を行う地域社会となっており、ほかに温泉・信仰などに依存するものもある。一般に交通が不便なため、古い生活様式や年中行事などがよく保存されている。近年は、林業の不振から過疎化が進んで廃村となった集落も多いが、白川郷・五箇山の合掌造り集落では優れた風景資源や伝統文化から世界遺産に指定された。また、観光・レクリエーション開発を進めるものも多く、山村生活の体験観光の拠点となった集落も見られる。→グリーンツーリズム、農村集落　　　　　　　　（白石太良）

三大珍味

わが国では、古来よりめったに口に入らないものを「山海の珍味」と称した。江戸時代には、天下の三珍（三大珍味）として、肥前野母（長崎県）の「カラスミ」・尾張知多半島（愛知県）の「コノワタ」・越前（福井県）の「ねりウニ」が珍重された。現代では、フランス料理の「キャビア」（チョウザメの卵の塩漬け）・フォアグラ（ガチョウの肝臓）・トリュフ（球形キノコ）が、世界の三大珍味として珍重されている。→食文化　　　（北川宗忠）

三大美林

青森ヒバ・秋田スギ・木曾ヒノキを日本の「三大美林」という。わが国は国土の3分の2を森林が占めるが、開発などによる破壊も進んでいる。白神山地（青森・秋田両県）の世界最大級のブナの原生林や屋久島（鹿児島県）の屋久杉などの自然遺産（世界遺産）とともに、わが国の森林景観を代表する。　　　　　　　　　（北川宗忠）

三大祭

「日本三大祭」として有名な神田祭（東京都）・祇園祭（京都府）・天神祭（大阪府）、「江戸三大祭」（神田祭・三社祭・山王祭）などに由来して、各地で歴史的・民俗的な祭礼の展開をしている代表的な祭りをまとめた呼称。「京都三大祭」（葵祭・祇園祭・時代祭）や、「東北三大祭」（青森ねぶた

祭・秋田竿燈祭・仙台七夕祭）のように，観光行事として集客効果をもたらしているものも多い。　　　　（北川宗忠）

三名泉

三名泉とは，草津温泉・下呂温泉・有馬温泉のことをいう。古くは京都相国寺の僧万里集九（1428-不明）が，その詩文集『梅花無尽蔵』のなかに「本邦六十餘州　毎州有靈湯　其最者下野之草津　津陽之有馬　飛州之湯島三處也」と書き記している。これをもって，三名泉の由来の嚆矢とされている。江戸時代になって，幕府に仕えていた儒学者の林羅山（1583-1657）は，『詩集巻第三，紀行三，有馬山温湯』のなかで「我國諸州多有温泉其最者攝津之有間下野之草津飛驒之湯嶋是三處也」と記している。林羅山がこのように書いたので，3つの温泉が，「天下三名泉」として有名になり，今日にいたるまで定着している。→温泉地　　　　　　　　　　　（中尾　清）

し
▽

GIT 運賃（group inclusive tour fare）

団体包括旅行の輸送部分（航空）に対して適用される団体用（主催旅行）の特別運賃。日本では1965年にヨーロッパ方面への GIT 運賃が初導入され，その後アメリカ，その他の世界の各方面・主要都市向けに続々と導入された。日本人の海外旅行者数の増加を支えた主流の運賃であったが，1980年代後半ごろから日本人の海外旅行形態がしだいに個人旅行へ志向していくのに応じて，1994年には IIT（個人包括旅行）運賃が導入されて，近年 IT 運賃の主流は IIT 運賃へシフトしている。→ IIT 運賃　　　　　（杉田由紀子）

JR（ジェイアール）（Japan Railways）

1949（昭和24）年から公共企業体として鉄道事業を運営していた日本国有鉄道（国鉄）は，64年以降赤字経営を続け巨額債務を負った。このため，債務処理は日本国有鉄道事業団（1998年に解散）が引き継ぎ，鉄道事業を民営化することになった。そこで，87年4月に国鉄の事業を引き継ぐために，6つの旅客鉄道株式会社と1つの貨物鉄道株式会社を発足した。これら7株式会社の共通の略称を JR という。また，7株式会社を総称して JR グループという。7株式会社とは，北海道旅客鉄道株式会社，東日本旅客鉄道株式会社，東海旅客鉄道株式会社，西日本旅客鉄道株式会社，四国旅客鉄道株式会社，九州旅客鉄道株式会社，日本貨物鉄道株式会社である。特に，東日本旅客鉄道株式会社は東北・関東・甲信越・静岡県（一部）を営業区域とし，JR グループのなかで最も企業規模が大きい。系列会社は，観光・旅行，駅ビル，飲食・販売，広告代理，文化，運送・物流などを事業とするが，どれも大きな売上げを計上している。同社は，鉄道を基幹事業とし，主要駅の駅ビルに飲食・販売・文化事業などを集積し，ステーションホテルやターミナルホテルなどを建設・運営するほか，駅周辺にスーパー銭湯や駅前保育所などの新たな事業展開を進めている。今後，同社は駅と地域資源（名所旧跡・自然環境・商業施設群・飲食街・地域の芸能および芸術文化・地域産業・最新アミューズメントなど）の連携に基づく地域の魅力づくりに大きな役割を担うことになるといえるだろう。→鉄道事

業，観光開発，観光交通，CI
(山本壽夫)

JTB（ジェイティービー）(Japan Travel Bureau)

1912（明治45）年設立のジャパンツーリストビューローを創業とし，戦中の従軍関係者の移動・交通を中心とした東亜交通公社を経て，1945（昭和20）年，（財）日本交通公社（英文名：Japan Travel Bureau）と改称した。63年には旅行・出版などの営業部門を分離して（株）日本交通公社を設立した。総合旅行会社として，国内主催旅行商品「エースJTB」，海外主催旅行商品「ルックJTB」，訪日外国人用主催旅行商品「サンライズツアー」，メディア販売商品「旅物語」の各種主催旅行商品をもち，取扱額1兆2824億円，売上総利益2955億円，経常利益307億円（2006年度）である。メディア販売，FIT（Foreign Independent Tour：海外の個人手配旅行）では出遅れたものの，Webトラベル，BTM（Business Travel Management：出張旅行等管理事業），イベントコンベンションなど新規分野において積極的な取り組みをしている。また，分社化政策にも積極的で，旅行，イベント関連会社を中心に関連会社は150社，グループ全体の従業員数は2万5000人（2007年3月現在）に上っている。2001年に会社名を（株）ジェイティービーと変更した。→旅行業者
(高橋一夫)

シェフ（chef）

コック長，料理人がしら。レストランの調理部門における責任者に対して，一般的に使用される呼称。フランス料理店において，総料理長は"chef de cuisine"（シェフ・ド・キュイジーヌ），副料理長は"sous-chef"（スー・シェフ）である。 (住木俊之)

潮湯治

温泉湯治と同じく，海水に浸かって塩分の効力を受けたり，波に身体を打たせる「うたせ湯」的な療養海水浴をいう。1885（明治18）年，湘南大磯海岸（神奈川県）は，わが国最初の海水浴場となったが，海水浴を最初に行ったのは，1880（明治13）年大阪鎮台の兵士による明石海岸（兵庫県）である。「潮湯治」は，海水浴の古い形態をいい，泳ぐことではなく，この兵士たちも脚気療養の「潮湯治」（「浜湯治」ともいう）が目的であった。同様の形態に，海水を熱して浴す「温潮浴」という海水入浴法もあった。この海水を利用して健康・療養などの医学効果を高めた「潮湯治」が，水泳に発展し，現在主流のレジャー目的の海水浴となっていった。→海水浴場 (北川宗忠)

シカゴ条約

1944（昭和19）年11月，アメリカの招請により連合国および中立国の52か国がシカゴに集まり国際民間航空会議が開催され，第二次世界大戦終結後の国際民間航空の健全な発展に備え，「国際民間航空条約」を結んだ。これを通称「シカゴ条約」という。この条約では国際航空運送の原則（輸送権，領空主権，空港使用，関税，航空機の国籍，事故調査など）について規定しており，国際民間航空の安全かつ整然たる発達，機会均等等で健全かつ経済的な国際運送業務の運営を目的にする，多国間の条約として締結された。また，この条約に基づき1947（昭和22）年，ICAO（国際民間航空機関）が国連の専門機関の1つとして発足した。→ICAO (山脇朱美)

四国遍路

弘法大師の聖跡とされる「四国八十八所遍路」めぐりをいう。古くは『今昔物語』（1120年以後の成立）に「四国辺地」とあり，また四国辺路とも書

CI（コーポレートアイデンティティ）(corporate identity)

　企業の個性・目標の明確化および社会における存在意義の統一を図り，消費者などに知らしめる一連の組織的活動をさす。時代に合わせた企業のイメージ戦略といった見方もできる。また，CIはアメリカで生まれた経営管理手法であり，ビジュアルアイデンティティ（VI）＝企業イメージを視覚的に表現する，マインドアイデンティティ（MI）＝企業の社会におけるあり方の理念，ビヘイビアアイデンティティ（BI）＝理念達成のための社会に対する具体的な計画・行動指針，といった各アイデンティティ要素から構成されている。日本では，1980年代にCIが流行したが，多くは視覚的に訴えるVIを重要視し，企業のロゴマークや商標登録などに終始したきらいがある。現在は，ブランドアイデンティティを尊重し活用するようになり，企業ブランドを開発・創造するために，企業のビジョンやフィロソフィー（哲学，基本的な考え方）を明確化し，MIおよびBIと関連づけることで，CI全体とビジネスモデルや事業戦略を統合化する動きを見せている。たとえば，福武書店がコーポレートブランド「Benesse」を開発・導入し，次々にビジネスモデルを開発するベネッセコーポレーションへ変わったことは広く知られている。また，JR東日本が主要な鉄道駅を中心に，集客を図るショッピングビルに横浜中華街を誘致するという展開を見せ，さらに駅前にスーパー銭湯を開設し，最近では駅前保育を推進するなど，CIと新たなビジネスモデルの統合に余念がない。特に鉄道駅および周辺の開発は，観光開発と重なり合う部分が大きく，駅と地域資源（名所旧跡・自然環境・商業施設群・飲食街・地域の芸能および芸術文化・地域産業・最新アミューズメントなど）の連携に基づく地域の魅力づくりに大きな役割を担う。なお，観光産業において，鉄道・バス・航空（空港）・船舶（港湾）などの基幹交通網を担う事業者のCIとビジネスモデルの統合が進み，さらにそれぞれが相互に複合化すると，観光開発は多大な影響を受けることになるだろう。→観光開発，芸術村，JR　　　（山本壽夫）

く。弘法大師が修行した遺跡をめぐることがはじまったのは16世紀ごろと考えられ，江戸時代以後に隆盛する。「四国遍路同行二人」と書いた装束を身につけ，道中では施しを受け，四国の海岸沿いを一周する。一方遍路の人に対して，施しや無償で宿を提供する奉仕は善根（功徳）とされ，駅路寺（寺院での宿泊）や遍路宿（木賃宿）・善根宿（施行宿）が多く存在した。こうした旅行者（お遍路さん）を援助する精神は，現代でも存在し，「お大師さんへのお接待」をする風習は，ミニ四国の展開に伴って各地でも実施されている。→西国巡礼，お遍路さん
　　　　　　　　　　　（北川宗忠）

視察（旅行）（familiarization trip）

　視察とは，自分でその場所に行って，実情を見とどけることから，旅行を伴う。わが国における視察（旅行）の最たるものは，岩倉具視を団長とする遣米欧使節団（1871〔明治4〕～1873〔明治6〕年）である。明治の草創期に岩倉をはじめ木戸孝允，大久保利通，伊藤博文といった新政府の有力者が，いかにして日本の近代化を進め「新国

家」をつくっていくかという歴史的な課題を背負って、その範を求めて、まさに米欧の「国之光を観」しに行ったのである。また、女子教育の必要性から、8歳の津田梅（津田塾の創始者）ら5人の女子留学生も連れて行っている。この使節団が「観」してきたものや留学生たちが学んできたものが、明治の「新国家」の礎になったということはいうまでもない。『特命全権大使米欧回覧実記』（久米邦武編、1878年、博聞社、田中彰校注で1977年に岩波文庫に収められている）を参照されたい。現在では、視察（旅行）は、インダストリアルツーリズム（産業観光）とか、テクニカルツーリズムとか、テクニカルビジットという型で、現地を訪れ、観光目的ではなく、専門的な知識や情報を学習・収集することなどを目的とした旅行のことをさしている。→産業観光，先進地視察　　　　　（中尾　清）

時差ボケ

航空機を利用した海外旅行、特に東西間の旅行の際に体内時計（サーカディアンリズム）と生活時間のリズムのズレで起きる眠気や不眠の症状。医学的には、時差症候群といわれる。夜中に目覚めたり、昼間に眠気に襲われる睡眠障害のほか、集中力の低下や食欲不振、自律神経の失調などの状態になったりする。予防策として、出発前から十分な睡眠時間の確保や渡航地のスケジュールに合わせた生活時間などにより旅程の調整をする。機内では、アルコールを控え、時計を早めに旅行先の時間に合わせる。到着後は、太陽光を浴びたり、軽めの運動をするよう心がける。東（アメリカ方面）へは「早寝・早起き」、西（ヨーロッパ方面）へは「夜更かし・朝寝坊」が「時差ボケ」対策といわれている。→海外旅行　　　　　　　　　　（北川宗忠）

史跡

「文化財保護法」による史跡（特別史跡）の指定には、①貝塚や住居跡（登呂遺跡：静岡県）、②古墳・墳墓・経塚（高松塚：奈良県）、③都城跡・国都庁跡（難波宮跡：大阪府）、④社寺跡および旧境内（飛鳥寺跡：奈良県）、⑤藩学・私塾（旧閑谷学校：岡山県）、⑥園地・公園（平城京庭園：奈良県）、⑦街道・関跡・窯跡（箱根旧街道：神奈川県）、⑧城跡・防塁（彦根城跡：滋賀県）、⑨外国および外国人に関する遺跡（シーボルト宅跡：長崎県）などがある。史跡と名勝とのダブル指定があり、史跡・名勝、特別史跡・特別名勝（金閣寺庭園：京都府）となるものがある。国指定の史跡は1572、うち特別史跡は60（2007年7月現在）ある。→文化財保護法
　　　　　　　　　　　　　（北川宗忠）

自然環境 (physical environment)

人間の生活・活動・生産に関係する自然的背景を総称していう。人間を取り巻いてその活動などに影響を与えるすべてを環境というが、そのうちの自然にかかわる部分をさし、社会環境の対語である。主な要素として地形・気候・水・動植物・土壌などがあり、これらの違いの総体が地域的特色、すなわち地域性をもたらす要因の1つとなる。そのため、観光要求の基本的要因に地域性への探求心があるという観点からいって、すばらしい自然環境は観光地の条件として重要である。また、自然環境とかかわる観光としてエコツーリズムの考え方も生まれている。→環境，自然保護運動，エコツーリズム　　　　　　　　　　　　（白石太良）

自然環境保全審議会 (nature conservation council)

「自然環境保全法」第13条に基づき1973年4月に設置された審議会。「自然環境保全法」「自然公園法」「鳥獣保

護及狩猟ニ関スル法律」「絶滅のおそれのある野生動植物の種の保存に関する法律」といった各法律に関係する事項を調査審議するほか，環境庁長官（現環境大臣）または関係大臣の諮問に応じ，自然環境の保全に関する重要事項を調査審議した。部会は，自然環境部会，自然公園部会，野生生物部会の3部会が設置された。省庁再編後は，環境省の中央環境審議会に統合され，「自然環境保全法」第13条は削除された。自然環境保全審議会の主旨は，中央環境審議会の自然環境部会，野生生物部会，動物愛護部会などへ受け継がれている。自然環境部会は自然環境保全および自然公園にかかわる重要事項，野生生物部会は野生生物の保護および狩猟にかかわる重要事項，動物愛護部会は動物の愛護および管理にかかわる重要事項をそれぞれ所掌する。→自然環境保全法，環境保全，環境保護
(山本壽夫)

自然環境保全法（Nature Conservation Law）

高度経済成長がもたらした公害と自然破壊の深刻化に対応する主管官庁として環境庁（現環境省）が発足したのを機に，1972年6月に国土全体の自然環境の保護および整備その他環境の保全などの基本方針を明確化することなどを目的に制定された法律。「自然環境保全法」は，基本法と実施法の両方の性格をもつ。前者は自然環境保全基本方針の閣議決定および自然環境保全基礎調査の実施であり，後者は原生自然環境保全地域（人の手が加わっていない自然環境保全地域）および自然環境保全地域の指定である。自然環境保全基礎調査は，緑の国勢調査と呼ばれ，概ね5年ごとに実施する。国土を陸域・陸水域・海域に調査分類し，国土状況を把握する。調査資料は，自然公園（国立公園・国定公園・都道府県立自然公園）の指定および計画などの自然保護行政，そして環境アセスメントなどに活用されている。→環境保全，環境保護
(山本壽夫)

自然休暇村

自然休暇村は，農林水産省主導の公的観光レクリエーションの一形態である。自然休暇村では，農山漁村地域の自然環境を保存しつつ，その地域にふさわしい観光農林漁業を行うことによって，都市住民には農山漁村の自然や農林漁業に親しみや安らぎを与え，農山漁村住民には経済的な効果を期待する事業を行っている。
(多方一成)

自然景観

人の手が加わっていない山，野，川，海および湖沼などの自然を対象とした景観であり，広義にとらえた場合，田畑，田園についても含まれる。ここで日本三景を例にすると，多島海の宮城県「松島」および砂洲地形の京都府「天橋立」は自然景観であるが，厳島神社を中心とした広島県「宮島」は含まれない。また，京都北嵯峨における里山と田園風景は，広義の自然景観としてとらえることができよう。
(和田章仁)

自然公園

営造物公園に対する地域制公園のことであり，優れた自然の風景地を保護し，その利用増進を図ることによって国民の保養に役立たせるため，「自然公園法」によって指定された区域である。自然公園には国立公園，国定公園および都道府県立自然公園の3種類がある。このうち，国立公園は単にわが国民だけを対象とせずに，海外からの観光客を呼び込むために指定したものであり，北は利尻礼文サロベツから南は小笠原の国立公園までの29か所が指定されている。→営造物公園，自然公園法，観光資源
(和田章仁)

自然公園法

 優れた自然の風景地を保護するとともに，その利用の増進を図り，もって国民の保健，休養および教化に資することを目的として，1957（昭和32）年に制定された。これにより，自然公園の計画，事業が円滑に行われることとなった。対象公園は，国立公園，国定公園および都道府県立自然公園の3種類であり，このうち，国立公園はわが国の自然景観を代表する傑出した区域で，環境大臣が指定する。また，国定公園は国立公園に準じた景観地で都道府県の申請により環境大臣が指定し，都道府県立自然公園は都道府県が指定する。→自然公園，海中公園

(和田章仁)

自然に親しむ運動

 環境省では，毎年7月21日から8月20日を「自然に親しむ運動」期間とし，その中心行事として「自然公園大会」を開催するとともに，都道府県，市町村などと協力して，全国の自然公園，景勝地，休養地および身近な自然地域において，自然に親しむための各種行事を実施している。この運動は，自然に親しむことを通じ，心身の健康を増進し，自然に対する関心と理解を養うことを目的としたものである。また「自然公園大会」では，自然公園の保護とその適正利用に関し，特に顕著な功績のあった者を自然公園関係功労者として，環境大臣表彰を行うこととしている。その他，環境省各地区自然保護事務所および地方公共団体などの主催によりイベントなどを行っている。→エコツーリズム (多方一成)

自然保護

 自然の豊かさを守り，人々にとって安全で快適な自然環境を保つことをいう。森林の保全と植生の回復，地形崩壊の防止，海洋・海岸の環境保全，河川・湖沼・湿地の保護などがあるが，そこに生息する野生生物の保護も加えて生態系を守ることが重要となる。観光の発展には自然保護が欠かせないため，具体的には自然公園の指定やウォーターフロントの整備などが行われるほか，二次的自然である里山の保護，農地のビオトープ（小規模の生態系空間）を守るなどの活動もある。都市緑地の保全も自然保護の一環である。→自然環境，自然保護運動，自然公園，ウォーターフロント (白石太良)

自然保護運動

 自然環境の破壊をくいとめ，人々の生活に必要な自然を保護しようとする運動をいう。広義には地球温暖化や公害への対応，治山・治水など環境保全に向けた活動全般が含まれるが，一般には住民や市民による地域の自然を守るための活動をさすことが多い。そのため，ダム建設に中止を求めるなど開発に対する反対運動となることも少なくない。具体的な運動としては棚田や里山を守る活動，河川や山地の清掃，水質保持のための植林などがある。募金などで得た資金で土地を取得するナショナルトラスト活動も重要な自然保護運動の1つである。→自然環境，自然保護，ナショナルトラスト

(白石太良)

自然保護憲章

 「自然保護憲章」は，1973年に保護憲章制度国民会議によって制定されたものであり，「自然をとうとび，自然を愛し，自然に親しもう」「自然に学び，自然の調和をそこなわないようにしよう」「美しい自然，大切な自然を永く子孫に伝えよう」をスローガンにあげている。そして，自然の調和をそこなうことなく，節度ある利用につとめ，自然環境の保全に国民の総力を結集すべきであると唱っている。

(多方一成)

自然歩道

自然歩道は，1970年の東海自然歩道の整備にはじまり，九州，中国，四国，首都圏，東北，中部北陸，近畿と全部で8つの自然歩道が整備され，総延長は約2万1000kmとなり，年間4000万人を超える人々に利用されている。それは四季を通じて手軽に，楽しく，安全に自らの足で歩くことを通じて，豊かな自然や歴史・文化とふれあい，心身ともにリフレッシュし，自然保護に対する理解を深めることを目的としている。複数の都府県間を有機的に結ぶ長距離にわたる自然歩道は，環境省が計画し，各都府県が事業主体となって整備を進めている。2時間程度で歩ける家族向けのコースから本格的な健脚コースまで，各地の見どころを楽しく歩けるようになっている。→東海道自然歩道 (多方一成)

七福神めぐり

遠くの社寺をめぐり歩く参詣の旅に対して，地域密着型の霊場めぐりの1つの形態である。1年の幸福を願う行事として，正月元旦より7日までの松の内に，七福神（寿老人・大黒天・福禄寿・恵比寿・弁財天・毘沙門天・布袋尊）を祀る社寺に参拝して「宝船」のお札を授かり，これを枕の下に敷いて寝ると縁起がよい夢が見られるとされている。七福神の由来は『仁王経』にある「七難即滅，七福即生」からきたといわれ，七福人がもたらす七福には，寿命（寿老人）・有福（大黒天）・人望（福禄寿）・清廉（恵比寿）・愛敬（弁財天）・威光（毘沙門天）・大量（布袋尊）があると信じられている。室町時代に端を発する京都の「都七福神」めぐりが古く，江戸時代には江戸を中心に大流行，近年になり復活や新設されたところも多く全国に200余の七福神めぐりがある。→巡礼さん (北川宗忠)

シティコード (city code)

航空輸送の業務においてスムーズで正確な情報交換やサービスが遂行できるように，世界中の空港をもつ都市をアルファベット3文字の省略形でコード化したもの。コード管理はIGHC (IATA Ground Handling Council) にて行われている。エアポートコードと同一の場合もあるが，1つの都市が複数の空港をもつ場合などは，別途エアポートコードが存在する。たとえば，ニューヨークについてシティコードはNYCであるが，エアポートコードはケネディ空港はJFK，ラガーディア空港はLGA，ニューアーク空港はEWRとそれぞれ識別されている。日本の例では，東京のシティコードはTYOであり，東京のエアポートコードについては成田空港（新東京国際空港）はNRT，羽田空港（東京国際空港）はHNDである。シティコード自体は一般の旅行者の目に触れることは少ないが，航空券の運賃計算欄などに表示されている。→エアポートコード (杉田由紀子)

シティホテル (city hotel)

都市の中心部に立地する西洋式宿泊施設の総称。レストランや宴会場などの料飲施設を備える場合が多い。→リゾートホテル (住木俊之)

私　鉄 (private railway)

日本は国土が狭く，人口密集度が高い都市部で鉄道が発達してきた。国鉄（現JR）以外の鉄道を私鉄という。関東の西武・東急・東武・京成・京浜急行・京王帝都・小田急，関西の近鉄・阪急・阪神・京阪・南海，および中部の名鉄と九州の西鉄が大手私鉄と称されている。各私鉄ともに，ホテルや旅行業などに進出し，日本の観光事業の発展に寄与してきた。なお，1987（昭和62）年に，国鉄は，北海道・東日本・東海・西日本・四国・九州の各旅

客鉄道会社と日本貨物鉄道会社の7社に分割され，民営化された。→鉄道事業，JR　　　　　　　　（芝崎誠一）

自転車施策先進都市

自転車は地球温暖化防止に寄与する地球にやさしい乗り物として，多くの人々に利用されている。しかし一方で，鉄道駅周辺は，今もなお数多くの放置自転車であふれており，各自治体はその対策に頭を悩ませている。このようなことから，静岡市，福島市および東京都練馬区など30の都市は，国土交通省の自転車利用環境整備モデル都市に選定され，「自転車都市宣言」を掲げ，地球温暖化や地域活性化の足がかりにしようとしている。さらに，都市交通のなかに自転車を明確に位置づけ，自転車利用の円滑化を図るための「自転車活用推進法（案）」の制定に向けて動きだしている。　　　（和田章仁）

地場産業 (local industry, regional industry)

統一された定義はないが，一定の地域に集積した産業であり，地元の中小零細企業が，その地域内の人的ネットワーク・技術・材料・労働・資本などの資源に基づき，地域独自の特産品を生産し販売活動を行うものをさす。中小零細企業が社会的分業体制をとるケースも多い。また，歴史に基づく伝統工業や在来産業は含まないとする見解もある。地方分権化を前提にするならば，一定地域に集積して地域資源を活用する地域産業の呼称と考えてもよいだろう。ただし，グローバル化が進展しているため，分業体制が必ずしも地域内にとどまらずに海外連携もあることを視野に入れるべきである。1999年3月に「中小企業基本法」が改正され，ベンチャービジネスの担い手として中小企業に期待が寄せられるなか，地場産業のもつ地域資源・伝統・産地集積・社会的分業体制は，今後，外部のヒト・コト・モノ・情報・技術などとの連携からベンチャービジネスを創造する可能性がある。このため，地場産業の新たなステージにベンチャービジネスが位置づけられるととらえる向きもある。→グローバリゼーション，ベンチャービジネス　　　（山本壽夫）

姉妹都市 (sister city)

地方自治体で，外国の特定の州や都市などと特別な友好関係をもつことをいう。都市規模のほか産業・文化などの類似性をもとに提携を結ぶことが多く，文化交流，相互訪問，情報・資料の交換などが行われる。国の枠にとらわれない地方からの国際化として注目され，国際親善や国際理解に果たす役割が大きい。人的交流が観光流動の拡大となるほか，経済活動の交流を活発化させているところもある。東京都とニューヨーク，京都市とパリ，鹿児島市とナポリなどのほか，町村レベルの姉妹都市も数多く見られる。外国の都市との間だけでなく，国内の自治体間で結ばれる場合もある。→小京都，小江戸　　　　　　　　　　（白石太良）

社家町

古社，名社には世襲的に勤務する神官の屋敷があり，その家が集まっている屋敷町のことをいう。代表的な社家町は，京都洛北の上賀茂神社に隣接して形成されており，神社から流れでる明神川に沿って社家が連担し，川に架かる土や石の橋，川に沿った門や土塀が歴史的景観を醸しだしている。これらの優れた景観は，国の重要伝統的建造物群保存地区に指定されている。→伝統的建造物群　　　　　（和田章仁）

社寺参詣

信仰対象を目的とする宗教観光という旅行形態の一分野を形成する。一社（一寺）参詣（もうで）・多社寺参詣（めぐり）がある。観光行動の原型となるもので，仏教が普及した平安時代

に貴族たちがこぞって社寺参詣，巡礼をしたのが起源である。その例として，平安京の七観音寺院への参拝や，南都（旧都奈良）七大寺巡礼がある。大江親通の『七大寺巡礼私記』（1140年）は，奈良寺院の見聞記（寺院や堂舎の規模，仏像の縁起など）で，当時の重要な資料となっている。さらに観音霊場三十三所めぐりの西国巡礼がはじまり，のちには弘法大師の聖跡八十八所の四国遍路などが行われるようになって，今日では社寺参詣は文化観光の中核となっている。→観光，巡礼さん
（北川宗忠）

社団法人全国旅行業協会（ANTA）
　1956（昭和31）年発足の全国旅行業協会を母体とし，1966（昭和41）年に社団法人として認可を受け，1972（昭和47）年4月に「旅行業法」に基づく運輸（現国土交通）大臣の指定協会として認可された旅行業者の団体である。全国47都道府県に支部を置き，主に国内旅行業務を行う旅行業者，約5800社の会員で組織されている。業務は指定協会としての法定業務および指定業務と旅行業の健全な発展と経営の合理化に資する固有業務の2つに大別されている。法定業務では，苦情処理，弁済，試験研修，指導，調査・研究・広報の5つの業務と国内旅行業務取扱管理者試験の代行業務を実施している。また，固有業務では，旅行に関する知識の普及や旅行業に関する業務の改善，観光事業団体などとの連絡協調の事業を実施している。
（高橋一夫）

社団法人日本観光協会（JTA）
　1931（昭和6）年結成の「日本観光地連合会」を母体に，のち任意団体「日本観光連盟」「全日本観光連盟」となり，1959（昭和34）年「日本観光協会法」の制定により「日本観光協会」が設立された。その後，1964（昭和39）年の法改正で「社団法人日本観光協会」として誕生，わが国の観光振興に関する中枢機関となっている。ここでは観光旅行の安全確保，利便の増進，および容易化などのために，①観光地づくりの促進，②広域観光の推進，③旅フェアの開催，④観光情報ネットワークの整備，⑤人材の育成，⑥インバウンド観光の促進，⑦月刊誌『観光』の刊行などの事業を行い，地域経済や観光産業の発展，および国民の生活・文化，また国際親善に寄与することを目的としている。→国際観光振興機構
（北川宗忠）

社団法人日本旅行業協会（JATA）
　1959（昭和34）年，運輸（現国土交通）大臣登録の一般旅行斡旋業者26社が共同して立ち上げた国際旅行業者協会を母体とし，その後，「旅行斡旋業法」（現「旅行業法」）の改正に対応してIATA（International Air Transport Association：国際航空運送協会）旅客代理店会を吸収して，1963（昭和38）年11月に社団法人の許可を得た。さらに「旅行業法」の改正に基づいて業務の内容，会員制度などを改め，72年運輸大臣指定の旅行業協会となり，次いで75年日本旅行業協会と改称し，現在にいたっている。法定業務，固有業務とも全国旅行業協会とほぼ同様の業務を行っているが，資格試験については，総合旅行業務取扱管理者の国家試験の代行を行っている。正会員は一般旅行業者を中心に1272社（2007年12月現在）である。
（高橋一夫）

借　景
　庭園をつくる場合その空間は限られていることから，対象敷地だけではなく，敷地の外の景観要素をも取り込むことにより，庭園の一部として見立てるようにすることである。小さく狭い庭園であっても，そこに借景を取り入れることにより，その庭園に無限の空間を演出することができる。また，近

接地に見苦しい物があれば，塀や垣などにより隠蔽し，遠くの山や森などを借景にすることも行われている。借景を取り入れた代表的な庭園は，京都の修学院離宮であり，遠く丹波の山々と京都の町並みが遠望できる。→景観

(和田章仁)

シャトルバス（shuttle bus）

博覧会やコンベンションなどの大型イベントにおいて，会場とターミナルあるいはホテルなどの特定の地点を頻繁に結び，参加者の利便に供することを目的としたバスである。しかし，需要の予測が難しく，一時に集中する乗客への十分なバスの供給ができなかったり，逆に乗客がほとんどない時間帯が発生することもあり，採算に乗せることが難しいケースもある。一方，空港やフェリーなどの船着場と市内を結ぶリムジンバスもシャトルバスと呼ばれることがある。→バス事業

(高橋一夫)

ジャパニーズイン（Japanese Inn）

心のこもった温かいサービスを低廉な料金で提供する宿泊施設を通じて，日本文化および日本人の生活習慣に対する理解を深め国際親善に寄与することを目的にした旅館である。東京と京都の小旅館2軒が1979（昭和54）年に外国人客の相互送客をしたのをきっかけにはじまった組織がジャパニーズイングループであり，2006（平成18）年の時点での会員数は約80軒である。→訪日旅行

(芝崎誠一)

ジャパンエキスポ（制度）（Japan Exposition）

特色ある地域の情報発信，交流の推進，住民意識の向上，産業の振興などに大きな効果を発揮すると認められる博覧会を経済産業省が「ジャパンエキスポ」と認定し，地域主体の開催を推進するもので，1989年に創設された。テーマおよびコンセプトは開催地域の振興や将来のあり方などについての問題意識に根ざすものが好ましいとされている。「ジャパンエキスポ」認定のための開催規模の目安としては，以下の通りである。

①予想入場者数：100万人以上または開催都道府県の総人口以上。

②会場の広さ：概ね10ha以上。

③開催期間：概ね60日以上。

認定を受けると博覧会の企画段階で行う調査費，基本構想策定費，基本設計費，実施設計費の一部が補助（補助率2分の1）されることになっている。→博覧会

(高橋一夫)

ジャパンツーリストビューロー（Japan Tourist Bureau）

1912（明治45）年に鉄道院が中心となり，日本の正当な評価を目的とした外客誘致を促進する団体として発足した。外客誘致・海外宣伝・外客斡旋を主要事業とし，東京を本部として，大連，朝鮮，台北に支部が置かれ，神戸，下関などの港町に案内所が設置された。運営経費は当初会員からの会費収入で成り立っていたが，大正末期から鉄道省（現国土交通省）の切符代理販売を日本人客にも拡大し，手数料収入を中心としたツーリストビジネスへの脱皮を図るようになる。しかしながら，日中戦争の拡大により，国益のために大陸での事業の拡大をすることとなり，1941（昭和16）年5月，「東亜旅行社」に社名を変更した。さらに，1943（昭和18）年12月には「旅行」という観光的なイメージは戦時下に馴染まないとして，「東亜交通公社」となった。終戦後は「日本交通公社」に社名を変更し，復員軍人や在留邦人の引き揚げ輸送から再スタートを切り，現在のJTBに業務が引き継がれている。→JTB

(高橋一夫)

ジャパンレールパス(Japan Rail Pass)

日本国内のJR線（鉄道・バス）に限り，東海道・山陽新幹線「のぞみ号」が利用できないなど，利用条件はあるが，期間内であれば国内乗り放題となるパス。7日間・14日間・21日間の3タイプに，それぞれ普通車専用とグリーン車専用がある。利用対象者は，わが国を観光目的で訪れる外国人。利用には日本へ到着前に引換証を購入し，国内でパスと引き換える。このパスは1981（昭和56）年，国鉄（現JR）がヨーロッパのユーレイル・パスを模したもので，JRが引き継いだものである。一種のウェルカムカードの要素をもっている。→訪日旅行　　　（北川宗忠）

ジャルパック（JALPAK）

1965（昭和40）年，日本航空によって販売が開始された海外パッケージツアーのブランド名。前年の64年に海外渡航自由化によって観光渡航が可能となったが，当時外国旅行は未経験の日本人が多かった。日本人の添乗員がついて，日航機で行く海外旅行「ジャルパック（JALPAK）」は，発売当初，募集がすぐ埋まる活況を呈した。日本航空は航空輸送の大量・大衆化を予想して，ホールセラー業への進出を図る。既存の旅行会社による反発はあったものの，1969年JALPAKを主力商品とするホールセラー，旅行開発（株）が発足した。その後JALPAKは集客数を伸ばし，日本を代表するパッケージツアーのブランドの1つとなったが，1991年にはブランド名を「JALPAK」から「I'll」へと変更した。ブランド名の変更にあたっては知名度が落ちるなど議論が重ねられたが，社内投票により「I'll（アイル）」に変更された。同時に旅行開発（株）の社名は，（株）ジャルパックへ変更された。このような経緯をたどり，現在は，ジャルパックはホールセラーの社名である。→パッケージツアー　　　（杉田由紀子）

ジャンボ機（jumbo jet）

1970（昭和45）年に就航したアメリカボーイング社の「ボーイング747」という航空機の愛称。'jumbo'という言葉には「鈍重」という意味も含まれているため，当初ボーイング社はこの愛称を認めず，ボーイング社が予定した愛称である「スーパージェット」に改めようとしたが，大人気機種となり，その愛称も一般化したため，この愛称を認めざるをえなくなった。この航空機の登場により航空輸送は大量・大衆化の時代へ突入した。

（山脇朱美）

修学旅行（school excursion）

一般的には義務教育および高等学校などにおいて，教諭の引率のもとに実施される宿泊を伴う児童・生徒による団体旅行である。これは全国的に長く広く行われており，日本に特有な団体旅行の典型ともいえるが，その嚆矢は1886（明治19）年2月に東京師範学校（現筑波大学）が11泊12日で行った「長途遠足」（千葉県銚子市にて，121名が参加）とされている。「修学旅行」という言葉が使用されるのは1888（明治21）年に尋常師範学校の準則に項目としての「修学旅行」が設けられてからのことである。今日の修学旅行の形態は，マスツーリズムからオルタナティブツーリズムへという社会の文脈の影響もあって，体験型や小グループ型の修学旅行を実施する学校も多いが，目的地の上位は東京・京都・奈良・広島などが占めている。また一方で，公立学校で飛行機使用が認められるようになり北海道や沖縄，さらには韓国などが対象地となる場合も増える傾向にある。→遠足　　　（井口　貢）

宗教観光

観光行動のなかで，その目的を信仰

を対象にするものをいう。神仏詣でや信仰の旅は，古今東西を問わず盛んであった。古代ギリシアや古代ローマでは神々を祀る神殿参詣の旅があり，ユダヤ教，キリスト教，イスラム教における聖地巡礼は現代でも続いている。わが国の遣唐使として中国に渡った最澄や空海らの僧侶たちは，五台山や天台山の霊地を訪ねた。観光の初期のこうした行動は，宗教的な活動に端を発し，現代社会にもなお続いている。上記の聖地巡礼のほか，チベット（中国）では今なお五体投地を行いながら目的地の寺院を目指す巡礼者の姿が見られる。わが国の宗祖本山参拝や霊場巡礼にも歴史的な宗教観光の形態をとどめるものがある。→観光，巡礼さん
(北川宗忠)

自由時間（free time）

一般に，自由は一定の条件下で自由であり，自由を疎外するものと相対的に自由であり，社会的条件を変革することで自由な時間は拡大する。つまり，自由時間は社会ルールに基づく社会生活時間の一部であり，労働との相対的な関係において生じ，労働を短縮することで増加すると考えることができる。余暇時間の同義語だが，労働との対比では「余暇」が先行して用いられていた。現在，日本では，増加しつつある自由時間を余暇活動に使わずに，再び労働に振り向ける人々が多い。これは，日本の社会風土が労働を高価値とし，自由時間や余暇活動を低価値とみなすためだが，実際には，自由時間を正面から受け止める社会システムが構築されていない。欧米の先進諸国における自由時間政策は，個人の価値観に基づく豊かな社会を構築している。今後日本の自由時間政策は，個人の価値観を育成する教育，余暇活動の充実した制度，および環境整備などを必要とする。→余暇時間，余暇開発　　（山本壽夫）

自由時間都市（urban life with free time）

自由時間都市とは，第1に自由時間を創出し余暇活動を行うこと，第2に地域との交流による長期滞在型の余暇活動を行うこと，第3に観光レクリエーション産業やグリーンツーリズムなどにかかわる産業の展開を図ることを可能にする都市生活をいう。フランスでは都市政策の一環として，1981年に自由時間省を設立しバカンス法を制定した。その内容は，週35時間の労働時間目標および年5週間の長期休暇制度である。86年に自由時間省を廃止したが，余暇活動は国民に普及・定着し自由時間都市を形成した。つまり，自由時間都市の形成は，国家主導による都市政策を行い，国民の自由時間を社会的・経済的に資産化することで担保しなければならない。日本では，1998年3月に閣議決定された第5次の全国総合開発計画「21世紀の国土のグランドデザイン」において，自由時間を活用した都市と地域の交流促進，観光レクリエーション産業やグリーンツーリズムの進展をふまえた産業の展開などについて方針が示されたが，フランスのような具体的な政策にいたっていない。→自由時間，地域計画，余暇開発
(山本壽夫)

周遊（型）観光

周遊（型）観光とは，比較的広い範囲のなかで，いくつかの観光名所を訪ね歩く線的な旅行形態をいう。また単独の目的地ではなく，数か所の目的地をめぐる旅行の総称ともいえる。→滞在型観光　　　　　　　（多方一成）

重要伝統的建造物群保存地区

国指定の伝統的建造物群保存（伝建）地区のことをいう。「文化財保護法」の改正（1975年）により，全国各地に残る町並みや集落の保存が図られることになり，町並み保存地区ともい

われる。保存地区の種類は，武家町・宿場町・商家町・港町・門前町・鉱山町・社家町・製塩町などの町並み，山村集落・農村集落などの集落がある。その選定基準は，①伝統的建造物群が全体として意匠的に優秀なもの，②伝統的建造物群および地割りがよく旧態を保持しているもの，③伝統的建造物群およびその周囲の環境が地域的特色を顕著に示しているもので，全国39道府県，68市町村の79地区（2007年現在）が選定されている。観光の対象としても高山市三町（岐阜県），京都市産寧坂，神戸市北野町山本通，倉敷市倉敷川畔，竹富島（沖縄県）など，重要な資源となっているところが多い。
→文化財保護法　　　　（北川宗忠）

重要美術品

　1933（昭和8）年に公布・施行された「重要美術品等ノ保存ニ関スル法律」により認定された美術品。1929（昭和4）年制定の「国宝保存法」の基準に満たないものの輸出・移出を防止するため，緊急措置として認定されたもので，国宝の資格をもちながら，まだ国宝になっていない美術品ということで「準国宝」といわれた。「文化財保護法」の成立（1950年）により廃止され，その多くが重要文化財に指定された。しかし，「文化財保護法」の附則で「認定されている物件については，同法は当分の間，なおその効力を有する」とされ，現在もなおこの認定による美術品を多く見ることができる。→文化財保護法　　　　（北川宗忠）

重要文化財

　「文化財保護法」により，有形文化財分野（建造物・美術工芸品）で指定されたものをいう。文部科学大臣は，有形文化財のうち重要なものを重要文化財に指定することができる（「文化財保護法」第27条）。重要文化財を略して「重文」という言い方もある。→文化財保護法　　　　（北川宗忠）

熟年旅行

　円熟した50歳前後の人々の旅行，またはこの年代の人々を対象にした旅行プランにも使用される。1980年代前後に流行語になったが，長寿・高齢社会の現代では，中高年齢層を含んだ人々の旅行をいう。この世代の旅行活動は，国内・海外旅行とも活発で，大観光時代を楽しんでいる層である。鉄道や航空機など交通機関のバリアフリー，宿泊施設のシルバースター登録制度など施設設備の改良が進み，また旅先での介護サービスや添乗サービスなども「熟年旅行」の後押しをしている。健常者と思われている人でも生活習慣病や思わぬ病状が出ることもあるので，健康・体力の過信に気をつけたい世代といえる。必要な場合は前もって，薬剤証明書やアラート（警戒）カードを携帯するほか，日本旅行医学会では，海外旅行用に欧米では広く普及している国際標準ルールで書かれた英文の診断書の利用を進めている。→シルバースター登録制度　　　（北川宗忠）

宿　場（stage, relay station）

　江戸時代，五街道をはじめ主要な街道の中継点や分岐点などに，旅人の交通や物資の流通の便を図るため設置された施設と制度のこと。東海道は53宿，中山道は67宿であった。宿駅ともいう。駅制はすでに大化改新のころから見られたが，急速に整備されたのは江戸幕府の全国的な交通政策によってである。大名や幕臣などが宿泊した本陣，それに準ずる脇本陣，庶民や一般武士の泊まる旅籠，人馬継立ての手配をする問屋場などからなる。円滑な交通のため人馬の常備を命じられ，東海道では人夫100人，馬100疋，中山道は50人，50疋であった。不足した場合は周辺の農村から調達する助郷制度も決められていた。→宿場町，五街道，本陣，旅籠，

宿泊施設

業として営まれる宿泊施設は，公衆衛生ならびに国民生活の向上の見地から「旅館業法」の適用対象とされている。

宿泊施設の呼称としては，一般的にホテル，旅館，民宿・ペンションなどが使用されているが，「旅館業法」においては，業として営まれる宿泊施設を「旅館業」とし，ホテル営業，旅館営業，簡易宿所営業，下宿営業の4つに区分している。「ホテル営業」とは，洋式の構造および設備を主とする施設を設け，宿泊料を受けて，人を宿泊させる営業で，簡易宿所営業および下宿営業以外のものをいう。「旅館営業」とは，和式の構造および設備を主とする施設を設け，宿泊料を受けて，人を宿泊させる営業で，簡易宿所営業および下宿営業以外のものをいう。「簡易宿所営業」とは，宿泊する場所を多数人で共用する構造および設備を主とする施設を設け，宿泊料を受けて，人を宿泊させる営業で，下宿営業以外のものをいう。「下宿営業」とは，施設を設け，一月以上の期間を単位とする宿泊料を受けて，人を宿泊させる営業をいう。

また，「国際観光ホテル整備法」に基づく一定の基準を満たした施設として登録されたホテル，旅館を「政府登録ホテル・旅館」という。

その他，公的施設として，国民宿舎やユースホステルなどがある。→旅館業法，国際観光ホテル整備法，政府登録ホテル・旅館　（住木俊之）

木賃宿　　　　　　　　（白石太良）

宿泊カード

宿泊カードには2つのものがある。1つ目に，宿泊カードとかレジスターカードと略称されることが多いが，正式には宿泊登録カード（registration card：レジストレーションカード）という。「旅館業法」第6条により，宿泊営業者に義務として宿泊客に記帳させる宿泊者名簿を備えることになっている。記帳すべき事項としては，氏名・住所・職業（勤務先）・電話番号・年齢（生年月日）などである。また外国人の場合は旅券番号と国籍などが付加される。旅館では宿泊者名簿（宿帳）はノート式が多いが，ホテルでは短時間に多くの宿泊客によいサービスを提供する目的でカード式を採用するようになった。2つ目のルーミングカード（rooming card）とかチェックインカード（check-in card）といわれるものは，宿泊客が宿泊登録を行っているあいだに，フロントクラークが作成するカードのことで，ホテルによって呼称がさまざまである。記入事項は，宿泊者氏名・客室番号・客室料金・出発日などである。外出から帰館した時に，フロントクラークにこのカードを提示して自分の客室の鍵を受け取るシステムのホテルが多いが，最近は，カードキーのシステムを採用するホテルも増加傾向にある。その理由として，鍵の渡し間違いを防ぐ目的以外に，鍵の紛失や盗難・宿泊客の利便性・人件費の抑制などが考えられる。→宿帳　　　　　　　　（芝崎誠一）

宿泊産業 (lodging industry)

不特定多数の利用者に対して主に宿泊サービスを提供する事業者の活動分野をあらわす単位。「宿泊産業」は法律上の用語ではなく，宿泊営業の基本を定める「旅館業法」によれば，「旅館業」という呼称が用いられ，旅館業は「ホテル営業」「旅館営業」「簡易宿

所営業」「下宿営業」に区分されている。→旅館業法，宿泊施設

(住木俊之)

宿泊約款（terms and conditions for accommodation contracts）

ホテル，旅館などの宿泊施設と宿泊客との間で締結する宿泊契約において，特に定型化された宿泊契約をいう。宿泊契約の申込み，宿泊契約の解除，宿泊の登録，客室の使用時間などに関する事項について定められている。

(住木俊之)

宿場町（relay station town, post town）

五街道など各地の街道沿いに旅人の休憩・宿泊，人馬の継立てなどのため設置された宿場を中心に，商家や民家が集って形成された町をいう。東海道五十三次や中山道六十七次などがよく知られる。萌芽的には古代の駅家にはじまるが，顕著な発達を見せたのは江戸時代に宿場制度が確立されてからである。人の交通に加え，物資流通の拠点となったため市場町の機能を兼ねた町として栄え，歓楽的な要素もあった。人馬による交通集落なので，明治以降になると鉄道沿線からはずれたものは衰微していった。細長い街村状の形態と軒を連ねた妻入り型家屋群に特色があるため観光地化の進む町並みも多く，妻籠宿や奈良井宿（いずれも中山道の宿場町で長野県）のように重要伝統的建造物群保存地区に指定されているもものもある。→宿場，五街道，重要伝統的建造物群保存地区

(白石太良)

宿 坊

寺院に参詣する人々のために境内に設けられた宿泊施設のことである。平安中期より，高野山（和歌山県）への参詣が盛んになり多くの宿坊が発達した。現代でも参詣者のための宿泊施設として機能している。神社への参詣では，熊野神社（島根県）や伊勢神宮（三重県）への参詣が盛んであったが，神社の場合は祈禱師であった御師（おし）が宿屋の役割も担った。なお，御師の制度は明治初年に廃止された。

(芝崎誠一)

主催旅行 ⇨企画旅行

出入国管理及び難民認定法

日本に入国し，または日本から出国するすべての人の出入国の公正な管理を図るとともに，難民の認定手続きを整備することを目的として制定されたもの。外国人の入国や上陸，在留および出国，退去強制の手続き，日本人の出国および帰国，難民の認定などについて定められ，出入国において基本となっている法律。この法律に基づき入国管理局では，外国人や日本人の出入国審査，日本に在留する外国人の管理，難民の認定などの業務を行っている。

(山脇朱美)

出入国審査

国土，国益の保護と危険防止のため，空港や海港において，出入国する者に対しその可否を決めるための審査。その手続きは国によって，また出国，入国によって若干の違いはあるが，多くの場合，旅券および出入国記録書，搭乗券，航空券などを提示し，審査官のチェックを受ける。2007（平成19）年11月からは，日本に入国する外国人に対し，原則，個人識別情報（指紋，顔写真）の提供を義務づけることとなった。

(山脇朱美)

出入国手続き

税関（customs），出入国審査（immigration），検疫（quarantine）を総称したもの。出入国をする際には，すべての国々で基本的に行われるもので，それぞれの頭文字をとってCIQとも呼ぶ。日本では税関が財務省，出入国管理は法務省，検疫は厚生労働省（動植物検査は農林水産省）が所轄官庁となっている。→出入国審査，検疫，再入国手続き

(山脇朱美)

しゅにん

主任添乗員資格

企画旅行（募集型企画旅行および受注型企画旅行）に同行し、旅程管理業務を行う者として旅行会社に選任される者（添乗員）のうち主任となる者が必要とする資格は、
① 「旅行業法」第6条第1項第1～5号の登録拒否事由に該当しない、
② 国土交通大臣の指定による旅程管理研修を修了している、
③ 実務経験は、旅程管理研修の修了した日の前後1年以内に1回以上、または、旅程管理研修修了日から3年以内に2回以上（海外にあっては海外添乗の回数）の経験を有する、
の3点である。旧法時代に旅行業務取扱主任者（現旅行業務取扱管理者）の資格を取得した者は一定の実務経験があれば旅程管理者になれたが、現行法のもとでは旅行業務取扱管理者の資格取得とは別に旅程管理研修の修了と実務経験が必要となった。→ツアーコンダクター　　　　　　　　　　（高橋一夫）

巡礼さん

巡礼は、主として西国巡礼のような札所めぐりをする人をいう。四国遍路の「お遍路さん」に対応して呼ばれる。中世から近世にかけて大いに流行し、江戸時代には西国巡礼を含む百観音巡礼（西国三十三所・坂東三十三所・秩父三十四所）や各地にミニ西国が展開して、各地で巡礼の旅が隆盛した。庶民が主流の巡礼の発展には、①極楽往生や現世利益を願う観音信仰そのものの宗教的要素、②厄除けや家内安全などの各種祈願や、慰安・娯楽的な要素、③農業事情の視察や、各地の名所や風物を見る観光的要素、④土産物の購入や品種交換などの経済的要素、これらが入り交じって一年一度の、一生一度の、楽しみとなっていった。宗教観光から周遊観光旅行への道を歩んだ「巡礼さん」が果たした観光の意義は大きい。→お遍路さん、西国巡礼

（北川宗忠）

ジョイフルトレイン（joyful train）

快適な鉄道旅行を楽しむために登場した個性的な鉄道車両を総称していう。旧型の特急車両などを改造したもの、新たに特注した車両、貨車などを改造したトロッコ列車などがある。内部的には、和風のお座敷列車や欧風のサロンカーのような客車に特色を有するもの、展望ルームやカラオケルームなどを設けたものなどのほか、さまざまな企画に対応できる多目的車両がある。また「SLやまぐち号」（山口線）、「パレオエクスプレス」（秩父鉄道）など、蒸気機関車（SL）牽引で人気のある編成もある。ジョイフルトレインの多くは、団体貸切専用や臨時列車編成であるが、定期の特急・急行・快速列車による運用や、普通列車で特急用座席を利用できる場合もある。

（北川宗忠）

生涯学習（lifelong learning）

2006（平成18）年の日本人の平均寿命は、女性が85.81歳、男性が79.00歳で、いずれも過去最高を更新した。今、まさに人生90年時代であり、「人々が、生涯のいつでも、自由に学習機会を選択して学ぶことができ、その成果が適切に評価されるような社会」（「生涯学習審議会答申」1992年7月）すなわち生涯学習社会でもある。生涯学習とは、①「理念」としての生涯学習（「生涯学習社会」を築いていくという「考え方」）、②「学習活動」としての生涯学習（個々の学習活動、種々の学習活動）、③「学習」としての生涯学習（個々の学習、生涯の全学習）という考え方で進められており、第1の人生（学業を終え、就職するまで）、第2の人生（定年退職または職業から引退するまで）、第3の人生（人生の終焉まで）の全生涯にわたる学習活動をさし

小京都

 京都と同様に周囲を山で囲まれ、町中に清流があり、風情のある町並みを有する地方の歴史都市に対して、自ら名のり、あるいは他から名づけられた愛称である。例として、「みちのくの小京都、盛岡」「飛騨の小京都、高山」などがあげられる。

 「小京都」という名称は遠く昔からあったわけではなく、1970年代後半の旅ブーム「ディスカバー・ジャパン」のなかで生まれたともいわれているが、その起源は定かではない。そのなかで、1985（昭和60）年5月に、全国の小京都を名のっている25の市や町と京都市が参加して、小京都の広域的な観光キャンペーンの連合体として「全国京都会議」が結成された。この全国京都会議への加盟条件として、「京都に似た自然景観、町並み、佇まいがある」「京都と歴史的なつながりがある」「伝統的な産業、芸能がある」のうちの1つ以上が必要とされている。したがって、加盟都市のなかには、京都に似た自然や歴史的町並みを有していない市や町もある。

 その後全国京都会議への参加市町数は増え続け、2007（平成19）年9月では50となり、自治体や観光協会が小京都のイメージアップを図りつつ、観光客誘致のための活動を進めている。→小江戸　　　　（和田章仁）

ている。近年では、ただ単なる個人ベースの生涯学習活動ではなく、地域ぐるみの生涯学習まちづくりを文部科学省も推奨しており、全国各地で「生涯学習によるまちづくり」「まちづくりのための生涯学習」が活発に展開されている。　　　　　　　（中尾　清）

商家町

 わが国において、近世以降の商業活動により栄えた商家が集まってできた町であり、その多様な意匠の家並みが往時の繁栄を偲ばせる。これらの町は、その成り立ちや地域の特性から、瀟洒な主屋、重厚な蔵造りあるいは統一された建築様式などにより優れた町並みを形成しており、これらの多くが観光地として広く知られている。このうち、代表的な商家町は岐阜県高山市三町、岡山県倉敷市倉敷河畔および卯立（うだつ）で有名な徳島県脇町南町などがあり、これらの多くは国の重要伝統的建造物群保存地区に指定され、観光客が多く訪れている。→伝統的建造物群
　　　　　　　　　　（和田章仁）

城下町

 城下町の定義は諸説あるが、一般的には戦国期以降の城を中心として発達した町のことである。すなわち、城壁や堀などの防御施設の位置が城内、侍屋敷、あるいは商工業者の集落のどこに設置されていても、城下町の範囲は全都市域であることには変わらないとされる。ただし、それらを取り巻く農業地およびその集落は、これには入らない。なお、現在の主要都市の大部分が、城下町を基礎として成り立っている。→伝統的建造物群　　（和田章仁）

乗車券

 鉄道やバスに乗車するために必要な切符をいう。普通乗車券（片道・往復・連続）、定期乗車券（定期券）、回数乗車券（回数券）のほか、団体乗車券、貸切乗車券、連絡乗車券、記念乗車券などがある。船の場合は「乗船券」、航空機の場合は「航空券」「搭乗券」と呼ぶ。自動改札機にプリペイドカードを通したり、ICカードで自動改札機に触れることで自動改札ができ

るストアードフェアシステム（stored fare system）の改良で，大都市圏を中心に鉄道やバスの乗車券の代行をしている。これには，磁気カード形式（スルッと KANSAI・J スルー・イオカードなど）・IC カード形式（ICOCA・Suica など）がある。

（北川宗忠）

消防法（Fire Service Law）

「消防法」は，1948年7月に火災の予防・警戒・鎮圧，火災または地震などの災害に関する被害の軽減を目的として制定された。消防法は全9章から成り，第1章総則，第2章火災の予防，第3章危険物・危険物保安技術協会，第4章消防の設備等・消防の用に供する機械器具等の検定等・日本消防検定協会等，第5章火災の警戒，第6章消火の活動，第7章火災の調査・救急業務，第8章雑則，第9章罰則といった構成である。「消防法」は「建築基準法」と密着不可分な関係にあり，建築物や工作物の計画・設計・施工・管理に適用される。特に，不特定多数の人々が集合する劇場や映画館・集会場・ホテルなどの大規模建築物には厳しい規制が引かれている。2001年9月の東京都新宿区歌舞伎町小規模雑居ビル火災では，44名の犠牲者が出た。このため，2002年10月に「消防法」が改正された。改正の要点は，非難・安全基準の強化，防火管理の徹底，違反是正の徹底である。2003年6月に「消防組織法」および「消防法」が改正され，2以上の都道府県にまたがる大規模災害を想定して大規模および特殊災害時における全国的観点からの緊急対応体制の充実・強化を図った。また，2006年6月から住宅用火災報知器の設置が義務づけられた（設置基準や猶予期間は各市町村の条例に基づく）。→中心市街地活性化法，防火優良認定証，町家

（山本壽夫）

商用旅行（ビジネス旅行）

文字通り商用（貿易，事業，投資活動などの商行為）を主たる目的に旅行をすることをいう。経済活動が低迷すると，各企業や組織団体の関係者による業務出張においても経費節減が行われ，不要不急の出張が手控えられることもしばしば見受けられる。バブル経済崩解後を境に，大手企業や団体においては海外業務出張者への金銭的な節減のみならず，出張者の事務作業時間の節約をも追求している。このため出張者の出発準備（旅行手配・予約・渡航手続きなど），出張中の経費支払い，帰着後の清算業務などを一括して管理するシステム（Business Travel Management：BTM）をもつ大手旅行会社，航空会社，カード会社と契約し合理化を図っている。

（甑江　隆）

食品衛生法

1947（昭和22）年に制定された法律で，第1条に明記されているように，飲食に起因する衛生上の危害の発生を防止し，公衆衛生の向上および増進に寄与することを目的としている。また，対象となっている業種はホテル・旅館をはじめすべての飲食業であり，上記の目的を達成するために，厚生労働大臣に，食品・添加物・器具・包装用紙に関しその基準を定め，さらに食品添加物の製造・調理の基準や成分の規格を定める権利などを付与している。そして，都道府県知事および保健所を設置する市の市長に，必要な場合には営業者に報告を求める権利や官公吏に現場を臨検させる権利も付与している。しかしながら，毎年のように食中毒が発生しているのが実情であり，一部に，違反者に対してもっと重い刑罰が必要であるとの意見もある。（芝崎誠一）

植物園（botanical garden）

植物園とは，植物の研究および知識の普及を目的として多くの植物を収

集・栽培・展示している施設のことである。本来植物園は，国立科学博物館付属自然教育園・筑波実験植物園や北海道大学，東北大学，大阪市立大学などの付属植物園，その他研究所あるいは企業の施設として，学術目的で植物の研究を行うものであるが，現在では，広く一般に開放して多くの市民や観光者の社会教育（生涯学習）や観光・レクリエーション施設として利用されている。また，わが国の植物学発展に寄与した牧野富太郎の考えをもとにした高知県立牧野植物園や美しい花や珍しい植物，薬草などを観覧させるために設けられた六甲山高山植物園や布引ハーブ園，八ヶ岳薬用植物園など特色のあるものも多い。(社)日本植物園協会には，2008年1月現在，全国の代表的な116の植物園が加入し情報の交換などを行っている。→動物園，博物館　　　　　　　　　　　　(中尾　清)

食文化

観光振興を考えるうえで忘れてはならないことの1つは，地域の固有価値をもった資源をいかにいかすかということである。大切だといわれる地域の「3つの"み"」(水・道・魅力)は，まさにこれをいい当てている。このうちの1つ「水」は，自然環境としての地域文化の象徴であり風土を形成する重要な要因であるとともに，地酒や肴，野菜などをはじめとした地域固有の食の生産とそれに基づく郷土料理や食文化をも形成する担い手である。重要な観光資源である食文化は，風土のかなめである水によって育まれて固有性を得たといってもよいだろうし，イタリア北部の小さなまちブラに端を発するスローフード運動もまた地域資源としての食材や食文化の個性の大切さを説くものでもある。→三大珍味，懐石料理　　　　　　　　　　　　(井口　貢)

ショッピング (shopping)

観光が及ぼす経済効果は多様であるが，ショッピングという観光客の消費行動は重要である。ここでは，お土産物を買うという行為が最初に連想されるかと思うが，それは職場などへの義理的なものと，自分を含め家族や大切な人への高価なものとの二極分化が進んでいる。前者の典型は，お土産物業界で俗にいう"煙突もの"（あるいは，"レールもの"）として，包装などの差異で地域性を出すという作為のもとに全国に流れるものをあげることができよう。後者は，海外旅行でブランド品を購入する行為や，たとえば京都で高級な西陣織の商品を購入するといったような形であらわれる。ただ，経済効果を考えた時に安価な義理的なものでも，大量に販売できれば多大なものが期待できるということも忘れてはならない。"煙突もの"ではないが，京都の生八橋などはまさにそれがいえる。生八橋を製造・販売するところは数社存在するが，これ一品で年間20億円を超える売上げを見ることができるケースもある。→みやげ　　　　　(井口　貢)

シルバースター登録制度

高齢者が利用しやすい宿泊施設を認定，登録する制度。1993（平成5）年，全国旅館生活衛生同業組合連合会（全旅連）が，厚生省（現厚生労働省）など関係機関の協力を得て，全国の旅館・ホテルを対象に設備・サービス・料理面について一定の登録基準を設け，スタートさせた。高齢者に配慮して各所に手すりを設けたり，非常ブザーなどの連絡設備，近くに対応処置がとれる医療施設があること，また特別メニューの提供など飲食への配慮や宿泊割引をすることなど，登録基準には多くの項目を設けている。高齢社会に向けた「人に優しいお宿」を目指した制度に登録された旅館・ホテルには，

しんうえ

Silver Star の 2 つの「S」でハート（まごころ）をあらわした統一マークが掲げられ，高齢者が安心して宿泊でき，快適に過ごせるやさしい宿泊施設の目印にしている。2006年現在，およそ1000軒が登録されている。→熟年旅行
(北川宗忠)

新ウェルカムプラン21（New Welcome Plan 21）

1996年の「ウェルカムプラン21」に基づき，運輸省（現国土交通省）は，外国人観光客の誘致政策を推進してきたが，訪日外国人観光客数は400万人台で推移し，伸び悩んでいた。そこで，訪日外国人観光客のさらなる増加を図ることを目的に，2000年5月，観光産業振興フォーラム2000年度の総会で「新ウェルカムプラン21」が提言された。これに基づき，国際会議の誘致，二国相互間の国際観光交流の促進，航空チャーター市場の育成，外航客船クルーズネットワークの形成などを図り，2007年を目途に，訪日外国人観光客数を800万人に倍増させようと，官民一体となって取り組んできた。訪日外国人観光客数は2002年には500万人台に到達したが，その時点では目標達成にはほど遠く，2003年には観光立国宣言をして，2010年に1000万人を目標にした「ビジット・ジャパン・キャンペーン」に政府を挙げて取り組んでいる。→ウェルカムプラン21，ビジット・ジャパン・キャンペーン (中尾　清)

新幹線

1964(昭和39)年，軌間1435mm(標準軌)，最高速度300km/h以上で運転される，わが国最初の高速鉄道として東海道新幹線（東京〜新大阪）が開通した。その後，山陽新幹線（新大阪〜博多）・東北新幹線（東京〜盛岡）・上越新幹線（東京〜新潟）の各新幹線が開通したが，これらの国鉄（現JR）が建設したものを「新幹線」という。また，これらの新幹線は「フル規格新幹線」とも呼ばれる。その後，「全国新幹線鉄道整備法」（1970年）が制定されて，北海道・東北・北陸・九州鹿児島ルート・九州長崎ルートの5新幹線が整備されることになったが，これらの新幹線を「整備新幹線」という。→在来線，鉄道事業，整備新幹線
(北川宗忠)

シングルルーム（single bedroom）

ホテルに宿泊する場合に一部屋を1人で使用することをいう。厳密には，一部屋にシングルサイズのベッドが1つだけある状況の部屋をいうが，ベッドの様式（ダブル，キングサイズ，ツインベッドなど）に関係なく，客が1人で一室を使用する（single use）場合も含まれる。→ダブルルーム
(甄江　隆)

新婚旅行

ハネムーン（honey moon）を新婚旅行として紹介したのは仏教哲学者の井上円了といわれる。これは明治中期のころの話で，イギリス人の結婚式後の旅行を称したものであるが，そもそもハネムーンというのはスカンジナビアで，結婚した夫婦が蜂蜜をなめて疲労回復につとめたという習慣から引用されている。ちなみに，わが国における新婚旅行の嚆矢は坂本龍馬という説と井上馨の子息勝之助という説の2つがある。日本人の新婚旅行先は熱海（静岡県），伊豆（静岡県），南紀（和歌山県）などから，所得の増大や交通機関の発達に伴って，宮崎，北海道，沖縄などの遠隔地へと展開していくが，その後大部分が海外を新婚旅行先に選ぶようになった。1969（昭和44）年にはすでにグアムやハワイを対象にしたブライダルパッケージ販売が強化されている。JTBの扱い分で海外組と国内組の比率が逆転したのは1980（昭和55）年である。 (小久保恵三)

親水公園

　海や河川および湖沼などの水辺を対象に，人々が安全かつ快適に水に接することができるように整備した公園である。なお，この親水公園は高水敷を利用した河川敷公園や，河岸に整備された河畔公園とは異なり，人々が直接水に触れ，親しむことにより，身近に水の感触が得られる公園である。この事例としては，東京江戸川区の古川親水公園や，同じく東京中央区の石川島公園があげられる。　　　（和田章仁）

人的サービス (service by human resource)

　人間の手を介して直接的に行われるサービス活動のことである。サービス活動・機能の出来いかんによっては，「潤い」「和み」「寛ぎ」「暖かみ」「温もり」「癒し」「安らぎ」「憩い」「味わい」「深み」などのホスピタリティを感じることができるのである。顧客の求めが移り気で飽きやすく多様化している時代にあっては商品知識はもちろんのこと，言葉遣いをはじめとした礼儀の表現，かゆいところに手が届くといったきめ細かな対応などが重視されているといえる。すなわち，義務的で機械的な対応では顧客の支持を得ることはできないのである。訪れる人をよくとらえ，しだいに互いが意識的にコミュニケーションをとり合うようになることが望まれる。人によって直接的に提供されるサービスや経験は思い出となり，再びの来訪を促すことにつながる可能性がある。さりげなく気遣い，働きかけることも重要である。→接遇サービス，ホスピタリティ，リピーター，女将　　　（吉原敬典）

人的資源 (human resource)

　経営資源についてはよくヒト，モノ，カネ，情報，知識といわれる。技術・情報といったソフトの側面と設備・資金といったハードの側面を合わせて物的資源というが，それに対比して人に関する資源については人的資源と表現している。構造的な変化の時代，すなわち新しい価値の創造が求められている時代においては，人的資源が果たすべき役割は大きい。経営戦略との関係で，人的資源がもっている創造性とその相互作用がもたらす可能性がいろいろな問題解決の鍵を握っているといえる。したがって，ここに人的資源管理が求められているゆえんがある。人的資源管理 (human resource management) には，3つの側面がある。1つは，長期の経営ビジョンや戦略に結びついた人材に関する計画という側面がある。第2は人材を有効活用する側面がある。第3には，経営ビジョンと人的資源の現状とのギャップを埋めるための能力開発を行うという側面がある。→観光経営，サービス経営
　　　　　　　　　　　（吉原敬典）

神仏分離令

　古代以来の神仏習合を禁じ，神道と仏教を明確に分けることを決めた命令をいう。1868（明治元）年，明治政府によって出された。伝統的宗教である神道の神と外来宗教の仏教における仏を一体と考える神仏習合は江戸時代まで広く見られたが，神道を国家の宗教とする目的もあって仏教との分離が図られたもの。神道の国粋性を強調するねらいもあったため，仏教を抑圧する廃仏毀釈（寺院・仏像・経典の破壊，僧侶の資格・地位の制限などをさす）の運動を引き起こすことになった。もっとも，奈良県大峰山など修験道の山のなかには，神仏分離令の後も神仏習合の名残りを見せるものもある。→宗教観光　　　　　　　（白石太良）

人文的景観

　景観の眺めの対象が自然物ではなく，歴史的町並み，都市空間，社寺および道路や橋梁などの人工物が中心となっ

たものであり，自然物を中心とした自然景観と区別される。なお，実際に景観の保全・形成を行う場合には，人文的景観と自然景観を別個に扱うのではなく，これらの景観の調和が重要である。すなわち，豊かな自然景観を有する河川に橋梁を架ける場合には，その河川景観に調和した橋梁をデザインすることが求められる。→景観

(和田章仁)

人力車

明治初期，和泉要助らが発明した二輪車で，人を乗せ，1人（または2人）の車夫がひく移動手段として利用された乗り物。手軽な交通機関として全国的に発展したが，交通機関の発展した20世紀以降は医者・役者・芸者といった「シャ」のつく人が乗る乗り物となり，現代では歴史的な町並みの残る鎌倉，京都，奈良などの観光地で観光客の風雅な遊覧を楽しむ足となっている。観光案内を兼ねるなど人気があり，排気ガスなどを出さない環境にやさしい乗り物であるが，軽車両扱いとなる。一方19世紀後半，海外にも輸出され，インドなどで「リキシャ（Rickshaw）」と呼ばれて，現在も活用されている。また人力車を改良した形の自転車タクシー（輪タク）は，電動アシストのものも含めて欧米やアジア各地，わが国においても再認識されてきている。

(北川宗忠)

森林破壊

一般には，自然の回復力を超えた人為的な樹木の伐採による森林の荒廃と森林面積の急激な減少をいうが，森林火災など自然災害によるものもある。人間はその歴史のなかで農地や建物用地などとして森林の多くを失ってきた。現在では，経済活動の拡大に伴い熱帯林の減少が世界的に大きな問題となっているほか，酸性雨による被害も著しい。森林破壊は，自然環境の保全や野生動物の保護，景観と生活環境の維持などの観点からも注目をあびており，特に居住地に近い里山の森林破壊をどう食い止めるかが大きな課題である。→自然環境，環境破壊，里山

(白石太良)

森林法 (Forest Law)

1951年6月に，森林計画，保安林その他の森林に関する基本的事項を定めて，森林の保続培養と森林生産力の増進を図ることを目的に制定された法律。農林水産大臣は，5年ごとに15年を一期とする全国森林計画を定めるが，「森林・林業基本法」および「環境基本法」などと調整して，森林整備の目標・伐採・造林・間伐および保育・公益的機能別森林施業の整備・林道の開設・森林施業の合理化・森林の土地の保全・保安施設などについて規定する。都道府県知事は全国森林計画を受けて地域森林計画を定め，市町村は地域森林計画を基本に市町村森林計画を定める。また，「森林法」が観光と関係するのは，同法第25条に，名所または旧跡の風致の保存の目的を達成するために必要がある時には農林水産大臣は保安林を定める，といった項目である。風致を目的に公益上の理由から保安林を定めるため，リゾート開発などで保安林を解除しようとしても，基本的に公益上の理由が消滅しなければ解除できない。また，「森林法」は一部改定を繰り返している。→名所旧跡，環境保全

(山本壽夫)

森林浴

森林浴には，森林空間のレクリエーション効果と森林の保養効果の2つがある。森林空間のレクリエーション効果とは，森林空間の遊歩道を歩くといった運動を伴うレクリエーションのことであり，森林の保養効果とは，森林の空気が人体の神経系に有効に働くことによって，精神的に落ち着く作用

をもたらすことである。また森林のもつマイナスイオン効果もある。すなわち，森林浴は健康へのプラス効果に加えて，心身をリラックス・リフレッシュさせ，ストレス解消効果があるといわれている。→リゾートの三浴

(多方一成)

す

スイートルーム (suite)

ホテルの客室で，居間と寝室を有する続き部屋。会議室や複数の寝室などを備える場合もある。居間と寝室が完全に分離していない客室に対して，ジュニアスイート (junior suite) という呼称が用いられることもある。寝室だけの一般的な客室よりも居住性が良く，宿泊費が比較的高く設定されている。→ゲストルーム (住木俊之)

水　郷

河川や水路，あるいは運河が網の目のようにめぐっているまち，または湖沼や河川の水辺に位置するまちで，いずれもその風景が美しい都市を呼ぶ。これらの都市では，豊富な水を住民が水運や生活用水に利用しており，それが生活様式として定着している。この代表的な都市は，海外ではオランダのアムステルダム，イタリアのベニスおよび中国の蘇州であり，わが国では福岡県の柳川，千葉県の潮来および島根県の松江があげられる。なお，大分県の日田のように，水郷を「すいきょう」と呼ぶ所もある。→「水」の記念日

(和田章仁)

水上オートバイ (特殊小型船舶)
(personal water craft)

海洋性レクリエーションの花形として登場した。プレジャーボートに分類されるが，そのなかで最もスピードを体感できる乗り物である。水上オートバイの種類は，1～3人乗り，立ち乗り・座り乗りなどがあり，操縦時のスピードは80～100km/hである。遊び方は，ツーリング・トローリング・つり，水上スキーを引っ張る，レースで技とスピードを競うなどがある。正式なレースには「クローズドコース」「スラローム (タイムアタック)」「フリースタイル」がある。機種メーカーは，カワサキ (ジェットスキー) とヤマハ (マリンジェット) が主流。操縦するには，2003年6月から新設された特殊小型船舶操縦士の免許が必要。免許が新設された理由は，水上オートバイの海難事故が増加しているため，他のプレジャーボートの免許と分けて専用免許とした。また，航行区域は湖岸や海岸から2海里 (3.7km) 以内である。→小型船舶操縦士，プレジャーボート，海洋性レクリエーション

(山本壽夫)

水族館 (aquarium)

水族館とは，水生動物を収集・飼育・展示・公開する博物館施設の1つである。社会教育 (生涯学習) 施設であり，観光・レクリエーション施設でもある。水族の調査・研究をする機能を合わせもっている。従来の水族館は，単に水生動物を四角い水槽で飼育し，"汽車窓"といって，小さな窓から観覧するスタイルであったが，近年では大都市のウォーターフロントにおける観光・レクリエーション施設の1つとして，大規模化し質的にも充実したものが多くなってきている。たとえば，神戸市須磨海浜水族園 (1987年)，東

京都葛西臨海水族園（1989年），大阪市海遊館（1990年），品川区しながわ水族館（1991年），横浜市八景島シーパラダイス・アクアミュージアム（1993年），沖縄美ら海水族館（2002年）などの開園である。これらは，大型魚などを集団展示する大型回遊水槽や，水槽の下のトンネルをくぐりながら見られるようになったドームトンネル型の水槽など立体的な展示・観覧施設が増加している。また，屋外でのイルカショーやピラニアの餌やり，テッポウオの餌取りなど魚類の生きざまを展示して，人気を呼んでいる。→動物園，博物館　　　　　　　　（中尾　清）

水墨画（black-and-white drawing）

中国では，漢時代に白描画（はくびょうが）が誕生し，唐時代に山水を基調とする水墨画へと発展する。白描画と水墨画の相違点は，前者が毛筆による墨線だけで完成する絵であるのに対し，後者は墨線だけでなく，墨色の濃淡の調子によって遠近感や立体感を表現した絵である。日本では，白描画が平安から鎌倉時代にかけて繊細精緻な白描大和絵の絵巻類である鳥獣戯画や密教絵画を生む。水墨画は，平安時代に伝来した禅宗が定着する鎌倉時代に，禅宗趣味の漢詩付き山水画として伝わり，室町時代に雪舟（1420-1506）が出現することで最も栄えた。雪舟は中国の宋・元・明の北画系の水墨画様式を個性化し，「秋冬山水図」「山水長巻」「天橋立図」といった水墨画の最高傑作をつくる。作品は淡彩ながら，優れて明澄かつ深遠な色彩感，間（ま）の技法から静寂のなかにリズム感を生みだしている。北画が雪舟から狩野派の山水画まで及ぶのに対し，南画は江戸時代中期に伝わり，池大雅（1723-76）や与謝蕪村（1716-84）によって完成する。江戸時代中期に出現した円山応挙（1733-95）は，狩野派の影響を受けながらも西洋の遠近法を取り入れた独自の写生図をつくりだし，近代の水墨画にも大きな影響を与えた。→文化財の指定，数寄屋（づくり），間　　　　　　　　　　　（山本壽夫）

スーパー銭湯

設備仕様は，一般の公衆浴場とヘルスセンターの中間に位置づけられる施設。公衆浴場は入浴料が低額だが，ヘルスセンターは厚生労働省が「保養または休養施設を有するもの」とし比較的高額であり，両者の料金比は約1：4となる。スーパー銭湯の設備はヘルスセンターと同等だが，入浴料金は公衆浴場と同程度である。スーパー銭湯の設備構成は，サウナ，塩サウナ，露天風呂，泡風呂，うたせ湯，寝湯などであり，飲食コーナー，マッサージコーナーなどが付帯する。通常大規模な駐車場を備え，郊外地に立地するケースが多い。最近では鉄道駅近辺に立地し，駅の乗降客を中心に集客する。この場合，経営が鉄道会社であり，駐車場は自社の遊休地（線路の高架下など）を利用する。類似施設にクアハウスがあるが，経営は第三セクター方式が多い。これに対し，スーパー銭湯の経営主体は民間企業が主流である。→クアハウス，JR　　　　　（山本壽夫）

スカイマーク

航空会社の1つで，1996（平成8）年に35年ぶりに新規航空会社としてスカイマークエアラインズが設立された。日本においては，新規に航空事業に乗りだす動きとなった。2004（平成16）年7月には，経営基盤の強化を図ることを目的にして，インターネット接続事業会社との合併を発表した。この異業種同士による合併によって，これまでの借入金を返済するとともに，コンピュータ予約システムの開発力をいかして航空券の予約管理など各種システムの効率化を目標にしている。今後は，

投入する資本の効率を高め名実ともに安定した航空会社になることが課題である。→航空輸送　　　　（吉原敬典）

スカイマーシャル

航空機の飛行中におけるハイジャックなどの犯罪に対処する武装警備員のこと。日本では2004（平成16）年から実施されており、警察官を警乗させるので「警備制度」と呼ばれている。運用の具体的内容はセキュリティ上の問題から公表されていないが、乗客を装って搭乗し、拳銃を装備している。国によっては「エアーマーシャル」という名称を使用していることもある。
　　　　　　　　　　　　（山脇朱美）

スカイメイト（skymate）

青少年に対する割引のことで、国内線の割引運賃。航空会社により若干利用条件は異なるが、満12歳以上22歳未満の者や、その年齢の各航空会社カード会員などが利用できる割引で、搭乗日当日出発空港において空席がある場合のみ利用可能。予約はできないが、最大約47〜48％（航空会社によって異なる）の割引がある。　　　（山脇朱美）

スカイレジャー（sky leisure）

熱気球・パラグライダー・ハンググライダー・グライダー・落下傘など既存の航空交通と分離されたエリアにかかわるレジャーをいう。「見る」だけでなく「体験」するスポーツとしても愛好者は年々増加し、スカイレジャーを観光など新しい地域振興の核にと期待する自治体もある。1993（平成5）年、運輸省（現国土交通省）は「優良スカイレジャーエリア」認定制度を制定し、スカイレジャー愛好家が安全・快適にフライトできるエリアを設けてきた。この認定事業は、日本航空協会が認定事業者となったが、2002（平成14）年からは日本ハンググライディング連盟が引き継いでいる。また、航空スポーツを安全で健全なものとして広く一般に普及・振興を図る目的で「スカイ・レジャー・ジャパン（SLJ）」が開催されている。→アウトドアレジャー　　　　　　　　（北川宗忠）

数寄屋（づくり）（tea-ceremony room〔sukiya style building〕）

数寄は、鎌倉時代に華道における風流を意味する言葉として使われた。室町時代に茶の湯の行為を数寄屋と呼ぶようになる。数寄屋は、書院の絢爛さに対し侘びを尊び、侘び茶を目指す。侘び茶の創始者である村田珠光（1422-1502）は、茶器として唐物点（からものだて）を使いながら、徐々に和漢の境目をまぎらわすために備前や信楽を用いて、侘び茶の神髄である「冷え枯れ」へと向かう。つまり、茶の湯を通じて文化の混在併存がなされ、日本的なるものが創造された。また、数寄屋は庭園内に設けられた茶亭の意味にも使われ、一畳半から四畳半までの小室をさす。これに対し、主家（本屋）の一部に設けられた小室は茶室と呼ばれる。数寄屋づくりは、茶亭・茶室の伝統様式をさすが、元来は珠光が足利義政のために書院づくりの建物の一部を囲い、茶室を設けたことにはじまる。現在、数寄屋づくりは千利休（1522-91）が創意工夫して生みだした様式であり、簡素・瀟洒・侘び・寂び・外しなどの手法が取り入れられ、利休風とも呼ばれる。→遊び心、間、一期一会、迎賓館　　　　（山本壽夫）

スターアライアンス（Star Alliance）

世界の航空会社によるアライアンス（提携や連合など）のなかで、最も大きなグループ。主要な加盟航空会社としてユナイテッド航空、ルフトハンザ・ドイツ航空、スカンジナビア航空、エアカナダ、全日本空輸、タイ国際航空、アシアナ航空、バリグブラジル航空などが参加している。航空会社に

とってアライアンスは，航空ネットワークの相互補完や販売・運送業務提携など，経営効率を目的としたメリットが多い。旅行者にとっては，マイル積算の共有化や世界各地の空港でのラウンジ利用などに便宜性がある。2007年現在，加盟航空会社は18社で，就航空港数は855である。→ワンワールド
（杉田由紀子）

スターウォッチング（star watching）

星座など天体の観測をすること。自然体で星空を見上げることから，精巧な光学機器を利用して観測するなど，さまざまなスターウォッチングの楽しみ方がある。林間やキャンプ地など野外活動のプログラムから，口径の大きな望遠鏡などを備えた観測台まで，ウォッチングの場所もさまざまである。エコツーリズムの認識が広まるとともに，エコツアーの対象として広大で神秘的な宇宙の魅力を探るスターウォッチングのツアーも人気を得ている。→エコツーリズム （北川宗忠）

スタジオツイン（studio twin）

ベッド2台にソファを備えるツインルームの一形態。ソファはベッドになり都合3人まで収容できる。一般のツインルームよりはソファがあることで，寝るだけでなく複数の人が座ることができ，スタジオという名が示すように仕事場としてのイメージがある客室である。またソファのなかに折りたたんだベッドを収納しているハウザーベッドがあり，導入するホテルが増えている。→ツインルーム （井村日登美）

スチュワーデス（stewardess）

航空機などで女性が直接的に接客する場合，そのような要員を総称して使用する言葉である。男性の場合は，スチュワード（steward）と表現する。最近では，男女共同参画社会を築いていこうとする機運が高まり，客室乗務員，キャビン・アテンダントといった呼称を使用するケースが増えている。→接遇サービス，客室乗務員，スチュワード （吉原敬典）

スチュワード（steward）

元来ホテルにおいて，料飲部門の調理場を中心に食器・什器などを保管・管理する職種をさす。航空機，客船や長距離列車などでは，乗客の食事を給仕したりする男性サービス要員の総称である。特に航空会社ではスチュワード，スチュワーデスという性別をあらわす言葉を回避し，現在は客室乗務員（cabin attendant あるいは flight attendant）という呼称が一般的である。→機内食，客室乗務員，スチュワーデス
（杉田由紀子）

ステーションホテル（station hotel）

駅舎の一部を使用する，あるいは駅周辺に立地する西洋式宿泊施設の総称。交通手段の連絡の良さが強みである。
（住木俊之）

ストップオーバー（stop over）

目的地へ向かう途中の乗り継ぎ地に24時間以上滞在することをさす。滞在時間が24時間以内や，スケジュールの遅延などで24時間を超えた場合などはストップオーバーとみなされない。航空会社や目的地，利用運賃によって追加料金や回数のルールが異なる。
（山脇朱美）

素泊まり

夕食と朝食がつかない宿泊の形態であり，わが国でもいわゆるホテルの場合はこれが一般的である。ルームチャージというホテル用語がこれを物語っている。一方で旅館や民宿では依然として"一泊二食付"という宿泊形態が少なくない。しかし，"京の片泊まり"といわれるように，京都の旅館で朝食のみを提供する宿泊形態で著名となったところもあり，観光客ニーズの多様化に対応して，「夕食は好きな

ところでごゆっくり」というホスピタリティのスタイルも広がりはじめている。またビジネスホテルのチェーンなどでは，B＆B（ベッドアンドブレックファスト）という，しかも「朝食無料」と銘打った片泊まりを商品化するものも増えている。これらは，今日の"素泊まり"の1つの形態でもある。

（井口　貢）

スパリゾート（spa resort）

温泉で余暇と観光の時間を費やす行為，そしてそのための場所を意味する。わが国では，「温泉法」によって規定される"温泉"以外でも比較的手軽に温泉という言葉を使用する例が見られるが，それだけ日本人にとってなくてはならない観光資源となっている証拠でもある。現実に法規に適合する温泉数は全国で2500か所近くに及び，湯治という本来の活用法は『日本書紀』や『古事記』においてすでに記されるほど，古くなじみのある行為である。庶民にまで一般化するのは江戸時代に入ってからのことであるが，近代以降も多くの文人墨客はお気に入りの温泉地をもち，文芸作品を生みだす温床ともなった。今日ではスーパー銭湯や，都市型ホテルなども"温泉"と銘打つことで都市観光のなかでシミュレートされた，ひと時の温泉リゾート気分を，多忙な現代人に提供している。→リゾート，温泉地　　　　（井口　貢）

スローツーリズム（slow tourism）

「スロー」はのんびり，ゆっくりという意味であり，場所として田舎をさす。「ツーリズム」は，旅を意味する「ツアー」の派生語である。つまり，「田舎でゆったりと休暇を過ごそう」という意味である。長い余暇を楽しめる「バカンス」を取り入れたヨーロッパ諸国で普及した余暇のスタイルである「ルーラルツーリズム」や「グリーンツーリズム」と概念的には同じものである。ただ，「スローライフ」「スローフード」の視点から「スローツーリズム」が提案されており，そのキーワードは，癒し・食材・のんびり・体験である。たまには喧噪から逃れて「癒」されたい，「食材」は安心，安全なものが食べたい，自然のなかで「のんびり」したい，子供と一緒に「体験」したいなどといった都市住民の欲求に応えるものとして注目される。→グリーンツーリズム，ルーラルツーリズム　　　　　　　　　　（多方一成）

スローフード（slow food）

スローフード運動は，イタリア北部のブラという町ではじまったが，その要点は次の3つに示される。

①消えてゆきつつある郷土料理や質のよい食品を守ること。

②質のよい素材を提供してくれる小生産者を守っていくこと。

③子供たちを含めた消費者全体に，味の教育を進めていくこと。

つまりスローフード運動というのは，今日のファーストライフ，ファーストフードの単なる反対運動ではなく，人と人，人と社会（他者とのコミュニケーション），人と自然，大地の恵みをどう口まで運ぶのかなどといった根源的な関係性において，「食」や「生活」自体を見直し，現代社会のあり方や現代人の生き方そのものに問いかけようとするものである。また，「スローフード」運動に基づく生き方は「スローライフ」としてよく取り上げられている。　　　　（多方一成）

せ

生活環境観光

　私たちのくらしを取り巻くあらゆる環境（広義の環境），たとえば自然環境はもちろんのこと，歴史・文化的環境，社会経済的環境，人的環境などを生活環境と定義した時に，このような現場を観光資源ととらえ，そこを訪れて交流を推進することを意味する。常在型の観光であり，産業観光やまちづくり観光はその例といえるであろうし，エコツーリズムやグリーンツーリズムもまた生活環境観光の一形態となりうるものである。とりわけ，日本型エコツーリズムを推進するために，これは広く認知されなければならない概念である。→産業観光，まちづくり観光，エコツーリズム，グリーンツーリズム

（井口　貢）

生活必需時間

　生活必需時間とは，人間が生存していくために必要な睡眠，食事，排泄の時間などをいう。今，まさに人生90年時代である。その生涯生活時間を計算すると約79万時間（24時間×365日×90年＝788,400時間）となる。その40％以上を生活必需時間が占めている（右段図参照）。→余暇時間

（中尾　清）

生涯生活時間と人生の区分

- 第1の人生（学業を終え、就職するまで）: 成育時間（10万時間）14×365×20＝102,200
- 第2の人生（職業から引退するまで）: 生活必需時間（33万時間）10×365×90＝328,500／労働時間（10万時間）10×250×40＝100,000／在職中の自由時間（余暇）（10万時間）（4×250＋14×115）×40＝104,400
- 第3の人生（人生の終焉まで）: 定年後の自由時間（余暇）（15万時間）14×365×30＝153,300

（注）・労働時間には、通勤時間を含む。
　　・年間の労働日数は250日とし、年間の休暇日数は115日とする。
　　・成育時間は、大学へ行く人も高校で就職する人もいるので平均して20年間として計算した。

税　関 (customs)

　外国貿易のために開放された港や国際空港において輸出入貨物の手続審査や関税・トン税の賦課徴収を行い，船舶・航空機・輸出入貨物の違法取り締まりや，保税地域の許可などの事務をつかさどる官庁をいい，財務省の地方支分部局として位置づけられている。密輸入・密輸出や脱税を防止するために，貨物の積込み・船卸しなどを監視する税関警察の機能があり，税関官吏がこれを行う。→出入国手続き

（芝崎誠一）

青春18きっぷ

　学校が春・夏・冬休みになると，JRの車中で中高年のグループやカップルをよく見かける。何か少し大きめの切符を手にしている。これが"青春18きっぷ"である。"青春18きっぷ"は，年齢に関係なく使える期間限定の格安切符である。1枚が1万1500円で，

世界遺産（条約） (world heritage〔World Heritage Convention〕)

1972年6月，ストックホルムで開かれた国連人間環境会議（キャッチフレーズ：「かけがえのない地球（Only One Earth）」）がきっかけとなり，同年12月，第17回ユネスコ（UNESCO：国際連合教育科学文化機関）総会で「世界の文化遺産及び自然遺産の保護に関する条約」（世界遺産条約）が採択された。この条約に基づき全世界を挙げてこれらの遺産の保護にあたることになった。

世界遺産には，文化遺産（記念工作物，建造物，遺跡），自然遺産（地形，生物，景観），複合遺産（文化と自然の両方の要素を兼ね備えたもの）の3種類があり，2007年7月現在，文化遺産660，自然遺産166，複合遺産25，合計851が登録されている。

わが国は，1992年6月に締結国となり，これまでに文化遺産としては，①白川郷・五箇山の合掌造り集落（1995年，岐阜県，富山県），②古都奈良の文化財（98年，奈良県），③日光の社寺（99年，栃木県），④古都京都の文化財（94年，京都府，滋賀県），⑤法隆寺地域の仏教建造物（93年，奈良県），⑥姫路城（93年，兵庫県），⑦厳島神社（96年，広島県），⑧広島の平和記念碑（原爆ドーム）（96年，広島県），⑨琉球王国のグスクおよび関連遺産群（2000年，沖縄県），⑩紀伊山地の霊場と参詣道（2004年，和歌山県，奈良県，三重県），⑪石見銀山遺跡とその文化的景観（2007年，島根県），が登録された。自然遺産としては，①白神山地（1993年，青森県，秋田県），②屋久島（93年，鹿児島県），③知床（2005年，北海道）で，複合遺産は登録されていない。

また，世界遺産登録の候補である暫定リストの地域・文化財として，①平泉：浄土思想を基調とする文化的景観（岩手県），②武家の古都・鎌倉（神奈川県），③彦根城（滋賀県），④富岡製糸工場と絹産業遺跡群（群馬県），⑤国立西洋美術館・本館（東京都），⑥富士山（静岡県，山梨県），⑦飛鳥・藤原の宮都と関連資産群（奈良県），⑧長崎の教会群とキリスト教関連遺産（長崎県），⑨小笠原諸島（東京都），があげられており，世界遺産登録を推進することになっている。　　　（中尾　清）

5回分が1セットになっている。1回（1人，1日）分にすると2300円である。"青春18きっぷ"の主なルールは，①1人で5回（5日）分，または5人で1回（1日）分として使ってもよい。②乗れるのはJRの新快速，快速，普通，連絡船である。③新幹線，特急，急行や，グリーン車，寝台車，バスは乗れない。④JR線なら途中下車は自由である。⑤0時から24時までが1回（1人，1日）分である。"青春18きっぷ"の発売期間は，春季：2月20日〜3月31日，夏季：7月1日〜8月31日，冬季：12月1日〜1月10日で，利用期間は，春季：3月1日〜4月10日，夏季：7月20日〜9月10日，冬季：12月20日〜1月20日である。　（中尾　清）

整備新幹線

「全国新幹線鉄道整備法」（1970年）に基づいて，北海道新幹線（青森〜札幌）・東北新幹線（盛岡〜青森）・北陸新幹線（東京〜長野〜金沢〜大阪）・九州新幹線鹿児島ルート（博多〜鹿児島）・九州新幹線長崎ルート（博多〜

長崎）の5新幹線をいう。1997（平成9）年に北陸新幹線（長野）が開通したほか，その後北陸新幹線（高崎〜長野），東北新幹線（盛岡〜八戸），九州新幹線鹿児島ルート（新八代〜鹿児島中央）が開設された。これらの整備には次のものがある。①フル規格（標準軌新幹線：軌間1435mm，最高速度300km/h）：東海道新幹線などと同じ新幹線方式で「フル規格新幹線」と呼ばれる。②スーパー特急（新幹線規格新線：軌間1067mm，最高速度200km/h）：軌間が狭軌である以外は新幹線規格。当面は狭軌で在来線と直通するスーパー特急車両を走らせる。③ミニ新幹線（新幹線直通線：軌間1435mm，最高速度130km/h）：在来線（狭軌）の線路に標準軌を加えて新幹線も通れる規格に変更した路線。山形新幹線・秋田新幹線がこれにあたる。「フル」規格に対して「ミニ」という。→新幹線　　　　　　　　（北川宗忠）

政府観光局（tourist bureau）

　国，州，地域を代表して観光宣伝活動を行い，観光旅行者の誘致などに取り組む公的機関。各国にとって重要だと判断される観光旅行者供給国の拠点に政府観光局を置き，自国に関する観光情報を提供すべくパンフレット・資料などを常備して誘客につとめている。海外旅行者数の多いわが国には，欧米各国をはじめとしてアジア，オセアニア，アフリカ諸国などが，東京あるいは大阪などに政府観光局を設置，運営している。最近では，一般旅行者に対してはWeb上での観光情報提供のみに限っている政府観光局もある。
　　　　　　　　　　　　（杉田由紀子）

政府登録ホテル・旅館

　訪日外国人客に適切な宿泊施設を提供するために，「国際観光ホテル整備法」に基づく一定の基準を満たした施設として登録されたホテル，旅館。→国際観光ホテル整備法　　（住木俊之）

セーフティボックス（safety box）

　金庫。貴重品金庫。客室内に備えられており，暗唱番号で開閉できるものと，キー付きのものがある。その昔，ホテルは金銭やパスポートなど重要な品物をフロントで預かっていたが，金庫を客室内に置くことでその業務をなくした。いわばホテルの責任から顧客個人の責任で金品を守るという方向に変わったのである。旅館では1室に多人数泊り，出入りも頻繁になることから従来から金庫が備えてあった。最近ではその開発も進み，1個の金庫を4つのボックスに分け，各個人で利用できるようにしている。　（井村日登美）

世界一周クルーズ（world cruise）

　世界一周クルーズは，ほぼ90〜100日をかけて，世界各地を周りながら航海するもので，クルーズのなかでは最も長い。ただし，世界一周するクルーズ客船はきわめて限られており，就航しているクルーズ水域にシーズン性がある場合に，乗客の減少するシーズンオフを利用して実施している船が多い。クルーズの主流は，1週間程度の定点定期クルーズになっており，世界一周クルーズは比較的高齢者のためのニッチマーケット（隙間市場）となっている。→クルーズ　　　　（池田良穂）

世界観光機関（United Nations World Tourism Organization：UNWTO）

　国連開発計画（UNDP，1966年設立）の実施機関で，観光分野最大の国際機関。1970年に「公的観光機関国際同盟（IUOTO）」（1946年結成）を政府間機関に改組するための「世界観光機関憲章」が採択され，75年に機関が発足した。憲章の目的「経済的発展，国際間の理解，平和及び繁栄に寄与するため，並びに人権，性，言語又は宗教による差別無く，すべての者のために人権及び基本的自由を普遍的に尊重

し及び遵守することに寄与するため，観光を振興し及び発展させること」を達成する機関である。加盟国は150か国，準加盟国7か国，オブザーバー国2か国，賛助加盟員334団体（2006年1月現在），本部をマドリード（スペイン）に置き，わが国は1978（昭和53）年に加盟，1995（平成7）年には地域事務所として，世界観光機関アジア太平洋事務所が大阪に開設された。
(北川宗忠)

接　遇

顧客をもてなす行為のこと。ホテルや旅館のサービスはこの接遇の善し悪しによって判断されることが多い。ホテルではフロントがその最たる職種で，宿泊の受付をするフロントクラークやドアマン，ポーター，ベルマン，クローク係などがいる。また旅館では客室係（接待，接客係，ルーム係などの呼称がある）がこれにあたる。これらに代表されるサービス提供者は身だしなみから言葉遣い，挨拶にはじまり案内や飲食の提供の方法，そして自社が販売する商品知識など人的なサービス提供技術を身につけておく必要がある。国際的には外交儀礼（プロトコール：protocol）があり，各国の大統領や首相，大臣などVIP（重要顧客）が多数参集する会議や会合などの際，序列や席順，名前の呼び方をはじめ，食事習慣や約束事，宗教的な作法などをふまえて処遇する必要がある。相手を不快にさせることがないように振る舞うためで，それはまた接遇の基本でもある。また外客については，1993年4月1日の「国際観光ホテル整備法」の改正に伴い，政府登録ホテルや旅館に対して従業員の指導，苦情処理などを行うことが義務づけられた。その施設に3年以上接遇の担当として勤務し，英検3級程度の英会話ができることが条件となっている。　　　（井村日登美）

接遇サービス

ホストがゲストに直接的に働きかけて行うサービス活動のことである。サービス機能といってもよい。たとえば，レストランにおいては顧客が来店した時に，「いらっしゃいませ」と歓待し，クール（お冷や）提供，オーダリング（注文取り），先出し（アルコールやドリンク類）提供，料理提供，クールサービスや中間バッシング（片づけ）などの中間サービス，アフター（喫茶）提供，レジ会計，お見送り，最終バッシング，待機，そしてお迎えになり，ワンサイクル（one cycle）のサービス活動が繰り返されるのである。このサービス実施サイクルにおける一瞬一瞬の印象が顧客の心のなかに形成されることはよく知られているところである。この決定的瞬間（moment of truth）は人を介して直接的に行われるサービスにとって最大関心事であり，サービスマネジメント上の概念として定着している。→サービスマネジメント　　　　　　（吉原敬典）

セミナー（seminar）

ラテン語で「苗床」を意味する言葉である。意訳すると，「育てる場」となる。教育・研修，教育訓練，指導なども類似するが，「わかる能力」「できる能力」「やる能力」を育てるために効果的な経験の場をつくるところに力点が置かれている。知識の習得に力を注ぐあまり，一方的な講義に終始することが少なくない。知識学習と体験学習を組み合わせて活用することが重要なポイントである。→観光教育
(吉原敬典)

善意通訳運動（グッドウィル・ガイド）（goodwill guide）

異国を旅して言葉が通じず困惑している外国人に寄り添い，外国語を用いて行う通訳のことである。また，善意の心をもって自発的に外国人を支援す

る運動のことを善意通訳運動という。また各地で善意通訳者が結成した組織をSGG（Systematized Goodwill Guide）と呼んでいる。1959（昭和34）年に公的な観光振興機関として設立された特殊法人国際観光振興機構（Japan National Tourist Organization：JNTO）が主体となって、1964（昭和39）年の東京オリンピック開催時に提唱し実施したものである。1979（昭和54）年からは通年で継続的に実施されている。参加の条件は18歳以上で、善意通訳の趣旨について理解し、道案内などの簡単な通訳ができることである。これらの条件を満たし希望する人には登録後に、善意通訳バッジおよびカードが送られてくる。現在では全国で約5万人の善意通訳者が登録され、国際相互理解に貢献している。→ホスピタリティ
(吉原敬典)

全国旅館生活衛生同業組合連合会（全旅連）
厚生労働大臣認可のわが国宿泊業界最大の組織団体。前身は、1922（大正11）年に結成された全国旅館組合連合会で、1957（昭和32）年「環境衛生関係営業の運営の適正化に関する法律」に基づいて、各都道府県ごとに結成された新組織の中央連合体として翌年に設立された。「全旅連」は、旅館・ホテル営業における衛生施設の改善向上・衛生水準の維持向上を図るとともに、利用者へのサービスや経営安定のための研鑽などを通じて、観光振興に大きな貢献をしている。 (北川宗忠)

全国旅行業協会 ⇨社団法人全国旅行業協会

先進地視察
観光やリゾート開発あるいは地域開発を行うにあたって、同じタイプの開発を先行して行い、成功している地域や施設を勉強すること。地方自治体や関係者が団体で催行する場合が多い。古くは北海道池田町の「ワインによるまちづくり」の例が有名である。その背景には官民を問わず「事例主義」への傾斜がある。よくいえば開発におけるリスクの回避、安全策の採用ともいえるが、オリジナリティ追求の放棄につながる。ただ、開発の方式や用地取得のノウハウ、マーケティングの手法など、どのような開発例においても共通するテーマがある。それらを視察を通じて学習することは無意味ではない。また、それ以前に開発者としての「感性」を磨くことは必須であり、それは自ら「よい事例」を見続けることでしか会得できないのである。→視察
(小久保恵三)

船　籍（flag）
船の所属する国および登記されている都市を船籍（国）および船籍港と呼ぶ。基本的に、船には船籍国の法律が適用され、税金も船籍国に支払う。客船に適用される最も厳しい規則はアメリカのもので、アメリカ国内だけをクルーズする客船は、アメリカで建造され、アメリカに船籍をおき、全船員がアメリカ国籍をもつことを義務づけている。この結果、運航コストが非常に高くなるため、クルーズマーケットはアメリカが最大なのにもかかわらず、アメリカ籍のクルーズ客船はほとんどないのが現状である。→クルーズ客船
(池田良穂)

先　達
本来は山岳で修行を行う修験道の用語で、その修行の際に指導をする人のことをいうが、熊野（和歌山県、三重県）修験者のように遠方からの参詣者を引率して関所や渡船の世話、道中案内をする修行者をさしていることもある。この場合も宗教的色彩が強いが、参詣者の出迎えに赴いたり、見るべき場所を案内したり、参拝に際しての注意事項を説明するなど、現代旅行のツ

アーガイドの役割を担っていたといえる。大峰山（奈良県）・出羽三山（山形県）・木曾御岳（岐阜県）など，現在も先達の率いる信仰登山の形態が残っているところがある。→御師，ツアーコンダクター　　　（北川宗忠）

全日本空輸（ANA）（All Nippon Airways）

前身は1952（昭和27）年にヘリコプターを中心に航空事業に参入した「日本ヘリコプター輸送（株）」。その後，「全日本空輸」と社名変更をし，「極東航空」「藤田航空」との合併，さらに「中日本航空」「長崎航空」の定期航空部門の継承など，多くの会社との合併を繰り返してきた。国内線の運航が中心の会社であったが，1986（昭和61）年に国際定期便の運航を開始し，1999（平成11）年には航空連合「スターアライアンス」に加盟，航空ネットワークが世界中に広がった。（山脇朱美）

全日本シティホテル連盟

健全，快適で，効率的なサービスをそれに相応する料金で提供するホテルの施設，接遇の改善，経営の合理化を図り，内外旅行者の利便の増進に資するとともに，日本の観光事業の健全な発展と国際親善に寄与することを目的とした社団法人。1971（昭和46）年に設立され，1974（昭和49）年に社団法人となる。ホテルの施設，接遇の改善ならびに経営の合理化などに関する調査研究および指導，ホテルに関する情報の内外への提供などの事業を行っている。　　　　　　　　（住木俊之）

餞　別

海外旅行など長期の旅行に出かける際，旅行者へのはなむけに金品を送ること。古代から長期の旅立ちには水盃を交わして別れを惜しんできたが，庶民の旅が発展するとともに，激励を込めた詩歌を送ることや，金銭・物品（米・酒・魚など）を送る風習が「餞別」である。これらに伴う「見送り」は，江戸期に村はずれまで村人たちがこぞって送迎する「サカ送り」「サカ迎え」の風習がはじまったことによる。「餞別」のお返しに旅行者は，お土産を持ち帰った。家内安全・無病息災・五穀豊穣などの社寺で求めたお祓い札，のちには各地の珍しい特産品がお土産品の主流となった。たびたび旅行に出かける今日の社会では，「餞別」がなくても，お土産を持ち帰る旅行が多くなっている。→みやげ　（北川宗忠）

千枚田

「千枚田（棚田）」は，私たちの主食である米をつくることを通して，私たちの生活を防災や水資源涵養（かんよう）などの面から支え，さらには地域生態系の保全や生活文化を維持する機能を古くから発揮してきた。こうした日本の原風景を残す数少ない景観としての「千枚田」を，各方面から見直す機運が高まっている。地方自治体で組織されている「全国棚田（千枚田）連絡協議会」の活動や，「棚田サミット」の開催，文化財として「棚田」を保護しようとする動きなどは，人々の「千枚田」に対する関心の高さを如実に示している。「千枚田」には，厳しい制約のなかで稲をつくり続けようとする人々の思いが込められており，経済性や効率性が優先する現代社会のなかで，人々を引きつける大きな魅力がそこにあるといえる。棚田オーナー制度は，千枚田を守り育てる制度として，グリーンツーリズムの一形態として注目されている。→棚田　　（多方一成）

全旅連　⇨全国旅館生活衛生同業組合連合会

そ

送客手数料 (commission)

旅行業者や旅行代理業者が,業務上取り扱った旅行客が契約機関(宿泊,運輸,料飲,観光施設など)を利用した場合,その旅行業者などの送客実績となり,所定の手数料を収受することになる。送客にあたっては,旅行客が旅行業者などの発行したクーポン券類を持参することで明確な実績が把握され,後日,契約機関と旅行業者の間で清算される。→コミッション

(蟹江 隆)

総合保養地域

「総合保養地域整備法」で定義づけられた地域で,一般にはリゾートをさす。この地域は,①良好な自然条件,②一体的整備の妥当性,③土地の確保の容易性,④産業および人口の集積の程度が著しく高い地域でないこと,⑤相当規模の特定民間施設の整備が確実と見込まれる地域であること,と定義づけられた。概念的には15万ha程度の特定地域に,3000ha以下の重点整備地区が数か所含まれる構造となっている。そしてその重点整備地区に公共や民間が整備する特定施設が分布する。特定施設には,①スポーツまたはレクリエーション施設,②教養文化施設,③休養施設,④集会施設,⑤宿泊施設,⑥交通施設,⑦販売施設,⑧その他の滞在者の利便の増進に資する施設などがあり,特定施設であって民間事業者が設置および運営をするものを特定民間施設という。特定民間施設には税の減免や公的資金の融資などの支援措置が講じられる。

(小久保恵三)

総合保養地域整備法(リゾート法)

国民が余暇などを利用して滞在しつつ行うスポーツ,レクリエーション,教養文化活動,休養,集会などの多様な活動に資するための総合的な機能の整備を図るための法律で1987(昭和62)年に施行された。法の成立の背景には,①豊かで,ゆとりのあるライフスタイルへの国民の生活ニーズの増大,②産業・経済のソフト化・サービス化と内需主導型経済への転換の必要性,③第一次・第二次産業の振興を核とする地域開発手法の見直しと新たな地域振興政策の展開への期待などがあった。法の施行に基づき,全国41の道府県が42の基本構想を策定し,承認された。しかしながら,バブル経済の崩壊や環境破壊への懸念などにより,計画された施設の4分の1程度の実現にとどまっており,各道府県も構想の見直しを急いでいる。

(小久保恵三)

総合旅行業務取扱管理者試験

「旅行業法」第11条の3に基づき,旅行業務取扱管理者の職務に関して,必要な知識および能力について国土交通大臣が行う国家試験。この試験の合格者は国内・海外のあらゆる旅行を取り扱う営業所の旅行業務取扱管理者としての資格を有する。試験科目は4科目で,①旅行業法および関係法令,②旅行業約款および関連約款,③国内旅行実務,④海外旅行実務である。試験業務は「旅行業法」第25条の2に基づき,(社)日本旅行業協会が代行し,年1回実施されている。旅行業者や旅行業者代理業者が海外旅行業務を取り扱う場合は,支店・営業所ごとに1人以上の総合旅行業務取扱管理者を配置しなければならない。→国内旅行業務取扱管理者試験

(山脇朱美)

総支配人〔general manager〕

　ホテル運営の最高責任者で，その権限の範囲は，宿泊・料飲・調理・販売などの営業部門，経理・人事・購買・管財などの管理部門をはじめ，企画部門などホテル運営全般に及ぶ。外国経営ホテルの場合，すべての権限が与えられるが，責任も重く，予定された利益が計上できない場合には短期間で交替されることもある。　　（芝崎誠一）

総トン数〔gross tonnage〕

　船舶の大きさをあらわす単位で，重量ではないことに注意が必要。元々は，船のなかに積める樽の数で船内容積を量る際に，樽を叩いたことから，その音にちなんでトンというようになったとする説もある。かつては，$100ft^3$（立方フィート）を1tとしていたが，総トン数計算時における排除部分などが各国で違っていたことから，世界的な統一が図られるようになり，これを国際総トン数と呼ぶ。日本政府は別に総トン数を定義しており，国内に就航する船はこの総トン数を用いている。総トン数は船の大きさ（船内容積）をあらわすだけでなく，船舶に関する各種の課税や料金，規則の適用範囲などに広く用いられている。　（池田良穂）

ソーシャルツーリズム〔social tourism〕

　ソーシャルツーリズムとは，フランスにおいて発達した概念で，さまざまな理由で観光に無縁である人々に観光を実現できる条件を整えようとする社会的支援であり，国，地方自治体，各種団体などが観光を楽しむ機会をあらゆる人々に保証しようとする考え方，またそのための活動をいう。その対象は，特に経済的負担や身体的・精神的障害などの理由で観光に参加できない人々であるとされている。→マスツーリズム　　　　　　　（多方一成）

卒業旅行

　卒業旅行が急速に普及しだした1980年代には，卒業後の就職先も決定し学生時代の終わりが近づく時期（期末試験終了の春休み）に比較的長期の海外旅行を中心として拡大した。80年代後半からは，夏休みを利用した長期にわたる格安な旅行も日常化し，これらの旅行を取り扱った各種ガイドブックが刊行され，人気を博した。一方で，危険度の少ないパッケージツアーにも参加者が増大した。しかしながらバブル経済崩解後の就職氷河期には需要は停滞した。2000年代になるとこれまでの観光中心の旅行より，自己能力向上のための短期留学や研修を目的としたものに変化している。　　（甄江　隆）

外　湯

　語義からは公衆浴場（いわゆる銭湯）のように自分の家以外の場所にある浴場をさしているが，温泉地で旅館など宿泊施設の敷地外につくられ，施設内に設置した浴場を内湯というのに対比させて用いられることが多い。複数の旅館の宿泊客や日帰り観光客，地域住民がともに利用する浴場，すなわち共同浴場の意味で使われることもある。温泉地では，もともと宿泊客などが外湯に出かけて入浴する形式が中心であったが，旅館内にある内湯が増えると，外湯は住民や湯治客，日帰り客などの利用となったものも少なくない。もっとも，城崎温泉（兵庫県）などのように外湯中心の温泉地もあり，外湯の魅力を見直して観光振興につなげているところもある。最近は，建物内にある浴場に対して露天風呂をさすこともあるが，もとの意味からは違っている。→温泉地，内湯，共同浴場，足湯
　　　　　　　　　　　　（白石太良）

ソファーベッド〔sofa bed〕

　寝台兼用のソファーのことである。一般的にホテルに宿泊をする場合，シ

ングルベッドルーム（1人部屋）またはツインベッドルーム、ダブルベッドルーム（2人部屋）を利用することが大半となるが、仮に3人が同一部屋に宿泊を希望するような場合には、既存の2人収容の部屋にエクストラベッドを入れるか、またはその部屋に備えてある"ベッド兼用のソファー"を利用することにより、宿泊客の希望に応えることになる。　　　　　（甄江　隆）

ソムリエ（sommelier）

主にワインに関する専門的知識を有し、フランス料理のレストランなどにおいて、客の相談を受けてワインを選定し、提供する職種である。ワインの仕入れや管理なども担当する。

（住木俊之）

空の日

9月20日。1992（平成4）年運輸省（現国土交通省）が制定した。記念日の由来は、1910（明治43）年に日野熊蔵・徳川好敏の2人によるわが国初の動力飛行があり、その30周年にあたる1940（昭和15）年に「航空日」が制定されていた。その後、わが国の民間航空の自主運航再開40周年を迎えた1992（平成4）年に、親しみやすいネーミングということで「航空日」から「空の日」に改称され、9月20～30日の間には「空の旬間」が設けられている。なお、この民間航空の自主運航（1952年、日本航空）の日である10月25日は「民間航空記念日」である。また国連の国際デーの1つとして、1994（平成6）年から「国際民間航空デー」が実施されている。　　　　　（北川宗忠）

ソリューション営業（solution）

情報処理、通信技術、コンテンツなどを用いて、企業・組織が抱える経営課題の解決を図る営業のことをいう。旅行業においても、企業や行政といった法人の顧客に対して課題となっている販売促進、モチベーションアップ、コスト削減、業務効率化などの解決手法を提案することで、旅行需要はもちろんのこと、より広い分野での需要吸収を目指すことを目的とした営業が図られている。出張旅行など管理事業、福利厚生代行事業、顧客管理事業、コミュニケーション事業などの分野で、営業体制が強化されてきている。

（高橋一夫）

た

ターミナルホテル（terminal hotel）
　交通の起点や終点，ならびにそれらの周辺に立地する西洋式宿泊施設の総称。　　　　　　　　　　　（住木俊之）

第一種空港（calss Ⅰ airport）
　日本の「空港整備法」に定められた空港の種類をあらわす名称である。国際航空路線に必要な空港。具体的には現在（2007年），東京国際空港（羽田空港），新東京国際空港（成田空港），大阪国際空港（伊丹空港），関西国際空港，および中部国際空港の5空港が該当する。→空港整備法
　　　　　　　　　　　（杉田由紀子）

第一種旅行業
　1995（平成7）年の「旅行業法」改正により，旅行業が業務範囲によって区分けされた。第一種旅行業は海外・国内の募集型企画旅行，受注型企画旅行，手配旅行，旅行相談，渡航手続き代行，他社実施の募集型企画旅行の代理販売を行うことができる。第一種旅行業を営む場合，営業所ごとに総合旅行業務取扱管理者の資格を有する者を選任しなければならない。また，基準資産額（基準資産額＝総資産額－総負債額－営業保証金額〔弁済業務保証金分担金〕）は3000万円以上必要であり，登録申請先行政庁は国土交通大臣である。→第二種旅行業，第三種旅行業，旅行業者　　　　　　　　（山脇朱美）

大規模自転車道
　地球温暖化対策の一環として，さらには高齢化社会の進展に向けて，都市における自転車利用の促進を図るために，安全で快適な自転車道の整備が行われている。一方，余暇活動を支援するためのレクリエーション目的の自転車道の整備も実施されている。これらのうち，整備の必要性が高い大規模な自転車道に対し，1973（昭和48）年より大規模自転車道として都道府県道に認定のうえ，国が事業費の一部を補助して整備が図られている。
　　　　　　　　　　　（和田章仁）

体験（型）観光
　近年の観光は，「物見遊山型観光」から「体験型観光」へと変化してきている。また学校行事においても，総合的な学習の時間と連携した「体験・社会教育志向型」への移行が進んでいる。たとえば，日本の農山村地域には，豊かな自然環境や，個性的な伝統文化が多く存在している。また漁村地域には多様な生態系と多彩な地形から，ダイビングに代表されるようなマリンスポーツのスポットが数多くある。こうした農山漁村の地域資源をいかした体験型観光が盛んになってきている。
　　　　　　　　　　　（多方一成）

滞在型観光
　滞在型観光とは，同一地域に比較的長く滞在し，あるいはそこを拠点として周辺地域の自然，文化，伝統などを楽しんだりのんびりしたりする，面的な広がりをもつ旅行形態をいう。滞在型観光は，同一地点多泊型であり，休養・レジャー・スポーツなどを目的や効用上の特徴とし，利用宿泊施設は比較的安価で長期的滞在が可能なものが望まれる。→リゾート　　（多方一成）

第三種空港（calss Ⅲ airport）
　日本の「空港整備法」に定められた空港の種類をあらわす名称である。地方的な航空運送を確保するために必要な空港。第一種空港，第二種空港に接

続するローカル路線を有する空港である。現在（2007年），女満別空港，青森空港，花巻空港，八丈島空港，神戸空港，新石垣空港などをはじめとして54空港が定められている。→空港整備法
（杉田由紀子）

第三種旅行業

1995（平成7）年の「旅行業法」改正により，旅行業が業務範囲によって区分けされた。第三種旅行業は受注型企画旅行，手配旅行，旅行相談，渡航手続き代行，他社実施の募集型企画旅行の代理販売を行うことができる。また2007（平成19）年の旅行業法施行規則の改正により，一定条件（実施する区域の限定，旅行代金の支払い時期の制限）のもと，募集型企画旅行の実施も可能となった。第三種旅行業を営み，海外旅行業務（受注型企画旅行，手配旅行，他社の代理販売）を行う場合は，営業所ごとに総合旅行業務取扱管理者の資格を有する者を選任し，国内旅行業務のみの場合は国内旅行業務取扱管理者を選任しなければならない。また，基準資産額（基準資産額＝総資産額－総負債額－営業保証金額〔弁済業務保証金分担金〕）は300万円以上必要であり，登録申請先行政庁は都道府県知事である。→第一種旅行業，第二種旅行業，旅行業者
（山脇朱美）

第三セクター

自治省（現総務省）の規定によると第三セクターとは「公社，協会，基金，株式会社などその名称にかかわらず民法・商法などに基づく法人であって，個々の地方公共団体が25％以上出資している法人」であるが，一般的には，「官民共同出資でなおかつ株式会社の形態をとって営利事業を営むもの」とすることができる。市町村における観光やリゾート開発の分野では第三セクターによる事業主体設立は「地域・都市開発」分野についで多く，その次には「教育・文化」「農林水産」などが続く。第三セクターの設立が少なくない理由には以下のようなものがあげられる。①個別開発規制法の緩和措置のとりやすさ，②弾力的，機動的，効率的な事業運営，③民間資金の迅速な導入，④公共用地の先行取得などである。しかしながら，現実には事業計画へのチェックのずさんさ，責任の相互転嫁，意思疎通の遅さ，情報の秘匿などが指摘され，また，発想の基本には土地神話や右肩上がりの経済環境に依存していたことは否定できず，バブル経済の崩壊とともに第三セクター方式の全国的な破綻が指摘されている。
（小久保恵三）

ダイナミックパッケージ（ツアー）

Webサイトに出発地・目的地・日程・人数を入力し検索することで，自社の予約在庫だけでなく提携の旅行会社や航空会社の予約システムに連動して最適な検索結果を提示し，航空券やホテルなどを組み合わせた割安なパッケージツアーを，インターネットで予約・購入できるサービス。欧米のオンライン旅行会社によってはじめられた仕組みで，日本では住友商事が全額出資するオンライン専業旅行会社のグローバルトラベルオンラインが，2005年から扱いをはじめた。「旅行業法」ではダイナミックパッケージを募集型企画旅行と位置づけている。日本はパッケージツアー（募集型企画旅行）のジャンルとして，パーソナルタイプのフリープランが販売の主流となっていることから，フリープランにない目的地の設定や選択ができるホテル・格安航空券の幅広い設定など，今後のダイナミックパッケージの販売には工夫が必要である。→パッケージツアー
（高橋一夫）

第二種空港（calss Ⅱ airport）

日本の「空港整備法」に定められた

空港の種類をあらわす名称である。主要な国内航空路線に必要な空港。国内の主要路線が結ばれている空港で，かつ第二種空港の多くで国際定期便が就航している。現在（2007年），新千歳空港，名古屋空港，福岡空港，那覇空港をはじめとして24空港が定められている。→空港整備法　　（杉田由紀子）

第二種旅行業

1995（平成7）年の「旅行業法」改正により，旅行業が業務範囲によって区分けされた。第二種旅行業は国内の募集型企画旅行，受注型企画旅行，手配旅行，旅行相談，渡航手続き代行，他社実施の募集型企画旅行の代理販売を行うことができる。第二種旅行業を営み，海外旅行業務（受注型企画旅行，手配旅行，他社の代理販売）を行う場合は，営業所ごとに総合旅行業務取扱管理者の資格を有する者を選任し，国内旅行業務のみの場合は国内旅行業務取扱管理者を選任しなければならない。また，基準資産額（基準資産額＝総資産額－総負債額－営業保証金額〔弁済業務保証金分担金〕）は700万円以上必要であり，登録申請先行政庁は都道府県知事である。→第一種旅行業，第三種旅行業，旅行業者　　（山脇朱美）

代　売

運送機関などのために，旅行者に対して運送サービスの提供について代理して販売する行為。たとえば，各種乗車船券や航空券などをその代理人として販売する行為のことである。また，他社が実施する募集型企画旅行を代理して販売する場合も代売という。
　　　　　　　　　　　　　（山脇朱美）

棚　田

山の斜面につくられた階段状の水田であり，一つひとつの田の形状は異なり，その面積も小さいものが多い。棚田は平地の水田と比較して収穫の効率は低いが，梅雨や台風による洪水に対して平地の水田よりも被害を受けにくい理由からつくられたともいわれている。これらの棚田は全国的に見られ，石川県輪島市や大阪府能勢町などの棚田を農林水産省が「日本の棚田百選」として認定している。→千枚田
　　　　　　　　　　　　　（和田章仁）

旅

「旅」の文字は，旗の下に人々が続いていく軍隊の行進を意味する。現代のツアー（特に団体旅行）で，ガイドが旗をもって観光客を名所旧跡へ誘導している行動は，これに由来する。近代以降，外来語の導入により，さまざまな用語が登場するが，「travel＝旅」，「tour＝旅行」，「sightseeing＝観光旅行」が概念として普及している。
　　　　　　　　　　　　　（北川宗忠）

旅の日

5月16日。1988（昭和63）年，日本旅のペンクラブ（1964年発足）が制定した。由来は，1689（元禄2）年3月27日（新暦5月16日），46歳になった松尾芭蕉が河合曾良を伴って「奥の細道」の旅に向けて江戸を出発した日。
　　　　　　　　　　　　　（北川宗忠）

旅の窓口

インターネットによるホテル予約サービスとして，1996（平成8）年1月に「ホテルの窓口」として営業を開始した国内最大の宿泊施設の予約サイト。97年4月時点でようやく会員数1万人を突破したが，その後インターネットの普及に伴い急激な伸びをしめし，2007年9月時点では，登録ホテル数国内2万1700軒，海外1万5500軒，単月の予約件数202万泊を超えるにいたった。日立造船のシステム系子会社として他業種から参入したが，

①従来の取引慣習を考慮したビジネスモデルにとらわれることなく，インターネットを活用した新たなB to C（電子商取引の形態の1つで，企業

〔business〕と消費者〔consumer〕の取引のこと）モデルを開発できた，②IT技術と旅行業ノウハウをうまく融合することができた，ことが，取り扱いの拡大につながったものと思われる。2003（平成15）年9月，日立造船は保有する「旅の窓口」を運営するマイトリップ・ネット（株）の全株式をネットショッピングサイトを運営する楽天に323億円で譲り渡し，楽天の100％子会社とすることで合意。2004（平成16）年8月に社名を楽天トラベル（株）とした。

（高橋一夫）

ダブル・トラック（double truck）

同一航空路線において，2社（ダブル）の航空会社が定期運航を行っている路線をいう。日本では1985年，45・47（昭和45年・47年）体制の廃止によって競争促進策が打ちだされたが，その1つに国内線におけるダブル・トラッキング（2社就航体制）とトリプル・トラッキング（3社就航体制）の推進があった。これ以降，国内線におけるダブルおよびトリプル・トラック化が促進した。→トリプル・トラック

（杉田由紀子）

ダブルブッキング（double booking）

宿泊や宴会などの予約が二重にされること。たとえば同じ日の同じ時間に2つのグループや個人の予約を入れたりすること。どちらかの顧客の予定をずらすか断るかをしなくてはならないため，できるだけ情報管理を徹底し，二重予約を防がなくてはならない。→ブッキング　　　　　（井村日登美）

ダブル（ベッデット）ルーム（double〔bedded〕room）

ホテル宿泊の時に2人で1つのベッドを利用することのできる部屋をいう。これには，一般的にはダブルサイズのベッドが用意されている客室のことをいうが，時にはキングサイズのベッドやセミダブルベッドが用意されている部屋を含んでいうこともある。→シングルルーム　　　　（甑江　隆）

タラップ（gangway ladder）

船の舷門（ギャングウェイ）と岸壁との間を結ぶ階段もしくは通路をタラップと呼ぶが，オランダ語からきており，英語では gangway ladder, accommodation ladder あるいは ramp と呼ばれる。船の舷門は，比較的高い位置にあるため，岸壁からの高さも港によっても，潮の干満によっても変化するためにタラップの角度が変化に追随し，また航海中には船内に収容できるようになっているものが多い。

（池田良穂）

タリフ（tariff）

航空や船舶などの運送機関の運賃・料金表，あるいは運賃，料金，およびその関連規則を意味する。ホテルにおけるタリフは，ルーム（宿泊料金）その他の施設料金表である。一般的には，税または税率表などという意味で用いられる。　　　　　　　（杉田由紀子）

探検クルーズ（expedition cruises）

南極，アマゾン，ニューカレドニアなど，大型のクルーズ客船では入れない秘境を周遊するクルーズを探検クルーズと呼んでいる。船は，3000～8000総t程度の小型船が多く，訪れる秘境に関する講義を専門家から受けながら航海し，現地においても専門家の説明が聞けるものが多く，テーマクルーズと呼ばれる場合もある。比較的小型船のため，荒れる海では激しく揺れる可能性があることに注意が必要。→クルーズ　　　　　　　（池田良穂）

団体運賃（group fare）

所定の人数（最低必要人数）以上に適用される運賃の総称。原則として旅程において同一行動をとる条件がつく。団体運賃のなかには一定数以上であれば，添乗員分が付与される運賃や，団

体構成員全体に割引率が適用される運賃など，船舶，列車や航空によってさまざまな団体運賃がある。国際航空運賃では，たとえば GIT（団体包括旅行）運賃，団体船員割引運賃などがある。→団体料金　　　　　（杉田由紀子）

団体包括旅行（group inclusive tour）
　包括旅行に団体割引を結びつけた旅行で，原則として団体で同一行動をとる GIT（団体包括旅行）運賃などが適用される。→ GIT 運賃，IIT 運賃
（杉田由紀子）

団体料金
　大勢の人数が集まり集団で同じ利用目的をもって施設やサービスを利用する際，宿泊施設や交通機関などと契約し，特別に設定した料金。一般に個人客を1人ずつ集めるより，一度に多人数集めることで，集客する際のコストが下がり，その分，各個人の費用が安くなる。団体旅行は修学旅行，企業，自治体，組織団体などがある。1960年代において国内旅行では団体旅行を主としていたが，近年，旅行ニーズの変化により個人客の比率が高くなってきた。ちなみに一般のパッケージツアー（募集型企画旅行）は，旅行会社が計画し，個人客を集め，1つの団体にまとめたものである。→団体運賃
（井村日登美）

団体旅行
　企業，法人など各種団体が，その所属員や関係者を中心に職場旅行・招待旅行・簡保旅行・修学旅行といった名称で，同一の旅程で行動する旅行をさし，企業・組織などを対象とする「一般団体」と学校などを対象とする「教育団体」に分けられる。団体旅行は渉外営業によって獲得され，営業担当者はその団体を組織する機関や人（オーガナイザー）に対して営業を行う（オーガナイザーセールス）。一般団体はその旅行を組織するオーガナイザーが参加者を集めるケース（旅行契約上は受注型企画旅行または手配旅行）と，オーガナイザーを販売チャネルとして旅行会社が参加者を集める組織内募集と呼ばれるケース（旅行契約上は募集型企画旅行）がある。標準旅行業約款の手配旅行契約の部，第18条団体・グループ手配の条文では，「同じ行程を同時に旅行する複数の旅行者」による旅行と記されているが，何名以上の旅行を団体旅行とするかは示されていない。このため，団体旅行のメリットである団体割引の適用は交通機関，宿泊施設によって異なっている。たとえばJRの運賃は8名以上であるが，航空会社は10名（ルートによっては5名），宿泊施設はそれぞれの施設の規定（10名以上としている施設が多い）により定められている。この他，旅行会社が企画・主催する旅行に不特定の参加者を募るようなケースも団体旅行と呼ばれることもある。観光を目的とする旅行の他，国際会議や見本市への参加，各種視察などの目的で構成される旅行もある。　　　　　　　　（高橋一夫）

ち
▽

地域開発
　地域開発とは，特定の地域に対して経済，社会資本の整備，教育・文化や生活環境の水準を向上させること，またはそのために国や地方公共団体によって何らかの先行的な投資を行うことである。国および地方公共団体において観光を1つの柱として地域開発を

図ろうという動きが拡大してきている。たとえば，1989年3月に発表された「21世紀のグランドデザイン」では，21世紀の国土のグランドデザインを描くうえでの観光・リゾートの重要性について言及した。この背景としては，第1に地方圏の小都市や農山村地域を中心に人口減少が予想されるなかで交流人口への期待が高まっていること，第2に公共投資や企業誘致などに依存する従来型の地域経済振興策が行き詰まっていることなどがあげられる。

(多方一成)

地域観光事業

地域において，観光振興の目標の充足とその進展のために，地域社会への観光客や来訪者に対して来訪の動機づけを行い，充実した来訪の時間と空間を過ごせる機会を提供するためのものである。いうまでもなく，基本は地域住民の生活環境の向上に寄与するものであることは忘れてはならず，観光客のみにおもねるような事業展開はかえって地域のホスピタリティを損なうことになりかねない。来訪者と住民との持続可能な交流を促進するためにも，役割は大きい。なお，事業主体としては一般的には民間企業によるものを連想することが多いが，地域社会の特性に応じてセクターにこだわる必要はない。岐阜県郡上市の場合のように，財団法人方式に基づく「郡上八幡産業振興公社」が大きな役割を担っているケースもある。→行政主導型観光

(井口　貢)

地域計画 (regional planning)

これまで地域計画は，国の上位計画で位置づけられた整備・開発・保全の方針を地域の具体的な都市計画や施設整備計画などへ継承・展開する計画をした。上位計画とは，全国総合開発計画（全総計画）・国土利用計画・ブロック別計画・プロジェクト計画などであった。国の計画を受け，地方公共団体は都道府県計画を，そして市町村計画を策定してきた。しかし，2005年12月に施行された「国土総合開発法」などの改正では，同法を改め「国土形成計画法」とし，全総計画を改め国土形成計画とした。同時に首都圏・近畿圏・中部圏の事業計画を廃止し，3圏の計画は首都圏・近畿圏・中部圏の整備計画に一本化された。また，東北・九州・四国・北陸・中国の「地方開発促進法」を廃止した。新たな国土形成計画は，全国計画と広域地方計画から成り，国と広域地域（全国を10程度に区分した際の各圏域）の役割分担や市町村の意見の反映を考慮している。このため，上意下達方式だった国の上位計画の意味合いが薄れてきた。背景には，人口減少・高齢化，国境を越えた地域間競争，環境問題の顕在化，財政制約，中央依存の限界などの社会潮流が存在する。このため，地域計画は，広義には国土形成計画に基づく国や広域地域の地域活性化であり，狭義には「地方自治法」に基づく市町村総合計画に地域独自の個性ある計画立案と実施を必要とする。今後，市町村が独自に策定する地域計画（狭義）およびその実施について，国は団体自治を尊重し，かつ，支援する法令の整備を検討すべきだろう。→国土交通省，観光開発

(山本壽夫)

地域社会 (community)

地理的に連続性をもって，一定の共通の特色をもった空間であり，人にとって最も基礎的な居住空間となる場所である。この特色を形成するうえで，地域を取り巻く自然環境や歴史的環境，社会経済的環境，さらにはエートスや住民性，気質にかかわる人的環境など多様な要因が折り重なるようにして作用している。そして，その作用は一朝一夕でなされたものではないというこ

とが，地域の固有性をつくる一因ともなっている。いかに社会のグローバル化が進展しても，それは，地域社会へのまなざしを軽視してもいいということでは決してないということを合わせて確認しておかなければならない。

(井口　貢)

地域振興

地域社会を活性化することである。どこに力点を置いて，何を機動力として行うかなどによって当然手法も違ってくるであろう。"観光による地域振興"という言葉は流布して久しいが，観光振興のみが地域振興の道であるわけではもちろんない。どういうような方法を採るにしても大切なことは，地域経済と地域文化の調和がとれた，そして内発的動機に基づく地域振興を推進しなければならないということである。

(井口　貢)

地域制公園

国や地方自治体が一定の地域を指定し，その地域内における景観地の風致，景観の維持・利用の障害となるような行為を禁止あるいは制限して，その保護を目的として指定した公園であり，国立公園，国定公園および都道府県立自然公園のことをいう。国立公園はわが国の風景を代表し，世界的にもずば抜けた自然風景地であり，国定公園は国立公園に準じ，群を抜く風景地である。また，都道府県立自然公園は，全国的に見て都道府県の風景を代表する景観地である。→公園，自然公園

(和田章仁)

地域伝統芸能等活用法

1992（平成4）年6月，当時の運輸（現国土交通省）・通産（現経済産業省）・農林水産・文部（現文化庁）・自治（現総務省）の5省が共同提案して制定された法律で，正式には「地域伝統芸能等を活用した行事の実施による観光及び特定地域商工業の振興に関する法律」という。→おまつり法

(北川宗忠)

地域文化（local culture）

地域社会のなかで，その固有の生活様式に基づいて永年にわたる年月を経て形成されてきた地域の個性を伝える固有の価値をもった文化。わが国においては，高度経済成長期を経て高度な大衆消費型社会の具現とともに地方都市の画一化，リトル東京化が進展した。その影響は農村社会にも及び，地域文化の画一化が危惧される部分もあるが，一方で昨今のまちづくり運動の活況ぶりや，オルタナティブツーリズムを希求する時代の文脈は，地域文化の再生や再創造へと向かう道を各地で切り開くきっかけをつくっているといえるであろう。→地域社会，まちづくり，オルタナティブツーリズム

(井口　貢)

チェーンホテル（chain hotel）

ホテルチェーンとも称されている。共通のブランド名をもったグループホテルのことをいう。同一ブランド名のもとにマーケティング，セールス，広告宣伝，予約，共同仕入れ，サービスの標準化，社員教育などの合理的な経営を追求することにより，ホテルの利益拡大を図る。コンピュータの発達により，国内のみならず，地球規模でのチェーン化が進んでいる。世界的ホテルチェーンにはいろいろな方式があり，①所有・直営によるチェーン，②マネジメントコントラクトによるチェーン，③リース方式によるチェーン，④フランチャイズチェーン，⑤コンソーシアムチェーンなどがある。大きいチェーンになると数千軒の規模である。

(芝崎誠一)

チェックアウト（check-out）

宿泊客が利用した料金を清算してルームキーを返却し，客室を明け渡すこと。

(芝崎誠一)

チェックイン (check-in)

観光業ではよく使用される用語で、航空機やクルーズを乗客が利用する時に行う所定の手続きのこと。外国に行く場合は旅券の提示が必要である。また、日本のホテル・旅館などの宿泊施設では、利用客は住所・氏名・年齢・連絡先・職業などを宿帳または宿泊登録カード (registration card) に記帳することが義務づけられている。→アーリーチェックイン　　　（芝崎誠一）

地球（環境）サミット

1992年のブラジルのリオデジャネイロで開催された地球環境サミットから10年後の2002年、そのリオデジャネイロでの合意の進展を点検し、環境と開発をめぐる新しい課題にいかに対応していくかを議論するために、8月26日から9月4日まで、南アフリカのヨハネスブルグにおいて持続可能な開発に関する世界首脳会議（ヨハネスブルグサミット）が開催された。このサミットの成果として、持続可能な開発を進めるための包括的指針となる「実施計画」と、首脳の政治的意思を示す「持続可能な開発に関するヨハネスブルグ宣言」の2つの文書が採択された。また、各国政府、国際機関、非政府組織（NGO）などが自発的なパートナーを組んで共同で行うプロジェクトをまとめた「パートナーシップ」も発表された。　　　　　　　　　　（多方一成）

チップ (tip)　⇨心付け

知的お土産

観光客が主として義理的動機から購入するような、大量消費を前提として大量に生産されるお土産（たとえば俗にいう"煙突もの"など）はこれにあたらない。価格の高低にかかわらず、その土地でつくられて、その土地の個性を明確にあらわし、使い捨てられることなく、旅の想い出を観光客自身やその大切な人々に永年にわたって刻印し続けることができるお土産である。まちの歴史や知性、そしてセンスが光るものでなければならないのである。本来お土産の購入は、旅の目的ではないが、こうした知的お土産は時として旅の目的の1つにもなりうるものである。→ショッピング、みやげ

（井口　貢）

チャーター便 (charter)

航空会社や客船運航会社と単一の用機者との間に結ばれる用機契約に基づき、旅客や貨物を運送する不定期便のこと。国際航空チャーター便の形態としては、

① オウンユースチャーター (own use)

個人または会社などが航空機1機を貸切り、これをその顧客などに利用させるためのチャーター。政府特別機や大型報奨旅行などに使用するケースが多い。

② アフィニティグループチャーター (affinity group)

旅行の実施以外を目的とする類縁団体のためのチャーター。修学旅行などで利用することが多い。

③ ITC (inclusive tour charter)

旅行業者が地上部分におけるツアーなどと航空運送とを組み合わせた包括旅行チャーターで、一般募集が可能なもの。→オウンユースチャーター、アフィニティ、包括旅行チャーター　　　　　　　　（山脇朱美）

着地型旅行

国土交通省の定義によれば、旅行・観光の目的地である各地域（＝着地）側が有する個別の観光資源（自然、歴史、産業、町並み、文化など）に関する情報やその土地ならではの文化や産業の体験、交流など着地の人々の視点を重視して企画・立案・実施されるものをいう。旅行者のニーズが多様化するなかで、テーマやプログラムがはっ

きりした，地域の隠れた物語や人に感動する知的体験へのニーズが強くなってきている。こうしたニーズに対応できる地域には旅行客の滞在時間が増加し，地域のファンとしてリピーターが育つ。一方で，こうした着地型旅行商品を企画・実施していくためには地域全体が支え育てていく仕組みづくりが必要で，それを実践・持続していく組織が求められる。長野県飯田市の「南信州観光公社」や佐賀県唐津市の「唐津よかばい旅倶楽部」（唐津市観光協会エリアツーリズムエージェンシー事業部）などは，発地ではなく着地の視点をもって運営されている「着地型旅行会社」である。特に，2007年5月施行の「旅行業法」の省令改正により，第三種旅行業の業務領域の拡大が図られ，第三種旅行業者の主たる事業所（本社）のある市町村およびその市町村と地理的に近接するため，一体的に着地型旅行を行うことが消費者への魅力を向上させると認められる市町村において完結する募集型企画旅行の実施が認められた。第三種旅行業者は登録要件として営業保証金や基準資産額が比較的少額ですむことから着地型旅行会社の設立に拍車がかかっている。

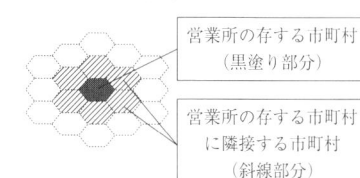

催行可能な区域のイメージ
（黒塗り部分および斜線部分）
（出所）国土交通省。

（高橋一夫）

チャプター11（Chapter 11）

「米国連邦破産法」第11条（Chapter 11 of the U.S. Bankruptcy Code）。そのままでは破産する会社に対し，再建の可能性がある場合，利害関係人の利害を調整して再建をするための法律。2001年，アメリカで9.11テロの影響で経営が悪化したアメリカの大手航空会社が，続々とこの法律の適用を申請して話題となった。ちなみに日本において同様の趣旨で定められた法律としては，「会社更生法」がある。

（杉田由紀子）

茶屋町

お茶屋とは仕出し屋から料理を取り，舞妓や芸妓を呼んで宴席を支度し，自身は座敷を提供するところであり，それらが集まったところが茶屋町である。お茶屋の多くは江戸末期から明治にかけての建築物であり，接客のための座敷は二階にあったことから二階部分の高い建築様式となっている。これに比べて，藩政期の一般の町家は二階の正面に座敷を設けなかったことから二階正面の部分が低く，お茶屋の建築様式と一般的な町家とは異なった佇まいを見せている。なお，現存の茶屋町は少なく，その代表は京都の祇園新橋と金沢の東山ひがしが国の重要伝統的建造物群保存地区に指定されている。→伝統的建造物
（和田章仁）

中心市街地活性化法（中心市街地の活性化に関する法律）（Law on Improvement and Vitalization in City Central）

地域の文化・伝統・商業機能などを育んできた中心市街地が，近年のモータリゼーションの進展，土地利用の効率化の遅れなどから，疲弊・空洞化しつつある。このため，地域における創意工夫をいかしつつ，市街地の整備改善と商業などの活性化を車の両輪として関連施設を一体的に推進するため，1998年6月に，中心市街地活性化法（「中心市街地における市街地の整備改善及び商業等の活性化の一体的推進に関する法律」）が制定された。本法の

仕組みは，まず国が策定した基本方針に基づき，市町村が中心市街地の区域を定め，活性化の方針・目標・事業などの基本的事項を内容とする基本計画を作成する。次いで，市町村や民間事業者などは，基本計画に基づいて，土地区画整理事業・市街地再開発事業・市街地の整備改善に関する事業・商業などの活性化に関する事業を一体的に推進する。本法の特徴は，商工会議所・商工会・第三セクターなどを中心とするまちづくり推進役であるタウンマネジメント機関（TMO）が位置づけられた点である。TMOの役割は，中心市街地の商業全体を1つのショッピングモールとしてとらえ，一体的に運営することにあった。2006年2月に抜本的な法改正が行われ，法律名は「中心市街地の活性化に関する法律」に改められた。改正法は，少子高齢化や地方分権に対応し，中心市街地に，都市機能の集積を促進，街なか居住を促進，商業などを活性化する場合に，国が重点的に支援する。→まちづくり条例，交通バリアフリー法，NPO

(山本壽夫)

中部国際空港 (Central Japan International Airport)

2005年愛知県常滑市に開港した国際空港。成田空港，関西国際空港に次ぐわが国第3位の大型空港。滑走路は国際線が就航可能な3500m（1本）で，24時間離着陸可能な空港である。国際線と国内線の旅客ターミナルが一体となり，乗り継ぎしやすい点が特長。民間企業や経済団体などが5割出資し建設・運営する初の本格的な民営空港として，経営効率の追求も目標とされている。また空港施設においてコージェネレーション（熱電併給）システムや太陽光発電システムを取り入れるなど，新エネルギーの活用に積極的な取り組みが特徴的である。北米・アジア路線や，国内の北海道・東北や九州・四国などへの国内路線が開設された。ニックネームは，セントレア（Centrair）。→国際空港，空港整備法

(杉田由紀子)

超過手荷物料金 (excess baggage charge)

国際線で無料手荷物許容量を超える手荷物を超過手荷物（excess baggage）という。超過手荷物に対しては，所定の手荷物料金を支払わなければならない。重量制区間の場合は1kgあたり，超過手荷物切符の発行日に有効な最も高額のエコノミークラス普通大人直行通し片道運賃の1.5%の料金となり，個数制区間の場合は，許容される個数を超える場合に航空会社の規則に定める料金を支払わなければならない。

(山脇朱美)

鳥獣保護区

「鳥獣保護法」に基づいて鳥獣の保護繁殖を図るために設定され（2002年全面改正），捕獲が禁止されている区域をいう。さらに鳥獣保護区のなかに，特別保護区が設定される。「保護区」は，全国に66か所，53万7956ha（2007年4月現在）である。「鳥獣保護法」の淵源は1873（明治6）年の「鳥獣猟規則」で，1918（大正7）年「狩猟法」として制定された。さらに，1963（昭和38）年に「鳥獣保護及狩猟ニ関スル法律」となり，2003（平成15）年「鳥獣の保護及び狩猟の適正化に関する法律」（改正「鳥獣保護法」）となった。古い法律では，「鳥獣」の定義がはっきりしていなかったが，これを「鳥とは乳類」とした。2002年多摩川にあらわれたアゴヒゲアザラシや沖縄のジュゴンも保護できることになり，保護区の設定も可能になった。

(北川宗忠)

朝鮮通信使

朝鮮通信使とは，江戸時代に12回，

朝鮮国王の国書を奉じて、徳川将軍の代替わりの時などにわが国に派遣された使節団のことである。毎回、正使・副使・従事官の三使以下一流の学者、文人、書家、画家、医師、楽隊や曲技団など400〜500名で構成されている。釜山を出港し、対馬藩の警護のもと、対馬、壱岐、瀬戸内海、大坂、淀川、京都を通って江戸まで、往復5〜9か月の「旅」をした。徳川幕府は威信をかけて通信使一行を歓待し、諸大名や学者、文人などは、当時の進んだ朝鮮の文化を吸収しようとして、いたるところで彼らと漢文による筆談や漢詩の応酬などによる文化交流がなされた。また、エキゾチックな異国の服装や踊り、楽器の音色を耳にしようと民衆は沿道にあふれた。対馬藩の儒者である雨森芳洲（1868-1755）は、2度の通信使に随行するなど、善隣友好に大きな役割を果たした。芳洲は朝鮮語を自由に話し、朝鮮の歴史・文化・風俗・習慣にも明るく、『交隣提醒』（1728年）を著している。そのなかで誠信の交わりについて「誠信と申し候は、実意と申す事にて、互いに欺かず争わず、真実をもっての交わり候を誠信とは申し候」と、説いている。第11次（1764年）通信使の来日後、日本では天明の凶作・飢饉（1782〜85年）に見舞われ、各地で打ちこわしがおこり、幕藩体制が揺らいだ。幕府・諸大名も通信使接待の経済的負担に耐えかねて、第12次（1811年）は対馬での応接（易地聘礼）となった。以後、幕末の国内事情により通信使の招聘は途絶え、釜山の「倭館」と対馬での外交・通商のみになった。1995（平成7）年、通信使をいかしたまちづくりをしているゆかりの自治体、文化団体などが長崎県厳原町（現対馬市）に集まり、「朝鮮通信使縁地連絡協議会」を結成し、毎年各地持ち回りで大会を開き、交流を深めるとともに情報交換をしている。

（中尾　清）

直行便（direct flight）

出発地から到着地まで、乗り継がせずに運航する航空便。2地点間を無着陸で途中寄港せずに運航される航空便（non-stop flight）についても、日本語では同じく直行便と称するのが一般的である。近年航空輸送の技術革新によって航空機の航続距離が長くなり、国際線においても主要都市間は無着陸で運航される場合が増えてきたが、最終到着地（final destination）までの間に途中寄港して運航される路線も多数存在する。

（杉田由紀子）

ツアーオペレーター（tour operator）

一般的に「募集型企画旅行」を取り扱う旅行業者は、不特定多数の旅行者へ向けた旅行商品造成のために企画・仕入れ・手配という業務を遂行する。ツアーオペレーターという場合は、この商品造成を行う旅行業者をさす。ツアーオペレーターには2種類があり、その第1は、募集型企画旅行商品を造成すると同時に、自社店舗で直接販売（リテール：小売り）したり、他社へ販売委託（ホールセール：卸売り）する旅行業者である。第2は、自社で造成した募集型企画旅行商品をホールセール専門にする旅行業者である。近年では、純粋なホールセール専門業者は限られている。通常、大手旅行業者

は自社店舗で募集型企画旅行商品を販売するだけでなく，提携店・代理店に卸売りをすることはもちろんのこと，競合他社とも相互に契約を結び販売している。また，航空会社系の旅行業者では，自社店舗の数は少ないが，数多くのリテール専門の中小旅行業者へホールセールを行っている。→ランドオペレーター　　　　　　（甃江　隆）

ツアーコンダクター（添乗員）
(tour conductor)

団体旅行の添乗員のこと。団体旅行の所定の出発点から同行し，元の地点に帰り着くまでの間，旅行日程の安全性と快適性を追求し，参加客のまとめ役として重要な任務を遂行しなければならない。このためには，業務知識，語学力のほか，緊急時の機敏な対応能力，接客態度，マナーなどのホスピタリティが求められる。同義語には，ツアーエスコート（tour escort），ツアーマネージャー（tour manager），ツアーディレクター（tour director）などがある。→先達　　　（甃江　隆）

ツインルーム（twin bedroom）

ホテル宿泊時に，一部屋にシングルベッドが2つ備えてあり2人で使用することができる部屋をいう。通常の部屋はシングルサイズのベッドが2つであるが，料金によってはダブルサイズやキングサイズのベッドが2つ用意されている部屋もある。この場合，TT（シングルサイズのベッド2つ），DD（ダブルサイズのベッド2つ），KK（キングサイズのベッド2つ）などと表示する。→シングルルーム
　　　　　　　　　　　（甃江　隆）

通関士試験

1967（昭和42）年に「通関業法」が制定され，そのなかで貿易に関する税務の専門家であり，かつ通関手続きの専門家である「通関士」が規定された。通関士となるためには，その資格要件として国家試験である通関士試験に合格しなければならない。通関士試験は，通関士として必要な知識および能力を有するかどうかを判断することを目的として，財務大臣が決定する問題により，各税関長が行う試験で，年1回実施されている。試験科目は，①通関業法，②関税法・関税定率法その他関税に関する法律および外国為替および外国貿易法（第6章に係る部分に限る），③通関書類の作成要領その他通関手続きの実務である。　　　（山脇朱美）

通年型観光

四季型観光ともいうが，すべての季節を通して豊かな観光資源が存在して，それが観光対象として提供されているということが前提となる。たとえば，東京ディズニーリゾートはたしかに通年型の観光を提供しているといえなくないが，それはあくまでも擬似的なテーマパークであるということが前提となっている。一方で本物の場として，四季に応じた地域の姿を観光対象としうるということが，通年型観光の要諦であって，京都というまちはわが国の通年型観光地の典型例といえるであろう。現実問題として，冬場のスキー観光とか盛夏の避暑型観光といったワンシーズン型観光のまちは多く，その多くのまちが通年型観光への展開を求め努力しているというのが実情である。
　　　　　　　　　　　（井口　貢）

通年型リゾート

春夏秋冬を通じて1年中，利用できるリゾートの総称。基本的にリゾート（resort）は保養地を意味し，滞在型の観光地である。そのなかでマリンスポーツなどを中心とした海浜性リゾートは夏場が，スキーやスノーボードなど山岳リゾートは冬場といったように，あるシーズンに利用が集中するという状況が一般的であった。しかし今日ではそれらのリゾートが1年を通して利

用できるように工夫を凝らし，温泉施設を整備したり，グラススキーやトレッキングなど新たなスポーツを導入して1年中利用できるリゾートにする努力をしている。　　　（井村日登美）

ツーリストインフォメーションセンター（Tourist Information Center：TIC）

広義には観光情報センターのことであるが，わが国では，国際観光振興機構（JNTO）が設けている"外客総合観光案内所"の呼称として使用されることが少なくない。設置の起源は1964（昭和39）年の東京オリンピック開催が間近となった62年と63年に，外国人来訪者への対応充実のために，東京有楽町と羽田空港内にそれぞれ設置され，64年には京都タワービル内に設置されたことに遡る。現在は，運営母体が東京都・千葉県・成田市，そして近畿圏16地方自治体に移管されたが，外国人の訪日観光の便宜のための活動を展開している。→観光情報センター，インバウンドツーリズム　　（井口　貢）

ツーリズム（tourism）

ラテン語やギリシャ語の轆轤（ろくろ）の語に由来し，ぐるっと廻ること（英語の turn）という意味で，tour, touring という語に関連して19世紀初頭から用いられるようになった。わが国では，この和訳に「観光」の文字をあて，観光旅行，観光交流，観光事業などをあらわす言葉として，また観光学の分野で広く用いられている。→観光　　　　　　　　　　　（北川宗忠）

築地ホテル館

1868（慶応4）年，東京築地の外国人居留地に建てられた日本人による日本最初の本格的ホテル。江戸ホテルとも呼ばれた。　　　　　　（住木俊之）

坪　庭（landscape for small space）

「坪」は大化改新の条理制に基づく地割りに使用された面積単位であったが，中世になると宮殿建築の住居部分の「中の間」の意味にも使われた。そして，母屋と離れの間にある「小さな庭」の意味をもち，さらに進んで四方を囲われた小面積の庭の意味をもつようになった。平安京の住居部分が現在の京町屋に相当するが，のちに町屋において連続する3つの部屋の中間部屋を中の間と呼び，中の間に面する囲われた庭を坪庭というのも，「坪」の意味の歴史的変遷であろう。江戸時代に京町屋および坪庭の形態は完成するが，坪庭の目的は，うなぎの寝床のように細長い家屋形態において，部屋内部に光と風を取り入れることにあった。現在の坪庭は，プライバシー確保や空間のアクセントに用いられることもあり，浴室と坪庭あるいはトイレと坪庭をセットにするなど，個人空間を楽しむ嗜好性を見せている。→間，町家，風水　　　　　　　　　　（山本壽夫）

て
▽

出会いの場づくり

人間は交流する生き物である。1人ひとりがもっている限界性を可能性に変えていくためには自発的に多くの人と出会う必要がある。特に，観光は観光者が訪れる土地で観光地に住む住民と出会い，多くのことを学ぶ行為であるといえる。観光者はあるところを旅行先として選び旅行先の住民に対して自発的に働きかけるが，観光地に住む住民は観光者を受け入れ，働きかけに対して必ず誠実に応答（responce）す

ることが効果的な出会いの場づくりになるのである。すなわち，観光者と観光地の住民が互いに働きかけ合い応答し合うことによって，好意的で友好的な関係をつくり，信頼関係へつなげていくことが大切である。信頼関係を築くことができれば，もう1回訪れたい観光地になることが考えられる。→ホスピタリティ・プロセス　（吉原敬典）

定員稼働率（guest occupancy rate）
⇨稼働率

定期観光バス

運行するための路線認可を必要とし，認可された日に，認可されたルートの走行が義務づけられた路線バス。チャーター（貸切）で運行される観光バス（一般貸切旅客自動車運送）と異なり，路線バス（一般乗合旅客自動車運送）となる。このルート上に観光拠点や食事場所を手配して観光旅行が楽しくなるように提供する。バス会社では「案内付（および食事付）の豪華な路線バス」とわかりやすく表現している。バスの構造は，最新のノンステップバス，ワンステップバス，低公害のアイドリングストップ装置付のバス，ハイデッカーや2階建てバス，さらには高齢者には懐かしいボンネットバスなど，さまざまな形態も定観（定期観光バス）の魅力となっている。1925（大正14）年，わが国最初の定期観光バスが東京の皇居前〜銀座〜上野間を走った。→バス事業　（北川宗忠）

定期客船（liner, ferry）

特定の港の間を定期的に航海する客船を定期客船という。民間航空機網が発達するまでは，大西洋横断，太平洋横断航路にスピードの速い定期客船がたくさん就航し，定期ライナーとも呼ばれた。現在では，こうした長距離航路には客船は就航していない。飛行機の1時間が船の1日にあたるというように，船の速度が絶対的に飛行機にかなわないのがその理由である。船で2泊3日程度までの航路には，自動車も一緒に運べるカーフェリー（日本では単にフェリーと呼ぶ場合が多い）が数多く就航しており，これも定期客船の一種である。→クルーズ　（池田良穂）

テイクアウト（take out）

飲食物を持ち帰る方式で販売すること。外食産業における中食（なかしょく）の発達はこの販売形式にあり，パンやサンドイッチ，弁当や総菜など持ち帰り品の種類も豊富になった。テイクアウトの特長は客席がない分，設備投資が少なく，接客係も必要としないため人件費が低く抑えられることである。ただし，すぐに食べるのとは違い，時間をおくために味や衛生面などに特別な配慮が望まれる。以前から一部のホテルがパンやホテルメイドの総菜をデパートの地下食料品売り場で販売していたが，さらに発展。ホテル内で販売し，"ホテイチ"という言葉を生みだすまでに成長している。その代表事例が大阪市のリーガロイヤルホテルの「グルメブティック　メリッサ」である。約700種類以上（2008年1月現在）の品を常時販売している。

（井村日登美）

デイクルーズ（day cruise）

宿泊施設をもたず，数時間までのクルーズを行う客船をデイクルーズ船と呼ぶ場合がある。一般には，遊覧船よりは，サービスグレードが高く，食事や飲食ができ，簡単なショーなどを行う船もある。食事に特化したレストラン船なども，この部類に入る。→クルーズ　（池田良穂）

提携販売店

大手旅行会社では自社の募集型企画旅行商品を中心に宿泊券や観光券の委託販売をするチャネルを開拓し，取扱額増を目的として販売提携を行うが，その提携している旅行会社を総称して

提携販売店と呼ぶ。第二種，第三種および旅行業者代理業などでは，自社で募集型企画旅行商品を企画・造成することができないため（ただし，第二種は国内の募集型企画旅行のみ可），募集型企画旅行取扱委託契約や旅行業務提携契約を結ぶことで，自社商品にバラエティをもたせている。一方，大手旅行会社はこうした提携販売店には自社のロゴマークなどの使用を認めるにあたり，インストアシェア（提携販売店の総取扱額に占める自社との取引額の割合）によって，手数料率やロゴマークの使用などに差を設け，自社への支持が高い旅行会社の囲い込みを行っている。たとえばJTBでは総合提携店，特定パートナー店，パートナー店，関係会社と分類して対応をしている。　　　　　　　　　（高橋一夫）

帝国ホテル（Imperial Hotel）

　明治新政府の成立に伴って，来訪する外国人賓客を接遇するために，東京にふさわしい設備と規模を有する近代的洋式ホテルが必要となった。時の外務大臣井上馨が発案し，渋沢栄一をはじめ財界有力者から出資協力が得られたが，最大の出資者は宮内省（現宮内庁）であった。官民一体となって創設された帝国ホテルは，1890（明治23）年11月開業し，以来，株式会社として経営活動を行う一方，政府迎賓館ホテルとしての役割も果たしてきた。内外の政治経済情勢の激動による営業不振や，別館・旧本館の焼失などの第二次世界大戦による災害，幾多の経営危機に直面しながらも，経営首脳陣と優れた支配人らの人材によってそれらを克服してきた。創業以来今日まで日本の最高級ホテルとして評価され，わが国のホテル産業を代表する地位を保持し続けている。　　　　　　　（芝崎誠一）

ディスカバー・ジャパン（Discover Japan）

　国鉄（現JR）によって，1970（昭和45）年10月から展開されたキャンペーンのキャッチコピーである（ディスカバー・ジャパン・キャンペーン）。積極的展開期間約1年間と，キャンペーンにしては長期にわたるこの企画で国鉄が使用した媒体やイベントの多様性そして話題性は，国鉄史上に残るものであり，観光を目的性よりもテーマ性に訴えPRするということの効果を刻印づけるものでもあった。当時の時代背景としては，数年来の日本人論ブームや大阪での万国博覧会の開催などを特筆することができ，日本や日本人のアイデンティティの再確認，日本人の心の原郷の（再）発見を希求する動きが活発化しており，このキャンペーンはそういう点で時宜を得たものであった。小京都ブームやアンノン族の創出はこの副産物でもあった。→小京都，アンノン族，小江戸
　　　　　　　　　　　　（井口　貢）

ディスパッチャー　⇨運航管理者

定点定期クルーズ（regular cruise）

　年間もしくはシーズンを通じて，同じ港から定期的に出るクルーズを定点定期クルーズと呼び，現代のクルーズの主流を占めている。出港曜日が決まっており，旅行社にとってはスケジュールを調べなくても顧客に紹介ができることで便利であり，1970年代の北米市場で定着し，世界的に広がっている。日本では，一時スタークルーズ（本社マレーシア）が神戸起点および博多起点で実施したが，現在はない。→クルーズ　　　　　　　（池田良穂）

ディナー（dinner）

　西洋料理の正式な食事のことで，正餐ともいわれ，ホテルでは晩餐をさす。1日のなかで最も主要な食事のことをいい，昼食がディナーの場合は夕食は

テーマパーク （thema park）

テーマパークは和製語である。特定の主題をもとに統一された展示物やイベントによって演出された遊園地をさす。特定の主題とは，歴史，文化，物語，環境，科学技術などである。テーマパークの草分け的存在は，明治村（1965年開園）や東映太秦映画村（1975年開園）だが，実際には東京ディズニーランド（1983年開園）が千葉県浦安市に誕生してからテーマパークという言葉が一般的に使われるようになった。東京ディズニーランドの成功と1988年に「総合保養地域整備法」（リゾート法）の制定によって，全国各地でリゾート開発が行われるようになり，数多くのテーマパークが開園した。しかし，バブル経済の崩壊とともに赤字経営に陥り，閉鎖したり経営陣を刷新する園が続出した。テーマパーク成功の条件は，立地の良さ，イニシャルコスト（開園までに必要な費用）とランニングコスト（開園後，運営に必要な費用）のバランス，創造的経営の実践，良質なサービスを与えるマニュアル管理にある。このため，良好な立地条件の土地を取得し，品質の高いアトラクションをつくりだすとともに短期更新する，同様に品質の高い大小イベントを創造し定期あるいは常時に開催する，ホスピタリティ・サービスをマニュアル化してキャストを育成する，飲食やお土産品をブランドへ高める，といったことを実現することでリピーターを獲得しなければならない。したがって，テーマパークはオンリーワンを目指すことが成功への近道といえるだろう。→アミューズメントパーク，東京ディズニーリゾート

（山本壽夫）

サパー（supper）になり，昼食がランチ（lunch, luncheon）の時は夕食がディナーとなる。日本のホテルで行われているディナーパーティ（dinner party）は最も正式な宴会の形式で，テーブルへの着席，フルコースの料理などを特徴としており，飲食の提供はロシアンサービス（russian service）といわれる持ち回り形式によって行われることが多い。 （芝崎誠一）

テーブルメイト （table mates）

クルーズ客船では，一般に夕食のテーブルが指定制の場合が多く，クルーズ中一緒に食事をする仲間をテーブルメイトと呼ぶ。テーブルの指定は，予約の時点で自動的に行われるが，仲間がいる場合には指定もできる。このシステムは，かつての定期客船では，船内スペースが限られていたため，全乗客に食事を提供するにはレストランの全席を埋める必要があることからとられたものである。ただ最近は，個別に食事がしたいというニーズが増加しており，テーブル指定のない客船も多くなりつつある。 （池田良穂）

鉄道事業

鉄道事業というのは鉄道線路を敷設したり，旅客や貨物の運送を行う事業で，第一種鉄道事業（鉄道線路をもっていて人や物を運ぶ事業），第二種鉄道事業（他が敷設した鉄道線路を使用して人や物を運ぶ事業），第三種鉄道事業（鉄道線路のみをもつ事業）がある（「鉄道事業法」第2条）。「鉄道事業法」（1986年制定）は，国鉄（現JR）の民営化に伴って「地方鉄道法」を改め，鉄道事業の運営などを規定した法律。索道（ロープウェーやリフトな

ど）や鋼索鉄道（ケーブルカー）は，法律上「鉄道」であるが，道路など軌道を使用する路面電車は「軌道法」の適用を受ける。都市交通機関として普及している新交通システムや地下鉄などでは「鉄道事業法」「軌道法」の適用区間が入り交じったものがある。→在来線，新幹線，JR　　　（北川宗忠）

鉄道唱歌

1900（明治33）年，「地理教育鉄道唱歌」の第1集として「東海道」編（大和田建樹作詩・多梅稚作曲）が出版され人気を得，愛唱された。その後「山陽・九州」編（第2集），「奥州・磐城」編（第3集）などが発刊され，また全国的な鉄道開設により各地版が登場，地方鉄道もこれに倣って続々と「鉄道唱歌」を作成，唱歌ブームを起こすほど流行した。歩く旅の風景から鉄道旅行による移り変わる風景を歌とともに学ぶことができ，地理学習の向上にも大きな役割を果たした。歌詞そのものは，江戸末期に寺子屋の習字の手本となった『中山道（木曾路）往来』（1816年刊）や『東海道（都路）往来』（1861年刊）の街道道中の宿場を綴り方風に読み上げて書かれた書や，道中唄「コチャエ節（上り唄）」の影響を強く受けている。　（北川宗忠）

鉄道の日

10月14日。1994（平成6）年，運輸省（現国土交通省）が制定した。これ以前は，わが国の鉄道開業50周年の1922（大正11）年に制定された「鉄道記念日」であったが，国鉄（現JR）色が強いということで民営の鉄道や関係団体なども参加する「鉄道の日」となった。わが国における鉄道の開通は，1872（明治5）年9月12日，新橋駅（のちの汐留貨物駅・現在廃止）〜横浜駅（現根岸線・桜木町駅）間が開業した。この日は新暦10月14日で，これを鉄道の記念日とした。　（北川宗忠）

手荷物（baggage）

旅客が旅行する際に必要な物品（着用も含む）で，航空会社が妥当と認める携行物品のこと。通常，機内持込手荷物（carry-on baggage）と受託手荷物（checked baggage）の両方の総称。機内持込手荷物や受託手荷物の無料許容量の条件・制限などは，搭乗する路線や航空会社によっても異なる。通常，各航空会社の時刻表のなかに手荷物に関する案内の項があり，さまざまな条件や制限が記載されている。luggageとも称される。　　（杉田由紀子）

デレギュレーション（規制緩和）
（deregulation）

アメリカのカーター政権下の1978年「航空輸送業規制緩和法」が制定されたことにより，航空会社の座席供給量，航空運賃の決定は市場原理に委ねられることとなった。アメリカ国内線ではじまった規制緩和は日本にも影響が及び，多数の航空会社が日本路線に乗り入れを開始した。競争の激化と座席供給量の増大は海外旅行商品の低価格化およびメディア販売の急増と格安航空券マーケットの拡大につながり，日本の航空会社の経営の圧迫，新興旅行会社のシェアアップ，既存旅行会社の経営難の原因の1つとなった。

（髙橋一夫）

田園風景

水田，畑，畦，湖，川，池，竹林，雑木林，丘などをもつ緑豊かな農村の風景のことを「田園風景」という。田園風景は，農業という生産が営まれている空間であり，農家の居住空間でもある。美しい田園風景は，人々の心を魅了し，安らぎや憩いをもたらす。ヨーロッパ諸国では，農業生産の拡大化とともに，耕地の大規模化，農作業の効率化が進み，また農薬や肥料の大量使用のために，農薬汚染，生物種の減少，石垣や生け垣に代表されるよう

な伝統的な農村風景の損失が問題となってきた。そこで近年では、環境や生物の多様性、景観に配慮した田園風景の創造に力を注いでいる。イギリスのコッツウォルズ地方を例にあげるまでもなく、美しく再生された田園地帯にはウォーキングを楽しむ、あるいは馬で散歩するなどを目的とする多くの来訪者がある。→景観　　　（多方一成）

田　楽（dengaku〔ritual music and dancing performed in Shinto〕）

古代日本では、5月の田植え時期に豊作を予祝する行事として田遊び（歌舞）が行われていた。当初農民が執行していた田遊びは、密教的行法の呪師系統や念仏系統の芸能が加わり田楽となり、やがて田楽法師が専門的に演じるようになる。田楽は、平安時代に舞・軽業・奇術などの集合芸だったが、鎌倉時代に田楽能を生みだす。一方、奈良時代に中国大陸から民間芸として伝わった奇術・軽業・物真似に音楽を伴った散楽は、官制上の保護を受けた。そして、平安時代に日本古来の滑稽芸を取り入れ猿楽となる。田楽と猿楽は相互に影響し合うが、猿楽は田楽能のわき芸をつとめるようになり、能における「わき方」に発展するほか、「をかし」の滑稽性と舞・物真似・物語性などが接近し狂言へいたる。現代の能に猿楽の影響が大きい理由は、鎌倉時代中期に猿楽集団が寺社公認の座を中心として、物語的要素の色濃い楽劇を主体とする猿楽能を生みだし、田楽から独立・分離したことによる。その後、田楽は舞・軽業・奇術を主体に寺社の行事として伝えられるようになった。→遊び心，エンターテイメント
（山本壽夫）

天守閣

天守閣は、藩政時代は地方における政治や行政の中核になる城郭の中枢にあり、城主の権威の象徴であった。時代が変わって「お城」は、地域の観光拠点となり、「天守閣」は多くの観光客を集客する地域観光のシンボルとなっている。明治維新の旧物破壊で186城が取り壊されたが、「国宝保存法」の制定時（1929年、文化財保護法の施行に伴い廃止）にはまだ22城の天守閣があった。その後、戦災（名古屋城・大垣城・和歌山城・岡山城・福山城・広島城）などで多くを消失、往時の姿が残るのは、国宝4城（松本城・彦根城・姫路城・犬山城）、重要文化財8城（丸岡城・松江城・丸亀城・宇和島城・備中松山城・高知城・弘前城・松山城）の12天守閣となった。天守閣の存在は、その観光的要素の重要性から、各地で城郭復元による現代の天守閣が多く見かけられる。→城下町
（北川宗忠）

伝統工芸品

「伝統工芸品」とは、地域に古来から伝承される美術工芸品（特産品・民芸品を含む）をいい、「伝統的工芸品産業の振興に関する法律」（伝産法，1974年）による、伝統的手工業技術（手づくり）の継承や原材料の確保によって保持されている工芸品をいう。具体的には、織物・染物・陶磁器・漆器・竹製品・木工品・仏壇・人形・和紙・金工品などで、その多くはわが国の人々の生活に密着した必需品であった。これらの文化的な保存は「文化財保護法」の民俗文化財の指定などで保持される。伝産法は、伝統的技法を継承していくための振興策で、この法により都道府県などは独自の基準で「伝統的工芸品」の指定や伝統工芸士の資格認定を行っている。「伝統的工芸品」の多くは、観光土産品として各地の物産展や物産展示場で陳列されている。→みやげ　　　（北川宗忠）

伝統的建造物群

「文化財保護法」により、周囲の環

境と一体をなして歴史的風致を形成している伝統的な建造物群で価値の高いものをいう。この価値を形成している環境を保存するため，市町村は「伝統的建造物群保存地区（伝建地区）」を定め，現状変更などを規制する。文部科学大臣は，市町村の申し出により，伝統的建造物群保存地区の区域の全部，または一部でわが国にとってその価値が特に高いものを，重要伝統的建造物群保存地区（重要伝建地区）として選定することができる。→文化財保護法

(北川宗忠)

伝統的工芸品 ⇨伝統工芸品

天然記念物

「文化財保護法」による天然記念物（特別天然記念物）には，動物（イリオモテヤマネコ）・植物（春日山原生林）および地質鉱物（昭和新山）・天然保護区域（尾瀬沼）に分けられる。国指定の天然記念物は934，うち特別天然記念物は72（2007年7月現在）ある。指定の半数以上が植物である。

(北川宗忠)

と
▽

東海道五十三次

江戸時代に江戸日本橋から京の三条大橋にいたる間にあった53の宿駅をさす。元来街道は，公的物資輸送・軍隊の移動・政治情報の伝達などの政治的目的で整備された。江戸幕府が開かれると，江戸と京を結ぶ東海道が整備され，同時に街道沿いで個別に営業していた馬方・人足たちを一定の場所に集合させ宿駅とし，参勤交代の公的用途のために使用した。のちに宿駅が53か所になり，さらに宿場町化したため，これを東海道五十三次と呼ぶようになった。宿場町化した要因は，江戸文化が醸成し，一般庶民が江戸と京を往来するようになり，宿場がにぎわい拡大したからである。一般庶民の旅は，幕府の厳しい規制のもとにおかれていたが，寺社巡礼の旅は比較的自由であったため，巡礼を目的とする東海道の旅が多くなり，江戸と京の往来が頻繁に行われ，両者の文化交流が活発化した。また，『東海道中膝栗毛』が出版されて旅の面白さが知れわたり，その後に東海道五十三次の名所図絵が歌川（安藤）広重（1797-1858）によって描かれるようになると，旅の目的は名所旧跡めぐりに重点が置かれるようになった。また，商業の発展から，江戸・大坂（大阪）・京の物流が活発化し，物資運搬路として活用された。→『東海道中膝栗毛』，道の駅，宿場

(山本壽夫)

東海道自然歩道

東京都の明治の森高尾国定公園から，大阪府の箕面国定公園にいたる自然景勝地をつなぐ長距離の歩道である。通過する都府県は11におよぶとともに，全長約1340kmであり，わが国の自然景観や文化財を開発行為から守るとともに，健全なレクリエーションおよび情操教育を行う場所とするため，環境庁（現環境省）が1970（昭和45）年度から着工し，1974（昭和49）年4月に全線が開通した。その多くは散策道および自然探勝路であるが，一部は装備を必要とする登山道もある。→自然歩道

(和田章仁)

『東海道中膝栗毛』

『東海道中膝栗毛』は，江戸時代後期の戯作者，十返舎一九（1765-1831）の代表作。初編は1802（享和2）年，

8編は1809（文化6）年，発端は1814（文化11）年で，全9編18冊から成る滑稽本である。18世紀後半から武士の余興や楽しみとして書かれだした江戸通俗小説は，寛政の改革（松平定信）によって，文人武士から商業作家の手にわたる。読者層もややエリート的な層から全国の一般庶民へ移った。このため，十返舎一九は商業作家として，庶民が楽しむことのできる作品『東海道中膝栗毛』を書いた。主人公の弥次郎兵衛と喜多八の2人が伊勢詣でを思い立ち，家財道具を売り払って旅費を調達し，数々の失敗や滑稽を繰り返しながら，東海道を上って伊勢参宮，さらに京を経て大坂（大阪）へ旅する様子を当時の口語体で描いた。大変な人気を呼び，21年にわたり正続43冊が出版された。これは，幕府統制下による旅の不自由さから多くの庶民が旅へあこがれるもととなり，さらに東海道の旅を経験した武士層の郷愁や共感を呼んだという見方ができる。また作品内で，当時流行っていた狂言・浮世草子・川柳・小咄などの題材・ストーリー・表現を導入した点も人気の要因となった。→東海道五十三次，宿場，物見遊山　　　　　　　（山本壽夫）

東京国際空港（羽田空港）（Tokyo International Airport）

東京都大田区の多摩川河口に位置する国際空港。羽田空港は通称。1931（昭和6）年8月開港。空港運用者は国土交通省東京航空局，施設運営者は日本空港ビルディング（株）。滑走路は，A滑走路：60m×3000m，B滑走路：60m×2500m（横風用），C滑走路：60m×3000mから成る。国土交通省統計報告（2006年度実績）では，旅客数6595万4729人（日本第1位），貨物取扱量70万6137tである。2002年8月に新東京国際空港（現成田国際空港）開港に伴い国際線はチャーター便のみ運航する。羽田空港は利便性に優れているため，現在国内旅行客の約60％が利用する首都圏のネットワーク拠点空港である。そこで，空港の騒音問題やキャパシティ確保などを目的に，1984年1月から沖合展開事業がはじまり，A・C滑走路の移転拡張，旅客・貨物ターミナル・ターミナルビル・駅などの移転や新設が行われた。加えて，昨今の航空需要増大に際し羽田空港の発着枠は限界に達しているため，再拡張事業が進められている。再拡張事業は，2009年末にD滑走路，同年7月に新誘導路，同年末に国際線用旅客ターミナルビル・貨物ターミナルなどの開設を予定。これにより，羽田空港は国際空港機能を高める。また，神奈川県・川崎市・横浜市は，再拡張事業に連動する都市再生機構の所有地（川崎市殿町）を中心に，その周辺地域を含めた土地活用を行うことにより，京浜臨海部の活性化を検討している（「神奈川口構想」）。→空港整備法，成田国際空港，中部国際空港

（山本壽夫）

東京ディズニーランド（TDL）
（Tokyo Disney Land）

（株）オリエンタルランドがアメリカ法人ウォルトディズニープロダクションズ（現ディズニーエンタープライゼズ）との間にテーマパーク「東京ディズニーランド」のライセンス，設計，建設および運営に関する業務提携の契約を締結し，1983年4月に開業した日本初の本格的テーマパーク。開業時から1000万人近い集客力を誇り，98年にはTDL単独で1746万人の入場客を集めた。その後2001年には「東京ディズニーシー（TDS）」を開業するとともに，ディズニーブランドのホテル（アンバサダー，ミラコスタ），130のショップとレストラン・シネマコンプレックスを集めたエンターテイメン

トセンター「イクスピアリ」を開業し、東京ディズニーリゾートとして、年間2582万人（2006年度実績）を集めるテーマリゾートに発展している。→テーマパーク　　　　　　（高橋一夫）

東京ディズニーリゾート（TDR）
(Tokyo Disney Resort)

　TDRは、千葉県浦安市舞浜地区に開設された東京ディズニーランド（TDL）と東京ディズニーシー（TDS）を中心にホテルやショッピング施設などから構成された滞在型テーマリゾートである。世界の他のディズニーリゾートはすべてアメリカのウォルトディズニー社（現ディズニーエンタープライゼズ）直営だが、TDRは(株)オリエンタルランドがディズニー社とライセンス契約を結びフランチャイズ方式による経営を行っている。TDRの趣旨は「遊ぶこと、泊まること、食べること、ショッピング、そして語り合い、微笑み合うことも、すべてがエンターテイメント」である。TDLは、1983年4月に開園し、「夢と魔法の王国」を全体趣旨に7つのテーマランドから構成されている。2006年現在、売上高世界第1位のテーマパークである。テーマパーク面積は51ha。TDL成功の要因は、千葉県から東京近郊の広大な土地を安価な値段で入手したこと、フランチャイズ方式による本物志向を貫いていること、創造性の追求と徹底したマニュアル管理を行うことなどにある。アメリカのディズニーランドが集客数減少のおり、TDLのイベント（オリエンタルランドが独自に創造）を視察に訪れている。TDSは、2001年9月に開園し、「冒険とイマジネーションの海へ」を全体テーマとして7つのテーマポートから構成されている。TDLとの相違点は、計画当初より日本側の考え方を取り入れていること、客層に成人を考慮してアルコール類の販売を行っていることなど。テーマパーク面積は49.3ha。ホテルは、ディズニーアンバサダーホテル（日本初のディズニーホテル）、東京ディズニーシーホテルミラコスタ（パーク内ホテル）、東京ディズニーランドホテル（2008年開業予定）、オフィシャルホテル（オリエンタルランド系列以外の5つのホテル）から成る。そして、ショッピング施設は、イクスピアリ（非ディズニーエリア、オリエンタルランドが独自に企画・運営するショッピングモール）、ヴォンボヤージュ（日本最大のディズニー商品販売店舗）から成る。→アミューズメントパーク、テーマパーク、観光開発、東京ディズニーランド、CI　（山本壽夫）

桃源郷

　俗世間から隔絶した別世界をいい、理想郷、あるいはユートピアの意味で用いる。中国の東晋時代の詩人陶淵明（とうえんめい 365頃-427）が『桃花源記』で描いた山中の桃の花が咲く平和な世界からきたもの。中国では古くから桃は不老不死の果実といわれ、山中には仙人が住むと考えられたことにちなむ。自然に囲まれて争いのない豊かな暮らしのところをさすため、観光案内などで自然に恵まれた場所や心安らぐ場所、魅惑的な場所、隠れ里などを表現するキーワードとして用いられることが多い。　　　　　　（白石太良）

湯治

　現代における温泉入浴は、観光行楽・レジャー利用の意識が強いが、伝統的な温泉利用の形態は病気養生や療養の目的で温泉地に逗留することであった。この温泉利用を「湯治」といい、温泉地は「湯治場」であった。温泉湯治は、長期滞在型利用が主で2廻り（14日）・3廻り（21日）が基本であり、また一の湯、二の湯などと湯治入浴の順序を設けた湯治場もあった。

室町時代の詩僧万里集九の『梅花無尽蔵』(1491年) に「本邦六十余州, 毎州有霊湯」とある。湯治場は全国的に存在するきわめて霊験のあるところで, 現在も多くの温泉地には温泉神社や薬効・霊験のある薬師如来を祀る寺院が存在する。「病は気から」の言葉があるように, 温泉湯治の効能は薬効と湯治場の環境が醸しだす癒しの効果をもたらす場であることは古今変わらないといえる。→温泉湯治　　　(北川宗忠)

道中記

江戸時代, 歌枕に登場した各地の名所旧跡などを活用して, 京都～江戸を結ぶ街道道中など各地の風物・口碑・伝説や神社仏閣の縁起などを記した道中旅行の名所記。東海道の道中記である林羅山の『丙辰紀行』(1616年) を先駆として, 浅井了意の『東海道名所記』(1662年) など多くが刊行されて街道の旅に便宜を与えた。のちには, 絵入りや和歌・狂歌・俳句などを添えたもの, 道中一覧や旅籠の案内を載せたものも出て,『五街道細見記』(1858年) など「道中記」は旅行者必携品となった。道中記の影響を受けて, 各地の旅行案内記 (旅行ガイド) の類も刊行された。古いものでは, 京都名所案内書の嚆矢といわれる中川喜雲『京童』(1658年) や浅井了意作といわれる『京雀』(1665年), 総合京都案内の『京羽二重』(1685年) などがあり, 現代の京都観光案内書の人気はこれらの現代版ともいえる。　　　(北川宗忠)

道中双六

サイコロを振って出た数だけ進んだり, 飛び双六といってある賽の目が出るとそれ以上に飛んだりする正月遊びの双六の一種。18世紀になり五街道など街道の旅が発展したころに「道中双六」が登場した。なかでも東海道の道中双六は, 歌川 (安藤) 広重 (1797-1858) や渓斎英泉 (1790-1848) などの浮世絵作者が競って画いた。これらは「絵双六」といって, 江戸初期に仏教の教義などをわかりやすく解説する仏法双六として登場したもので, 善悪双六, 官位双六, 道中双六など, 遊びながら教育的効果を付加させるものに発展した。のちには, 名所旧跡遊覧双六, 旅行双六などが出て, 道中双六の発展にも観光教育的な要素が含まれていた。双六のはじまりは, 奈良時代に中国から伝来した三盤遊戯 (碁盤・将棋盤・雙六盤) の1つ「盤双六」といわれるもので, 共通点はサイコロを2個使用することで,「絵双六」と「盤双六」の遊戯法は異なっている。→観光教育　　　(北川宗忠)

動物園

各地の代表的な動物を収集・飼育し, 展示・公開する博物館施設をいう。近代的観光が展開される以前に, ドイツ (1752年), スペイン (1774年), フランス (1794年) などでは「動物園」が設立されていた。わが国では1872 (明治5) 年に博物局で剥製動物の展示があったが, 博物館施設としての「動物園」の開設は, 1882 (明治15) 年の東京上野の帝室博物館の付設として開設されたのが最初で, 1889 (明治22) 年には帝国博物館付属動物園となってトラやゾウが見られるようになった。その後, 京都 (1903年), 大阪 (1915年), 名古屋 (1918年), 神戸 (1928年) に動物園が開設されていった。(社) 日本動物園水族館協会には, 国内動物園では92園, 水族館70園 (2005年) が加入している。→博物館　　　(北川宗忠)

登録有形文化財

「文化財保護法」の一部改正 (1996年) により, 保存および活用についての措置が特に必要な有形文化財 (建造) について, 文部科学大臣が文化財登録原簿に登録する制度。原則として, 建設後50年を経過したもので, ①国土

の歴史的景観に寄与しているもの、②造形の規範となっているもの、③再現することが容易でないもの、のいずれかを満たすこと。ただし、この制度は、文化財の指定制度を補完するもので、すでに国や都道府県、市町村で文化財に指定されているもの、また登録された建造物が国や都道府県、市町村の文化財に指定された場合には、登録は抹消される。観光資源としても魅力ある建造物が多い。2004（平成16）年の「文化財保護法」の改正で、建造物以外も登録の対象となった。2007（平成19）年7月現在、建造物6471件、美術工芸品4件、有形民俗文化財6件、記念物14件が登録されている。→文化財保護法

（北川宗忠）

通し運賃（through fare）

出発地（始点）から最終目的地（終点）間の全適用運賃。途中降機地点や乗り継ぎ地点を含む旅程において、1つの運賃を用いて計算することを通し運賃計算といい、その運賃を通し運賃という。

（山脇朱美）

渡航手続代行

旅行業者と募集型企画旅行契約、受注型企画旅行契約もしくは手配旅行契約を締結した旅行者、または旅行業者が受託している他社実施の募集型企画旅行をその旅行業者が代理して契約を締結した旅行者は、渡航に関係した諸々の手続きを旅行業者に依頼することができる。旅行業者が代行する業務は、①旅券、査証、再入国許可および各種証明書の取得に関する手続き、②出入国手続書類の作成、③その他①、②に関連する業務である。旅行者は必要な実費（当該国に支払う査証料など）とは別に、旅行業者に対し渡航手続代行料金を支払わなければならない。

（山脇朱美）

登 山

登山の意味は、①山登り、②信仰する宗教の本山寺院に参拝することをいう。①においては古来、洋の東西を問わず神仏・霊仏への参拝登山が行われてきたが、18世紀後半、ヨーロッパアルプスの最高峰モン・ブランへの初登頂があり、これに刺激を受けた人々がスポーツ的な登山を楽しむようになった。幕末以降、わが国に来訪する外国人たちがこのような登山を伝え、20世紀を迎えるころには日本人の登山家も数を増すことになった。わが国の山岳に登山した外国人では、1860（万延元）年、初代駐日イギリス公使オールコックの富士登山をはじめとして、各地の名山に多くの足跡を記すことになった。これらのなかから「日本アルプス」の名称も生まれた。21世紀の登山活動の状況は、健康志向や「日本百名山」の影響を受けるなど、老若男女に親しまれるレジャー登山の様相が顕著である。→アウトドアレジャー

（北川宗忠）

都市観光（urban tourism）

都市観光とは、近代的・現代的都市のもつ機能や魅力などを享受するために行う余暇活動である。都市観光は、その都市のもつ歴史や文化を基本として、市民や観光客の移動に便利な「道路・交通網」が整備され、「ホテル」「ショッピング・ファッション」「飲食・グルメ」「伝統的建造物・都市景観」「芸術・文化・教育」「コンベンション」「スポーツ・健康」など、都市の諸機能が相互にネットワークされた複合的・人工的な魅力を有し、常に国内や外国と"情報交流"をしている都市を対象とした、あるいは舞台として展開される、観光の総称として位置づけることができる。都市観光地の代表的な例としては、東京は別格として、大阪、札幌、横浜、神戸、広島、福岡などの「都市」そのものの複合的魅力を有する地方の中核都市があげられる。

→観光都市，アーバンツーリズム
（中尾　清）

都市公園

都市計画によって計画的につくられる公園であり，私たちにとって最も身近な公園である。このなかには，徒歩圏内にあり日常生活と密接にかかわっている比較的小さな公園と，スポーツを主としたり，市町村を越えて設置されている広域的な大公園とがある。小公園は，居住地のすぐ近所にあり子供から高齢者まで利用できる街区公園，概ね小学校区ごとに設置されている近隣公園，さらに大きい地区公園に分けられている。また，大公園は運動公園，広域公園および国営公園などに分けられている。→公園，国営公園
（和田章仁）

都道府県立自然公園

「自然公園法」（1957年）が制定された時，国立公園・国定公園の指定とともに，都道府県においても条例を定め，また区域を定めて都道府県の風景を代表する傑出した自然の風景は都道府県立自然公園としての指定ができるとした。この自然公園には，すでに国立公園・国定公園に指定された区域は含まれない。近隣地域の観光・レクリエーション地域として親しまれているところが多い。秋川丘陵都立自然公園（東京都）・富良野芦別道立自然公園（北海道）・北摂府立自然公園（大阪府）・但馬山岳県立自然公園（兵庫県）など，都道府県立自然公園は全国に309か所（2007年現在）ある。→自然公園法
（北川宗忠）

トラベラーズチェック（traveler's check）

旅行者用小切手のこと。銀行，郵便局，旅行会社などのうち，為替商の認可を得ている箇所で購入ができる。2か所のサイン欄のうち，購入時にホルダーズサイン（所有者の署名）を，使用時にカウンターサイン（使用時の署名）をすることで保持者しか使用ができないようになっており，安全性が保たれている。旅行先で紛失・盗難にあっても再発行可能であること，外貨購入よりも有利な対顧客電信扱い為替レートで購入できることなど，海外旅行時の必需品の1つといえる。→アメリカン・エキスプレス　（高橋一夫）

トラベルトレードショー（travel trade show）

国際観光見本市と呼ばれ，観光に関する情報や旅行関連用品を集めた展示・見本市の総称。旅行・観光業界の関係者への情報提供を主としたもの（トラベルマート）と消費者へのプロモーションを主としたもの（トラベルフェア）があるが，最近はそれらが1つになっているケースもある。見本市の主催は，公的機関（日本の旅フェアの日本観光協会）や報道機関（アメリカのニューヨークタイムズトラベルショー（NYTTS）のニューヨークタイムズ）が行うことが多い。出展者は観光協会，航空会社，ホテルなどのサプライヤー（商品やサービスの供給者）で，各々がブースを設け，観光地の魅力や旅行商品，サービスなどについて紹介をしている。代表的な見本市として，世界180か国から1万856の企業・団体が出展し，16万2800人が来場（2006年度）した世界最大のITBベルリンをはじめ，中国国際旅游交易会（CITM），韓国国際観光展（KOTFA），台北国際旅行博（ITF），ロンドンのWorld Travel Market（WTM）などがある。また，日本では日本観光協会が行う「旅フェア」や，日本旅行業協会が行う「JATA国際観光会議・世界旅行博」などがある。→国際観光見本市　　　　　　　（高橋一夫）

トラベルローン

旅行に行く費用を貸し出す金融商品

の1つ。旅に出たいが費用がないという人や法人を主な対象とし，銀行，クレジット会社や旅行会社が貸し出している。貸出し金額は基本的に行きたい旅行の費用の範囲内で，返済は旅行が終わってからで，先に旅を楽しめるのが特長。　　　　　　　（井村日登美）

トランジット（transit）

　ストップオーバー以外のすべての寄港のこと。通常は乗り継ぎをさすことが多いが，航空機の燃料・食料などの積み込みのための一時寄港で，航空機を乗り換えない場合もトランジットと呼ぶこともある。多くの空港では，トランジット客のためにさまざまな施設が設けられている。　　　（山脇朱美）

トランスファー（transfer）

　移す，移る，運ぶ，乗り換えるという意味から，空港や駅などと宿泊施設間の移動をさしたり，目的地までのフライトの途中で，別の飛行機に乗り換えることなどをさす。　　（山脇朱美）

トリプル・トラック（triple truck）

　同一航空路線において，3社（トリプル）の航空会社が定期運航を行っている路線をいう。日本では1985年，45・47（昭和45年・47年）体制の廃止によって競争促進策が打ちだされたが，その1つに国内線におけるダブル・トラッキング（2社就航体制）とトリプル・トラッキング（3社就航体制）の推進があった。これ以降，国内線におけるトリプル・トラック化が促進された。→ダブル・トラック

　　　　　　　　　　　（杉田由紀子）

トレッキング（trekking）

　山歩きや登山のことを通常，トレッキングと呼ぶが，トレッキングのトレック（trek）とは，もともと南アフリカの言葉で「牛舎に乗って旅をする」という意味である。また，ニュージーランドではトレッキングのことをトランピング（tramping）といい，キャンピング用具（テント，寝袋，食料，炊事用品など）を担いで移動するのが基本にある。トレッキングでは，野鳥や樹木，山野草など美しい大自然ウォッチングができ，同時に森林浴もできる。おいしい空気をいっぱい吸えば，身体の隅々までリフレッシュされる。トレッキングに際しては，自然環境への配慮はもちろんのこと，手つかずの自然には危険やトラブルもつきものである。したがって，出発前にはいざという時のために自然に対する知識の習得と準備も大切である。安全かつ安心してトレッキングを楽しめるように各地で山を案内するボランティア的な，あるいは低料金で案内するクラブ（トレッキングガイドクラブ）が結成され，初心者，高齢者，女性などをガイドし，喜ばれている。→アウトドアレジャー　　　　　　　　（多方一成）

な

内航クルーズ（domestic cruises）

国内だけの寄港地を周る船旅を内航クルーズと呼ぶ。国内間の輸送には必ず国内船を使わなくてはならないというカボタージュ規則があり、日本の国内クルーズを行うことができるのは日本籍船だけである。日本の内航クルーズで人気のあるものとしては、日本一周クルーズ、お祭りクルーズ、瀬戸内海クルーズ、屋久島クルーズなどがある。→外航クルーズ　　　　（池田良穂）

ナショナルトラスト（national trust）

美しい自然景観や歴史的に貴重な文化遺産を開発などによる破壊から守り、また保存・活用するためにその所有者となって、これらを維持管理していく活動、組織をいう。1895年、イギリス市民ロベルト・ハンター、オクタビア・ヒル、キャノン・ローンズリーによる民間団体「ザ・ナショナルトラスト」は、「1人の1万ポンドより、1万人の1ポンドずつ」という国民運動に発展し、1907年「ナショナルトラスト法」の制定となった。この運動は、現在約30の国・地域（2003年）に広がり、3年ごとに世界大会が開かれている。→自然保護運動、日本のナショナルトラスト　　　　　　　（北川宗忠）

浪花講

1804（文化元）年、大坂（大阪）で「浪華組」が発足、1841（天保12）年「浪花講」として結成された（講元は松屋甚四郎）もので、わが国の指定旅館制度の淵源となる組織である。「浪花講」では、女性連れや一人旅でも安心して宿泊できる各地の旅籠（優良旅館）を選定、定宿帳（ガイドブック）に掲載した。最初に浪花講の規定五ヶ条を掲げ、旅籠での「御法度のかけ勝負、遊女買い、酒盛り、声高き騒ぎ」などを禁止、宿の亭主は「火の用心や館内の見まわり」や夜中の「灯火のあかりのための油の補充」などを義務づけた。旅行者は旅行中、講のシンボルマーク（浪花講は日の丸を描いた扇）のついた看板の旅籠に、宿泊した。現在、旅行業各社が指定する協定旅館制度（「JTB協定旅館ホテル」など）に先駆けた全国の宿泊施設のネットワークで、このような「講」の組織が江戸末期から明治時代に全国展開した。→講、協定旅館　　　　　　　（北川宗忠）

成田国際空港（Narita Airport）

千葉県成田市三里塚地区に位置する国際空港。1978（昭和53）年5月に開港。2004年4月に民営化され、名称が新東京国際空港から成田国際空港へ変更された。空港運用者は国土交通省東京航空局、施設運営者は成田国際空港（株）。滑走路は、A滑走路：60m×4000m、B滑走路：60m×2180mから成る。国土交通省統計報告（2006年度実績）では、旅客数3233万5313人、貨物取扱量222万6177t（日本第1位）である。空港建設反対闘争が続き、開港後30年が経過した現在も当初計画が終了していない（B滑走路：当初計画60m×2500mなど）。また他空港に比べ、開港後も空港建設時に闘争した過激派やテロ対策の警備に多くの人員と時間を費やしている。1991年にJR東日本と京成電鉄の路線が空港に乗り入れた。2010年に東京都葛飾区の京成高砂駅と千葉県成田市の成田空港駅を結ぶ成田新高速鉄道線が開設予定。なお、

航空貨物は高付加価値製品や時間制約物品などを主流とするため，成田国際空港が日本経済に果たす役割は大きい。しかし，成田国際空港の輸入貨物のうち，約40％が東京で消費されるため，成田から東京へ輸送する際の物流コストが課題である。また，昨今の航空需要増大に対応するために，一時首都圏第三空港の計画も検討されたが，羽田空港の再拡張事業を優先することになった。再拡張事業に伴い羽田空港の国際線強化が進められているため，今後羽田空港と成田国際空港の役割分担が必要になるだろう。→空港整備法，東京国際空港，中部国際空港，エコエアポート　　　　　　　　　（山本壽夫）

に

二国間協定（bilateral agreement）

　航空協定，査証免除協定などのほとんどは二国間協定で行われている。国際航空運送において，航空会社が外国の領域内の地点に乗り入れを行う場合，領空主権主義の原則のもとでは個別にあるいは包括的に，相手国からこれに対する許可を得なければならない。当該国間で航空交渉を行い，二国間協定が締結されて合意を得た特定路線に，当該国の指定航空会社が関係国の運営許可を得て参入し事業を行う。1946年に英米間で締結されたバミューダ協定は，その後，数多く締結された二国間協定のモデルとなった。通常の二国間航空協定では，空の自由にかかわる運輸権のほか，路線を定めて乗り入れる航空会社を指定し，輸送力についての一般原則，運賃の決定方式などについても取り決められる。→オープンスカイ，査証相互免除国　　（杉田由紀子）

日本アルプス

　1896（明治29）年，W. ウエストン（イギリス）がロンドンで『日本アルプス登山と探検』を出版，このなかで中部山岳地帯を「日本アルプス」と呼称したものが，わが国でも通称として普及した。ウエストンは宣教師として，1888（明治21）年に来日して神戸に滞在していたが，1891年以降中部山岳の上高地から槍ヶ岳，駒ヶ岳，御岳，白馬岳，立山，燕岳，富士山など多くの山に登り，日本の山岳をヨーロッパアルプスと比肩してヨーロッパに紹介した。なお，これより早く「日本アルプス」の名は，W. ガウランド（イギリス）が1880（明治13）年に槍ヶ岳に登り，はじめて命名したといわれる。現在「日本アルプス」は，「北アルプス（飛騨山脈）」・「中央アルプス（木曾山脈）」・「南アルプス（赤石山脈）」と呼ばれて，わが国の山岳を代表する名称となっている。　　　　　　　　　（北川宗忠）

日本温泉協会

　1929（昭和4）年に設立された，温泉国日本唯一の温泉統合団体。温泉の研究・温泉知識の普及・温泉資源の保護・温泉利用施設の改善および温泉利用の適正化を図り，国民保健の増進と観光資源の活用に寄与することを目的としている。　　　　　　　　　　（北川宗忠）

日本外航客船協会（Japan Ocean-going Passenger Ship Association：JOPA）

　日本の外航クルーズ会社，定期客船運航会社などでつくる業界団体で，船旅における消費者保護，安全性の検討，船旅の振興などを目的としている。船旅講演会，クルーズ客船の見学会などを行っている。　　　　　　　　（池田良穂）

にぎわいづくり

観光地のにぎわい風景は、来訪者にとってはいきいきとした訪問地の好ましい印象となり、その地域に住んでいる人々にとっては住生活環境の誇りになる時代である。観光目的の中心となる「観光拠点」とその周辺地域（拠点観光地）とのにぎわい形成は、新しい地域社会創世の活力を創造するものである。

「拠点観光地」にはさまざまな形態があるが、その基本的な形成には「見る」「食べる」「買う」の観光行動の3条件を充足させる施設や住空間が必要であり、さらに「遊ぶ」（遊び心をもたせたしかけを含む）、「休む」（休息する、宿泊する）というポイントが重要であり、これらの整備が「拠点観光地」を構築する5条件といえる。「観光拠点」とターミナルや駐車場などを結ぶエリア内で、来訪者が自由に行動できる（歩ける）範囲は、往復1km以内と考えられる。さらに高齢者などが抵抗なく歩ける距離は短くなるが、「観光拠点」周辺地域に休憩・休息可能な場所が設定されることにより、あるいはこの域内を歩かせる努力をすることにより、滞在時間は延長される。この周辺地域である「拠点観光地」の整備効果は、新しい時代のまちづくり効果と連動して、ニューツーリズムにおける地域観光のにぎわいづくり推進に大きな効果をあげるものである。→観光拠点，拠点観光地

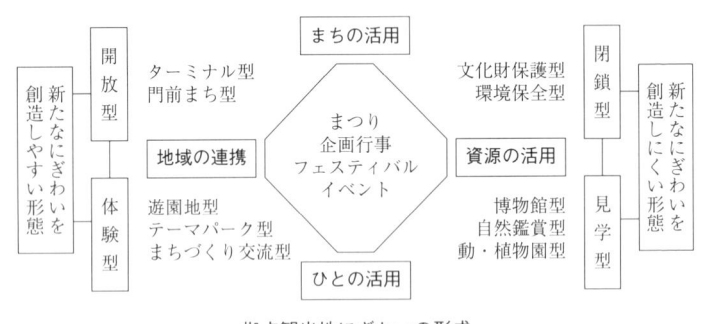

拠点観光地にぎわいの形成

（出所）北川宗忠編著『観光事業論』ミネルヴァ書房，2001年，23ページより。

（北川宗忠）

日本観光協会 ⇨社団法人日本観光協会

日本観光研究学会（Japan Institute of Tourism Research：JITR）

観光に関する研究とその連絡連携および促進を図り、観光研究の発展に貢献することを目的とした学術団体。1986（昭和61）年、立教大学において、当学会の前身となる「日本観光研究者連合」の設立総会が開催された。同年『学会報』第1号を発行。87年、学会機関誌『観光研究』（The Tourism Studies Quarterly）Vol.1を刊行。94年、団体名称を「日本観光研究学会」

へ変更。96年，日本学術会議の認定を受ける。毎年春の会員総会，秋の全国大会に加えて，研究懇話会，学会機関誌，および学会報の発行など活発な活動が展開されている。学会事務局は，立教大学観光学部内に置かれている。2007年現在，会員数約600人。

(杉田由紀子)

日本観光旅館連盟(Japan Tourist Hotel Association)

旅客に快適かつ最良の宿泊を提供し，観光事業の推進に協力するために組織された，国土交通省所管の社団法人である。事業内容は，旅館の施設およびサービスの向上改善，交通機関・旅行業者との連絡協調，旅客への接遇向上のための施策協力，従業員の資質向上などである。1950 (昭和25) 年に「国鉄推薦旅館連盟」として発足し，1953 (昭和28) 年に認可され，1957 (昭和32) 年4月に現在の名称に改称された。→国際観光旅館連盟　　(芝崎誠一)

日本芸術文化振興会　⇨国立劇場

日本航空(Japan Airlines)

ロゴは JAL。1951 (昭和26) 年設立，国内民間航空営業を開始。53年50%政府出資の株式会社となる。54年国際線を開設，同年 IATA (国際航空運送協会) へ加盟，正会員となる。45・47 (昭和45年・47年) 体制 (航空会社事業分野調整) により，日本航空は80年代半ばまで国際線と国内幹線の運営を行う。1983〜84年 IATA 国際定期輸送実績ランキングにおいて，2年連続で世界第1位となる。85年世界的な航空規制緩和の高まりとともに，45・47体制の廃止が決定され，これに伴い国際線の複数社体制 (1986年全日本空輸の国際線進出)，国内線競争促進 (ダブル・トリプル・トラック化)，および日本航空の完全民営化 (1987年) などが実施された。86年以降日本航空は従来の国際線と国内幹線の運営に加え，国内ローカル路線への路線開設を行っていった。一方，71年日本国内航空と東亜航空の合併により誕生した東亜国内航空 (ロゴは JAS) は，国内ローカル線の運営を担ってきた。88年東亜国内航空は，国際線進出にあたって社名を日本エアシステムと改称した。2004年4月，日本航空と日本エアシステムは経営統合し，持ち株会社である日本航空システムを設立した。ロゴは JAL とした。同年6月，持ち株会社の社名を日本航空に変更，現在にいたっている。航空輸送事業におけるグループ会社として，日本アジア航空，日本トランスオーシャン航空 (旧南西航空)，ジャルウェイズ，ジャルエクスプレスなどがある。またホテルチェーンを展開する JAL ホテルズやパッケージ旅行商品を扱うジャルパックなど，観光関連事業においてもグループ会社が多く存在する。→全日本空輸，IATA，航空規制緩和，ダブル・トラック，トリプル・トラック

(杉田由紀子)

日本サイクリング協会(Japan Cycling Association：JCA)

サイクリングの健全な発達とその普及につとめるとともに，サイクリングやサイクリング用自転車に関する調査研究を行って，その理論および技術の進歩を図り，わが国の体育文化の向上と関連機械工業の振興に寄与することを目的とする財団法人の団体で，1964 (昭和39) 年に誕生した。各地でサイクリング行事の企画・開催や機関誌を発行，またサイクリングターミナルの利用促進を図っている。　(北川宗忠)

日本山岳ガイド協会

登山の安全と自然保護に関する教育指導者 (山岳ガイド) を育成し，わが国における正しい登山の育成・発達への寄与および自然保護活動の推進を図ることを目的に，18か国 (2007年現

在）が加盟する国際ガイド連盟（1965年設立）の一員として世界各国の山岳ガイドの団体と連携し，世界各国の自然保護活動にも参加する団体。自然公園や身近な自然の保護，自然とのふれあいを求めて，中高年の登山・ハイキング・トレッキングなどが盛んとなる一方，エコツアーなど自然体験ツアーも増加傾向にあり，登山人口1000万人時代に山岳ガイドの必要性が求められている。これらの要望に対応して「日本アルパインガイド協会」と「日本山岳ガイド連盟」が合併し，2003（平成15）年に「社団法人日本山岳ガイド協会」が誕生した。　　　（北川宗忠）

日本三景

わが国で近世以降，国民のあこがれの地として親しまれた松島（宮城県）・天の橋立（京都府）・厳島（安芸の宮島：広島県）の3か所の名勝風景地をいう。江戸時代のはじめ，儒学者林羅山（1583-1657）が『本朝地理志略』（1643年）で，またその子林春斎が『日本国事跡考』（1643年）で，これら3か所をあげ「三処奇観」と記したことによる。当時すでにこのような考え方が存在し，「日本三景」の語源になったと考えられる。日本三景に見られる「三」の呼称は，観光的には古代の熊野三山に見られる三山型，自然資源型の三古湯・三名泉・三大美人湯・三大美林・三大松原，人文資源型の三名園・三大仏・京都三大祭・三大夜景，名物・名産型の三大うどん・三大そばなどと知名度をあげることに貢献している。→近江八景　（北川宗忠）

日本自然保護協会

わが国の豊かな自然を守るため，主な財源を一般からの会費と寄付でまかない，開発計画を止めたり，自然保護制度の制定や導入など，NGO（非政府組織）活動を展開している団体。1949（昭和24）年，ダムに沈もうとしていた尾瀬を守る「尾瀬保存期成同盟」が結成され，その後広く日本の自然を守るため「日本自然保護協会」（1951年）と改め，1960（昭和35）年にわが国の自然保護団体では最初の財団法人になった。「コーヒー1杯からの自然保護」をうたっている。

（北川宗忠）

日本のナショナルトラスト

わが国のナショナルトラストは，和歌山県田辺市における「天神崎の自然を大切にする会」や北海道斜里町の「しれとこ100平方メートル運動」が代表的なものとなり，全国に多くの団体が誕生したが，その起こりは鎌倉市の鶴岡八幡宮裏山の宅地開発に対する市民活動であるとされている。2007年7月現在，全国で活動しているナショナルトラスト団体は55団体であるが，これらの団体は全国の統一された団体ではなく，法人や任意団体などさまざまな形で独立して活動している。そのなかの38団体が，(社)日本ナショナル・トラスト協会の正会員として活躍している。なお，(財)日本ナショナルトラストとは別組織である。→ナショナルトラスト　　　（和田章仁）

『日本百名山』

登山家・小説家の深田久弥（1903-71）が還暦の1964（昭和39）年に刊行した著書。わが国には，最高峰の富士山をはじめ多くの名山がある。特に古くから知られた富士山は，その山容の美しさから各地に400に余る地方富士を誕生させている。『日本百名山』（新潮社）は，深田が登頂した数多い山から，①山の品格，②山の歴史，③山の個性の3つの基準で，概ね標高1500m以上の山「百山」を選定し，これらの山紀行を著したものである。1980年代以降，中高年の山歩きが盛んになった。またこのころから各種の100選が登場，「日本自然100選」「名水100選」「新日

本観光地100選」などさまざまな分野で100選ブームが到来し、一方では「百名山」を発展させた「二百名山」「三百名山」の誕生、各地方の「百名山」選定、また日本山岳会も「日本三百山」を選定した。→観光地「100選」
(北川宗忠)

『日本風景論』

日清戦争の最中に出版されベストセラーとなった書物。著者は地理学者の志賀重昂（1863-1927）。西欧化が進展し日本のアイデンティティが揺れ動く明治中期に、江戸期の山水や瀟洒などの視点および美意識に基づき、日本の誇るべきナショナリティは風景にあることを示した。地理的観点で日本文化を述べながら、日本各地の環境資源を風景として示すといった、精神論と地域資源的分析から構成されている。同時代の学者たちから多くの支持を得たほか、戦時下の一般大衆の心もとらえた。『日本風景論』の今日的役割は、新たな景観形成に際し、ランドスケープデザインなどの西欧手法だけでは見出すことができない地域の独自性が、どのようにすれば発見できるかといった地理的・文化的視座を与える点にある。こうした視座は、樋口忠彦の著書『日本の景観』（春秋社、1981年）などに引き継がれている。また、『日本風景論』は山岳書などとしても愛読されている。→風景条例、風水、地域文化、名所旧跡 (山本壽夫)

日本船旅業協会 (Japan Sea Travel Association：JASTA)

日本のクルーズ会社と、クルーズを扱う旅行会社からなる団体で、クルーズ産業の振興のための活動をしていたが、日本外航客船協会に統合された。
(池田良穂)

日本ホテル協会

ホテル業の健全な発達を促し、もって観光事業の発展に貢献することを目的とした社団法人。1909（明治42）年に、日本ホテル組合として結成され、同年、日本ホテル協会に改称、1941（昭和16）年に、社団法人となる。ホテルの施設、内外客の接遇ならびにホテル業務に関する調査研究および指導、外客誘致のための宣伝などの事業を行っている。 (住木俊之)

日本ユースホステル協会 (Japan Youth Hostels Inc.：JYH)

ユースホステル（YH）運動の趣旨に添って、ユースホステルの設置・運営、ホスティングコースの選定、ホスティングの企画・実施、機関誌の発行などを行っている財団法人組織の団体。ユースホステル運動は、世界各国の青少年に各地への旅行をすすめ、自然や文化を認識させるため、人類・国籍・宗教・性別など、また政治的信条などによる差別をしない宿泊施設を提供し、相互理解・相互交流を深めることを目的としている。1951（昭和26）年設立され、1954（昭和29）年に国際ユースホステル連盟（IYHF）に加盟、世界に共通する会員証を発行している。→ユースホステル (北川宗忠)

日本旅行

1905（明治38）年に創業、神社仏閣の参詣や、国鉄（現JR）貸切臨時列車による団体旅行を斡旋していた。1941（昭和16）年、戦争の深刻化に伴い廃業したが、1949（昭和24）年、（株）日本旅行会として再発足した。1968（昭和43）年に社名を「株式会社日本旅行」と改称、2005（平成17）年に創業100周年を迎えた歴史ある総合旅行会社である。2001（平成13）年10月に西日本旅客鉄道（株）Tis本部と統合した。海外ツアーは「マッハ」「ベスト」、国内ツアーは「赤い風船」のブランドで募集型企画旅行を展開している。→旅行業者 (山脇朱美)

ニューツーリズム (new tourism)

21世紀型の新しい観光旅行時代を提起する言葉。「tourism ＝ 観光」という用語をあたかも「物見遊山」や「レジャー」の代名詞のように使用したり，経済の不況時には不要不急のものと解釈してきた意識を改めようとする考え方をいう。20世紀後半，高度な経済成長がもたらしたマスツーリズム（大衆観光）の時代の到来により，観光は国民の余暇活動の発展に大いに貢献したが，一方で旅行の安易化・娯楽化，また自然資源や歴史文化環境の破壊，連れられていく消極的な旅行活動なども生みだしていった。20世紀末になり，観光地の整備，観光資源の開発が進むとともに，地域社会における住環境整備（まちづくり）が重なり，「住んでよいまち」「訪ねてよいまち」づくりが活発化して，人々の交流が重要視される時代となった。また，「環境にやさしい観光」といわれるエコツーリズムや，農山漁村などでの滞在型余暇活動として期待のかかるグリーンツーリズムなど，オルタナティブツーリズム（マスツーリズムに代わるもう1つの観光形態）といわれる観光展開に注目が集まり，一層の期待がかかる時代となっている。「ニューツーリズム」の構築にあたっては，①来訪者（観光客）と住民との相互交流の意識増進，②観光効果の向上を担うホスピタリティの醸成，③観光市場と観光関連事業との役割の確認，④観光の国際化と国際交流意識の推進，⑤これらの観光システムの連帯と「観光」の社会的意識向上と認知などが求められる。国際間での観光交流，また国内観光交流においてもこれらの意識が強化されて，ホスピタリティ豊かな観光交流時代の到来，これを総称して「ニューツーリズム」と提起される。
→観光　　　　　　　　（北川宗忠）

日本旅行業協会　⇨社団法人日本旅行業協会

日本レクリエーション協会

1947（昭和22）年，レクリエーションを原動力に国民個々の豊かな人生を実現するための援助を目的に設立された団体。多様なレクリエーションの普及，それを楽しむための仕組み・組織づくりに取り組み，指導者の養成・国際交流・広報出版・調査研究・イベントの実施・生涯スポーツの普及などの事業のほか，余暇生活充実のための総合援助機関として余暇関連事業にも着手，「余暇生活開発士」などの資格認定をはじめ，活力ある余暇先進国の構築を目指して活動している。
（北川宗忠）

入湯税

「地方税法」に定められた目的税の1つで，鉱泉浴場（温泉浴場）の利用者を対象に課税する市町村税。そのため，いわゆる銭湯は対象となっていない。目的税なので，環境衛生施設や泉源の保護，消防施設の整備，観光の振興など使途が決められている。標準税額は1人1日につき150円だが，宿泊客と日帰り客とで税額を分けるなど自治体の裁量で変更でき，150円を超える市町村からほとんど徴収しないものまで幅が広い。各地に温泉が掘削されたこととも関係して，日帰り型温泉施設や運搬されてきた温泉水利用の場合の扱い，スーパー銭湯の取扱いなどの議論もある。→温泉，温泉旅館
（白石太良）

人間国宝 ⇨無形文化財

ね

年中行事

　1年のなかの一定の時期に，慣例として同じ様式で毎年行われる伝承的行事をいう。季節の変化に合わせた節目に行われ，民俗学では日常の暮らしをケというのに対してハレの行事と呼ぶ。特別なことをしたり特別なものを食べたりするのが特徴で，行事のための日時や場所が決められていることもある。正月，盆，節句，月見など生活にかかわる行事のほか，春祭り，秋祭りのように地域社会の祭事などもあり，神輿・山車の巡幸や民俗芸能の奉納なども行われる。クリスマスをはじめ新たに定着した行事も見られ，さまざまなイベントが回を重ねるにしたがって年中行事化したものもある。京都の祇園祭など全国的に著名な祭事だけでなく，各地の村祭りなどの年中行事が観光資源となっている例は多い。→まつり，イベント　　　　　　　　（白石太良）

の

農村集落（farm village）

　経済生活の基礎を主として農業におく集落をいう。機能上から漁村集落や山村集落と対比して呼ばれる地域社会で，都会に対して田舎の意味に用いられることもある。一般に比較的地形の平坦な場所に位置しており，伝統的な家屋と周囲の農地，背後の山地などが一体化して日本人の原風景を形成することも多い。農村集落のなかには，滋賀県東近江市五箇荘金堂，沖縄県竹富町竹富島のように重要伝統的建造物群保存地区の指定を受けたものもある。地域活性化に向けて特産品の開発や観光・レクリエーション開発を進めるものも多く，グリーンツーリズムを推進する集落も見られる。→山村集落，重要伝統的建造物群保存地区
　　　　　　　　　　　　（白石太良）

ノーショウ（no-show）

　ホテルやレストランなどを予約しながら，その場にあらわれない客。
　　　　　　　　　　　　（住木俊之）

ノーマル運賃（普通運賃）（normal fare）

　航空運賃の基準となる運賃。大人（12歳以上）に適用となるもので，国際線の場合，ファーストクラス，中間（ビジネス）クラス，エコノミークラスの3種類があり，原則として旅行日数や経路変更（出発前・後），途中降機などに制約がなく，旅行を開始すればその運賃は開始より1年間有効である。航空運賃はこのノーマル運賃と，旅行上の制約はあるがノーマル運賃より安く設定されている特別運賃の2種類に分けられる。各種の割引率もノーマル運賃に対する率であらわされる。→航空運賃　　　　　　　（山脇朱美）

は

パークアンドライド（park and ride）

都心部における道路交通の緩和のため，通勤・通学において，自宅から最寄りの鉄道駅まで車で行き，そこの駐車場に車を置いて鉄道に乗り換え，勤務先あるいは通学先の最寄り駅まで列車に乗ることをいう。この場合，誰か（妻など）に鉄道駅まで送ってもらい，鉄道に乗り継ぐ方式をキスアンドライドといい，車の代わりに自転車あるいは原動機付自転車で駅まで行き，鉄道に乗り継ぐ方式をサイクルアンドライドと呼んでいる。　　（和田章仁）

バードウォッチング（bird watching）

バードウォッチングは，野鳥観察あるいは探鳥と訳される。ヨーロッパでは伝統的に自然を相手にする趣味的なレジャーとして一般化していたが，日本では昔からごく一部の愛鳥家の趣味にすぎなかった。しかし，自然保護意識の高まりとともに，アウトドアレジャーの一分野として重要な位置を占めている。バードウォッチングには，スポルティングスコープやフィールドスコープといった単眼鏡または双眼鏡が用いられ，山野や川，池，湖，海などの水辺が基本的な観察ポイントとなる。→アウトドアレジャー

（多方一成）

拝　観

社寺に参拝して，本尊や由緒ある宝物などを見ること。基本的には，信仰心をもって参拝することであるが，美術学的鑑賞・研究，あるいは観光学的な物見遊山の観点からの社寺見学の意味合いが含まれる場合が多い。「拝観」の際，相応する料金を必要（拝観料）とすることは，江戸期から，見銭・拝見料・宝物拝料・鳥目などと称し，京都や各地の有力社寺などで実施されてきた。参観者の自主的な拝観料（志納）もあるが，拝観料を設定しているところが多く，本尊の開帳などにおける公開の際も必要とされる。「拝観」には，平常的に常時拝観の「一般拝観」のほか，期間や時間を設定し「特別拝観」などと称して特別設定の拝観料金を設定する社寺も多い。これらの社寺における「拝観」は，博物館・美術館や観光施設などにおける入館・見学・観覧などの用語と同義と見られるようになってきた。→開帳

（北川宗忠）

バイキング（料理）（viking）

セルフサービス形式で，料理が食べ放題の形態をいう。本来のバイキングとは海賊を意味する。帝国ホテルが北欧料理をはじめた時，当時「バイキング」という名称の映画が世界的に大ヒットとなっていたので，レストランの名称をバイキングと名づけた。このバイキングがいつのまにか，セルフサービス食べ放題の意味で使用されるようになり全国のホテルに広まっていった。現在ではホテル以外のレストランでもこの語が使用されるようになった。朝食バイキングは，シティホテルを利用するビジネスマンや次の予定が決まっている団体客に好まれている。また，現在提供されている料理内容は，洋食・和食・中華料理・無国籍料理など多様化の傾向にある。近年の昼食時にマーケットとして増加傾向にあるのが主婦層である。なお，バイキ

ングという呼称は日本特有のもので，欧米では，ビュフェ（buffet）またはスモーガスボード（smorgasbord）という。→ビュフェ　　　（芝崎誠一）

ハイシーズン（high-season）
　繁忙期のことで，最も利用率が高く，市場の需要がある時期なので航空会社やホテルなどは高い料金を設定する。
　　　　　　　　　　　　　（芝崎誠一）

ハウスエージェント　⇨インハウスエージェント

ハウステンボス（Huis Ten Bosch）
　オランダの町並みを再現し1992年3月25日にオープンした。オランダ語で「森の家」という意味があり，オランダ国王ベアトリクス女王陛下が住む「パレスハウステンボス」を忠実に再現したことから，ハウステンボス・プロジェクトと名づけられた。神近義邦（1942-　）が構想し，長崎県の大村湾に面した針尾島に建設されたテーマパークである。開発総面積は152万m^2で，東京ドームの約32倍の広さをもつ。この広大な土地には，40万本の樹木と30万本の花，そして全長6kmの運河が築かれている。当初は工業団地として開発された埋立地であったが，その後利用されないままで土地も荒れ果てた状態であった。ピートモスなどを用いて有機的な土壌改良を施し，環境に配慮した土地に再生したものである。主な施設としては，ホテルヨーロッパや迎賓館などのホテル群，別荘（ワッセナー），ウェルネスセンター，ホライゾンアドベンチャーなどのアトラクションがある。これまでのハウステンボスはテーマパークなのか，まちづくりなのか，はっきりしないところがあったが，経営者が変わったことを機に，人が快適に住むことができる要件を備えたまちへ変わることが期待されているところである。→テーマパーク
　　　　　　　　　　　　　（吉原敬典）

バウチャー（voucher）
　商品引換えのための証拠を意味する言葉である。旅行会社がホテルや運輸機関に対し，顧客の予約と利用について証明をし，後日支払いを約束する書類として使用される。予約，販売の代行をした旅行会社が発行し，旅行者がそれを利用施設に持参するのが一般的である。クーポン券と称することもある。→クーポン　　　　　（高橋一夫）

波及効果
　ある行為が，他の局面に及ぼす影響のことである。たとえば観光振興が，社会にどのような影響を，主として経済面や文化面で与えるかということ。試算によれば，わが国で旅行の国内消費を10%増加させたら，4.8兆円の生産効果と41万人の雇用効果が生じるといわれている。これなどは，観光がもたらす経済的波及効果である。観光イベントが，参加市民たちによるさまざまな自主的学習サークルなどを生みだすという例がしばしば見受けられるが，これは，文化的波及効果といえよう。経済と文化の波及効果は，両輪となるべきであり，一方に偏しない関係が望ましい。　　　　　　　　　（井口　貢）

泊食分離
　旅館の料金体系は1泊2食付きが一般的だが，近年，食事代と泊まり代，すなわち室料を分けて表示するケースも出てきた。これを泊食分離という。すなわち泊＝泊まる（室料），食＝食事（料理代金）を分けるという意味である。表示は1室に収容する人数によって1人あたりの室料と，朝食，夕食の各料金に分けられている。1室に入る人数が多くなればなるほど1人あたりの料金が安くなる和室の構造と食事が一体となっている料金体系により，その内訳が曖昧だった旅館に対して，消費者が価格に見合った価値を求めるようになってきたことがその理由の1

つ。またそういった固定形式の料金体系は好まれなくなりつつあるといい，近年の旅館では素泊まり，1泊朝食付き，1泊2食付きなどさまざま料金体系を打ち出しているところもある。→B＆B　　　　　　　　　（井村日登美）

博物館（museum）

「博物館」とは，歴史・芸術・民俗・産業・自然科学などに関する資料を収集・保管・展示する施設をいう。わが国では福沢諭吉が『西洋事情』（1866年）で西欧の博物館を紹介，1871（明治4）年に博物局が設けられたのが「博物館」のはじまりである。各国で「博物館」施設は，国家の威信と国民の啓蒙を目的として設置された社会教育的施設が多いが，観光文化関連施設としての役割を果たしているものも多い。わが国の博物館には，公立博物館，私立博物館があり，教育委員会の登録を受けることが「博物館法」（1951年）により規定されている。また，「博物館相当施設」「博物館類似施設」についても規定されている。ミュージアムと呼ぶ場合もある。　　（北川宗忠）

博覧会（exposition）

博覧会とは，多くの人を対象とし，ある程度の期間開催される規模の大きなイベントである。博覧会には，条約による万国博覧会とそれ以外の国際博覧会があり，国内では自治体などが主催する地方博覧会がある。わが国で開催された国際博覧会（万博）は，一般博覧会としては，1970（昭和45）年の日本万国博覧会（テーマ「人類の進歩と調和」，入場者数6420万人，開催地：大阪府）が，特別博覧会としては，75年の沖縄国際海洋博覧会（テーマ「海―その望ましい未来」，入場者数350万人，開催地：沖縄県），85年の国際科学技術博覧会（テーマ「人間・居住・環境と科学技術」，入場者数2040万人，開催地：茨城県），90年の国際花と緑の博覧会（理念「花と緑と人間生活のかかわりをとらえ，21世紀に向けて潤いのある豊かな社会の創造をめざすこと」，テーマ「自然と人間の共生」，入場者数2310万人，開催地：大阪府）が開催された。2005年には，「自然の叡知」がテーマの「2005年日本国際博覧会」（愛称「愛・地球博」）が愛知県で開催された。入場者数は2205万人であった。また，地方博覧会としては，81年に15年の歳月を費やしたポートアイランドの完成を祝って開催された神戸ポートアイランド博覧会（神戸ポートピア'81）が先鞭をつけた。神戸ポートピア'81の入場者数は1610万人を超え，地方の時代を象徴するイベントであった。その後，88年には瀬戸大橋架橋記念博，ならシルクロード博，青函トンネル開通記念博，89年にはアジア太平洋博，横浜博，90年には'90長崎「旅博」と続々と開催された。　　　　　　　　　　（中尾　清）

バス事業

バス事業は，利用者の減少や「道路運送法」の改正（2002年）による規制緩和など大きな転換期をむかえているが，観光事業とのかかわりは深く，路線の公共利用とともに貸切の観光利用は，観光振興の面で重要な役割を担った交通運輸機関である。バス事業には，①一般乗合旅客（路線バス・ハイウェイバス・定期観光バス），②一般貸切旅客（観光バス・チャーターバス），③特定旅客（会社・学校の送迎など）がある（「道路運送法」）。このうち①②の事業に供されるバスを「乗合自動車」という（「道路交通法」）。モータリゼーションの影響を受け，マイカーの普及などで輸送人員は，30年間でピーク時の2分の1に減っている。最初の乗合バス営業は，1903（明治36）年に京都市ではじまった。日本バス協会（1948年設立）に加入の事業者数は，

パスポート （passport）

「旅券」のことをいう。旅券とは，世界の国々で通用する国際的身分証明書である。自国はもちろん，各国での出入国審査やビザ（査証）の申請，あるいは滞在・旅行中のチェックインや買い物の際など，また滞在中，事故や事件に遭遇した時にも携帯，呈示を求められることがある。日本国民の場合，外務大臣が「日本国民である本旅券の所持人を通路故障なく旅行させ，かつ，同人に必要な保護扶助を与えられるよう関係の諸官に要請する」というパスポート所持人の外国滞在中の保護要請を日本語・英語表記で記載している。有効期間は，20歳以上であれば10年と5年のどちらかを選択できる。「旅券」という用語の使用は，1878（明治11）年に外務省布達第1号として「海外旅券規則」が制定されてからである。しかし，江戸時代末期に日本人の海外渡航がはじまったころから，この国際的な旅券の体裁を整えていた。当初のパスポートの保護要請は，日本語・英語・フランス語併記（写真）であった。

外国旅行の際には訪問国により，パスポートのほかに相手国のビザ（査証）の必要な国がある。またパスポートの「通行証」という見方から，江戸時代の「往来手形」（通行手形）は，国内旅行のパスポートで

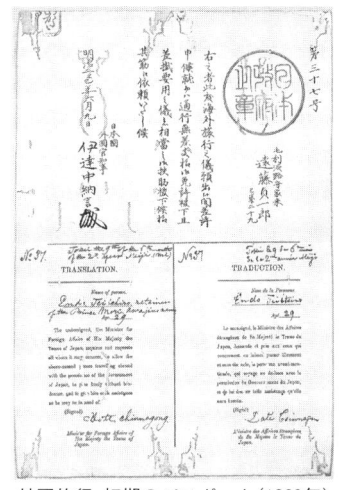

外国旅行・初期のパスポート（1869年）
（出所）北川宗忠『観光・旅の文化』ミネルヴァ書房，2002年，238ページより。

あり，外国における国内旅行の通行証の例として，平安時代遣唐使として入唐（804年），翌年帰朝した日本の僧，最澄（伝教大師）が中国天台山への求法巡礼の際に身分を保証された「明州牒」（伝教大師入唐牒，国宝）は，現存する最古の通行証（パスポート）といわれている。2月20日が「旅券の日」であるのは，「海外旅券規則」の制定を記念したことによる。→旅券 　（北川宗忠）

2273業者である（2005年現在）。「バス（bus）」という用語は，オムニバス（omnibus）が語源。 　（北川宗忠）

バスの日

9月20日。1987（昭和62）年に全国バス事業者大会で制定された。由来は，わが国初のバス営業が1903（明治36）年9月20日に開始されたことによる。この年，京都で二井商会（福井九兵衛創設）のバス（2人乗り蒸気自動車を6人乗りに改造）が，京都市堀川～中立売～七条～祇園の区間で営業をはじめた。また，12月15日は「観光バスの日」である。この由来は，1925（大正14）年のこの日に遊覧乗合自動車（観光バス）の営業が開始されたことによ

パッケージツアー(募集型企画旅行) (package tour)

旅行業者が旅行者を募集するため,あらかじめ旅行に関する計画(旅行目的地,旅行日程,運送または宿泊サービス内容,旅行代金)を作成し,この計画に沿って実施する旅行。不特定多数に対しパンフレットや新聞広告,インターネットなどで募集を行う。旅行商品を企画する旅行業者は,交通機関や宿泊施設の大量仕入れ・販売により安価での商品提供が可能となり,旅行者側も安価で旅行ができ,個人手配の煩わしさから開放される利点がある。ただし,自由がきかないというデメリットもあり,近年はフリータイムを多く取り入れたパッケージツアーが多くなってきている。

パッケージツアーを実施する旅行業者は,旅行者が旅行参加中に生命,身体または手荷物のうえに被った一定の損害について補償する「特別補償」の責任がある。また,旅行業者は原則として契約した通りの旅行日程・内容を旅行者に提供することを保証する「旅程保証」の責任もあり,契約内容の重要な変更が生じた場合には,旅行代金に一定の率を乗じた額以上の変更補償金を支払わなければならない。さらに旅行業者は,旅行者の安全かつ円滑な旅行の実施を確保するための「旅程管理」責任も負っている。　　　　(山脇朱美)

る。東京遊覧自動車の定期観光で,皇居前〜銀座〜上野のコースであった。
(北川宗忠)

旅　籠

旅籠屋の略称。庶民や公用でない武士などが利用した宿泊施設。中世や近世初期における庶民の旅は自炊が一般的であったが,17世紀末ごろになると宿泊者に食事を提供する旅籠屋が登場し,食事を提供しない木賃宿との格差が広がった。「旅籠」とは元々,旅をする時に馬の餌である飼葉を入れた籠のことである。→木賃宿　(住大俊之)

『八十日間世界一周』(*Around the World in 80 days*)

フランスの小説家 J. ヴェルヌ(1828-1905)によって1872年から雑誌連載され,翌73年に完結,刊行された冒険科学小説。イギリス紳士フォッグ氏がクラブの友人たちと,80日間で世界が一周できるか否かの賭けを行うところからはじまる。そのころにヨーロッパでは鉄道網が急速に発展しつつあり,アメリカでの大陸横断鉄道開通やスエズ運河の開通(ともに1869年)など長距離移動のための交通手段が拓かれていく時代であった。ヴェルヌは作中の登場人物に「たしかに地球は小さくなった」といわしめているが,そのような時代的背景のなかで彼は世界一周旅行という着想を得た。小説の主人公たちはスエズ運河を通り,インド大陸を経て日本にも寄港する。アメリカでは大陸横断鉄道を経て,大西洋を渡り,苦難の末に間一髪で目的を遂げる。しかし今日のような航空交通の存在しない当時,陸路と海路(郵船)を乗り継いで80日間で世界を一周することは,夢想かつ冒険のようなものであった。後年,アメリカのユナイト映画社によって『八十日間世界一周』が映画化された(1956年)。原作の着想の面白さとともに,主人公たちが世界をめぐって旅行する当時を再現しようとした各地のシーンも工夫が凝らされている。この映画は1956年度のアカデミー賞で,作品賞をはじめとして5部門において受賞した。なお,ヴェルヌは

ハブ空港 (hub airport)

ハブ空港とは車輪の構造になぞらえた名称で，中心の車軸（ハブ）にあたる空港から各都市へ向け支線（スポーク）のように航空路線が展開される航空路線網において，中心となる拠点空港を比喩的に表現したもの。アメリカにおいて1978年の「航空規制緩和法」制定以降，各航空会社が航空需要拡大と運航の効率化を追求し，個々の拠点空港から路線網を張るハブ・アンド・スポーク・システムと称される航空ネットワークを構築した。近郊地区から集められた航空需要は，ハブ空港で乗り換えて目的の都市に運ぶか，長距離路線で他のハブ空港へ運ばれる。アメリカ内では各航空会社が国内に適宜，ハブ空港を置く。ユナイテッド航空のシカゴ・オヘア空港，アメリカン航空のダラス・フォートワース空港などはその代表例である。ヨーロッパでは，ロンドン・ヒースロー空港，パリ・シャルル・ド・ゴール空港，およびアムステルダム・スキポール空港などがハブ空港としてあげられる。アジアでは，シンガポール・チャンギ空港に加えて，香港・チェクラップコック空港，ソウル・インチョン空港，上海・プートン空港などが新たにハブ空港を目指して開港され，各国で空港整備と路線拡大が進められている。日本においては首都東京の空港が国際線は成田，国内線は羽田と分離している点，航空機発着料が高額であること，近隣の国々に最新設備の大規模な新空港が存在してきていることなどから，成田空港のアジアのハブ空港としての地位が危ぶまれている。なお，ヨーロッパあるいはアジアでのハブ空港という表現で用いられる場合は，ゲートウェイ空港という意味合いが強く，アメリカの国内線を中心としたハブ空港と元来の成り立ちは異なる。→ハブ・アンド・スポーク・システム （杉田由紀子）

『海底2万マイル』（1872年刊）の作者としても知られる。　　　（杉田由紀子）

バックパッキング (backpacking)

寝袋や食糧を背負って山野を徒歩旅行すること。1960年代，アメリカから発展した。現在では，自然の山野や登山活動だけでなく，世界各地を主に徒歩で旅行するこのようなバックパッカー姿の自由旅行者が多い。→ワンダーフォーゲル　　　（北川宗忠）

八　景

近世，物見遊山の人々でにぎわった名所の多くに八景の選定がある。原型は，中国湖南省にある洞庭湖に流入する瀟水と湘水が合流するあたり8か所の四季風景が「瀟湘八景」として絵画や漢詩に取り上げられていたことによる。この八景が，南北朝から室町時代（1336～1573年）に禅宗の僧侶による漢詩文学（五山文学）や山水画の流行のなかでわが国に伝来し，国内各地で地域八景が選定される端緒になった。陸奥の名勝地・松島円福寺（瑞巌寺）の霊巌道照禅師の「松島八景詩（松島古八景）」（1302年），同時期の博多聖福寺の本源禅師の「博多八景（博多旧八景）」，南禅寺の義堂周信が15世紀中ごろ選定した志布志（鹿児島県）の「大慈寺八景」などがある。琵琶湖の八景として名高い「近江八景」（1500年）の選定は，その後文人墨客が各地で選定題詠した名所八景のモデルとなった。→近江八景，名所旧跡

（北川宗忠）

ハブ・アンド・スポーク・システム（hub and spoke system）

1978年アメリカで「航空規制緩和法」の制定以降，各航空会社は航空需要拡大と運航の効率化を追求し，個々の拠点空港（ハブ空港）から路線網を張るようになったが，これらの航空路線ネットワークをさす。ハブ空港の近郊から集められた航空需要は，ハブ空港で乗り換えて目的の都市に運ぶか，長距離路線で他のハブ空港へ運ばれる。各社とも利益率のよい長大路線を拡張し，これらの路線へそれぞれのハブ空港から短距離地方路線網をつなぎ，航空機材や乗務員の配置などをパターン化して稼働率の効率化を目指した。→ハブ空港　　　　　　　（杉田由紀子）

パブリシティ（publicity）

企業，団体などが，新聞，雑誌，テレビ，ラジオなどのマスメディアに対して，事業や製品などの情報を積極的に提供し，好意的な報道がなされるように働きかける活動。第三者であるマスメディアによる記事やニュースとしての好意的な報道は，企業や団体が意図的に行う広告と比較して，生活者に与える信頼性は高い。　　（住木俊之）

パブリックスペース（public space）

ホテルやクルーズ客船施設のうち，利用者が共同で使用する共用部分の総称である。利用により営業収益が生じる部分（料飲施設・宴会場・売店・その他付帯のレジャー施設など）と，直接収益には結びつかない部分（ロビー・エレベーター・階段・トイレなど）からなる。また，後者の非収益部分のみをさすこともある。
　　　　　　　　　　　　（芝崎誠一）

バリアフリー（barrier free）

障壁（バリア）がない（フリー）状態のことをいう。身体が不自由な人も何ら支障なく自力で活動できることが主眼である。バリアフリーへ向けての動きを概観すると，アメリカのカリフォルニア州で1960年代から「障害をもつ人々の社会への完全な参加と平等」に関する取り組みが行われている。90年には「障害をもつアメリカ人法」の制定，また91年には世界観光機関（UNWTO）が「90年代における障害のある人々の観光機会の創出」を決議した。そして，国連総会は94年に「障害者の機会均等化に関する基準規則」を制定したのである。日本においては，94年に「高齢者，身体障害者等が円滑に利用できる特定建築物の建築の促進に関する法律」，すなわち通称ハートビル法が施行された。翌年には観光政策審議会による「障害者・高齢者の旅行推進と環境整備」が勧告されたのである。社会的にはノンステップバスの導入，点字メニューの導入，車椅子に対応した地下鉄など，バリアフリーへ向けた動きが加速化している。今後は，物理的なバリアフリーとともに，メンタルな意味での心理的なバリアフリーが課題である。→ホスピタリティ価値
　　　　　　　　　　　　（吉原敬典）

万国博覧会（International Exhibition World Exposition）

万国博覧会は，「ロンドン万博」（1851年）以来，150年以上の歴史があり，人間社会を構成する産業，経済，文化などさまざまな分野の発展に多大な貢献をしてきた。万国博覧会の性格，開催方法，開催頻度，開催国の責任と参加国の義務などを明文化した国際博覧会条約は，1928年，パリにおいて31か国の間で調印された。31年に条約が発効し，万博認定機関である博覧会国際事務局（Bureau International des Expositions：BIE，事務局：パリ）が設置された。これ以後，BIEに登録された博覧会だけが，正式に万国博覧会と呼ばれるようになった。わが国は，65年になってBIEに加盟した。国際

博覧会条約はその後，全面改定され，80年から改正条約が発効している。万国博覧会とは，「国際博覧会条約」（第1条）において「博覧会とは，名称のいかんを問わず，公衆の教育を主たる目的とする催しであって，文明の必要とするものに応ずるために人類が利用することのできる手段又は人類の活動の一若しくは二以上の部門において達成された進歩若しくはそれらの部門における将来の展望を示すもの」と定義されている。この条文中にある二以上の部門について行われる博覧会が「一般博覧会」，一部門についてのみ行われる博覧会が「特別博覧会」として区分されている。　　　　　　（中尾　清）

帆装クルーズ客船（sail-cruise ships）

　風によって推進力を得る帆を有するクルーズ客船。古い帆船時代の形式を採用した帆装クルーズ客船と，コンピュータでコントロールした現代的な帆を採用したクルーズ客船がある。前者では乗客が帆の操作を行う場合もあるが，後者では乗客が帆の操作にかかわることはない。いずれの船も，エンジンももっており，それだけで15～20kt（ノット）での航走が可能。風のある日だけ帆を使って進む船がほとんどである。　　　　　　（池田良穂）

販売手数料　⇨コミッション

ひ

B & B（bed and breakfast）

　宿泊にはいろいろな業態がある。グローバルスタンダードは一室で，シングル，ツイン，ダブルの室料制のホテルであるが，イギリスなど英語圏では，B & Bが広く行われている。宿泊業態としては，簡易小規模宿泊施設をさし，とりわけ民家が自宅の部屋を提供し宿泊させ，朝食だけを出すことからB & B（ベッドアンドブレックファスト）と呼ばれている。→泊食分離
　　　　　　　　　　　　　（多方一成）

BTM（Business Travel Management）

　企業や団体における出張関連業務のアウトソーシングのことで，1990年代に欧米企業のコスト削減策の一環として進化をしてきた。一般に出張における業務サイクルは，出張承認，交通機関などの手配，費用計算，仮払い，復命・精算と間接コストとしての人件費がかかるものとなっている。一方で，企業活動のグローバル化に合わせ，宿泊費や航空運賃といった直接費も大きな負担となっている。日本の大手旅行会社もこれらのコスト削減のコンサルティングを行い，交通・宿泊予約から出張申請・清算までをサポートするシステムを構築し，企業・団体との包括的な契約を受注する営業を行っている。特に，IBMやGEといったグローバル企業は世界規模での対応を求めているため，JTBはアメリカのカールソンワゴンリートラベル社と2000年に，日本旅行は同じくアメリカン・エキスプレス社と2001年に合弁会社を設立し本格的にマーケットニーズへの対応を強化している。　　　　　（高橋一夫）

美観地区

　デザインに特徴のある建造物があり，風情あふれる町並みを形成している市街地の景観を守るために指定されている。美観地区と類似したものに風致地区があり，風致地区が自然景観を保全するのに対し，美観地区は人文的景観

を保全するのが目的である。風致地区に比べて美観地区は全国でもあまり指定されておらず、東京の皇居外郭一帯、京都の西陣、大阪の御堂筋を含めた数か所である。→風致地区　（和田章仁）

ピクニック（picnic）

　語意的には、ピクニックとは遠足に行って弁当を食べることをいう。天気が良い日に1日たっぷり楽しめることといえば、ピクニックである。手づくり弁当と水筒、遊び道具をもって広い芝生のある公園などへ出かけ昼食を取り、その後ボール遊びやゲーム、散策などをして過ごすといった日帰りレジャーである。　　　　　　（多方一成）

ビザ（査証）（visa）

　ビザとは訪問しようとする国の在外公館が、訪問者の所持する旅券の有効性や訪問目的・滞在期間などを審査し、訪問者の入国および滞在が差し支えないことの判断を示すもの。諸外国のなかには、ビザに渡航国への入国保証の機能をもたせている国も一部あるが、大半の国はビザそのものが入国許可を保証するものではなく、最終的な入国許可は入国時に入国審査官によって決定されるので、ビザを所持していても入国を拒否される場合もある。日本人が海外へ渡航する際のビザについては、渡航先国、渡航目的、滞在期間などによってビザの要否・種類が異なり、国によっては事前通知なしに手続きが変更される場合があるなど流動的である。観光など一定の目的で滞在期間が短い場合は、査証相互免除協定により、相互にビザを免除している国がある。→査証相互免除国　　　　　　（山脇朱美）

ビジター（visitor）

　来訪する人のことで、一般的には外客（foreign visitor）のことである。外客とは外国人で一時的に日本に来訪した人をさしていう。ただし、駐留軍に所属する軍人とその家族、また船舶や航空機の乗員は含まれない。外客は滞在客（sojourner）と一時上陸者（shore excursionist）に分けられる。さらに観光の視点からいえば、滞在客がメインであり、観光客（tourist）と商用客（business traveller）、その他の客（other traveller）の3つに類別することができる。この分類は『外客統計年報』に基づくものである。→ゲスト　　　　　　　　　　（吉原敬典）

ビジット・ジャパン・キャンペーン（Visit Japan Campaign：VJC）

　2003（平成15）年より国土交通省が行っている外国人旅行者の訪日を飛躍的に拡大することを目的とした官民挙げての戦略的訪日促進キャンペーンである。重点市場（訪日促進の重点国または地域となる韓国、台湾、中国、香港、アメリカ、イギリス、ドイツ、フランス、タイ、シンガポール、カナダ、オーストラリアの12か国・地域）を対象に次のような事業を展開している。

・重点市場ごとに旅行市場としての特性についてのマーケットリサーチ。
・日本への旅行と日本の魅力の徹底的なPR活動。
・日本への旅行商品造成の促進。
・個々の施策の効果の評価。
・日本の観光に関する総合的な情報サイトの構築。→ウェルカムプラン21
　　　　　　　　　　　　　（末武直義）

ビジネスクラス（business class）

　航空機内の座席で最もグレードの高いファーストクラスと最も低いエコノミークラスの中間クラス（コードはCまたはJであらわす）をいう。このクラスの座席が設定された背景には、利用者は正規の航空運賃を支払って搭乗する乗客（主に業務出張するビジネスマンや個人客など）が多く、割引運賃や団体運賃で利用するエコノミークラスの乗客と同様なサービスに対して不満が続出したことから、多少の運賃加

算で座席や機内サービスに差異をつけたという経過がある。したがって，このクラスの名称は各航空会社によって異なっている。　　　　　（甄江　隆）

ビジネスホテル（business hotel〔和製英語〕）

　主にビジネス旅行者を対象にした宿泊施設の総称。大型宴会場や高級レストランなどの本格的な料飲施設を備えず，宿泊機能の提供に特化している。→ホテルブーム　　　　（住木俊之）

美術館（museum of arts）

　美術館とは，絵画，彫刻，工芸品，写真などの美術品を収集・収蔵，公開展示する施設で，美術に関する調査・研究・啓蒙，市民の生涯学習の場の提供機能を併せもっている。わが国における近代的な美術館のはじまりは，明治期に建てられた現在の東京・奈良・京都国立博物館であるといわれている。当時の展示品は，主として日本，東洋の古美術や歴史的資料であった。私立の美術館としては，わが国の文化財の海外流失を危惧して建てられた大倉集古館（1917年創設）が最初である。また，1930年に設立された大原美術館は，西洋美術館として日本最初のものということができよう。近年，全国各地に特色ある美術館が設置されており，彫刻，工芸など収集・展示するものも細分化，専門化してきており，"一点豪華主義"の美術館も見られる。

（中尾　清）

美術工芸品

　「文化財保護法」では，有形文化財のうち「絵画・彫刻・工芸品・書籍・典籍・古文書その他の有形の文化的所産」をいう。これらのうち重要なものは重要文化財に，またそのなかで世界文化の見地から価値の高いもので，たぐいない国民の宝であるものは国宝に指定される。書画・仏像など観光資源の見地からも，重要な観光対象となるものが多い。一般的な表現としての「美術工芸品」は，主として仏像や書画骨董品の分野をいい，特に古美術品やアンティークなどのコレクション，あるいは博物館や美術館における展示の際には1つの分野として使用される。

（北川宗忠）

美　食　⇨グルメ

ビップ（VIP）

　英語で very important person といい，重要人物の意。通称ビップで，ホテルや旅館において，政府高官や国賓をはじめ営業上の重要な顧客のこと。一般に VIP の基準を設けるとともに，ホテルごとに上顧客について定めている。VIP はリストに記載し，全社的に周知徹底させ，館内のどこの施設でも VIP としてのサービスを提供することが望まれる。また外国人賓客については，国際的な儀礼で迎えることが必要である。それをプロトコール（国際儀礼）という。　　（井村日登美）

百観音めぐり

　西国三十三所・坂東三十三所・秩父三十四所の各観音霊場を巡礼することをいう。平安時代に関西地方を中心にはじまった観音巡礼（西国巡礼）が，鎌倉時代に関東地方にも創設（坂東巡礼）され，秩父郡（埼玉県）の一札所であった秩父三十三所は改変して三十四所として加わり，あわせて「百観音霊場」とされた。これらを巡礼することは，15世紀にはすでに定着しており，現代にまで引き継がれている。また，西国巡礼の地方版として「ミニ西国」が設定されたように，坂東巡礼には「ミニ坂東」，秩父巡礼には「ミニ秩父」が各地に設けられ，これらを合わせたミニ百観音（淡路百観音など）めぐりも各地に誕生していった。→巡礼さん，西国巡礼　　　　（北川宗忠）

白夜ツアー論争

　1990（平成2）年6月8日に公正取

引委員会がJTBをはじめとする大手旅行業者6社に対し，各社の主催旅行商品の募集広告の表示が不当表示にあたるとして排除命令を出したことに端を発した「旅行がもっている特性」「旅情を誘うイメージ表現」に関する論争。たとえばJTBのパンフレットでは，1989年5月24日を最初の出発日とし，8月16日を最後の出発日として「沈まぬ太陽を訪ね」「ミッドナイト・サンを体験する」としていたが，公正取引委員会は「沈まぬ太陽」は5月22日ごろから7月22日ごろまでの期間で見ることができるものであり，これ以降に出発するツアーでは見ることができないので不当表示であるとした。これに対しJTBは，旅行の目的は「白夜を体験すること」であり，「沈まない太陽を鑑賞すること」ではないとし，「白夜」とは「夏の日没後から日の出前までに見られる薄明かりの状態」であるから「白夜」を「沈まない太陽」と表現しているのは，「イメージ表現」にすぎないと反論した。しかし，こうしたイメージ表現が契約内容をあらわすものとし，公正取引委員会は91年11月，本件を景品表示法の不当表示にあたるという審決を下した。

(高橋一夫)

ビュフェ (buffet)

ビュッフェまたはブッフェとも呼ばれる。セルフサービスの飲食形態のことで，日本ではバイキングといわれていることが多い。中央や壁側のテーブルに用意された料理から，食事客が好みのものを皿に取り，自分で飲食する。宴会では，立食の場合と椅子を用意した着席の場合があり，料理の追加は原則として行われないことが多い。レストランでは，通常着席で，料理の追加も一般的に行われている。朝食時に多忙なビジネスマンや次の予定が組まれている団体客に好評であり，ホテル側も人件費を抑えられるメリットがある。
→バイキング　　　　　　(芝崎誠一)

標準旅行業約款

「旅行業法」は国が旅行会社を規制する法規であるのに対し，旅行業約款は旅行会社と旅行者の私的な契約関係を定めたものである。また，現在の旅行取引は大量で複雑化しているため，契約当事間の意思を確認し契約の合意を図ることは到底不可能といわざるをえない。そこで，あらかじめ契約条項を多数の取引に適用できるようにしたのが約款である。「旅行業法」第12条の2は旅行取引にかかる約款は国土交通大臣の認可を受けるように定めているが，一方で国土交通大臣が標準旅行業約款を定めて公示し，旅行業者がそれと同一の約款を定めて利用する時は認可されたものと同じとみなすこととしている（同法第12条の3）。→約款

(高橋一夫)

ふ
▽

ファーストクラス (first class)

航空機内の座席のなかで最もサービス度の高い等級（コードをFであらわす）である。通常は機内の先端部分に位置しており，一般席とは仕切られている。座席シートも豪華で幅広くゆったりした構造となっており，空の旅が快適に過ごせるように配慮されている。また食事メニューも多様で充実しており，ファーストクラス専用の客室乗務員を配置している。2000年代に入り，航空業界を取り巻く世界的に厳

しい状況のもとで，短距離路線や利用率の悪い便では，このクラスの縮小が実施される一方で，長距離国際線では，さらにグレードアップされた設備とサービスを提供し顧客獲得競争が激化している。
〔甄江　隆〕

ファームイン（農家民宿）(farm-inn)

もともとファームインは，ヨーロッパ諸国で1970年代から広まった農村地域でのツーリズム，すなわちグリーンツーリズムで進められてきた宿泊形態である。ヨーロッパでグリーンツーリズムが展開された背景には，当時，各国とも農村地域では過疎化が進み，雇用機会や所得が減少し，農業を続けるための多角経営が模索されていた。そこで注目を集めたのが，農村の美しい自然，景観，歴史的建造物，広いスペースを利用・活用して都市住民が農村に滞在するツーリズムであった。しかも農家の一部を開放したり，部屋を整備したりして，旅行者・来訪者を受け入れるファームインがその中心にあった。日本では，1980年代半ばごろより北海道においてファームインが見られるようになったが，今日では約50か所と増え続けている。北海道は耕地面積も広く，ヨーロッパの農村地帯と似通っている関係から，農家民宿をファームインと呼ぶのにふさわしい。一方，北海道以外の地域では90年代半ばごろより農家民宿が登場し，徐々に全国的な広がりを見せている。
〔多方一成〕

ファサード (façade)

施設や建築物の正面部分をいい，ホテルや旅館では正面玄関がある場所のことをいう。ホテルや旅館は建物自体も商品であり，その外観や構えのイメージが顧客に与える印象は大きい。
〔井村日登美〕

ファミリーレストラン (family restaurant)

家族づれで利用する西洋料理店，食堂をいう。今では和食・中華など，種々の料理が提供されている。→レストラン
〔芝崎誠一〕

フィットネス (fitness)

フィットネスとは心身ともに健全であることの意味。そこから派生して健康や体力増進を目的とした複合スポーツ施設を意味し，健康ブームを反映して，街場に多い。各種トレーニング機器やプールなどが完備され，インストラクターが健康管理やスポーツ指導にあたる。会員制が一般的。都市部の大手ホテルにおいては常備施設の1つで，大半がフィットネスクラブとして会員制で運営されている。豪華な内装に充実した施設内容で，高額な会員権を販売し，入会すること自体がステータスになるケースもあるという。これらの施設は一般の宿泊客も利用できる。ただし有料。宿泊とセットになった宿泊プランとして商品化する場合もある。
〔井村日登美〕

フィルムコミッション (film commission：FC)

映画やテレビ，コマーシャルなどのロケーション撮影（ロケ）を誘致したり，実際のロケをスムーズに進めるための非営利の公的支援機関をいう。ロケを誘致することは，地域経済や観光宣伝にも効果が大きいため，ニューツーリズム時代の国・地域の観光推進のなかで注目されている。FCは，欧米を中心に世界41か国，307団体（日本12団体）(2007年）が加盟している国際フィルムコミッショナーズ協会（1975年設立）がある。わが国では2000（平成12）年にはじめて大阪で立ち上がり，その後各地で自治体・商工会議所・観光協会・コンベンションビューローなどの公的機関や，NGO

(非政府組織)などが事業を展開している。この事業は，引き受けの際に，斡旋に関する手数料などは一切取らず，内容によるえり好みをしないことなどを原則に，当該地域でのロケに便宜を図る。2001（平成13）年に「全国フィルム・コミッション連絡協議会」が設立されている。　　　　　（北川宗忠）

風　景

人が周辺の環境を理解・認識するために周辺を眺望または展望して得た情報であり，眺めの対象を主観的・情緒的にとらえる場合に用いられる。したがって，この眺めは客観的・現実的にとらえた景観と区別される。このことから，景観を写真のようなものといった時，風景は絵画のようなものといわれ比較されている。また，風景と同義語は景色，光景，情景および風光などである。→景観　　　　　（和田章仁）

風景条例（Landscape Regulation）

従来の景観関連の条例が景色や眺めなどといった主として視覚でとらえられる色彩・意匠・形態などを対象とするのに対し，風景条例の特徴は，歴史・風土・文化・自然の地域資源が形成する地域の独自性や固有性を風景（総合環境）としてとらえる点にある。風景はヒトの五感へ訴えかけ，身体化することを経て地域の心象イメージを形づくる。このため，風景は保全が必要であり，そうでないと崩壊してしまう。さらに，文化的コンテクストにおいて，常に新たなコト・ヒト・モノ・情報の流入があり，新たな地域資源が形成・蓄積され風景へ反映する。そこで，風景条例は，風景の保全および持続可能な利用に対応する社会的な仕組みや手法を主体につくる必要があるだろう。世田谷区風景づくり条例，京都市自然風景保全条例，金沢の歴史的文化資産である寺社等の風景の保全に関する条例などが代表的な風景関連の条例である。→『日本風景論』，名所旧跡，地域文化　　　　　（山本壽夫）

風　水（feng shui）

風水は，山水・方位を基本として気の流れの良き地を判断する方法論であり，紀元3世紀ごろに中国で誕生した。九星，八卦，陰陽学などを集大成した東洋地理学とみなされる。中国では，祖霊信仰に基づき墓地風水（村の良き地を墓地に割り当てる）からはじまったと考えられる。また，家宅から都城建設にいたるまで活用された。なお，良き地とは生気が集中する土地をさし，これを風水地と呼ぶ。唐の洛陽長安城建設に風水が用いられた。このため，長安城をモデルにした日本の平安京にも風水が使われたと考えられる。平安京は四神相応の地として，東に青龍神の鴨川，南に朱雀神の巨椋池，西に白虎神の大和へ通じる大道，北に玄武神の船岡山をそれぞれ対応させる。四神相応の地が良き地であることを空間的に判断するために風水が用いられたと考えられる。風水に関する日本の史的文献資料は少ないが，『続日本紀』や江戸城建設時の資料『落穂集』（おちぼしゅう）などから風水の存在を推察することが可能である。また，沖縄県に残る亀甲墓（きっこうぼ）は，日本の墓地風水の典型例である。→坪庭，『日本風景論』　　　　　（山本壽夫）

風致地区

都市における自然の景勝地，公園緑地，河川・湖沼の岸辺および緑豊かな低層住宅地において，優れた自然景観を保全するために，都市計画において定められる。したがって，人文的景観を保全する美観地区とは区別される。なお，風致地区内における建築物の建築，宅地の造成および樹木の伐採などについては，自治体の条例において規制されており，これらを行う場合には，あらかじめ知事などの許可を得る必要

がある。→美観地区　　　（和田章仁）

フェリー（ferry）

　語源的にはフェリーとは渡し船のことをいう。フェリーボート（ferry boat）の略称である。フェリーボートによる輸送をフェリー輸送というが，日本では貨物や旅客を自動車（トラック，バス，自家用車など）ごと運搬する連絡船のことをいい，カーフェリーと呼んでいる。フェリー輸送は，貨物や旅客の大量ないし長距離輸送機関として，しかも船と自動車の機能とを有機的に結合させた協同一貫輸送である。→クルーズフェリー　　　　（多方一成）

武家町

　城の周辺につくられた武士の屋敷が一団となって町を形成しているところである。これらの多くの屋敷が，黒塀や石垣，あるいは生垣により囲まれ，静かな住宅地を形成しており，それらが今も往時の歴史的な風情をそのまま保持していることから，優れた観光資源となっている。全国の城下町では武家町が残っているものの，昔の風情を今に伝えている箇所は秋田県の角館，山口県の萩，宮崎県の日南および鹿児島県の知覧などわずかになっている。→伝統的建造物群　　　（和田章仁）

富士山（Mt.Fuji）

　山梨県と静岡県にまたがり，海抜3776mで日本最高峰の山。富士火山帯に属する成層火山で，コニーデ式の円錐形をした美しい山体は日本の風景美の象徴とされ，これを擬して全国各地で山体の似た山を「〜富士」と呼ぶことも多い。古くから「不二の高嶺」と呼ばれて霊山とされ，富士講を中心に信仰登山も行われた。富士箱根伊豆国立公園に属し，日本を代表する観光地の1つである。富士宮・御殿場・富士吉田などから登山道があるほか，富士スバルラインや表富士周遊道路などの自動車道もつくられている。山麓に青木ヶ原をはじめとする熔岩原や堰止湖の富士五湖を形成しており，湧水の多いことでも知られる。→風景，国立公園，登山，自然公園，ふるさと富士
　　　　　　　　　　　（白石太良）

普通運賃　⇨ノーマル運賃

ブッキング（booking）

　ホテルではリザベーション（reservation）と同義語として用いられており，ホテル利用に関する予約の総称である。将来の利用について利用客があらかじめ権利を確保し，ホテル側は一定の範囲内で利用機会を提供する義務を負う。利用する施設・場所によって，「宿泊予約」「宴会予約」「レストラン予約」などに区分される。レストラン予約のように，日時・利用人員の確認にすぎないものから，宿泊予約の場合のように，日時・利用人員・利用客室数と種別・利用料金・支払い条件・違約条件・個人か団体かの区別・旅行会社からの予約か・確認書の要不要，などのように複雑な予約もある。宴会予約の場合はもっと複雑で，たとえば結婚式披露宴のように利用客に数回にわたってホテルに来てもらい打合せ・確認をすることが必要なこともある。すなわち，ホテル内の利用施設によって内容および権利義務関係はさまざまである。予約方法も，カウンターでの受付など直接利用客がホテルに来て行うものから，手紙・電報・電話・ファックス・インターネットなどにいたるまで多種多様である。
　　　　　　　　　　　（芝崎誠一）

不定期航空（irregular air transportation）

　定期航空に含まれない航空運送。公示された時刻表がない航空運送。運送主体により，定期航空会社による不定期航空，あるいは不定期航空会社による不定期航空，その他各種のチャーター形態がある。いわゆるチャーター

ブランド商品（第一・第二） (big-name brands)

アメリカマーケティング協会の *Dictionary of Marketing Terms* (1995) によれば，ブランドとは「ある売り手の商品やサービスが他の売り手のそれと異なると認識させるような名前・言葉 (term)・デザイン・シンボルやその他の特徴」のことであると定義されている。

ブランドの基本的な役割として，①商品を他の商品から識別するための手段としての商標管理的な識別機能，②商品の信頼をあらわす手段としての品質保証機能，③商品にさまざまな内容とレベルの意味を与え，それを象徴するとともに，その意味を消費者に対して伝達するという役割としての価値創造機能の，3点があげられる。

ブランドは消費者が何らかの認識をもってこそ，商品の単なるしるしや名前ではなくなるとすれば，消費者の意識のなかにあるまとまった意味領域を創造するために，ブランドの変わらぬ価値を約束し消費者との長期的な関係性を構築することが求められている。

国内・海外を問わず，旅行会社のパッケージツアー（募集型企画旅行）商品にはブランド名がつけられており，たとえば「安心感」とか「品質」といったブランド固有の提供価値を，それぞれがもっている。消費者はこうした提供価値を判断材料の1つとして，商品購買の意思決定を行うのである。ブランドのもつ資産とは，同種の商品であっても「そのブランド名がついていることによって生じる価値の差（デービッド・アーカー）であるといえる。特に募集型企画旅行商品は，サービスの最終提供者が旅行会社自身ではなく，その商品を構成する交通機関や宿泊施設であることが多いため，どの旅行会社の商品でも商品提供内容の差を出しにくいとなると，商品ブランドがもつ資産は大きな意味をもつ。

主な旅行会社のもつ海外旅行商品ブランドとしては，JTBの「ルックJTB」，近畿日本ツーリストの「ホリデイ」，日本旅行の「マッハ」，ジャルパック (JALPAK) の「I'll」などがある。これらは，各社のメインブランド商品として，消費者に訴求しているが，廉価志向の顧客の取り込みを目指して，「BEST」（日本旅行），「AVA」(JALPAK) のような別ブランドをもっている旅行会社もある。業界では，主要ブランドを第一ブランド，廉価商品ブランドを第二ブランドと呼称している。

また，近年メディア販売やインターネット販売により，募集型企画旅行商品の造成と消費者への販売を一体的に行うようになってきたが，これらの商品には，阪急交通社の「トラピックス」，クラブツーリズム（近畿日本ツーリストより独立），JTBの「旅物語」などがあり，高齢者を中心に参加者が増えてきている。これらのブランドは高齢者がターゲットになることから，高齢者に受け入れられやすい「ブランド価値」を創出することが求められている。

（高橋一夫）

便は不定期航空の一部である。国際間に定期便を運航する場合には、国家間で航空協定を締結しなければならないが、チャーター運航は関係国にそのつど認可申請を行い、許可を得るのみでよい。　　　　　　　（杉田由紀子）

風土記

　風土とは自然と人間の織りなす地域の特色のことで、風土記とは奈良時代に朝廷の命によって地名・産物・土地などを国別にまとめた書物をさす。現存するのは出雲・播磨・常陸・豊後・肥前の5カ国（出雲のみ完本）のものだけだが、その他の地方でも逸文（別の書物などに引用されたもの）として残るものもある。江戸時代に風土記と呼ぶ地誌書が盛行したので、それと区別するため古風土記ともいう。風土記が古代の地方の状況を伝えてくれることにちなみ、古代の様子がわかる遺跡などを風土記の丘と呼んで公園や資料館を整備するところもある。
　　　　　　　　　　　　（白石太良）

フライ＆クルーズ（fly & cruise, air/sea packages）

　飛行機を使ってクルーズ発着地まで移動し、クルーズを楽しむ形式の旅行。飛行機の1時間が船の1日であるほど、スピードに差があることから、クルーズにふさわしい水域にクルーズの起点港を設け、そこまで各都市から乗客を飛行機で運ぶシステムが1960年代後半からカリブ海で発展した。この結果、乗客にとっては退屈で船酔いの可能性もある航海部分がカットされ、クルーズ期間も短縮され、クルーズ運航会社にとっては定点定期クルーズが可能となり、効率的な運航ができるようになった。　　　　　　　　（池田良穂）

ブリッジ（bridge）

　船の操縦をする操舵室をブリッジと呼ぶ。語源は、まだ外輪船の時代に、両舷の外輪カバーのうえに橋を架けて、そのうえで操船したことからきている。ブリッジには、船員が24時間体制で勤務し、操船だけでなく、エンジンなどの機械類の監視、船内のあらゆる安全性にかかわる機器がコントロールされている。　　　　　　　　　　（池田良穂）

フルコース（full course）

　ホテルでのフルコースは、「アラカルト」（a la carte：一品料理）に対比する用語として主にレストランや宴会で用いられる。フランス料理のフルコースは、一品ずつ順番にサービスされる。まず、前菜の意のオードブル（hors-d'oeuvre）からはじまり、スープ（soup）、魚料理（fish）、アントレ（entree）と呼ばれる肉料理、そしてサラダがサービスされる。パン類はバターとともに通常スープの直後にサービスされる。ここまでが食事として考えられており、いったん卓上の皿類・コップ類などが下げられて卓上がきれいにされる。次に、デザート（dessert）としてアイスクリームや美しく飾られた菓子類とフルーツがサービスされ、最後にコーヒーまたは紅茶がサービスされて終わる。　（芝崎誠一）

ふるさと創生論

　1988（昭和63）年竹下登内閣の時、自治省（現総務省）は地域社会活性化のために「ふるさと創生1億円交付金」事業を推進した。各自治体に一律1億円を交付し、これによって地域の個性に応じたふるさとづくりを推進させようとするものであった。この政策がきっかけとなって、広く流布するようになった言葉である。ただ時あたかもバブル経済爛熟の時代であり、またわが国ではじめての消費税導入前夜のことでもあり、各自治体の具体的な使い道（特にハード面）とともに批判的に語られることが多かったのも事実である。一方で優れたソフト戦略に活用し、まちづくりの気運を高揚させるに

資したケースもあったことは忘れてはならない。今も秀逸なタウン誌として発刊されつづけている『みーな』(長浜市)は、この資金の活用によって創刊されたものである。　　　(井口　貢)

ふるさと富士

わが国を代表する富士山の山姿に似たふるさと(郷土)の山に「富士」の名称を冠して呼ばれる山をいう。富士山を望む風景は、わが国を代表する景観として有名である。各地のふるさと富士も、それぞれの地域を代表する景観であるとともに人々の心の安らぎとなっている。その景観の活用は観光宣伝としても有効な手段となっており、蝦夷富士・羊蹄山(北海道)、津軽富士・岩木山(青森県)、八丈富士・西山(東京都)、有馬富士・角山(兵庫県)、伯耆富士・大山(鳥取県)、讃岐富士・飯野山(香川県)、薩摩富士・開聞岳(鹿児島県)など「富士」を冠する山は全国に300数山ある。2007(平成19)年11月、近江富士・三上山のある野洲市(滋賀県)で第1回全国ふるさと富士山サミットが開催された。→富士山　　　　　　　　(北川宗忠)

フルペンション (full pension)

正式にはフルペンションプランという。3食付きの宿泊料金体系のことで、アメリカンプラン(American plan)と同義語として用いられている。開拓時代のアメリカではホテル以外の飲食施設が未発達であり、食事込みの料金体系が一般的であったことに由来している。　　　　　　　　(芝崎誠一)

ふれあいやすらぎ温泉地

ストレス解消などを目的としている保養型の温泉地のことである。温泉地を訪れる人たちが出会って、交流し合ってふれあい、やすらぎを得ることを意図しているところに特徴がある。日常の生活では得られない心理的な経験が重要であり、潤い、和み、寛ぎ、安らぎ、癒し、温もり、暖かみ、味わいなどの精神的なゆとりを生みだす効果があるとされている。→ゆとり社会、温泉地　　　　　　　　(吉原敬典)

プレジャーボート (pleasure boat)

海洋性レクリエーションやスポーツなどに利用されるクルーザーヨット、ディンギーヨット、モーターボート、水上オートバイなどの船舶の総称。ただし、漁船および貨客船は含まない。また、エンジンボートと手漕ぎ艇(カヌーやローボートなど)に分類される。エンジンボートを操縦するには小型船舶操縦士の免許が必要である。国土交通省・水産庁の「平成18年度プレジャーボート全国実態調査」によれば、確認艇は、2002年22万7000隻であり、2006年21万7000隻となり、1万隻減少している。また、放置艇は、2002年13万4000隻であり、2006年11万6000隻となり、1万8000隻減少している。つまり、確認艇数に占める放置艇の割合は、港湾、河川、漁港などで減少している。プレジャーボートの保管・運営に際し、今後、運河や水路などの水域で簡易な係留施設やマリーナのさらなる整備が必要になっている。特にマリーナの開発・整備には大きな投資が必要なため、今後、PFI(Private Finance Initiative:国や地方公共団体が、民間の資金・経営能力・技術能力を活用することで、公共施設の建設・維持管理・運営などを行う手法)の導入やNPO(非営利組織の総称)・地域住民などによる管理・運営の対策が必要である。→海洋性レクリエーション、水上オートバイ、小型船舶操縦士、港湾法

(山本壽夫)

プロムナード (promenade)

公園内および美しい自然風景地などにおいて、周囲を眺めながら歩けるように設置された歩行者道路であり、散歩道あるいは遊歩道と呼ばれている。

一方，都市における魅力あふれる市街地空間において，人々が談笑したり，ぶらぶら歩きできるように設けられた街路のこともプロムナードと呼ばれている。このように，プロムナードには特定の型はないが，商店街などで買い物客を対象とした都市空間をモールといい，プロムナードと区別されている。なお，劇場の客席をめぐる通路や客船のデッキなどもプロムナードと呼ばれている。→モール　　　　　（和田章仁）

プロムナードデッキ（promenade deck）

クルーズ客船の屋外遊歩デッキのある甲板のことで，船の外周にほぼ船を一周できる遊歩道（プロムナード）を有する場合が多い。船内での運動不足を補うために散歩やジョギングに使われる。また，この外周遊歩デッキは木製である船が伝統的に多い。最近のクルーズ客船では，最上部のスポーツデッキにジョギング用コースを設けている船も増加しており，またプロムナードデッキを設けず，救命艇に乗り込むためのボートデッキとしている船も多くなっている。　　　（池田良穂）

フロントデスク（front desk）

ホテルにおいて，主に宿泊者に対する受付業務などを担当する部署。日本においては，単に「フロント」と呼ばれる場合が多い。　　　　（住木俊之）

文　化（culture）

文化とは『易経』にいう「国の光」にあたるものであり，観光という行為にとっての大きな目的となるものである。名もなき庶民が営々と築いてきた生活文化から著名な芸術家の手による芸術文化，あるいは地域の生産を支えてきた産業文化などその諸相は多様であるが，いずれにしても人が人として誇りをもって生きるための動機づけとなり，心の豊かさの表象とならなければならない。そのような「国の光」こそが，来訪者の心を打ち，真の交流を展開する力となるのである。→観光
　　　　　　　　　　　　（井口　貢）

文化遺産（cultural heritage）

一般的には歴史的建造物や遺構，あるいは芸術的造形物などを想起するかもしれないが，それのみではなく無形のもの，たとえば思想や技術，慣習や祭りなど人がその属する国や地域社会のなかで，生きた証し，思索の証しとして創造し継承してきたもので，さらに継承していくに足る文化的価値をもったものの総体をいう。往々にして，生活遺構や生活文化は文化遺産として軽視されがちであるが，ここにこそ「地域の光」を見出すことが，昨今のオルタナティブな旅のテーマでもある。→オルタナティブツーリズム
　　　　　　　　　　　　（井口　貢）

文化イベント（cultural event）

文化をテーマに展開するイベントである。イベントの主体は多様であるが，たとえば地域イベントであれば，その地域の文化の固有性をいかしたものがそれにあたる。伝統的な祭りなどは，その原初的なものといえるであろう。新しく地域でつくりだされる観光イベントなどにおいても，地域の文化性や歴史性を前面に押し出したイベントほど"持続性"という，イベントにとっての1つの要諦が高まる傾向にあるのではないだろうか。金沢市の百万石祭や名古屋市の三英傑祭などはその例であろうし，さらに新しいところでは金沢市のフードピア金沢などもそれがいえそうである。　　　（井口　貢）

文化観光（cultural tourism）

旅行者の文化的動機に基づいて展開される観光の形態である。文化的動機というのは，多様であるためおのずからこの観光の形態も多様なものとならざるをえない。文化イベントの体験，美術館・博物館めぐり，陶器の産地へ

の作陶体験旅行，史跡訪問，民俗儀礼や祭りの見学など。これらはすべて文化観光の一例としてあげることができる典型的なものであろうが，この行為を通して地域社会に新たな文化創造と観光文化の形成が期待されている。→観光文化　　　　　　　（井口　貢）

文化観光資源

文化観光の素材として多くの来訪者に対して，文化とりわけ他文化を学ぶ機会を与えるものである。いわゆる文化交流を促進していくうえでも，有形・無形の文化観光資源は一国・一地域にとってかけがえのない貴重な財産となり，自国そして自らの地域のアイデンティティの表象でもある。さらにそのなかでランドマークとしての著名性の有無や認知度の高低にかかわらず，常在性をもったものこそ文化資源として，より一層の貴重性を増すものであるということを認識しなければならない。→文化観光，ランドマーク，観光文化財　　　　　　　（井口　貢）

文化経済学 (cultural economics)

産業革命がもたらした大量生産のシステムの矛盾が明らかとなる19世紀末葉のイギリスにおいて登場した社会改良家 J. ラスキン（1819-1900）と装飾芸術家 W. モリス（1834-96）の言説がこの学問の嚆矢であり，基礎を築いた。生活の芸術化を提唱するこの学問は，機能的・合理的であらねばならない経済と，多様で両義的な文化とが両輪となったバランスのとれた社会発展の実現を目指し，文化政策学へと発展していく。オルタナティブな視点を重視するために，隣接科学としての観光学の展開と発展にも大きく寄与するものがあると思われる。（井口　貢）

文化財

文化財は，民族のさまざまな遺産であり，国民の財産である。ここに歴史的，文化的な価値が付加された優れたものは，文化財の指定や世界遺産の登録となる。わが国で文化財が意識されたのは，明治維新の廃仏毀釈後のことである。明治期の「古社寺保存法」（1897年），大正期の「史蹟名勝天然紀念物保存法」（1919年），昭和期の「国宝保存法」（1929年）や「重要美術品等ノ保存ニ関スル法律」（1933年）の制定などが国民の文化意識の高揚を促してきた。これらの蓄積から生まれた「文化財保護法」（1950年）の制定は，わが国に「文化財」という用語の認識を国民のものとした。現在では，国の「文化財」指定のほか，都道府県や市町村においても条例を設けて指定が行われている。文化財は，観光行動の重要な対象となる。→観光文化財

（北川宗忠）

文化財の国際的不正取引防止

文化財は，天災や戦乱などによる破損・盗難などのほか，これらに便乗して不正に売買されるなどの問題が起こる。不正な国際的取引には，次の条約がかかわりをもって対処されている。①ハーグ条約（文化財保護条約）：「武力紛争の際の文化財の保護のための条約」（1954年採択，56年発効）。武力紛争の際に予想される文化財の略取などを防止する対策を規定。116か国（2007年）が締結している。ハーグには，国際司法裁判所がある。②ユネスコ条約：ユネスコ（UNESCO）「文化財不法輸出入等禁止条約」（1970年採択，72年発効）。盗難にあった文化財の不法な輸入・輸出や，所有権譲渡を禁止するとともに，自国の文化財を輸出しようとする時は国の許可を受けることなどを規定する。107か国（2007年）が締結している。③ユニドロア条約：ユニドロア（私法統一国際協会）が，盗まれたり，不法に輸出された文化財の返還の義務を規定した条約（1995年採択，98年発効）。15か国

(2002年)が締結。わが国は、これらの3条約の締結をしていなかったが、文化財不法輸出入規制法、改正「文化財保護法」の成立、施行(いずれも2002年)により、ユネスコ条約に加入、他は未加入である。→文化財保護法

(北川宗忠)

文化財の指定

「文化財保護法」は、第1条で「この法律は、文化財を保存し、且つ、その活用を図り、もつて国民の文化的向上に資するとともに、世界文化の進歩に貢献することを目的」としている。この法律でいう文化財には、「有形文化財」「無形文化財」「民俗文化財」「記念物」「文化的景観」「伝統的建造物群」の分野があり、文部科学大臣が指定する。たとえば有形文化財のうち重要なものを「重要文化財」(そのなかでたぐいない国民の宝たるものは「国宝」)として指定することができる。1996(平成8)年の改正以降、「登録有形文化財」「登録有形民俗文化財」「登録記念物」の登録が設けられている。

(北川宗忠)

文化財保護法

1950(昭和25)年に制定された、わが国の文化財全般に関する指定、管理、活用、保護などの制度を体系的に整備した法律。「史蹟名勝天然紀念物保存法」(1919年)、「国宝保存法」(1929年)、「重要美術品等ノ保存ニ関スル法律」(1933年)など、文化財保護に関する法律を改め、無形文化財や埋蔵文化財も保護対象に取り入れている。1949(昭和24)年、世界最古の木造建造物である法隆寺金堂(奈良県)内部が炎上し、修理(模写)中であった金堂壁画を損傷したことが立法成立の契機となった。のちの改正で、文化庁が設置(1968年)されたほか、新しい文化財保護の分野が新設されている。

(北川宗忠)

文化事業

文化や芸術、スポーツなどを企画・運営し、多くの場合"商品"としてビジネスの対象としうる行為である。文化とは多様であり、両義的なものであることは否めないが、人々がよりよく生きていくための動機づけとなり、感動や希望を与えることができるポジティブな文化、本物の文化を広く提供することができる知的生産活動であらねばならない。また一般的にはソフトづくりの事業と考えられるが、"まちのなかの(で)文化"を享受することが文化事業の基本である以上、事業主体はハードとの調和を視野に入れなければならないだろう。 (井口 貢)

文化庁 (Agency for Cultural Affairs)

文化庁は、芸術創造活動、国内外の芸術家の派遣・招聘による国際文化交流、美術館や劇場をはじめとする文化施設の活性化、重要文化財や重要無形文化財の指定、その保存管理・活用の支援や助言など、さまざまな文化活動をバックアップするとともに、著作権や出版権の保護、外国人に対する日本語教育などを行う機関である。また、高度情報通信ネットワーク社会に対応するための著作権関係施策づくりを検討し、2007年に「著作権の一部を改正する法律」を施行した。本改正法は、放送の同時再送信の円滑化、時代の変化に対応した権利制限等、著作権等保護の実効性の確保、から構成されている。なお、2001年12月に「文化芸術振興基本法」が成立し、2002年12月には、文化芸術の振興に関する施策を総合的に推進するため「文化芸術の振興に関する基本的な方針」が閣議決定された。この方針は、概ね5年間を見通した国の文化芸術の振興の基本指針であり、これに基づいて文化庁は各施策を実施した。同方針は、2005年9月に文化審議会で中間見直しを行っている。そし

て，2007年2月に「文化芸術の振興に関する基本的な方針」（第2次基本方針）が閣議決定された。→芸術村，文化財の指定，文化財保護法

(山本壽夫)

文化的景観

「文化財保護法」により，地域における人々の生活，または生業および当該地域の風土により形成された景勝地で，わが国民の生活，または生業の理解のため欠くことのできないものをいう。文化的景観のなかでも，文化財としての価値から特に重要なものについて，都道府県，または市町村の申し出に基づき重要文化的景観として選定することができる。重要文化的景観は，日々の生活に根ざした身近な景観であるため，その価値に気づきにくいが，その文化的価値を正しく評価し，地域でまもり，次世代へと継承していくことができるようになった。2005（平成17）年の「文化財保護法」改正で発足した。最初の選定は，2006（平成18）年に近江八幡の水郷（滋賀県），一関本寺の農村景観（岩手県）である。→文化財保護法

(北川宗忠)

ベイエリア (bay area)

湾岸地域，または湾岸地帯をさす英語である。現在では，日本のホテルのなかには，大都市のベイエリアに立地するアーバンリゾートといわれるホテルが増加してきた。たとえば東京ディズニーランドのホテル群から，台場のホテル，さらに横浜の海岸にいたる海辺のホテルは東京湾湾岸のアーバンリゾートホテルであるといわれる。また，関西空港から神戸のメリケンパークにいたる海辺のホテル群もアーバンリゾートホテルといわれる。なお，アーバン (urban) とは都市の意である。

(芝崎誠一)

並行在来線 ⇨在来線

ペックス（PEX）運賃

国際航空運賃は普通運賃と特別運賃に分けられるが，普通運賃よりも低額に設定される運賃を特別運賃と呼び，その中でも旅行需要の喚起・促進を目的とするもので，資格を限定せず利用できるものとして，IT（包括旅行）運賃，ペックス運賃，アペックス運賃がある。IT運賃は包括旅行用の運賃であり，建前上航空券のみのバラ売りはできないことになっている。ペックス運賃は個人で利用できるエコノミークラスの往復の正規割引運賃で，有効期間，必要旅行日数や途中降機などに制約がつけられている。ペックス運賃にはIATA（国際航空運送協会）ペックス運賃と，IATAペックス運賃を基準に一定の範囲（上限はIATAペックス運賃額，下限はIATAペックス運賃の70％）で各航空会社が独自に運賃を設定するゾーンペックス運賃（キャリアペックスとも呼ばれる）があり，ゾーンペックス運賃は他社便への搭乗に制限がある。

(高橋一夫)

別送手荷物 (unaccompanied baggage)

航空運送旅客の手荷物のうち目的地に到着してすぐに必要としない手荷物を，別送品として送る場合の名称。旅客の経路や利用便にかかわらず（別便あるいは同一便で）目的地まで航空便で別送する。貨物扱いとなるため，料金は超過手荷物料金より安い。出発便

の予約が確保されていることや，航空券の提示など詳細は航空会社や路線によって異なるが，いくつかの必要条件がある。　　　　　　　（杉田由紀子）

ヘルスセンター（health center）
　入浴施設や娯楽施設を備えた休息や保養のための施設。高度経済成長期には全国の温泉地を中心に「ヘルスセンター」という名のついた安価に利用できる施設が多く建設され，人々の慰労の場として機能した。ちなみに英語のhealth centerは医療センターの意味。
　　　　　　　　　　　　　（井村日登美）

ヘルスツーリズム（health tourism）
　旅行を通じて健康の維持増進や回復などを図ることを目的とした，旅行活動の1つ。現代社会は，急速に進む高齢社会に対応し，環境・健康・観光の3K時代といわれるが，このなかで健康を意識し，健康維持に役立つ旅行を推進しようというねらいがある。国土交通省においても新しい観光形態として注目し，また一部の旅行業界ではヘルスツーリズム研究所を発足させたところもある。旅行をすることによる健康への効果，影響などを考慮した高齢社会に対応した旅行商品の開発が望まれている。　　　　　　　（北川宗忠）

ベルボーイ（bell boy）
　ホテルにおいて，宿泊客の客室への案内，荷物の運搬，ホテルのすべての利用客に対する館内外の案内などを担当する職種である。　　　　（住木俊之）

ペンション（pension）
　1985（昭和60）年に厚生省（現厚生労働省）が作成した基準によると，「洋風の構造施設をもつ比較的小規模なホテル営業」と規定されている。10室以上の客室があり，そのうち8室以上が洋室であること，またトイレは水洗であることなどが定められている。日本では，1970年にはじめて草津温泉に建設された。その後，別荘地やリゾート地に多く建設された経緯がある。→民宿　　　　　　　　　（吉原敬典）

ベンチャービジネス（new venture）
　ベンチャービジネスは和製語。中小規模の企業が独創性をもち，挑戦的に行う新たな創造的事業であり，将来的に成長が期待できるビジネスをさす。アメリカのシリコンバレーでは，IT（information technology：情報技術）に基づき，研究開発型やデザイン開発型のベンチャービジネスが主流だった。最近ではITを前提にしたバイオビジネスへ移行しつつある。また，ベンチャー企業に勤務している社員はスピンアウトし，また新たなベンチャー企業を設立することで，各企業相互に事業面での補完的役割が生まれる。つまり，1つのベンチャービジネスに対して，事業内容の異なる複数のベンチャー企業群が連携し，さらに各企業は距離的に近接して立地し集積する。つまり，産業クラスター（ぶどうの房状に集積した産業集団）を構成する。日本では欧米を調査し，経済産業省が「産業クラスター計画」，文部科学省が「知的クラスター創成事業」を推進し，地域のベンチャービジネス創造を支援・実施しつつある。→グローバリゼーション，観光開発，NPO
　　　　　　　　　　　　　（山本壽夫）

ほ

防火管理（者）

　防火管理は，火災発生の防止と火災による被害を最小限にくい止めることを目的としている。特に，特定防火対象物（旅館やホテル，劇場，百貨店，病院など不特定多数の人が出入りする施設）では火災発生の際の危険も大きいので，「消防法」により，管理について権原を有する者（事業所の社長などで防火管理業務上の正当な権限をもつ者）は，収容人員30人以上の場合に，防火管理者を定め，防火管理業務を実施させなければならない。また，非特定防火対象物（工場や駐車場，倉庫，図書館など）は，収容人員50人以上の場合に，防火管理者を選任しなければならないとされている。防火管理者の仕事は，消防計画の作成，消火，通報および避難訓練の実施，消防設備などの点検・整備，火気の使用または取り扱いに関する監督，避難または防火上必要な構造および設備の維持管理，収容人員の管理，その他防火管理上必要な業務である。　　　　（中尾　清）

包括旅行

　JRや航空などの運輸機関とホテルや食事，ガイドなどの地上手配をセットにした旅行をいう。運輸機関は地上手配にかかわる費用を含めた旅行商品を造成することで，割引運賃を適用できる制度がある。JRの団体卸売型季節商品用運賃や航空会社のIT（包括旅行）運賃，IIT（個人包括旅行）運賃，GIT（団体包括旅行：原則廃止だが，太平洋路線のみ例外あり）運賃などがこれにあたる。これらの運賃は，観光需要を創造することを目的の中心にしているため，通常の運賃に比べ格安に設定されているが，摘要条件が厳しく，シーズン・旅行日数・前払いなどの条件が定められている。

(高橋一夫)

包括旅行チャーター（Inclusive Tour Charter：ITC）

　国際旅客を対象とし，地上部分におけるツアー（ホテル，鉄道その他運輸機関）などとチャーター便による航空運送を組み合わせたIT（包括旅行）におけるチャーターのこと。1985（昭和60）年の国土交通省航空局長通達によりはじまったものだが，日本国内を包括旅行の出発地とするチャーター便の用機者は第一種旅行業者であり，自己の名において包括旅行を販売することが要件となっているところに特徴がある。アフィニティグループチャーターやオウンユースチャーターとの違いは，ITCは特に一般公募が可能であるという点で，これら2つのチャーターと異なっている。2003（平成15）年の航空局長通達により，オウンユース，アフィニティおよびITCの混乗が認められたことで，地方空港での国際航空チャーターの機会が拡大した。たとえば，修学旅行で余る席をパックツアーとして販売することが可能になったのである。また，地方空港の活性化や国際観光振興を進めることを目的に，2007（平成19）年の通達改正では宿泊施設の手配について，従来はツアー全日程の宿泊施設の手配を求められていたが，全日程の半分以上の日程の宿泊施設の手配のみで許可されたり，第三国の航空会社を利用したITCの運航が許可されるなど，時代の要請にあったものに変化している。→チャー

ター便　　　　　　　　（高橋一夫）
防火優良認定証

　毎年火災が多く発生しているが，その原因の多くは日常の火気管理の不注意によることが多い。特に，不特定多数が利用する特定防火対象物（旅館やホテルなど不特定多数の人が出入りする施設）では，防災設備の不備や維持管理の不適切，火災発見の際の初動対応の不手際などから，被害が大きくなってしまったケースが多い。2001（平成13）年9月，44人の死者を出した新宿歌舞伎町の雑居ビル火災を契機として，2002年に「消防法」が改正され，防火対象物定期点検報告制度が創設された。この制度は，市民を火災から守ることを目的として，一定の規模・用途の建物について「防火管理体制」を防火対象物点検資格者に点検させ，その結果を消防署長に報告するものである。その結果，消防法令に適合すれば「防火基準点検済証」が交付される。そして，一定期間継続して消防法令を遵守していると消防機関が認定すれば「防火優良認定証」が交付される。また，この制度の対象外となる小規模な旅館・ホテルなどにおいて，防火管理者などが点検し，消防法令に適合すれば「防火自主点検済証」が交付され，それを掲出することによって，当該防火対象物の安全性を表示することができる。　　　　　　（中尾　清）

報奨旅行

　インセンティブツアーとも呼ばれている。事業者が販売などにおける目標を設定し，達成にあたっての努力に報いるために，目標達成の対価として旅行に招待することをいう。ケースとしては，

①事業者が行う得意先・仕入先への報奨として旅行を実施する場合，

②販売主が主催する小売店への報奨として旅行を実施する場合，

③販売元の特約セールスマンに対する報奨として旅行を実施する場合，

④自社の社員向けの報奨として旅行を実施する場合，などがあげられる。
　　　　　　　　　　　　（高橋一夫）

奉仕料　⇨心付け，サービス料

訪日旅行

　海外の居住者が日本をデスティネーション（目的地）として訪れる旅行のこと。インバウンドツアーと呼ばれる。旅行・観光業界は日本人の国内旅行や海外旅行を中心に着目してきた結果，2006年度の日本人海外旅行者数1753万5000人に対し，訪日外国人客数は733万4000人と低調な結果となっている。訪日旅行は外貨獲得の手段と考えれば，この両者のアンバランスを解消することが急務となっている。特に，少子高齢化により2005年をピークに日本の人口は減少している。これは日本経済にとって，マイナス成長のインパクトであり，旅行市場にも大きな変化をもたらすことになる。この対応策として，国土交通省によるビジット・ジャパン・キャンペーンが2003年にスタートし，2010年までに訪日外国人客1000万人を実現するための活動に代表されるインバウンドへの対応強化が必要となる。訪日旅行の効果としては，

①国際相互理解の推進：外国人の日本の魅力と文化の正しい理解，日本人の外国文化の理解を通じて日本の安全保障，ひいては世界平和への貢献が可能となる。

②経済活性化の起爆剤：約500万人の訪日旅行により，約4兆円の経済波及効果と約23万人の雇用効果がある（国土交通省調べ）。

③地域に対する誇りと自信：外国人旅行者の訪問により自らが住む地域への愛着が増す，などがあげられる。

→インバウンドツーリズム

　　　　　　　　　　　　（高橋一夫）

ホエールウォッチング（whale watching）

主に洋上からクジラを見たり、観察したりすることをホエールウォッチングという。世界各地でホエールウォッチングツアーが盛んに行われているが、目の前のクジラをただ漫然と「見る」だけではなく、彼らの生態、背景となっている環境やそれにまつわる文化などについてより深く「知って、理解する」ツアーに人気がある。もちろん観光によって自然や動物の生息に影響を与えないように極力心がけるツアーでなければならない。たとえば、沖縄・座間味の海には毎年1月から4月にかけてザトウクジラが繁殖にやってくる。ここ数年は回遊するクジラの個体数も増え、冬場における沖縄観光の目玉の1つとなっている。→エコツーリズム

（多方一成）

ポーター（porter）

フロントサービス課に属して、1970（昭和45）年ごろまでは主として宿泊客の荷物の運搬を担当する職種であった。宿泊客を案内するページとは機能的に分離していたが、その後の人件費の高騰により、アメリカで行われたように、この両職種が合体して、ベルマンが生まれた。今では日本の高級ホテルでもベルマンが宿泊客を案内し、荷物についてのサービスも行っている。

（芝崎誠一）

ボーディング・パス（boarding pass）

空港においてチェックイン時（搭乗手続き時）に、航空券の当該フライトクーポン（搭乗用片）と引換えに旅客に交付される搭乗券。通常、航空会社名、便名、行き先、利用クラス、座席番号、ゲートナンバーなどが印字されている。旅客運送を引き受けた証しとなることから、旅客は目的地まで所持が求められる。eチケット制度では、予約から航空券を介在せずに、搭乗空港においてボーディング・パスが旅客に交付される。→航空券

（杉田由紀子）

クルーズ客船でも同様のパスがチェックイン時に渡される。キャビンのキー、船内での支払い機能を有する場合が多い。また、寄港地でのパスポート代わりになる場合も多い。

（池田良穂）

ホームステイ（home stay）

海外からの旅行者や留学生が、その国の一般家庭で生活・文化・言語などを体験・実感することを目的として、滞在するスタイル。旅行会社の商品としても語学研修やワーキングホリデーの他、異文化体験・観光目的でホームステイを扱うケースが増えている。

（高橋一夫）

ホールセーラー（wholesaler）

自社の主催旅行を造成し、他の旅行会社（リテーラー）に卸売専門で販売をしている旅行会社のことである。商品の充実や卸売価格とともに、ツアーの催行保証がどこまでできるかがリテーラーの支持を取り付ける重要なポイントになる。運送機関（航空会社など）が自社路線販売を行うことを目的に旅行会社を設立する例（ジャルパック、全日空商事など）や各旅行会社がリスク分散と仕入れ上のメリットを求め共同でホールセール専用の会社を設立する例があるが、後者はメディア販売に押され撤退（ジェットツアー：倒産、ヴィータ：阪急交通社と東急観光の提携解消など）の傾向にある。

（高橋一夫）

ホステス（hostess）

ホスト同様、客人の保護者としての主人を意味するが、ホステスの場合、女性の主人のことである。客人を受け入れ客人からの働きかけに対して誠実に応答（responce）し、自らも自発的に働きかけることが求められている。

→ホスト，ゲスト，ホスピタリティ
(吉原敬典)

ホスト（host）
　客人の保護者としての主人を意味する。ホストとしての立場で重要なことは，「招く人」「迎える人」「与える人」として，客人からの働きかけに応答（responce）しながら，自らのアイデンティティに基づいて自発的に働きかけ，ゲストを寛大に受け入れ歓待することである。また，客人の立場に立つことも大切なことである。そして，好意的で友好的な相互関係を築くことができれば，無限の可能性が広がることが考えられる。→ゲスト，ホスピタリティ
(吉原敬典)

ホスピタリティ価値（the value of hospitality）
　顧客価値のなかで，願望価値（desired value）と未知価値（unanticipated value）をホスピタリティ価値といって，明確にサービス価値と区別した概念である。願望価値は，期待はしていないが潜在的に願望していて提供されれば評価する価値要因のことである。未知価値とは，期待や願望を超えてまったく考えたことがない感動や感銘や驚嘆を与え魅了する価値要因のことである。組織関係者と喜びや感動を分かち合うところにホスピタリティ価値は成り立つといえる。顧客を例にとれば，1人ひとりの顧客にとって求める価値の質的内容が異なるとともに，顧客との個別的な関係性と相互性が不可欠であることが特徴である。ホスピタリティ価値を生みだすことは，組織にとっては競争優位の条件を築くことになり，個人にとっては創造性を発揮することにつながる。したがって，ホスピタリティの目的である相互成長，相互繁栄，相互幸福を実現することになるのである。→ホスピタリティ，顧客価値，サービス価値
(吉原敬典)

ホスピタリティ産業（hospitality industry）
　従来，欧米ではホテル産業をはじめとした宿泊産業を意味する呼称であった。その後，フードサービス，旅行，交通，クルーズ，カジノ，テーマパークなどの観光産業を意味する言葉として受けとめられてきた経緯がある。しかし，ホスピタリティが人間活動のあらゆる領域に適用可能な概念であると考えられるようになるにつれて，必ずしも限定的に使用されるものでないという認識が一般的になりつつある。観光産業ばかりではなく，ブライダル，映画，音楽，ダンス，ミュージカル，芸能，まちづくりなどの領域についても対象であると考えられる。また，一般に接客業務を伴う販売なども含まれるであろう。さらには医療，福祉，介護といった領域についてもホスピタリティ産業であるといえる。基本的には人間が主役で，人間が直接的に行う活動に依存していることが特徴である。→観光産業，人的サービス，ホスピタリティ，ホスピタリティ・マネジメント，サービス産業
(吉原敬典)

ホスピタリティ人財
　ホスピタリティを具現化し実践する人材のことである。人財と表現した理由は，雇用価値（employability）のあるという意味を含んでいるからである。人間であれば誰もが「自己の領域」「親交の領域」「達成の領域」をもっているが，ホスピタリティ人財とはこれらの3つの領域を自分でバランスよく育てて発揮することができる人財のことである。すなわち，顕著な特徴としてホスピタリティを実践するところに最大の特徴があるといえる。自己の領域とは，自己の思いや考えを整理してまとめ，広く組織関係者に発信し（謙虚に問い直しながら）活動の意味を形成する領域のことである。また親交の

ホスピタリティ （hospitality）

心からの歓待を意味する言葉である。また、歓喜（delight）の場を創造することも含んでいる言葉である。『オックスフォード英英大辞典』によると、ホスピタリティとは"Friendly and generous reception and entertainment of the guests"とある。効率性重視の現代社会において、まさに欠かせない概念の1つである。心の時代であるとか、創造性の時代であるとよくいわれる。言い換えるとホスピタリティの時代ということになるであろう。なぜならば、ホスピタリティは「心」と「頭脳」の働きを重視しているからである。その点、人間の特性をいいあてている言葉であるといえる。人間と人間のつながりが希薄になり、交流しなくなっている現在、直接的にコミュニケーションを取り合うことがいろいろな場面において創造的な活動を誘発し相乗効果を高める場合が少なくない。人間は1人では能力、経験などの面で限界があり、複数人数で活動するところにさまざまな可能性が生まれてくる。そこには、時としてゲストばかりではなくホストに対しても歓喜、感激、感動、感銘をもたらす。特にゲストからの働きかけにはホストは心から歓待し応答して、まずは好意・好感の関係づくりを心がけることに留意しなければならない。創造的な活動へと導くうえで欠かせない初期対応である。したがってホスピタリティの本質は、自分以外の他者を心から受け入れ迎え入れることであるといえる。ホスピタリティはラテン語のホスペス（Hospes）が語源であるが、ホテル（hotel）、ホスピタル（hospital）、ホスト（host）、ゲスト（guest）、ホステル（hostel）、ホスピス（hospice）などの派生語を生みだしている。いったい、この言葉が何を意味しているのか、どのように受けとめる必要があるのか、現代社会に何を示唆しているのかを考察することは意義深いことである。ホスピタリティの意味については、次の3点である。第1は、客人は恐るべき敵であるという意味を有している。互いに双方を受け入れ、交流することの必然性について含意している。第2は、迎える人と迎えられる人が時間と空間を超えて交互に入れ替わることを意味している。人間は、いついかなる場においても自律的にふるまう存在であることを意味しているといえる。第3は、迎える人と迎えられる人の両方の立場を含んでいることである。1人では関係が成り立たないこと、また複数人による互いの関係は対等（even partner）であることを意味している。さらには、人が何かを行う時には見返りを求めない、また損得勘定で動かないなど、ごくごく当たり前のことを行う存在であることも示唆している。すなわち、無償性にこそ、その特徴があるといえる。ホスピタリティは、人間として生きる価値を生みだす行為そのものである。→ホスピタリティ価値、ホスピタリティ人財、ホスピタリティ・プロセス、ホスピタリティ・マネジメント、観光ホスピタリティ

（吉原敬典）

領域とは，視野を広げて組織関係者と親しく相互交流し，活動の意味に対して共感性を高め広げる領域である。もちろん対面する相手に対して思いやりの心をもって考えなどをよく聴くとともに，自己の思いや考えを謙虚に問い直すことが重要である。最後の達成の領域については，組織関係者が互いに力を出し合うことによって補完し合い成果を獲得していく領域のことである。→ホスピタリティ，ホスピタリティ価値，観光ボランティアガイド

(吉原敬典)

ホスピタリティ・プロセス（hospitality process）

ホスピタリティを具現化し実践するプロセスのことである。組織関係者が，「出会いの場」「交流し合う場」「達成推進し合う場」をともに力を出し合い心を合わせて育てていこうとするプロセスである。自己の領域が主導する自己発揮のプロセスは出会いの場づくりであり，「自発」「応答」「関係」のステップから成る。組織関係者が自発的な働きかけに対して互いに応答し合い，好意的で友好的な関係をつくるホスピタリティ実践のプロセスである。次の交流し合う場づくりについては親交の領域が主導する親交促進のプロセスといって，「交流」「共感」「学習」「利得」のステップから成る。好意的な感情を醸成することができた組織関係者が，親しく交流し合い共感性を高めながら，学習し合い，その結果として有形・無形の利得を提供し合うプロセスのことである。そして，自己発揮と親交促進が進みながら達成推進し合う場づくりとして，達成の領域が主導する達成推進のプロセスに進むことになる。達成推進のプロセスは，「信頼」「補完」「共創」のステップから成る。特に，信頼をベースにしたプロセスであるといえる。人間は，人格，価値観，意図，能力，行動傾向，活動実績などに対して信頼を形成する。組織関係者の間に信頼関係が形成されると，さらに相互関係が深まり，次の求め（request）が生まれることになる。すなわち，互いが高い課題・目標を共有化し，その達成へ向けて互いの強みで補完し合い，社会から評価される価値を共創していくホスピタリティ実践のプロセスのことである。→ホスピタリティ，ホスピタリティ人財，ホスピタリティ価値

(吉原敬典)

ホスピタリティ・マネジメント（hospitality management）

快適で豊潤な時間と空間，および商品や無形のサービス，ビジネスモデルなどを創造するマネジメントのことである。また，ホスピタリティ価値の創造と提供を目的にして，組織を方向づけ組織関係者が心と力を合わせて一体感を醸成し，相乗効果が生まれるようにする諸活動のことである。すなわち，「潤い」「和み」「癒し」「寛ぎ」「安らぎ」「憩い」「温もり」「暖かみ」「味わい」「深み」のある場を創造し提供するためのマネジメントであるといえる。マネジメントの目的は，組織関係者の相互発展・成長であり，相互に繁栄するところにある。したがって，マネジメントの内容には発想の転換が求められるとともに，それだけマネジメントが目指すハードルは高い。経営の視点からすると，事業が安定的に存続していくに足るだけの適正な利益を継続的に確保するビジネスモデルを有していることが欠かせない。そのうえで，事業の重点を顧客の喜ぶ顔が見たい，顧客の喜びが私の喜びである，顧客とともに感動の場を創造したい，感銘の瞬間に立ち会いたい，といった人間の特性に根ざしたマネジメントにシフトすることが求められている。心から歓待し歓喜の場を創造するには，3つの側

面をマネジメントすることが必要である。1つは，人間が活動するうえで欠かせない礼儀，節度，態度，物腰といった基本的な条件を備えることである。2つ目は，決められたことが決められたようにできる，また決めたことが決めたようにできることである。そのためには，仕事を標準化しシステム化して，具体的にはマニュアル化を進めることによって誰が行っても同じ水準で安定的にサービスを提供できるようにすることである。この取り組み自体，サービス価値を継続的に提供することに他ならない。3つ目は，さりげない心遣いや心配りを行うとともに，頭脳を駆使して創造的な活動を展開し組織関係者の相乗効果を高めることである。そのためには，マネジメント活動として組織の形態や権限のあり方についても再考しなくてはならない。また，個人やチームを対象にした人事考課の再設計は，ホスピタリティ実践の促進に役立つものである。→人的資源，ホスピタリティ，ホスピタリティ価値，サービス価値　　　　　（吉原敬典）

ホテリエ（hotelier）

ホテルの経営者あるいは投資家。日本においては，ホテルで働くすべての人をさす広義の意味で使用される場合が多い。　　　　　　　　（住木俊之）

ホテル営業

「旅館業法」にある用語で，同法第2条では宿泊施設の営業を，ホテル営業・旅館営業・簡易宿所営業・下宿営業に分類している。さらに，第2条第2項では，ホテル営業とは洋式の構造および設備を主とする施設を設けて，宿泊料を受けて人を宿泊させる営業と規定している。「旅館業法」は1948（昭和23）年に制定された約60年前の法律で時代の影響を反映して数回にわたり改正されてきたが，種々の呼称がある日本の宿泊施設について上記の4種に規定していることについては変更がない。　　　　　　　　（芝崎誠一）

ホテルオペレーター（hotel operator）

ホテルの管理運営をする人または会社のことをいう。自社所有のホテルの運営をする人もホテルオペレーターであるが，ホテル業界で，特に外国資本経営ホテルでは，運営受託によりホテルの施設の管理運営を請け負う方式があり，実際にホテルの運営をしている会社を，ホテルオペレーターという。この際，運営受託料を経営主体から受け取る。これをマネジメントフィーという。　　　　　　　　（芝崎誠一）

ホテル経営（hotel management）

ホテル経営は，①土地や建物を所有する企業が自ら経営を担い，ホテルの運営を行う「所有直営方式」，②土地や建物を所有する企業からホテル企業がホテル施設を賃借して経営・運営を行う「賃貸借方式」，③ホテル施設を所有する企業が経営主体となり，ホテルの運営はホテル企業に委託する「運営受委託方式」（マネジメントコントラクト〔management contract〕方式），④ホテル施設を所有する企業がホテル企業から一定地域における独占的営業権を得て，ホテル企業が有するブランドやノウハウを活用しながら，自ら経営を担い，ホテルの運営を行う「フランチャイズ（franchise）方式」などに大きく分類することができる。→ホテルチェーン　　　（住木俊之）

ホテル税

東京都では，2002年10月1日，「宿泊税」を実施した。この「宿泊税」の目的は，「国際都市東京の魅力を高めるとともに，観光の振興を図る施策に要する費用に充てるため，ホテルまたは旅館の宿泊者に一定の負担を求める法定外目的税として創設」するものである。宿泊料金1人1泊「1万円以上

1万5000円未満の宿泊100円」「1万5000円以上の宿泊200円」で、税収規模は平年度ベースで約15億円が見込まれている。この財源は、観光行政担当者にとって「観光の振興を図る施策に要する費用に充てる」という目的から、"喉から手が出るほど"欲しい財源である。観光振興を目的とする税として、京都市では戦後2回「観光税」を実施している。1回目は、1956年の「文化観光施設税」である。これは7年半の期限付き法定外普通税で、徴収税額は6億6500万円の予定であった。使途は、京都国際文化観光会館（京都会館）の建設、観光施設の整備などであった。11社寺の「拝観スト」もあったが、合意に達し、徴税が開始され、予定を上回る税収があり、所期の目的は達成された。2回目は、82年7月京都市長が「古都保存協力税構想」を表明した。京都仏教会は「信教の自由を侵害する」と猛反対したが、83年1月京都市議会は「古都保存協力税」の条例を可決し、85年7月制定・公布されたが、同年12月から清水寺など12か寺が拝観停止をし、京都観光に深刻な影響を与えた。88年3月条例は廃止されたが京都仏教会との間で、「古都税紛争」は延々と続いた。そして、99年5月に京都市と京都仏教会との間で和解が成立し、17年間にわたる「古都税紛争」に終止符を打った。　　　　（中尾　清）

ホテルチェーン（hotel chain）

同一資本などによるホテルの系列。チェーンを展開することによって、ブランド構築などによる効率的なプロモーション活動の実施、原材料や消耗品などを大量仕入れすることによるコストの削減、ホテル間の相互送客などの効用がある。→ホテル経営

（住木俊之）

ホテルの商品

「ホテルの商品は、A.C.S.である」と定義づけたのは、ホテルオークラの初代社長であった野田岩次郎である。A は Accommodation の略であり、客室の設備をはじめホテル全体の施設・設備・建物・内外の環境などを意味する。C は Cuisine の略で、料理をさす。S は Service、人的な接客サービスのことである。現実の商品としては、客室および宴会・レストランの料理・飲み物などであるが、高級になればなるほど、サービスの質が評価される。一方、宿泊に特化した低料金のホテルでは、経済性や便利さと機能性などが利用客の評価の対象になる傾向がある。

（芝崎誠一）

ホテルブーム（hotel boom）

ブームとはにわか人気とか、にわか景気をいう。日本のホテル史で第一次ホテルブームといわれた時代は、東京オリンピックが開催された1964（昭和39）年ごろである。明治・大正・昭和にわたり日本の迎賓館の役割を果たしてきた帝国ホテルを凌ぐ意図で計画されたホテルオークラ、史上初の1000室のホテルニューオータニなどが開業した。この帝国、オークラ、オータニはホテルの「御三家」といわれた。また、はじめての外国経営の東京ヒルトンホテルが開業し、東急・西武・近鉄・阪急などの私鉄がホテル経営に乗りだした。第二次ホテルブームは1970（昭和45）年の、大阪国際万国博覧会が開催されたころで、大阪・京都を中心に大型ホテルが開業した。そして、このころから、出張のビジネスマンを主な客層としたビジネスホテルが大都市を中心に開業するようになった。近年のブームとして外国資本運営のホテルが多数開業し、なかでも「新御三家」と呼ばれる、パークハイアット、フォーシーズンズ、ウエスティンに人気が集中している。一方、バブル経済が崩壊して景気低迷が長期にわたって続いた

結果，東横インやスーパーホテルなどの宿泊に特化した超低料金のホテルのブームも起きた。　　　　（芝崎誠一）

本四架橋

本州と四国を結ぶ神戸・鳴門ルート，児島・坂出ルート，尾道・今治ルートの3ルートに架かるつり橋，斜張橋，アーチ橋で世界最大級20橋のうち約半数を占めるという。本四架橋については，明治・大正期に大久保鎮之丞・香川県議が提唱し，徳島県出身の中川虎之助代議士が帝国議会に「鳴門架橋に関する建議書」を提案している。また，1940年，旧内務省神戸土木出張所長の原口忠次郎が大小鳴門架橋を発表し，後に神戸市長になって，53年に明石海峡大橋構想を提言している。55年に国鉄（現 JR）は，鉄道橋として本四淡路線（神戸・鳴門ルート）の調査を開始した。そして，69年，新全国総合開発計画策定が発表され，神戸・鳴門，児島・坂出，尾道・今治の本州と四国を結ぶ3ルートの建設が決定された。その後，工事実施計画の認可，オイルショックの影響により凍結などもあったが，75年，児島・坂出ルートと大三島橋，大鳴門橋，因島大橋の3橋を当面の建設方針として決定，順次，着工した。85年には，大鳴門橋が開通，88年，瀬戸大橋が完成，児島・坂出ルートの一般利用が開始され，明石海峡大橋も着工され，98年に完成し，神戸・鳴門ルートの全線が開通した。99年春には多々羅大橋，来島大橋が完成し，尾道・今治ルートも供用開始された。これによって本土と四国は3つのルートで結ばれ，全国的幹線網に組み込まれ，住民の便宜を供与し四国の産業・観光の発展に多大の寄与をしている。
　　　　　　　　　　　　（中尾　清）

本　陣

大名，幕府役人，公家などが利用した公認の宿泊施設。参勤交代による大名行列などにおいて，従者が多く，本陣だけに宿泊することができない時には，予備の宿泊施設である脇本陣も利用された。→脇本陣　　　（住木俊之）

ボンド（bond）

保税のこと。手荷物のうち，免税枠を超えその国の滞在中には不要なものや禁制品を所持している場合，通関せずに保税倉庫に保管してもらい，出国の際に引き取ることができる制度。品物をボンド扱いとすると，税金はかからないが，手続きに際して保管料（bond fee）が必要になる。保管料は預ける品物の価格，重量，日数により計算される。実務面では，入国と出国の空港が同じか否かで2通りの対応がある。すなわち，

①入国と同じ場所（空港）から出国する場合は，航空会社でチェックインする際，預かり証を提示し，ボンド手荷物がある旨を告げ，ボンドカウンターか税関カウンターで荷物を受け取る。

②入国と出国の場所（空港）が違う場合は，航空会社の責任預かり（一種の checked baggage）として，その国を出てから最初の到着空港で受け取ることになり，費用は割高になる。ただし，すべての国・空港でこの扱いができるわけではない。
　　　　　　　　　　　（高橋一夫）

ボンド保証制度

（社）日本旅行業協会（JATA）の保証社員（JATA の正会員である旅行会社）のうち，海外募集型企画旅行を取り扱う第一種旅行会社が法定弁済制度にプラスして，自社の負担で一定額の「ボンド保証金」（年間の募集型企画旅行販売計画額の1％に相当する額）を協会にあらかじめ預託しておき，自社と取引をした消費者に対して協会が弁済をすることになった場合，「法定弁済限度額」と自社「ボンド保証

金」の合算額を実際の弁済限度額とすることで消費者保護を拡充するもの。弁済は，弁済業務保証金からの支出を先に行い，それでも不足する場合にこの制度の適用をする。制度への加入は任意であり，ボンド保証制度に加入している旅行会社は保証会員マークを店頭やパンフレットに表示している。制度創設の背景としては，バブル経済後の市場環境の変化により，旅行会社の業績不振から倒産が相次いだことから弁済業務保証金からの還付額が増加し，旅行業協会の弁済業務保証金が資金不足となったことにある。一方で，倒産による消費者保護につながるはずの弁済の金額は，必ずしも満足のいく金額ではなかったため，弁済保証金制度を補完する制度としてJATAではボンド保証金制度（(社)全国旅行業協会では旅行代金特別弁済制度）を1999（平成11）年10月に発足させた。→営業保証金制度

ボンド保証会員マーク

（高橋一夫）

ま

間（ま）（interval〔pause, space〕）

　間は，時間的・空間的・心理的距離感をあらわし，『古事記』（712年）にも記された日本古来の概念である。たとえば，能において，鏡の間から舞台への通路となる橋掛かりは，霊魂が冥界から現世へあらわれる際の間を表現する。また，音曲・舞・踊りなどでリズムを生むための休拍や謡いと謡いとの間隔を示し，統合化して全体のリズム感をあらわす。能の「して」と「わき」の掛け合いの間は現在の漫才にも通じ，絵画のぼかしや空白による間の取り方は江戸中期に導入された透視図法と混在して浮世絵に活用され，日本独特の絵画構成を生む。また，武道では双方の間合いを見立て，そして見切ることで勝負が一瞬にして決まる。建築では柱と柱の距離を柱間，4本の柱で囲まれた四方形空間を間，部屋そのものを間と呼ぶ。古建築では，神楽舞・能などの儀礼や芸能における間が建築の柱間や四方間のあり方を決める大きな要因となった。現代は，IT(information technology：情報技術）が発展・敷延したことから，サイバースペース（仮想空間，電脳空間）における個人対個人の間の取り方が課題となっている。→田楽，歌舞伎，坪庭

（山本壽夫）

マーケティング（marketing）

　企業やその他の組織が，顧客のニーズ（needs）を調査し，それらに応える製品やサービスを開発し，価格を設定し，プロモーション（promotion）や流通を計画し，実行することによって，顧客の満足と企業や組織の目的を達成しようとする一連の活動。

（住木俊之）

マーケティングミックス（marketing mix）

　企業やその他の組織が，顧客の満足と企業や組織の目的を達成するために用いる統制可能な諸要素の集合体。製品（product），価格（price），場所（place），プロモーション（promotion）といった「4つのP」に分類されることが多い。→マーケティング

（住木俊之）

マーケティングリサーチ（marketing research）

　企業やその他の組織が，マーケティング活動を実行するうえで有用な生活者の志向や競合他社の動向などといった情報を収集し，分析する一連の活動。→マーケティング

（住木俊之）

マイレージ（mileage）

　国際航空運賃は，基本的には飛行距離（マイル）に基づいて決定される。マイレージシステムとはタリフ用語で，運賃計算の基本原理を構成する運賃制度の1つである。一方，マイルを利用した顧客サービスには，FFP（Frequent Flyer's Program）がある。これは1981年にアメリカン航空がはじめ，現在では多くの航空会社が取り入れている顧客開発のための会員制度である。航空会社が自社および提携会社利用に対して飛行距離をマイルで示し，それらを積算してさまざまなプレゼントや自社航空券へ還元する特典を付与することにより，利用促進やリピーターの増加を図っている。通称，マイレージサービスとも呼ばれる。→FFP

（杉田由紀子）

マスツーリズム（mass tourism）

"大衆観光"と訳出されることが一般的に多い語である。いわゆる団体旅行がその形態を代表するものとして認識されていると思われるが，商品としての観光旅行の，大量消費を前提とした大量生産といっていいだろう。この起源については，近代旅行業の創始者と目されているイギリス人牧師T.クック（1808-92）が，1841年に禁酒同盟の大会に参加する会員五百数十名を，鉄道会社と交渉して団体割引による貸切列車に乗車させて挙行したエクスカーション（小旅行）に求めることができる。そしてその後，クックは息子のジョンとともに，1845年に世界で最初の旅行代理業社であるトーマス・クック社を設立する。このような観光の形態が普及していった背景としては，生産力の向上とそれに伴う社会経済の発展や交通網・交通手段の整備，発達があったことはいうまでもないが，この享受者としての担い手が，いわゆる支配階級や資本家階級ではなく，何よりも大衆としての一般市民，あるいは柳田國男（1875-1962）のいう常民であったことを見逃してはならない。苦役や強制による移動ではなく，愉しみを伴う旅行を可能にした社会における自由度の拡大と可処分所得の増大なくしては成立しえなかったのがこのマスツーリズムであり，これが扉を開けることになった観光市場の形成と近代観光産業なのである。→オルタナティブツーリズム　　　　　　　（井口　貢）

まちづくり

地域社会をハードウェア，ソフトウェア，そしてヒューマンウェア（これについては，とりわけ地域を担うことのできる人材の育成が重要である）といった側面からよりアメニティに富んだものへと向上させて，心豊かなくらしを実現していくための総合的・学際的にして"持続的な活動"である。たとえそれが"運動"に端を発するものであったとしても，"持続的な活動"に展開していかない限り，まちづくりとは呼べないだろう。また基本的に，住民と地域が主体的となって自らのために行う活動であり，来訪者を誘致することを目的化する活動では決してない。→アメニティ，村おこし
　　　　　　　　　　　　（井口　貢）

まちづくり観光

地域が主体となって取り組まれたまちづくりが一定の成果を収め，住民の構成するさまざまな主体が地域を舞台にいきいきと共生しているようなまちを訪れることで交流を進めた来訪者が，自らの地域にその成果をフィードバックすることができるような観光のあり方である。ここにおいて，地域資源と住民の定住環境，そして来訪者の満足度は調和のとれた関係で鼎立しており，ふるさと意識の醸成や生きがいづくり，持続的な地域資源の活用による観光振興と地域の活性化，豊かな定住環境とリピーターの創出などが期待できる。→界隈　　　　　　　　　（井口　貢）

まちづくり条例（Community Regulation）

地域のまちづくりを目的に，地方自治体が独自に手続きやルールを条例化し定めたもの。条例整備には住民が参加して意見を出し合い，地域資源を活用した地域振興策や住民のまちづくり活動に対する支援策（専門家派遣や資金援助など）をつくる。ただし，憲法や「地方自治法」は，「法律の範囲内

で」および「法令に違反しない限り」という条件に基づき，地方自治体に自主立法権を認めている。つまり法令と同一の対象において，法令と同一の趣旨や目的で，法令より厳しい基準や規制を設ける条例の制定は難しい。このため，開発業者が国の法令に則った手続きを行うと，条例の効力は及ばないことになる。これを防ぐには，国の法令と条例を連携して用いる。たとえば，地区計画制度を導入した場合，協定手続きを条件にしたり，開発行為に対する土地利用制限や事前届け出制などを条件にしたりする。→中心市街地活性化法，町家，NPO　　　（山本壽夫）

町並み保存　⇨伝統的建造物群

町　家

しばしば京町家という表現が取られるように，京都を舞台に町家とその再生利用が一種のブームとなっている観がある。しかし本来は京都特有のものではなく，古い町並みのなかに軒を連ねるようにして密集する住居の形態をいう。俗にいう"うなぎの寝床"がそれを的確にあらわしている。西陣を中心に展開しはじめた京町家再生の流れは京都市内に広がり，さらには町家再生活用のブームは全国に及んでいくことになる。若者や観光客をひきつけてやまない町家から，地域の気候風土に適合した生活の知恵や地場産業の過去・現在・未来などにいたるまで学ぶべき点は多く，それを認識していくことが町家をも文化観光の資源としていくことにつながる。　　　（井口　貢）

まつり

本来の"祭り"とは，地域社会における生産やくらしと信仰のなかで生まれ継承されてきたものである。日本民俗学でいう"晴（ハレ）"の時空で重要な役割を果たすのが祭りであり，"褻（ケ）"の時空で単調な日常の生産活動を強いられる常民にとっては，消費・蕩尽が許される年に数度の地域イベントであった。しかし，高度経済成長期以降の都市化の急激な進展によって，ハレの日常化が進み，いたるところで広義の"まつり"がイベントとして開催されている。信仰とは関係がないところでつくりだされ，来訪者の創出を目的とした観光イベント型のまつりも現代では少なくない。→縁日，おまつり法　　　（井口　貢）

マルチメディア（MM）端末

コンビニエンスストア各社に設置された各種興行チケット，各種旅行商品，航空券，宿泊券，各種入場券などの販売，自動車学校入学の申し込みなどに利用できる多機能の情報端末のこと。1997（平成9）年6月にコンビニエンスストアでの主催旅行商品（現在は募集型企画旅行商品という）の販売が解禁されたが，これは運輸省（現国土交通省）が旅行会社の「営業所」の範囲にコンビニエンスストアの情報端末も含まれるという解釈で規制を緩和したことによる。こうした流れを受け，大手旅行会社はコンビニエンスストアでの旅行商品の販売に本格的に取り組みはじめた。　　　（高橋一夫）

漫　遊　⇨物見遊山

み

ミールクーポン（meal coupon）

クーポンとは，綴り込みまたは切り取り式の各種切符や証票類のことをいう。したがって，ミールクーポンは食事のための切り取り式の券（食事券）ということになる。実際の利用には，このクーポン券を発行した旅行業者，ホテル，レストランなどが，利用箇所・料理メニューなどを指定し，旅行客へ事前販売することによって，そのクーポン券が利用される。これにより，団体旅行であっても旅行者は個人行動中に自由に，指定箇所で食事をすることができるという利便性がある。同義語でミールチケット（meal ticket）という場合もある。　　　　（甄江　隆）

「水」の記念日

「水の日」8月1日。1977（昭和52）年，国土庁（現国土交通省）が「限りある水資源を大切に」という主旨のもとに制定した。また，この日を初日とする8月1～7日の1週間を，水の貴重さや水資源開発の重要性に対する国民の関心を高め，理解を深めるために「水の週間」と定めている。なお，この1週間は「観光週間」でもある。「水の都」や「水都」など水や水辺の環境を活用した観光地は各地にあり，各種の水にかかわる行事が開催される。1998（平成10）年，「水」に由来する清水寺という名称の寺院で結成された全国清水寺ネットワーク会議（81か寺）では，水や心を清くして社会に貢献しようという主旨のもと4月3日（しみず）を「みずの日」と設定，京都市の清水寺で記念行事を行っている。また1992（平成4）年の第47回国連総会本会議で，翌年から毎年3月22日を「国連水の日」とすることが決議された。→水郷　　　　　　　　（北川宗忠）

道の駅（michinoeki）

道路利用者のための「休憩機能」，道路利用者や地域住民のための「情報交流機能」，そして道の駅によって地域と地域が手を結び活力ある総合的な地域づくりをともに行うための「地域の連携機能」，といった3機能を併せもつ休憩施設で，地域情報化の拠点として位置づけられている。国土交通省所管の支援制度のうち，「道の駅整備事業」に相当する。事業目的は，近年，広域交流やレジャーを求めて長距離のドライブが増え，また女性や高齢者ドライバーも増加するなかで，道路交通の円滑な流れを支えるために，地域とともに個性豊かなにぎわいの場を提供しようとする共通コンセプトで整備される施設である。現状の道の駅は，地域の連携機能を担う際に運営機能が脆弱であると考えられる。新たなヒト・コト・モノ・情報の流入に際し，今後これらを蓄積し新たに活用することで地域づくりへ反映するための地域人材ネットワーク（市民起業家・学識経験者・自治体職員・NPO〔非営利組織の総称〕職員・地域住民などの連携）が必要になるだろう。→アンテナショップ，国土交通省，NPO
　　　　　　　　　　　　（山本壽夫）

ミッドナイトビュフェ（midnight buffet）

クルーズ客船で，深夜に出される食事。レストランに氷のオブジェが並び，各種の料理をシェフが説明してくれるような豪華なミッドナイトビュフェもある。料金は，クルーズ料金に含まれ

ている。　　　　　　　（池田良穂）
港　町
　港町とは「港のある町。港によって発展した町」のことである。わが国の歴史的都市を見ると、港町は、城下町、門前町、宿場町、市場町と並んで分類される。中世には、荘園の年貢物の積み出しや保管、販売の中心地として発達した。また、江戸期には、上方から江戸へは檜垣回船、樽回船などが、上方と蝦夷地とは北前船が活躍し、全国の物産を輸送した。そして堺・兵庫・尾道・博多・小浜・敦賀・函館などが急速に発展した。1858（安政5）年の米・蘭・露・英・仏5か国との修好通商条約に基づいて開港された神奈川（横浜）・函館・長崎・兵庫（神戸）・新潟は、外国貿易のために開かれた港町である。外国への窓口となったため、これらの町には国際性、異国情緒、ハイカラ文化・風俗・世界各国料理など、さらに海という開放的な空間の存在により、非常に快適で魅力ある都市観光地となっている。　　　　（中尾　清）
ミニ西国
　平安時代、観音霊場めぐりの端緒となった西国三十三所巡礼の影響を受けて、その後各地で設定された「西国巡礼」の地方版をいう。ミニ西国の存在は中世から見られるが、全国各地に影響が見られるのは江戸時代初期以降である。その形態は、比較的広域の一国（摂津国西国）・一郡（明石郡西国）・一村（彦根地廻り西国）など小型西国巡礼といえる仏堂めぐりから、一所・一山・一寺にまとめて札所観音が祀られるもの、石仏まで、さまざまである。明治時代の廃仏毀釈や寺院の荒廃もあって変化が著しいが、近年の復興や新設を含めると仏堂巡礼だけでも500以上のミニ西国がある。→巡礼さん、西国巡礼　　　　　　　（北川宗忠）

ミニ四国
　江戸時代、伊勢参宮や社寺めぐりが隆盛となるなか、「四国遍路」の影響を受けて、全国各地で設定された弘法大師信仰の地方版をいう。江戸時代後期に設定されたものが多いのは、ミニ西国の影響が大きいと考えられるが、現在においても各地でお大師めぐりが行われている。→巡礼さん、お遍路さん　　　　　　　　　　　（北川宗忠）
ミネラルウォーター（mineral water）
　「食品衛生法」では、「水のみを原料とする清涼飲料水」をいい、鉱水のみのもの、二酸化炭素を注入したもの、カルシウムなどを添加したものと定義している。ミネラル（カルシウム・マグネシウム・ナトリウム・カリウムなど）成分を多量に含んでいる水（鉱水）のことをいい「鉱泉水」ともいう。わが国の市場にミネラルウォーターが登場したのは、1880年代に神戸や横浜の居留地、ホテル向けに販売された瓶詰め「スパークリングミネラルウォーター」であるといわれている。家庭用では、1983（昭和58）年に登場した「六甲のおいしい水」である。農林水産省の飲用水ガイドラインでは、「食品衛生法」に基づき、①ナチュラルウォーター、②ナチュラルミネラルウォーター、③ミネラルウォーター、④ボトルウォーター、の表示をしている。近年、海のミネラルを多量に含んだ「海洋深層水」、また「温泉水」などの名称で販売されているものもある。
　　　　　　　　　　　（北川宗忠）
みやげ
　旅行の記念に旅行先で購入するその土地を印象づけるもの、産物。一般に「土産」と書く。古くは宮笥、宮下と称するもので、いずれも神仏詣での際に供えられた神饌（米・酒・野菜果物・塩・水などの供物）を参拝後に分

かち，飲食をする直会（なおらい）に由来する。神饌には，その土地の産物を供えるところから，神仏のお下がり（宮下）を「土産」というようになった。江戸期の伊勢参りのみやげは，伊勢神宮「宮下」の御守り札であったが，その後の都見物で京扇子などの「土産」物を故郷への「みやげ」にした。なお，旅道中の団子は，茶店の名物であったが，土産団子はなかった。土産団子というのは野辺送り（葬送）の際のものであった。現代の「みやげ」には，その土地のもの，地場産品に関係ないものも多い。「みやげ」の本来もつ意義を保護するため，全国観光土産品公正取引協議会や全国観光土産品連盟では，それぞれ「認定証」「推奨品」マークを作成，公正，適正な観光土産品の提供の推進，普及を図っている。
（北川宗忠）

民間航空記念日 ⇨空の日

民芸品

民衆的工芸品の略称で，生活のなかから生まれ，伝えられてきた郷土色の強い実用的な工芸品をいう。大正時代以降，生活実用品に素朴な美しさを見出す民芸運動のなかで注目されはじめた。伝産法（「伝統的工芸品産業の振興に関する法律」）でいう伝統的工芸品と類似するが，優れた技術・技法や美術性よりも，素朴さとか実用性を重視する点で区別される。最近では民芸品の観光土産化が見られ，地域イメージはあるが伝統的でない土産物を民芸品と称していることもあり，なかには非実用的なものも多い。→伝統工芸品，みやげ
（白石太良）

民　宿

宿泊業のなかの業態の1つである。観光が一般化する過程で，観光者に対して不足する宿泊施設を臨時的にカバーするためにはじまったのが民宿であるといわれている。各地域でしだいに農家や漁家がサイドビジネスとして開くようになった経緯があり，1960年代からは大規模化が進んだ時期であった。最近では，グリーンツーリズムの流れを受けて，農家による民宿が注目されるようになった。しかし，従来のような家族と交流する場面は少なくなってきているといえる。→グリーンツーリズム
（吉原敬典）

民　族（a nation）

言語・宗教・風俗・習慣などの文化的共通性によって区分された人類の集団をいう。体質的特徴による集団をさす人種，政治的集団である国民とは分類基準が異なる。もっとも，文化的なすべての要素を考慮した分類は困難で，文化的な諸要素が絡み合い長い歴史的過程を経て形成された集団と考えるのがよい。民族は共通の帰属意識で強く結びついているため，時には他の民族と対立して戦争が勃発することもある。しかし，衣食住をはじめとして芸能や行事，風習などそれぞれの民族が各地に生みだした独特の生活文化は，重要な観光資源となっていることも多い。→宗教観光
（白石太良）

民俗資料

庶民が日常生活のなかで生みだし，生活文化として継承されてきた有形・無形の文化財をいう。「文化財保護法」では民俗文化財と呼び，「衣食住，生業，信仰，年中行事等に関する風俗慣習，民俗芸能，民俗技術及びこれらに用いられる衣服，器具，家屋その他の物件で我が国民の生活の推移の理解のため欠くことのできないもの」（「文化財保護法」第2条第3項）と規定している。そのうち特に重要とされる重要有形民俗文化財205件，重要無形民俗文化財252件を国が指定しているが（2007年現在），ほかに都道府県や市町村が指定したもの，指定されていないが民間で受け継がれているものなども

多い。→民俗資料館，年中行事
(白石太良)

民俗資料館（folklore museum）

民俗資料の収集と記録，保存，展示，報告などを行う施設をいい，社会教育機関の1つに位置づけられる。歴史民俗博物館，民俗文化センターなどさまざまな名称で呼ばれ，運営組織では国立から県立，市町村立，私立まで多様である。多種類の民俗資料を総合的に扱う施設が多いが，玩具博物館や鬼の資料館などのように特定のテーマに特化したものもある。各地の民俗研究の中核となるほか，観光施設となっているものも少なくない。→民俗資料，民俗文化財
(白石太良)

民俗文化財

「文化財保護法」により，衣食住・生業・信仰・年中行事などに関する風俗習慣，民俗芸能（無形の分野），およびこれらに用いられる衣服・器具・家屋その他の物件（有形の分野）で，わが国民生活の推移を理解するため欠くことのできないものをいう。文部科学大臣は，無形の民俗文化財のうち特に重要なものを重要無形民俗文化財に，有形の民俗文化財を重要有形民俗文化財に指定することができる。生活・習慣の変化などにより失われていく歴史・文化資源を観光資源として活用したり，展示公開するなど保存・保護意識の高揚が求められている。→文化財保護法
(北川宗忠)

民　話（folk tale）

民間で口伝えに語り継がれてきた話の総称で，説話ともいい，民俗学では口承文芸と呼んでいる。狭義には昔話をさすが，広義には伝説や世間話を含めた意味に用いる。昔話は「花咲か爺さん」のように漠然とした場所と時代の出来事の物語であり，伝説には温泉の起源などのような事象・事物の由来を説明する話が多い。民話の存在は重要な観光資源で，「遠野物語」で知られる岩手県遠野市にその例を見ることができる。昔話が伝説化して関係する場所が観光名所となった例としては，「桃太郎」伝説と結びついて各地に見られる鬼ヶ城がある。民話には，新しく生まれた現代伝説（都市伝説）を含むこともある。→民俗資料，民俗資料館
(白石太良)

む

無形文化財

「文化財保護法」により，演劇・音楽・工芸技術・その他の無形の文化的所産「わざ」の分野で，わが国にとって歴史上，芸術上価値の高いものをいう。文部科学大臣は，無形文化財のうち重要なものを重要無形文化財に指定することができる。指定にあたっては，その保持者（個人）や保持団体を認定しなければならない。重要無形文化財の保持者（個人）は，わが国の伝統芸術や伝統工芸の技能に卓越した「わざ」に優れた人が認定され「人間国宝」と呼ばれる。1955（昭和30）年に，はじめて30名が選ばれた。現在，人間国宝は110名（2007年現在）が指定されている。→文化財保護法
(北川宗忠)

村おこし（movement of revitalizing local community）

わが国の工業化と経済の高度成長は，一方では地方の産業経済の衰退と過疎化という社会現象をもたらした。このことは日本の社会構造に大きな影響を

与えかねないという認識から起こった，地方の地域振興により豊かで快適な地域社会を創造するという事業活動を村おこしという。特に中小企業庁により「地域小規模事業活性化推進事業」が取り組まれ，この事業を「村おこし事業」といっている。事業内容は市町村，地域関係団体，地域住民などの協力のもとに地域の特産物，未利用資源，観光資源などを活用し，内発的な地域産業おこしを図り，地域に新たな事業機会を創出することにより，その活性化と地域振興に寄与することを目的としたものである。→まちづくり，一村一品運動　　　　　　　（末武直義）

め

名勝

「文化財保護法」による名勝（特別名勝）の指定地には，自然観光資源主体の名勝と人文観光資源主体の名勝がある。自然観光資源主体のものには，河川（保津川：京都府）・瀑布（白糸の滝：静岡県）・湖沼（十和田湖および奥入瀬渓流：青森県・秋田県）・海浜（舞子の浜：兵庫県）・松原（美保の松原：静岡県）・山岳（富士山：静岡県・山梨県）・峡谷（黒部峡谷：富山県）・花の群落（月ヶ瀬梅林：京都府）などがあり，人文観光資源主体のものには，寺院庭園（龍安寺庭園：京都府）・大名庭園（兼六園：石川県）・邸宅庭園（依水園：奈良県）・公園（奈良公園：奈良県）・橋梁（錦帯橋：山口県）などがある。重要な観光資源となるものが多い。国指定の名勝は308，うち特別名勝は29（2007年7月現在）ある。→文化財保護法

（北川宗忠）

名所旧跡 (places of scenic beauty and historic interest)

一般的に，優れた景色または歴史上の事件や事物のあったところなどで名高い場所をさす。最近では，人気ドラマの撮影ロケ地，都会に新設された遊びのスポット，新たに発見された遺跡などが名所旧跡化する。また，名所旧跡と観光の関係は歴史的に古く，古代ローマ国内の道路網が整備され，小アジアやエジプトの遺跡旅行が行われた。近代にいたり，1866年にイギリスでアメリカの南北戦争の戦場跡地をめぐる観光旅行が行われ，1869年にスエズ運河が開通するとエジプトの遺跡観光旅行が本格化し一般大衆化した。日本では東海道などの街道整備以後，江戸後期にいたり名所旧跡をめぐる観光旅行が大衆化する。江戸後期に歌川（安藤）広重の名所図会に描かれた名所旧跡は点として認識されていたが，大正から昭和にかけて吉田初三郎の鳥瞰図に描かれた名所旧跡は鉄道網という線で結ばれ，短期間でめぐることのできる地域観光資源となった。昨今では，豊かな生活・高度な生活水準および高速交通網の整備などを背景に，名所旧跡の多様で複合的な開発・利用が求められているほか，火山や地層などの地球資源かつ地域資源が注目を集めつつある。→観光開発，風景条例，『日本風景論』，名所図会　　（山本壽夫）

名所図会

現在の観光ガイドブックに相当する江戸時代にベストセラーとなった刊行物。名所案内記の一形式で，京都や江戸，および諸国の名所旧跡や風景，社寺の沿革などを絵入りで紹介した冊子

本。各地の案内書の原型は，17世紀後半に京都や江戸・大坂（大阪）で出版された『京雀』『江戸雀』『難波雀』の三雀などにあると考えられるが，名所図会としては『京都名所図会』（1780年刊）が最初である。『京都名所図会』は，大坂（大阪）の風景・風俗を活写し『浪花のながめ』（1778年）で健筆をふるった竹原春朝斎が挿し絵248枚を画き，『花洛細見図』（1704年）の折本（15帖）を参考にして秋里籬島（舜福）が編纂した。刷本に表紙と綴じ糸を添えて売ったというほどの売れ行きで『本派本願寺名所図会』（1902年）にいたるまで名所図会は60余種刊行された。　　　　　　　　　（北川宗忠）

メガキャリア（mega carrier）
　メガ（mega）は「大きい」あるいは「100万倍の」などの意味を有する接頭語で，ギリシア語（megas）を語源とする。一般的には大手航空会社をメガキャリアと称する場合が多いが，客観的な指標としてはアメリカでは1981年以降，航空会社の収益規模による分類方法を導入しており，有償運航収益が10億ドル以上の航空会社の総称を，メガキャリアとしている。
　　　　　　　　　　　　（杉田由紀子）
メガクルーズ客船（mega cruise ship）
　1980年代末から次々に登場した7万総t以上のクルーズ客船をメガクルーズ客船と呼ぶ。旅客定員は2500〜3500名，乗組員1000〜1500名にも及ぶ。ただし，その後クルーズ客船の大型化が急速に進み，16万総t以上の船もあらわれるようになっており，このメガクルーズ客船の定義も古くなりつつある。
　　　　　　　　　　　　（池田良穂）

メッセ（messe）
　見本市をあらわすドイツ語のこと。一定のテーマのもとに開催される見本市や展示会に，企業や団体が自社の製品・技術・サービスなどを出展し，来場者に対して，それらの価値を紹介し商談成立に結びつけるように働きかけるビジネスの場である。　　（高橋一夫）
メディア販売
　1980年代の後半から新聞や雑誌での広告による非来店販売が取り扱いを拡大した。これがメディア販売である。メディア販売は店舗の必要性を排除し，新聞または旅行雑誌（『じゃらん』など）への広告でツアーを募集する通信販売の形態のことである。メディア販売の手法を積極的に活用して，新興の旅行会社はシェアを伸ばしてきた。しかし，大手の旅行会社（近畿日本ツーリストの「クラブツーリズム」，阪急交通社の「トラピックス」，JTBの「旅物語」など）が本格的にメディア販売に参入したことで，その環境には大きな変化が起きた。また，メディア販売では一時に企業体力以上に取り扱いが膨らむが，マーケットが低迷すると多額の広告宣伝費や取り扱いに合わせて増員した社員人件費などのコストをまかないきれなくなり，資金繰りの悪化から倒産に追い込まれるケースもある。　　　　　　　　　　（高橋一夫）
免税店（duty-free shop）
　出国する旅行者が各種課税（関税，内国消費税，州税，酒税など）を支払わずに，商品を購入することができる店。国際空港や国際港湾のターミナルビルに入店していることが多いが，市内に店舗があることもある。購入時には航空券などの提示が求められる。→関税法　　　　　　　　　（山脇朱美）

も

モーターロッジ（motor lodge）

車を利用した宿泊客向けの宿泊施設の1つ。アメリカでは駅馬車から車の時代に入り、車で旅行する人々のためにロードサイドに誕生した簡易宿泊所。モテル（motel）と同意語。この類型の1つにモーターホテル（motor hotel）があり、こちらはそれよりは高級な宿泊施設。　　　（井村日登美）

モータリゼーション（motorization）

自動車の急激な普及に伴って、社会構造が変化していく現象である。これによって、都市居住者のみならず農村居住者においても、生活の利便性・快適性の向上が図られる。しかし一方で、自動車公害の発生、道路交通混雑の増大、交通事故の多発といった直接的な影響が顕著になり、社会問題となっている。さらに、自動車の利便性が向上した結果、広い駐車場を備えた大規模小売店の郊外への転出が容易になり、それにより中心商店街の衰退に拍車がかかってきている。　　　（和田章仁）

モーニングコール

ホテルが宿泊客の求めに応じて提供する電話による「目覚しサービス」のことで、一般に電話交換手が行うが、小規模ホテルやビジネスホテルではフロントクラークが担当する。宿泊客自身が行う「目覚し」は、近年の日本のホテルではかつての時計にかわって、電話器を操作するコンピュータシステムによって行うホテルが増加している。なお、わが国ではモーニングコールというが、欧米など外国ではウェイクアップコール（wake-up call）と呼ばれる。　　　（芝崎誠一）

モール（mall）

都市の中心商店街において、単に通行のためではなく、そこに集まる人々が憩い・遊び・集うためのベンチや花壇あるいはモニュメントなどの装置を備えた魅力ある空間のことである。モールの語源は「樹陰のある散歩道」であり、緑あふれる快適な空間という意味がある。最近はショッピングモールをさすことが多い。この代表例としては、海外ではアメリカのミネアポリスにおけるニコレットモールやドイツのミュンヘンモール、国内では旭川市の平和通買物公園および横浜市のイセザキモールがあげられる。

（和田章仁）

持ち込み料

ホテルや旅館の利用客が施設の用意する物品やサービスを利用せず、自分たちで調達する場合に規定の料金を課すことをいう。たとえば結婚式の場合、ホテルや旅館と契約していない衣裳や美容・着付け、引き出物などを利用する場合に支払う料金で、それらを特別に保管する意味で保管料ともいう。施設によっては持ち込みを認めないところもあり、施設が用意した物品やサービスの利用促進につなげる働きもある。

（井村日登美）

モチベーション（motivation）

モチベーションは、一言でいえば「やる気」であり「意欲」のことである。モチベーションに関する議論には2つの流れがあって、1つは人間はそもそもどのような欲求をもっているのか、に焦点をあてた議論である。もう1つはなぜ欲求が起こるのか、人はどのような過程を通じて行動を起こすの

か，に焦点をあてた議論がある。前者については，A.H.マズロー（1908-70）の欲求5段階説やF.ハーズバーグ（1923-2000）による動機づけ・衛生要因理論などがある。また後者についてはV.H.ヴルーム（1932- ）やE.E.ローラー（1938- ）による期待理論などがある。観光に適用すると，特に観光を目的として自らの意思でどこに行くのか，の選択に関する点は大きくモチベーションに関係している。また観光者の欲求を充足するような刺激が加わることによって観光行動への意欲が高くなるといえる。したがって，観光者の欲求を客観的に認識することが必要である。　　　　　（吉原敬典）

モテル（motel）

主に自動車旅行者を対象にした簡易宿泊施設の総称。日本においては，自動車利用により，異性を同伴して宿泊・休憩する施設のことをさす場合もある。　　　　　　　　　（住木俊之）

モニュメント（monument）

戦勝記念や歴史上の出来事など，何かを記念するためにつくられた碑や建造物をいう。この例として，パリにおけるコンコルド広場のオベリスク，シャルル・ド・ゴール広場（エトワール広場）の凱旋門，パリ万国博覧会記念のエッフェル塔およびニューヨークのマンハッタン島の自由の女神像などが有名である。また，これらの多くが比較的大きな碑や建造物であることから，目印となる景観要素であるランドマークやアイストップになることが多い。→ランドマーク　　　（和田章仁）

モノクラス船（mono-class ship）

最近のクルーズ客船は等級が1つだけのものがほとんどで，モノクラス船と呼ばれている。船内サービスはすべて同じであるが，クルーズ料金の違いはキャビングレードの違いによっている。ただし，現在でも，モノクラスながら使用するキャビンのグレードによってレストラン，サービスに格差をつけている船も高級船のなかにはあるが，しだいに珍しい存在になっている。
　　　　　　　　　　　　（池田良穂）

物見遊山

各地の名所旧跡などを訪ね歩くことで，現在の「観光旅行」の原形といえる。「物見」とは名所や人でにぎわう場所に出かけること，また見るだけの価値のあるものをいい，「遊山」はよそへ遊びに行くこと，気晴らしに遊びに出かけることをいう。古くからこの形態は見られ，16世紀はじめに成立の仮名草子『犬枕』に「遊山見物」という言葉が見える。伊勢参宮などの社寺参詣の旅の隆盛も，その後の物見遊山に期待したからで，江戸幕府も『慶安御触書』（1649年）で「物まいり遊山ずきする女房は離別すべし」と統治した。→観光，行楽　　　　（北川宗忠）

門前町

中世末期以降，有名な社寺の前には参詣する人々を相手にした旅籠屋，茶屋あるいは土産物屋などが軒を並べ，にぎわいのある集落が形成された。厳密には，寺院の門前に形成された町を門前町といい，神社の鳥居の前に発達した集落を鳥居前町あるいは鳥居本町と呼んで区別している。前者の例は延暦寺の坂本，善光寺の長野であり，後者の例は伊勢の宇治山田，京都愛宕神社の嵯峨鳥居本がこれにあたる。なお，参拝した人々が泊まる寺院の宿泊所は，一般の宿屋と区別して宿坊と呼ばれている。→伝統的建造物群　　（和田章仁）

や

夜景 (night view)

夜景とは，文字通り「夜の景色」のことである。

1950年代から70年代前半，六甲山・摩耶山から見る神戸と阪神間の夜景を「百万ドルの夜景」といった。当時は，1ドル360円の時代で，阪神間の夜景を彩る電気代の合計が，100万ドルだったところから，このようにいわれた。その後，赤・青・黄・緑・白と色とりどりの無数の宝石を散りばめたような光の美しさに，誰いうことなく「一千万ドルの夜景」に昇格し，現在にいたっている。

このほかに，函館山から見る函館の夜景，稲佐山から見る長崎の夜景が特にすばらしく，六甲山・摩耶山から見る神戸と阪神間の夜景の3つを「日本三大夜景」という。

近年では，横浜のランドマークタワーのような高層ビルから見る都市の夜景が新たに加わり，また，神戸のルミナリエ，札幌のホワイトイルミネーション，長崎のランターンフェスティバルなどで演出される「光の芸術」，明石海峡大橋・レインボーブリッジなどの橋の電飾や各地で盛んになっている建造物のライトアップなどによる，身近な夜景も都市観光の魅力的な資源となっている。
→ライトアップ　　　（中尾　清）

屋敷林

田園風景が広がる農村において，屋敷の周囲に植えられた雑木林のことである。この屋敷林は風や雪または日差しから屋敷を守るだけではなく，その落ち葉などが堆肥や燃料となっている。一方で，高い樹木は広大な田園内における屋敷の存在を明らかにし，訪問者に対する道筋を示している。また，広い水田のなかに屋敷林をもった農家が点在している風景は散居村と呼ばれ，その様は海原に浮かぶ多くの小さい島々を連想させる。　　（和田章仁）

約款

契約においてその内容を定めた条項。あらかじめ契約内容を定義づけることによって取引を迅速化し，安全性を高めることにつながる。宿泊施設と宿泊客が締結する内容について定めたものを宿泊約款という。宿泊施設があらかじめ定型的に設定している。約款に定めのない事項においては法律や一般的な規定によって判断する。不特定多数の人々が利用するホテルや旅館においては宿泊契約時に約款を見るケースはなく，その内容は客室に備えてあるステイショナリーブック（封筒や便箋，ハガキなどと一緒になった冊子）のなかにあるケースが多い。これと合わせて利用規則が備えられている。約款の内容は宿泊施設が決めるのが一般的だが，宿泊客を保護する意味から行政機関の認可を必要とする。また「国際観光ホテル整備法」による政府登録ホテルや旅館を対象に国土交通省が「モデル宿泊　約款」を作成している。旅行約款は旅行会社と旅行客との間で取り交わす契約であり，ツアーのパンフレットなどに記載されている。

（井村日登美）

宿　帳

　旅館などの日本の伝統的な宿泊施設で，宿泊客の氏名や住所を記載した名簿をいう。原則的に宿泊客自身が記入する。歴史の古い旅館では昔の宿泊客の名簿が残り，著名人の宿泊が確認で き貴重な文献の1つになりうることもある。最近ではホテルと同様にカード式の宿泊確認カードに記入するのが一般的になっている。→宿泊カード

（井村日登美）

ゆ
▽

遊園地 (amusement park)

　遊園地とは，一定の区域内に，ジェットコースターや観覧車などの遊戯機械・施設，食堂，売店などを配し，来訪客に各種のイベントやアトラクションを提供する屋外型娯楽施設のことである。レジャーランド，レジャーパークともいう。わが国では，祭りや行楽の際に神社仏閣の境内や広場などで行われた見せ物や移動型の娯楽設備にその源流が求められる。明治時代の浅草寺境内の花屋敷が最も早く遊園地的性格をもった。そして，大正期から昭和期にかけて東京や大阪の私鉄が営業政策の一環として沿線に開設している。たとえば，1911年に開設された温泉・レビューを主体とした宝塚新温泉（後の宝塚ファミリーランド）が，日本の近代型遊園地の祖といわれている。その他，東京の豊島園（1926年開設），関西のひらかたパーク（1910年開設），あやめ池遊園地（1926年開設），阪神パーク（1950年開設）などがある。場所も都心から近郊に移り，子供向け遊戯施設を中心に，日帰り主体で鉄道利用客の増大と一石二鳥をねらった。戦後，レジャーブームがやってくると，ヘルスセンターや水族館，プール，スケート場などを配置する大型の施設になった。また，ループコースターなどの絶叫マシンと呼ばれる機種が開発され，配置されると，子供だけでなく若者を中心に年齢層が広がり人気を呼ぶようになった。しかし，83年4月の東京ディズニーランドのオープン，その後のハウステンボスやユニバーサル・スタジオ・ジャパンなどのテーマパークの出現により，多くの遊園地は，営業不振に陥り，宝塚ファミリーランドやあやめ池遊園地，阪神パークなどは廃園に追い込まれた。→テーマパーク

（中尾　清）

有形文化財

　「文化財保護法」により，建造物および美術工芸品（絵画・彫刻・工芸品・書籍・典籍・古文書・その他の有形の文化的所産）の分野で，わが国にとって歴史上，芸術上価値の高いもの（これらのものと一体をなしてその価値を形成している土地，その他の物件を含む），ならびに考古学資料，およびその他の学術上価値の高い歴史資料をいう。文部科学大臣は，重要なものを重要文化財，重要文化財のうち特に価値の高いものを国宝に指定することができる。→文化財保護法

（北川宗忠）

ユースホステル (youth hostel)

　青少年に経済的にも質素で，規律正しい生活ができるように，親切な管理者をおいてサービスを提供する宿泊施設。ラテン語の Hospitalis に起源する Hostel は，中世ヨーロッパの「見知らぬ旅人」に無料で宿と食事の便宜を

与えてきた巡礼宿やわが国の遍路宿の形態に似ている。ユースホステルに宿泊しながら旅を続けるユースホステル運動は，1909年にドイツの小学校教員R.シルマンにより提唱され，世界に広まった。わが国では，1951（昭和26）年に日本ユースホステル協会（JYH）が誕生，13のユースホステル（YH）が設置された。国際ユースホステル連盟（IYHF）には，世界80か国1地域が加盟，世界におよそ5500，国内では320のユースホステルがあり（2007年），安心して利用できる国際交流のネットワークをもっている。

(北川宗忠)

遊覧船（sightseeing boat）

観光客の遊覧用として景勝地などの湖や河川，東京・大阪ベイエリアや港などで運航される船のことである。たとえば，琵琶湖（滋賀県）の外輪船，芦ノ湖（神奈川県）の海賊船のようなデザインが個性的な遊覧船，松島（宮城県）や山陰海岸などの景勝地における島めぐりの遊覧船，保津川（京都府）などの川下りの川舟，沖縄などの水中景観を探勝するためのグラスボート，「ぐるっと松江堀川めぐり」（島根県）に就航している橋の下を通る時に屋根を下げる工夫がしてある船，宴会目的に利用される屋形舟などがあげられる。また，ハウステンボスでは，歴史を体感できる咸臨丸や観光丸などの本格的な模造船もある。神戸港や横浜港などでは，グルメを味わい，音楽イベントなどを楽しみながら，港内からベイエリアをめぐるミニクルージングが楽しめる。このように遊覧船には，多様な種類と楽しみ方がある。→川下り

(中尾　清)

ゆとり社会

サービス消費社会にあっては，人間生活において効率性を必要以上に追求していく傾向があり，そのもとでは人と人の関係は機械的になり希薄化しているといえる。また，より速く，より安く，より多くのものを提供していく志向のなかには，心を働かせて頭脳を使うといった人間の特性がいかされず，精神的な余裕もなくなっていくことが考えられる。多くの場合，機能を提供しているのみで何のために働いているのかについてもわからなくなりつつあるといえる。このようなことを背景にして，「ゆとり」が重要視されているのである。ゆとりには経済的なゆとりと精神的なゆとりがあり，特に「潤い」「和み」「癒し」「寛ぎ」「安らぎ」「憩い」「温もり」「暖かみ」「味わい」「深み」などが感じられる精神的なゆとりを重視する社会のことである。→余暇社会，リフレッシュ休暇

(吉原敬典)

ユニバーサル・スタジオ・ジャパン（USJ）

（株）ユー・エス・ジェイ（2007年3月東京証券取引所マザーズ上場）によって運営されているハリウッドのムービーエンターテイメントをコンセプトとするテーマパーク。1993（平成5）年に大阪市が招請を決定し，此花区の臨海部の再開発地区で建設されることとなった。2001年3月から営業を開始し，初年度は1100万人を超える入場者があった。ユニバーサルスタジオの歴史は古く，1915年にカール・レムルが養鶏場の跡地に"ユニバーサル"という名の映画撮影所を開設し，1人25セントを支払って撮影所を訪れた人々にサイレント映画がつくられていく様子を見せて楽しませたのが起源であるといわれている。64年にはハリウッドにユニバーサルスタジオが開業し，オリジナル映画やテレビをベースとしたライブエンターテインメントを体験することができるようにテーマパーク化していった。90年にはフロリ

ダにも同様のテーマパークが開業している。→テーマパーク　　　（高橋一夫）

ユニバーサルデザイン（universal design）

　製品や建築あるいは都市空間が，できる限り多くの人々に使えるようにデザインされることである。すなわち，障害をもつ人々のために，特別にデザインされるのではなく，あらゆる人々にとって快適な社会生活を実現するためのデザインである。たとえば，両手親指が腱鞘炎になった時には，水道の蛇口やドアのノブを簡単に回すことはできなくなる。また，国外の見知らぬまちでは方角を示すサインを見て苦労することもある。このような場合は，蛇口やノブまたはサインなどのデザインの重要性を認識することになる。したがって，これらのデザインをあらゆる人々にとって最大限利用可能なように考えることがユニバーサルデザインである。　　　　　　　　（和田章仁）

輸入禁制品

〈法令により輸入が禁止されている品物〉

①麻薬，向精神薬，大麻，あへん，けしがら，覚せい剤およびあへん吸煙具。

②けん銃，小銃，機関銃，砲，これらの銃砲弾およびけん銃部品。

③爆発物。

④火薬類。

⑤「化学兵器の禁止及び特定物質の規制等に関する法律」第2条第3項に規定する特定物質。

⑥「感染症の予防及び感染症の患者に対する医療に関する法律」第6条第19項に規定する一種病原体等および同条第20項に規定する二種病原体等。

⑦貨幣，紙幣，銀行券または有価証券の偽造品，変造品，模造品および偽造カード。

⑧公安または風俗を害すべき書籍，図画，彫刻物その他の物品。

⑨児童ポルノ。

⑩特許権，実用新案権，意匠権，商標権，著作権，著作隣接権，回路配置利用権または育成者権を侵害する物品。

⑪「不正競争防止法」第2条第1項第1号から第3号までに掲げる行為を組成する物品。

以上のものを日本へ持ち込もうとした場合，「関税法」などで処罰され，品物は没収，廃棄処分となる。→文化財の国際的不正取引防止　　（山脇朱美）

よ
▽

ヨーロピアンプラン（European plan）

　食事代を含まないルームチャージ（室料）だけの宿泊料金をいう。これは，食事付きの宿泊料金設定が一般的であったアメリカ式の宿泊料金（室料と3食付き）設定と対比して呼ばれるようになった。このほか，宿泊料金設定にはコンチネンタルプラン（室料と簡単な朝食付き），フルペンションプラン（室料と2食または3食付き），ハーフペンションプラン（室料と2食付き）などがある。→アメリカンプラン　　　　　　　　　　　　（甄江　隆）

余暇時間（leisure time）

　一般的に，余暇時間と自由時間は同義語として扱われている。労働との相対的な関係から「余暇」が使われてきたが，労働＝高価値，余暇＝低価値の通念を払拭するために「自由時間」を

余暇 (Schole)

余暇の概念は，経済学のなかに出てくる「労働」に対置する言葉であると考えてよい。したがって，労働時間以外で自己の知識・教養を高めることを目的にして使用することが許されている時間のことであり，生きがいを創造する時間としてとらえられる。英語のleisureは同義語である。当初は残余の時間というように消極的な意味をもっていたが，能動的で積極的な意味をもった言葉として考えられるようになった。なぜなら，leisureという言葉が，ラテン語のOtim（オティム：何かをしなくてよいという意味）とSchole（スコーレ：自己の知識や教養を高めるという意味）に語源をもっているからである。また，産業社会が進展するにつれて楽しみとしての余暇活動が受け入れられるようになったのである。観光は，先進諸国においては最も支持されている余暇活動の1つであるといえる。　　　（吉原敬典）

用いることが多い。余暇時間を増加するには，余暇活動を充実することが重要である。しかし，『レジャー白書2005』（2004年調査）によれば，余暇活動への参加人口数の多い種目の上位10位は，外食，国内観光旅行，ドライブ，カラオケ，ビデオ鑑賞，宝くじ，パソコン，映画，音楽鑑賞，動物園・植物園・水族館・博物館の順番となっており，新たに魅力的な余暇活動をつくりだす必要性が生じている。そのためには，現在日本人が労働へ偏るライフスタイルを余暇時間重視型へシフトしなければならない。フランスが国主導で取り組んだ自由時間政策のように，日本においても余暇の啓蒙，実質的な長期余暇時間の創出を実現化する社会政策，環境整備が重要となる。なお映画鑑賞は，アニメのヒットや都市開発にともなうシネマコンプレックスの整備，郊外のロードサイドショップに併設することなどにより集客数が増加し回復傾向にある。→生活必需時間，遊び心，自由時間，余暇社会，余暇開発
　　　　　　　　　　　　（山本壽夫）

余暇社会 (leisure society〔leisure community〕)

生涯生活時間において，比較的に自由時間の割合が高く，生きがいを感じながら積極的に余暇活動を行うことのできる（地域）社会をさす。高齢社会が急速に進展する日本において，高齢者・生産年齢者・子供が連携しいきいきとした生活を営む余暇社会の実現は急務である。余暇社会を生みだすには，第1に各地域において自己実現を図ることのできる余暇活動の創造が重要である。自分自身の趣味や興味から出発してコミュニティを形成し，コミュニティ活動から地域活動へ向かう。既成の余暇活動よりも，自分たちでつくるオリジナルな余暇活動が自己実現や生きがいを築く。このような余暇活動の創設・運営・管理において，国や自治体が啓蒙活動・社会政策・環境整備などの支援を行う必要がある。第2に，祭りのような非日常的なイベントを各地域で定期的に日常生活に取り入れ，地域社会に余暇のリズムを生みだす。そのためには神社仏閣を基点に，年度祭りとは別に，月に2～3回ぐらいの割合で植木市・お茶会・露店市などを開催し，地域住民の交流や地域活性化を行う。そして，地域活動の一環として商店会・自治会・子供会・老人会などが連携して運営を図るほか，地方自

余暇開発 (development of leisure)

　余暇は，自分の自由に使える余った時間，ひま，いとま，といった意味があり，労働と相対的な関係をもつ。このため余暇開発は，生涯生活時間において自由時間を獲得する活動であり，また自由時間の活用を開発する活動である。T.ヴェブレン(1857-1929)がその著書『有閑階級の理論』(1899年，岩波書店，1961年)で述べるように，自由時間は，生産労働から除外された特権階級のものだった。産業革命以降，科学技術の発達とともに，生産物の定期的なストックが可能となり，一般庶民が労働に携わらなくてもよい自由時間が生まれた。自由時間を得ると，次はその時間をどのように使うかが課題となる。現代社会は経済的に豊かだが，すべてに管理された均質な構造をもつ。労働と同じように余暇活動も標準化されパッケージ化されている。このため，多くの人々は，管理・運営されている標準的な遊びのパッケージ内で自由時間を過ごす。今後は，均質化，標準化，パッケージ化の概念を破り，本来の自由で創造的な余暇活動を獲得することが重要である。そこで，次の方法が示される。第1に，単位としての個人が何に興味を覚え，何をしたいのかを見出す。問題意識をもち，自分自身の内発的なエンジンを作動させなければならない。第2に，興味や趣味を共有できる友人たちとコミュニティを形成し活動する。コミュニティ活動を通じて興味を発展させ，潜在能力を呼び起こす。個人のアイデンティティが育成され，自己実現へ向かうことが可能になる。第3に，グローバルな視野（広く情報を察知する）で，ローカルな活動（具体的にできること）からはじめる。自分自身の趣味や興味に関係する地域活動を行う。この場合，地域の課題と自分自身の興味との整合性を図る。このように，余暇開発は自分自身の趣味や興味を突き詰めることで自己実現へ向かうが，他方で個人が余暇活動を通じて社会（地域）参加を進め，自己の興味に即した役割を担うことで自己実現へ向かう。→余暇時間，余暇社会，自由時間都市，遊び心　　　　　　　　　（山本壽夫）

治体が支援を行うといった地道な努力と仕組みづくりにより余暇社会の形成へと向かう。→自由時間，余暇時間，余暇開発　　　　　　　　　（山本壽夫）

余暇マーケット

　余暇（スペアタイム）とは労働に対置する言葉であり，聖なるものの反対の意味を含んでいた。遊ぶことに対する後ろめたさは国民が共通にもつ感情であったが，海外先進国の実状を知るにつれ，生活の質の向上のために「労働以外の時間をどう過ごすかがいかに大切か」を学ぶこととなった。現在では余暇に対して，自由時間という言葉を使うケースが増大している。余暇活動や自由時間活動というのは英語でいえばレジャーに相当し，観光やレクリエーションを含んで，かつかなり幅が広い。具体的な内容に即していえば，観光・レクリエーションにガーデニング，ギャンブル，趣味娯楽，外食やごろ寝など日常的な娯楽が追加されるというイメージである。余暇マーケットとはこうしたレジャーおよびそれを行う人々を総称するもので，また，関連物品の売上げから市場規模の測定も

行っている。データは経済産業省所管の(財)社会経済生産性本部が毎年『レジャー白書』を刊行して発表している。ちなみに2006(平成18)年の余暇マーケットの経済規模は、スポーツ、趣味・創作、娯楽、観光・行楽の4部門合計で79兆円と推計されている。

(小久保恵三)

予約確認証

ホテルや旅館の宿泊、宴会をはじめ旅先でのレンタカー、ゴルフ場などの予約が確実である証拠を示す証明書。一般に直接それらの施設や旅行代理店などで予約し、基本的に前金を支払い、発行してもらう。それを持参し、フロントに提出すると確かな予約者として確実に利用が可能になる。これは予約者にとっては確実な予約が成立している証しであり、安心することができる。一方、ホテルや旅館においては確実な予約者としてカウントでき、営業上、重要な役割を担うことはいうまでもない。また、ホテル・バウチャー(voucher)というものがあり、航空会社とホテルが契約し、飛行機が乗り継ぎや故障などで飛ばない場合など乗客をホテルに宿泊させるために発行するホテル利用券をいう。予約は航空会社から入れる。これはクーポン券と同意語に用いられることもある。→オーバーブッキング、オープンチケット、バウチャー

(井村日登美)

予約コード(reservation code)

航空会社間における予約業務のやりとりをスムーズかつ正確に行うため、相互の予約申込みとそれに対する回答や予約保持などの手順・方式を統一してコード化したもの。これらはAIRIMP(ATC/IATA Reservation Interline Message Procedures, ATC：米国航空運送同盟およびIATA：国際航空運送協会への加盟航空会社相互間の予約業務・通信の統一制度)に定められている。アルファベット2文字による略号であり、主なコードは次の3つに分類され、それぞれ代表的な予約コードは以下の通りである。①アクションコード(action code)としては、NN(便・クラスなどの予約申込み、Need)、FS(フリーセールス契約に基づく予約申込み)など、②アドバイスコード(advice code)としては、KK(予約可能)、KL(ウェイティング中の席が予約可能)など、③ステイタスコードとしては、HK(予約が確保・保持されている)、HL(ウェイティングリストに載っている)などである。航空座席の予約は、①予約申込み、②回答、そして③記録保持といった手順で、予約コードを使用して作成される。

(杉田由紀子)

ら

ライトアップ（light up）

夜間に歴史的建造物、噴水、庭園および橋梁などに投光照明し、夜景観にアクセントや変化をつけることであり、主にわが国で用いられる用語である。ライトアップの主な理由は、都市の夜ににぎわいを取り戻すため、昼間は周囲の大きい建築物によって目立たない歴史的な建築物や建造物などを夜間投光照明することにより、ランドマークとすることである。ライトアップの実施例としては、新潟の万代橋、京都の二条城、東京の東京駅や東京タワーであり、最近では大規模な橋梁もその対象となっている。→夜景　（和田章仁）

ライフスタイル（life style）

もともと社会学の分野で使われるようになった言葉である。その後、他の学問領域においても使用されるようになった経緯がある。この言葉が意味する範囲は2つである。1つは、広く生活様式として表現されるものである。行動様式や思考様式なども該当している。もう1つは、主に内面にかかわるもので人生観などの価値観や生きがいなどを含む内容である。明確な定義づけがあるわけではないが、広く生活全般に関する習慣や暮らしぶりなど、観光行動に影響を与える要素として重視されている。→観光地のライフサイクル仮説　（吉原敬典）

ラウンジ（lounge）

通常ホテルのロビーにあり、昼間の時間帯にはカフェラウンジ、ティーラウンジとして利用され、飲み物のほかにケーキや軽い料理が提供される。夜間になるとカクテルラウンジ（cocktail lounge）として主に酒類が提供される。バーと比べて、カウンター席よりテーブル席の割合が多い。また、ゆったりした肘かけ椅子が用意されていることが多い。　（芝崎誠一）

落書き

世相や特定個人などを風刺、攻撃した匿名文書を門塀に貼ったり、ばらまいたりした落書（らくしょ）から発生した言葉で、社寺仏閣や城郭などの白壁や柱などにおもしろ半分に文字や絵をいたずら書きすること。自然の樹木や天然記念物のサンゴなどにも落書きが見られる。世界的にも多くの観光名所に見られる社会現象で、ハイデルベルクの学生牢（ドイツ）やアンコールワット寺院（カンボジア）の落書きは、歴史的な落書きとして観光名所になっているが、観光対象の魅力を低下させるだけでなく、文化財の保護、自然資源の愛護意識の欠落とみなされ、モラルに反する行為として許されるものではない。　（北川宗忠）

ラムサール条約（Ramsar Convention）

1971（昭和46）年、ラムサール（イラン・イスラム）で開催の水鳥と湿地に関する国際会議で採択された条約で、重要な湿地を世界各国が保全することを目的としている。正式には「特に水鳥の生息地として国際的に重要な湿地に関する条約」という。締結国150か国、登録湿地は1579か所（2006年1月現在）である。わが国は、1980（昭和55）年、24番目の条約締結国となり、釧路湿原（北海道）が登録され、その後琵琶湖（滋賀県）や漫湖（沖縄県）など計16か所が登録されている（2006年2月現在）。　（北川宗忠）

ランドマーク (landmark)

ある地域のどこにいても，自分の位置を確認することができる目印となる象徴的な景観要素のことで，山，大きな独立樹，塔および高層建築物などをいう。この具体的な例として，パリのエッフェル塔，ニューヨークの自由の女神，東京における富士山や東京タワーおよびレインボーブリッジ，京都における比叡山や東寺の五重塔などがこれにあたり，人工物でも自然物でも対象となる。

このランドマークの考え方としては，都市の構造を認知しやすくするためのイメージについて研究を行ったK.リンチによってあらわされた。このなかで彼は，人々が都市空間をイメージする場合のエレメントをパス（道路などの通行路），エッジ（河川や境界），ディストリクト（地域や領域），ノード（交通の結節点）およびランドマークの5つであることを示し，ランドマークの意義づけを行った。

(和田章仁)

ランドオペレーター (land operator)

海外旅行を企画販売する全国の旅行会社から依頼を受け，その旅行先の現地の交通機関，ホテル，ガイド，レストランなどの手配を専門に行う旅行会社。旅行者と直接接点をもつことはまれであるが，現地での実際の対応を行う。ツアーオペレーターともいう。大手旅行会社は日本人旅行者の多い都市を中心に自社の在外支店をもち，それらの支店にランドオペレーション機能をもたせているところが多いが，自社での機能をもたない旅行会社は現地のランドオペレーターを利用することになる。逆に，訪日旅行においては日本の旅行会社が海外の旅行会社のランドオペレーターとなっている。また，業界団体として，「社団法人日本海外ツアーオペレーター協会」(Overseas Tour Operators Association of Japan：OTOA) がある。1974（昭和49）年に設立された海外ツアーオペレーター協会を母体として，91年に社団法人として設立された。会員は141社，賛助会員は77社（2007年4月1日現在）。ランドオペレーターを中心に構成された業界団体で，世界80か国，245都市，811拠点にネットワークが広がっており，現地の最新情報を入手して安全対策の提言，新しい旅行地の開拓，受入態勢の整備を図ることを目的としている。→ツアーオペレーター

(高橋一夫)

ランニングコスト (running cost)

建物や装置などを維持・管理・稼働するための費用をいい，維持管理費，営業費，運転資金などをさす。これに対してホテルや旅館など建物や装置を整備する費用をオフィシャルコスト (offcial cost) という。経営的には日々のランニングコストをいかに低減するかに工夫が凝らされている。

(井村日登美)

り

リコンファーム (reconfirm)

海外旅行出発後,降機地で旅客が行う予約済み航空座席の再確認手続きのこと。72時間を超える滞在地においては同地点発の予約済み便について,当該航空会社に対し,出発時刻の72時間前までに予約の再確認を行わなければならない。航空会社によってはリコンファームがされていない予約は,自動的にキャンセルされてしまうこともある。しかし,最近はリコンファームを不要とする航空会社が多くなっている。
(山脇朱美)

リザベーション (reservation)

(ホテルの客室や乗り物の座席などの)予約。→ブッキング,ダブルブッキング (住木俊之)

リゾート開発

わが国のリゾート開発は温泉観光地の発展,スキー場の通年化,別荘開発,海浜部でのリゾートホテル建設など,さまざまなタイプがあるが,基本的にはホテル事業者にしても別荘開発事業者にしても,個々の開発に専念し,複数の事業者の連携や地方自治体の開発への関与はほとんどないのが通例である。「総合保養地域整備法」における各県のリゾート基本構想も,その内実は名目上の開発主体を糾合,合体しただけのものが少なくなかった。マスタープラン不在の開発が長く続いてきたといえる。これに対して,バリ島のヌサドゥア,フランスのラングドックルション,メキシコのカンクンなど諸外国では縦割り行政を排除した特別機関による計画策定,用地の先行取得,土地価格の凍結,基盤整備,公的資金の導入,建築ガイドラインの設定,複数の事業主体の誘致,マーケティングの代行など全般的なコーディネートを行う方式を採用して大規模複合リゾートの開発に成功した。このように,ホテル事業者とは別の,全体の開発行為者を「マスターディベロッパー」という。カアナパリ(マウイ島)に代表されるハワイ諸島のリゾート開発では民間不動産事業者がこのマスターディベロッパーとなった。 (小久保恵三)

リゾート事業

リゾート事業は別荘分譲のような資本回転型のものと,スキー場のような資本装置型のものに分類することができる。経営的には財務面で著しく異なるが,実際の事業化にあたっては,両分類の事業をミックスさせて経営の安定化を図ることが多い。この数年の間に,トマム(北海道)やハウステンボス(長崎県),シーガイア(宮崎県)など大型リゾートの経営行き詰まりが相次いで表面化したが,これはとりわけ前者の資本回転型事業が土地価格の低迷,資産デフレによって破綻したからである。リゾート事業の特性として,第1に「事業規模と必要投下資本の大きさと多様性」があげられる。特に広大な用地取得にかかわる負担が大きい。そのため,初期投資負担とリスク負担に耐えられる大企業や用地取得に公益性の看板を掲げられる第三セクターでないと,リゾート経営にあたるのは容易ではない。第2に需要の不安定性がある。経営の安定化のためには稼働率の向上以上に波動の平準化が大きな目標となる。第3に労働集約型のソフト産業であるという点である。商品は装置から生みだされるサービスであると

リゾート (resort)

　リゾートを説明するキーワードとして、①保養、②滞在、③繰り返し、をあげることができる。定義づけをすれば、保養・休養を目的に、快適な自然環境で滞在する活動を繰り返す、それがリゾートライフであり、その場所をリゾートという。観光とリゾートを峻別するなら、観光の場合は「好奇心、感動、向上心、感傷」など「非」日常的で動的な体験を求めるもので、それに対して、リゾートは日常生活により近い「異」日常的で静的な体験（保養・休養）を主に求めるものといえる。換言すれば「緊張を解く、弛緩する」ということになり、別荘ライフがこの定義を最も的確に体現している。ただ、広くリゾートという場合、それだけでなく、保養以外の諸活動にウェイトをおくものもある。また、必ずしも繰り返しのない活動も含まれる。沖縄や北海道、さらには海外に出かけてホテルに宿泊し、海水浴やスキーを楽しむといったタイプのものである。欧米ではこれらをデスティネーションリゾートと称している。また、別荘ライフが充実してくると、半定住の形態に移行する。都市と田舎で生活を住み分けるマルチハビテーションもその1つである。さらにはリタイヤを契機に別荘を生活の中心とし、必要に応じて都市へ出かけるという生活スタイルにまで発展することが考えられる。これは定住型のリゾートであり、究極のスタイルといえる。定住者が増加すると、必然的に生活機能、都市機能の充足が別荘やリゾートホテル周辺に求められることになり、すなわちリゾート都市の形成にいたる。ハワイのワイキキ、メキシコのカンクン、南仏のカンヌ、グランドモットなどがその例である。「総合保養地域整備法」が制定された当時、わが国においてもそのような展望が議論されたが、まだそこまで発展した例はない。→観光地　　　　　　　（小久保恵三）

同時にサービスの担い手による演出（運営ソフト）が付加されたものである。当然、在庫としてストックすることも、生産調整することも、他の場所へ移動させて販売することも、いずれも不可能な商品である。

（小久保恵三）

リゾートの三浴

　滞在型観光といわれるリゾートにおける「温泉浴」「海水浴」「森林浴」をいう。「温泉浴」は、火山国であるわが国において古代の湯治湯から親しまれてきた。長期滞在の温泉湯治は温泉利用のリゾートの古例と見ることができる。「海水浴」は1885（明治18）年、湘南（神奈川県）大磯海岸が、わが国はじめての海水浴場として開場されたことによりはじまった。当初は潮湯治と呼ばれ、療養的な意味合いが強かった。「森林浴」が一般化したのは、1982（昭和57）年10月、赤沢自然休養林（長野県）で開催された「森林浴の集い」が最初といわれる。→温泉の三養　　　　　　　（北川宗忠）

リゾート法 ⇨総合保養地域整備法

リゾートホテル (resort hotel)

　保養地、行楽地などに立地する西洋式宿泊施設の総称。スポーツ施設や娯楽施設を備える場合も多い。→会員制リゾートホテル　　　（住木俊之）

立　食

　ホテルの宴会で使用される用語。利

用客が宴会場の中央や壁側にセットされた料理や飲み物を自由に取って，会場の好きなところで食べる形式である。かつてはカクテルパーティのように飲み物と軽い食事が提供される場合が多かったが，現在では，結婚式披露宴をはじめ種々の目的の集会に利用されるようになった。その理由として，席次を決める煩わしさがなく，多人数を招待できるうえ，比較的堅苦しさがないことなどが考えられる。 （芝崎誠一）

立地条件

さまざまな産業や施設，集落など，人間活動が行われる場所に影響を与える自然的・社会的・経済的条件をいう。産業活動が特定の場所に成立する条件の意味に限定して用いることもある。具体的にはその場所の地勢，気候，歴史的背景，経済活動，生活様式などをさし，これらの組み合わせの相違が個別活動の場所や全体としての空間構造を決める基礎となる。観光地や観光産業の立地条件としては，自然と歴史が織りなす観光資源の存在，観光開発にかかわる資本や政策，観光市場の規模と観光地との間の交通手段，観光需要を生みだす社会的状況などがあげられる。→自然環境，観光資源，観光の立地条件 （白石太良）

リテーラー（retailer）

自らは主催旅行を造成せず，他社の主催旅行や単品（宿泊，交通機関）の予約・販売に徹する旅行会社である。スーパーや百貨店のように本体に集客力のある流通業からの参入は，このタイプの旅行会社が多い。また，中小の旅行会社には団体旅行の手配・販売を主力としているところが多く，このケースもリテール型といえよう。企業あるいは企業グループ内の，特に海外出張需要の確保を目的としたインハウスエージェントもここに分類されるケースが多い。→インハウスエージェント （高橋一夫）

リネン（linen）

ホテルや旅館の備品類の1つで，客室で使用されるベッドシーツ，枕カバー，バスルームにおけるバスタオル，ハンドタオル，フェイスタオル，浴衣やパジャマと，食堂や宴会場で使用されるテーブルクロス，ナプキン，厨房で使用されるふきん類などがある。もとは亜麻糸で織った光沢のある薄手の生地を使用したことからそう呼ばれるようになった。歴史あるホテルのなかには自社内にクリーニング工場を備えるところもあるが，大半がリネンサプライ業者に外注している。毎朝，前日使用分を引きわたし，クリーニングしたものを受け取っている。
 （井村日登美）

リバークルーズ（river cruise）

海と河川では自然環境が違うため，全く違ったタイプのクルーズ客船を使っている。ミシシッピー川，ライン川，ドナウ川，長江などを数日～10日程度かけて流域のさまざまな都市に寄港するクルーズがある。日本からも各種のパックツアーが出ている。
 （池田良穂）

リピーター（repeater）

東京ディズニーリゾート（東京ディズニーランドと東京ディズニーシー）の2005年度の総入場者数は，2476万6000人であった。インターネットユーザーを対象に行った調査によると，2回以上繰り返し来場したゲストは，85％である。また，18％のゲストが11回以上訪れている。このように繰り返し訪れる顧客のことを「リピーター」という。リピーターという言葉には，再び来るだけではなく，「繰り返し来る」との確信をもつ語感があるといえる。経営指標としては，再入場者数を総入場者数で割った値として得られるリピート率が重視される。このリピー

旅館 (ryokan)

わが国の伝統的な宿泊施設で和式構造の客室や施設を備える。施設は一般的に男女大浴場を備え，客室は1室当たり5～6人宿泊できる。料金体系は1泊2食付きを主流に最近では素泊まりや1泊朝食付きなどフレキシブルに対応するところもある。宿泊業として旅館の形を確立したのは江戸時代といわれている。当時の首府の「江戸」と首都の「大坂」「京都」など全国各地を結ぶ「街道」が整備され，それに沿って旅人に飲食と寝床を提供する施設が誕生したのがはじまり。庶民の宿として「木賃宿」「旅籠（屋）」，大名や武家が宿泊する「本陣」「脇本陣」があった。明治時代に入り宿駅制度や本陣，脇本陣の廃止を機に，一部が高級旅館として一般客を受け入れるようになり，また旅籠（屋）が本陣をイメージして施設や構造を改造するなどして旅の館，「旅館」と呼ばれるようになったという。そして立地によって鉄道の駅前には「駅前旅館」，温泉地には湯治目的の旅行者を対象とした「温泉旅館」，さらに第二次世界大戦後の経済成長に伴い団体慰安旅行が増大する過程で温泉地や観光地，リゾート地に「観光旅館」ができた。こうした経緯を経て発展してきた旅館だが，ライフスタイルの洋風化やプライバシー重視など旅行者のニーズの変化や，団体から個人へと客層がシフトする傾向が強まるなどで，厳しい経営状態におかれており減少傾向が続いている。2005（平成17）年度で5万5567軒，客室数85万71室で，1軒当たり15.3室となっている（『平成19年度観光白書』）。また「旅館」を法律的見地から見ると，1887（明治20）年に警察が「宿屋営業取締規則」を公布。宿泊業の総称は宿屋で，施設も「旅人宿」「木賃宿」「下宿」に区分された。法律の条文に「旅館」が用いられたのは昭和に入ってからで，1948（昭和23）年に制定された旅館業法に基づき，旅館営業の許可を得たものを旅館としている。→ホテル営業

(井村日登美)

ト率を高めること，すなわち繰り返しの訪問者を多くすることが，いかに顧客から経営が支持されているかどうかを示す最大の経営指標となる。環境変化に適応するだけではなく，環境に働きかけて創造する経営が必要であり，ターゲットとする顧客に何を提供するかが問われているのである。まさにビジネスモデルを革新的に問い直し実行していくマネジメント能力が鍵を握っているといえる。→顧客進化のプロセス，ロイヤルティ，ゲスト

(吉原敬典)

リフレッシュ休暇

休暇には法律で定められている法定休暇と企業が任意に定める法定外休暇があり，リフレッシュ休暇は後者の法定外に該当する休暇である。労働者の肉体的・精神的な疲労を癒し回復させることを目的にしている。リフレッシュ休暇は有給とするだけではなく，一定の手当などを支給する場合がある。このリフレッシュ休暇を利用して，観光を楽しむ場合が多く見受けられる。→余暇

(吉原敬典)

料理長

料理人で料理部門の運営・統括責任者。料理やキッチン設備，調理スタッフに関する管理や監督をする責任者で，その職務は多岐にわたる。予算管理か

らメニュー管理，品質管理，衛生管理，人事・労務管理，什器・備品の管理など料理以外の管理も担当する。和・洋・中で異なるが，厨房内でいくつかのセクションの長を務めて，やがてそのレストラン，厨房の料理長へと昇進していく。ホテルやレストランではその上位職階として総料理長がいる。調理全般の責任を負い，ホテルやレストランの料理を代表する最高責任者である。ムッシューと称される。通常個室が与えられ，管理的な仕事をはじめ経営スタッフとして経営会議などにも参画する。一方，旅館では調理長ともいい，旅館全体の調理の責任を負う。料理のよさをアピールするために，料理長や調理人を前面に出すホテルや旅館も少なくない。→食品衛生法

(井村日登美)

旅館営業

「旅館業法」により4つに分類された宿泊施設のうちの1つ。一般に「旅館」として営業している施設で，その施設基準は次のとおり。和式の構造および設備を主とする5室以上の客室を備える。ただし，1室の床面積は約7 m^2 以上。→ホテル営業　(井村日登美)

旅館業法

1948（昭和23）年に制定された宿泊施設に関する法律。第二次世界大戦後，生活環境の悪化により衛生状態がきわめて劣悪な状態にあったことから，旅館業においても衛生基準の確立のために制定された。これは業界の取り締まりを基本とした管理法であったが，1996（平成8）年に業界の要望により振興法に改定された。「旅館業法」では宿泊施設を4つに分類している。①ホテル営業，②旅館営業，③簡易宿所営業，④下宿営業。これらについてそれぞれ施設基準が設定されている。宿泊業は施設を設け，宿泊料金を受けて人を宿泊させる営業で，これらの旅館業を営むためには都道府県知事の許可を受けなくてはならない。旅館はもちろん欧米からの輸入品であるホテルも同じ旅館業法で定義されるところに，わが国の宿の歴史を物語る。

(井村日登美)

旅　券

渡航のための身分証明書（国籍証明書）。国民が外国へ旅行する際に，その者の身分・国籍を証明し，訪問国において生命・財産などの保護を依頼するために，政府（外務大臣）が発行する国籍証明書である。これには，公用・外交官用と一般用とがあり，古くは海外旅行券，旅行免状などと称していたが，現在は旅券またはパスポートと呼ばれている。また旅券は1995（平成7）年11月からの「旅券法」の改正により，親の旅券に子供（12歳未満）を併記することが廃止された。現在「数次往復旅券」では有効期間10年と5年の2種類および「一往復旅券」（有効期間は帰ってくるまで）が発給される。ただし，20歳以下の未成年者は，容貌の変化が著しいと思われるために5年有効の旅券のみ発給される。→パスポート，一般旅券　(塹江　隆)

旅券法

「旅券法」（昭和26年11月28日法律第267号）は，旅券の発給，効力その他旅券に関し必要な事項を定めることを目的として制定された法律である。「旅券法」の内容としては，①一般旅券，公用旅券の発給申請，発行，②旅券の記載事項，交付，渡航先の追加，記載事項変更の際の発給または訂正，再発給，③査証欄の増補，発給などの制限，④失効，返納，手数料，罰則などが定められている。2005年12月10日より施行された改正旅券法では，IC旅券の導入が実施され，旅券の偽造や改竄（かいざん）の脅威を小さくすることで，日本旅券の国際的信頼度の向

旅行業

旅行業とは,「旅行業法」第2条第1項に,「報酬を得て,次に掲げる行為を行う事業」とされている。

現在の「旅行業法」でいう「募集型企画旅行」の原型となったものは,南新助(現日本旅行の創設者)が国鉄(現JR)草津駅構内にて弁当販売を本業とする傍ら,1905(明治38)年に高野山ならびに伊勢神宮への参詣旅行団を組織したのが最初である。以来,現代にいたって旅行業とは,旅行者と旅行者にサービスを提供する交通・宿泊・食事・観光施設などの機関の間に立って,①旅行者のために運送・宿泊について代理・媒介・取り次ぎを行う,②運輸・宿泊機関のために旅行者の代理・媒介を行う,③運送・宿泊機関を利用し,旅行者に直接運送・宿泊のサービスを行う,④これらの業務に付随して旅行者および運送・宿泊以外の機関(食事・観光施設など)のために代理・媒介・取り次ぎを行う,⑤これらの業務に付随して旅行者の案内,渡航手続き代行業務を行う,⑥旅行者の旅行相談を行う。以上の業務を行うことにより旅行者または関係機関から報酬を得ることを生業(なりわい),とすることを「旅行業」と称し,またそれを行う者を「旅行業者」という。

(塹江　隆)

上を図っている。　　　(塹江　隆)

旅行医学

旅行中,特に海外旅行時における救急医療のあり方についての知識や情報提供のあり方を見直そうとしたもので,「旅行にかかわる病気,ケガの予防と治療を扱う各科にまたがる専門分野」であると定義されている。旅行先の死亡原因の上位3つは,脳卒中,心筋梗塞,交通事故であり,年に1753万人が海外旅行をする時代にあっては,旅行者のいろいろな健康リスクを考えて,その予防に重点をおくとともに,現地における救急医療に関する知識が必要であるといわれている。今後,日本人の海外旅行者は高齢者の割合が高まると想定され,中高齢者の旅行医学の重要性が指摘されるほか,飛行機内・性感染症・障害者・トラベルカルテ(旅行用英文診断書)・糖尿病・心臓ペースメーカーなどの分野で旅行医学のニーズが高まるものと考えられている。

(高橋一夫)

旅行関連商品

旅行会社が取り扱う旅行商品は大きく3つに分けられる。「代理販売商品」「企画商品」および「旅行関連商品」である。標準旅行業約款では「旅行相談サービス」と「渡航手続代行サービス」を取り扱うにあたっての契約内容を定めている。これらは企画旅行および手配旅行の販売に際して,付随的商品として取り扱われる。これ以外にも旅行傷害保険,旅行用品,旅行ガイドブックなどが扱われる。また,大手の旅行会社は旅行商品券,旅行商品券の分割前払いによる積み立て商品,全国百貨店共通商品券,トラベラーズチェックや宿泊・食事のギフト券などを発売することで,自社の資金需要に一定の役割をもたせているケースもある。

(高橋一夫)

旅行業者

1995(平成7)年,「旅行業法」の大幅改定によって96年4月より施行された新旅行業法では,旅行業登録制度に関して,①旅行業,②旅行業者代理

業の2種類とした。そのうえで旅行業を、①第一種旅行業：海外・国内の主催旅行（2005年4月以降は募集型企画旅行に名称変更）の実施および国内・海外旅行の販売を行うことが可能、②第二種旅行業：国内主催旅行の実施および海外・国内旅行の販売を行うことができる、③第三種旅行業：国内および海外旅行の販売を行うことができる、に区分した。なお、旅行業者代理業の業務は所属旅行会社の指示の範囲内での業務を行うことである。それまでは、①一般旅行業：すべての旅行業務ができる、②国内旅行業：海外旅行の取り扱いは単独ではできない、③旅行業代理店業：専属旅行業者の代理店として業務を行う、の3種類であった。2006（平成18）年現在の旅行業者総数は1万641社で2002（平成14）年よりも507社減となっている。その内訳は、第一種旅行業817社、第二種旅行業2757社、第三種旅行業6108社、および旅行業者代理業959社となっている。

（甄江　隆）

旅行業者代理業

「旅行業法」では旅行業者を4つに分類しており、その1つである旅行業者代理業とは、所属する旅行業者を代理して、旅行者と旅行契約を行う業者をいう。所属する旅行業者から委託された範囲内でのみ募集型企画旅行や手配旅行などの販売業務を行い、自社独自の旅行を企画したり、有料の相談業務を行ったりすることはできない。第一種から第三種旅行業者のいずれかの種別の、そのうち1社の専属代理人にならなければならない。旅行業者代理業の遵守事項として、

①所属旅行業者（親会社）を複数もつことはできない。すなわち、1社専属が法律で決まっている。

②旅行者に対し、所属旅行業者の氏名または名称、代理業者である旨を明示しなければならない。代理業者が行った業務の法律上の責任はすべて所属旅行業者にあるためである。

（高橋一夫）

旅行業法

現在の「旅行業法」は2005年4月施行の新旅行業法による。「旅行業法」は旅行業者と旅行者が公正な取引に基づいて、両者がそれぞれ利益を得ることができるように定められた法律である。したがって、この法律の内容は、①旅行業を営む旅行業者の登録制度、②登録業者の事故（倒産など）による消費者保護のための営業保証金制度、③健全な取引が行われるように取扱主任者の選定・標準約款の制定、募集型企画旅行契約上の円滑な実施、④旅行業協会の役割と弁済保証業務、⑤旅行業者の禁止行為と行政処分および罰則などの業務規程、などからなっている。旅行を国民生活の一部と考えるなら、良質な旅行商品の提供は旅行業界の使命であり、また旅行業者の社会的地位向上のためにも消費者保護の姿勢は重要である。

（甄江　隆）

旅行業法施行令

旅行業法施行令とは、制定された「旅行業法」が実際に効力を発生させるように布告するものである。わが国において、はじめて旅行業に関する法律「旅行斡旋業法」が制定され施行令が出されたのは1952（昭和27）年9月15日である。以降、時代の推移による旅行環境の変化により、大改正された「旅行業法」は1971（昭和46）年11月5日に施行令が出されている。次には、1983（昭和58）年4月1日より施行された改正旅行業法の施行令が出されたのは同年2月8日で、運輸（現国土交通省）大臣長谷川峻、内閣総理大臣中曾根康弘によるものである。その13年後の1996（平成8）年4月1日に施行された新旅行業法の施行令は、1995

旅行商品

「旅行商品」という場合，厳密には旅行業者が旅行に必要な交通・宿泊・食事・観光などサービスを提供する関係機関を定めて組み合わせた（パック）もの，あるいはそれらの単独の機関に旅行業者としての企画（付加価値）を加えた「募集型企画旅行」や「受注型企画旅行」を旅行商品と呼ぶ。

広くは，旅行業者が取り扱う旅行に関するすべての商品をさす。これには通常，旅行サービスを提供する関係機関のチケット類を単品で販売する場合も含まれる。したがって，各種鉄道乗車券，航空券，宿泊券，観光施設の入場券，食事券，イベントチケット類をはじめとし，旅行関連商品として，トラベラーズチェック，旅行券，ギフト券などの券類も含まれる。

現代旅行業のはじまりは，旅行者と旅行サービス提供機関の中間にあって，旅行者の要望，または関係機関のニーズを満たすために，代理，媒介，取り次ぎの業務を行う"斡旋業（あっせんぎょう）"であったが，1965年より造成されだした"海外パック旅行"（不特定多数の旅行客を対象に，旅行業者があらかじめ日程を設定し，仕入れ・企画した旅行）の出現によって，旅行商品という概念が形成された。

これにより，旅行業者は事前に企画した商品造成のために，旅行部品である宿泊・輸送など関係機関の大量仕入れが可能となり，旅行商品の価格低減に大きな役割を果たすと同時に，さらに旅行者を拡大することにつながった。

このようにしてつくられる「募集型企画旅行」や「受注型企画旅行」は，旅行業者に商品製造責任者としての品質管理を要求することになり，消費者保護の観点からも旅程管理，旅行特別補償制度，旅程保証制度などを設定し参加者への対応を充実させつつある。→クーポン

(蟹江　隆)

(平成7) 年12月6日に運輸大臣平沼越夫，内閣総理大臣村山富一によって出されている。　　　　(蟹江　隆)

旅行業約款

旅行業約款とは，旅行業者が旅行者と旅行業務の取り扱い（売買契約）をする際に使用される契約条件事項である。したがって，多数の旅行者との取引において，あらかじめ条件（旅行代金支払い，取消料，事故の責任，権利・義務など）を定めたものが用意されていなければ，旅行業者は旅行者とそのたびに取引条件を最初から話し合わなければならないことになる。このような手間を省くために，旅行業者は標準となる契約の雛型をつくっておき，行政庁に届け出をして認可を受けることになる。ただし，国土交通省の定めた標準旅行業約款を使用する場合は認可を受けたものとみなされる。この標準旅行業約款は，募集型企画旅行契約，受注型企画旅行契約，別紙特別補償規程，手配旅行契約，渡航手続代行契約，旅行相談契約の各部により構成されている。　　　　　　　　　(蟹江　隆)

旅行市場

旅行需要が存在する箇所すべてが旅行市場といえる。これを大きく分けると，狭義の旅行市場は顕在旅行市場であり，広義の旅行市場は潜在需要市場を含めるものとなる。旅行の顕在市場も，各種企業や組織など団体旅行を構

成することが可能なものと，個人・グループなどの旅行需要を構成することが可能なものとに分けることができる。さらに，旅行の潜在需要市場といえば，人のいるところすべてが該当することになる。今や，非日常性を求める旅行ニーズは日常生活の一部となっており，IT（information technology：情報技術）化の進行，団塊世代の高齢化，少子化社会の出現などの社会環境の変化に伴い，多様な価値観のもとに新しい形態の旅行市場が形成されると考えられる。　　　　　　　　　（甑江　隆）

旅行地理検定

旅先の知識を豊富にし，旅をより楽しく充実したものにすることを目的として，1995（平成7）年にスタートした検定試験。旅行地理検定協会（ジェイティービー能力開発内）が年2回実施しており，国内旅行地理検定試験（1〜4級），海外旅行地理検定試験（1〜4級）がある。各2〜4級の試験ではインターネットによるオンライン試験も実施しており，各1級の最高得点者は「旅行地理博士」として表彰される。

〈試験内容〉

1級：旅行地理に関して豊富な知識を有しているか，プロとして高度な旅行案内業務ができるか。

2級：旅行地理について標準的な知識を有しているか，観光地全般にわたり旅行案内業務ができるか。

3級：旅行地理に関して標準的な知識を有しているか，主要な観光地の旅行案内業務ができるか。

4級：旅行地理について初歩的な知識を有しているか。　　　（山脇朱美）

旅行特別補償制度

1982（昭和57）年の旅行業約款の改正に伴い，主催旅行契約（現募集型企画旅行）に導入された参加者への補償制度。主催旅行参加者が旅行中に急激かつ突発的な外来の事故によって，身体または携帯品に損害をこうむった時，旅行業者は参加者本人または法定相続人に所定の補償金（死亡：海外2500万円，国内1500万円），入院見舞金（入院期間に応じて海外4〜40万円，国内2〜20万円），通院見舞金（海外2〜10万円，国内1〜5万円），携行品損害補償金（上限15万円・免責3000円）を支払う制度である。ただし，参加者の故意や，旅行業者として免責事項（天災地変・戦争・暴動・労働争議・官公庁の命令など）に関する損害に対しては適用されない。この制度は1996（平成8）年の旅行業約款改正で企画手配旅行（現受注型企画旅行）にも適用されるようになった。　（甑江　隆）

『旅行用心集』

1810（文化7）年，八隅蘆菴（やすみろあん）が著した江戸時代の旅道中の用心ガイドブック。東海道や木曾路（中山道）の旅程表，道中用心61ヶ条，日の出入り・月の出，旅行教訓の歌，日記の書き方，観音霊場の札所案内にいたるまで33の項目があり，巻末には諸国の温泉192か所が掲載されている。この行き届いた旅行情報を満載した『用心集』は，当時のベストセラーで，「宿とりて一に方角，二に雪隠（便所），三に戸締まり，四に火の元」など，現代の旅行にもそのまま応用できるような事柄が豊富に記述されている。

（北川宗忠）

旅程管理

1982年の「旅行業法」の改正で，新たに旅行業者に課せられた義務。2004（平成16）年の改正では，募集型企画旅行（旧主催旅行）のみならず受注型企画旅行（旧企画手配旅行）にも適用されることとなった。「標準旅行業約款」の募集型企画旅行契約の部第23条および受注型企画旅行契約の部第24条には，

①旅行中に旅行サービスを受けることができない恐れのある場合、その旅行サービスを確実に受けられるように措置を講じること、
②前項の措置を講じたにもかかわらず、契約内容の変更をせざるをえない場合は、変更後の旅行日程と旅行サービスが当初のものと同じものとなるように努めること、

が、求められている。旅程管理は主に添乗員によって行われるが、海外旅行においてはランドオペレーターなどに任されることもある。　　（高橋一夫）

旅程管理主任者

旅程管理業務を行う者として、旅行会社から選任される者（添乗員）のうち主任資格をもつためには、国土交通省に登録をした研修機関で「旅程管理研修」を受け修了テストに合格し、合格の前後1年以内に実際の実務経験またはそれに相当する添乗実務研修旅行に参加する必要がある。→主任添乗員資格　　　　　　　　（高橋一夫）

旅程保証制度

1996（平成8）年の新旅行業法に新設された制度で、主催旅行（現募集型企画旅行）の旅行日程に重要な変更が生じた場合、該当する変更の状況に応じて一定額の補償をしようという制度である。主催旅行契約後、契約書面（パンフレットなど）に記されている内容に重要な変更が生じた時、旅行業者に責任がない場合でも一定の補償金を支払うというものである。変更原因となるものには旅行日、観光予定箇所、運送機関、宿泊機関、ツアータイトルなどに関する事項の変更があげられている。補償額は旅行代金の1～最大15％までとなっているが、旅行業者の関与しえない事由（天災地変・戦乱・運送・宿泊機関などの旅行サービス提供の中止）に該当する場合の変更には適用されない。なお、変更原因が旅行業者にある場合は、旅行業者には損害賠償責任が生じる。　　（甑江　隆）

リョテル

日本の伝統的な宿泊施設である旅館と欧米からの輸入品であるホテルのよさを合わせ持った宿泊施設で、ニュー熱海ホテルが元祖といわれている。明確な定義はなく、現在ではほとんど使用されていないが、生活様式が洋風化するなか、旅館がホテル化していく昨今の状況を鑑みると、リョテルが進化してきたのではないかと思われる。

（井村日登美）

る
▽

ルーミング（リスト）（rooming list）

ホテル宿泊時の部屋割りのこと。通常、団体旅行でホテルに宿泊をする時は、旅行出発を控え旅客の部屋割表（ルーミングリスト）を作成し、宿泊予定のホテルへ提出しておく。これにより宿泊当日スムーズなチェックインが可能となる。このリストは団体旅行の場合、基本的に2人一部屋のツインルームの利用が大半であるが、顧客の要望によりシングルルーム、夫婦の場合のダブルルームなど、要望事項を明確に記載しておかなければならない。

（甑江　隆）

ルームサービス（room service）

ホテルにおいて、宿泊客の要望に応じて、客室まで料理や飲料などを届けること。あるいは、それを担当する係。

（住木俊之）

ルームチャージ(room charge)
　ホテルの客室料金。　　　（住木俊之）

ルームメイド(room maid)
　ハウスキーピング(house keeping)部門の一業種で，チェンバーメイド(chamber maid)ともいわれるが，単にメイドと略称されることも多い。ハウスキーパーのもとで，客室の清掃，ベッドメイキング，リネン類やアメニティ類の交換・補充，氷の提供など，簡単な宿泊関連サービスを担当する。小規模なホテルではルームサービスを担当する場合もある。なお，人件費が高騰する現在では，ホテルが外注した会社から派遣されたルームメイドが増加傾向にある。　　　（芝崎誠一）

ルーラルツーリズム(rural tourism)
　ルーラルツーリズムとは，農村的景観，農村社会の生活文化などを資源として観光事業を展開することをいう。また，農業者が実際の農業場面あるいは農家生活のなかに来訪者を受け入れ，農業のサービス事業化を図ろうとする行為をいう。すなわち農村を舞台としたツーリズムの展開をあらわし，農村観光，農村旅行と訳される。さらに，狭義のグリーンツーリズムとしてルーラルツーリズムが用いられることもある。→グリーンツーリズム
（多方一成）

ルック
　日本人の海外渡航自由化が実施された翌年の1965（昭和40）年に日本航空がパッケージツアー「JALPAK」を発売していたが，旅行会社主導のはじめてのパッケージツアーとして，1969（昭和44）年にJTBが日本通運と共同で発売した海外パッケージツアーのブランド。1989（平成元）年，JTBは日本通運との提携を解消し「ルックJTB」として発売を開始。1994（平成6）年には第二ブランド「パレット」を廃止し「ルックJTB」にブランドを一本化した。2006（平成18）年度時点では年間129万人を超える海外パッケージツアー最大のブランドとなっている。　　　（高橋一夫）

れ

霊場めぐり
　宗教の聖地や関連する社寺を，出発地～目的地～出発地とめぐり歩くもので，周遊観光の淵源となるものである。その目的から，観音菩薩・阿弥陀如来などの諸仏を巡拝する「本尊」めぐりと，特定の高僧や宗祖ゆかりの地を参詣する「祖師」めぐりがある。本尊めぐりには観音霊場三十三所巡礼や七福神めぐり，祖師めぐりには弘法大師の四国八十八所遍路や親鸞聖人二十四輩霊場めぐりなどがある。→巡礼さん，お遍路さん　　　（北川宗忠）

歴史的建造物
　国宝に指定された城郭から伝統的建造物群保存地区の町並み，あるいはしばしば，"レトロ建築"と称される明治・大正・昭和の戦前に建造されたような企業の社屋，公共施設など，さらには市民のくらしの証しであった生活遺構としての建造物などにいたるまで，この語が包含するものは多岐にわたる。これらを保存修復しながら動態保存という形で，まちづくりや観光振興にいかしていこうとする動きが浸透して久しい。建物を保存するということは，それを育んできた地域社会の精神をも

レジャー産業 (leisure industry)

労働時間以外に自己の教養などを高めることを目的にして使用する自由時間のなかで、財やサービスなどを提供する産業の総称である。かつては不要不急の産業といわれたが、ライフスタイルの変化や余暇に対する意識の高まりによって人々の生活のなかに根づいてきた経緯がある。総務省統計局の『家計調査年報』によると、レジャーを「スポーツ」「趣味・創作」「娯楽」「観光・行楽」の4つに分類している。自由時間デザイン協会の『レジャー白書』によれば、余暇時間が減ったと感じる人の割合が、増えたと感じる人の割合を上回り続けているという結果が出ている。反対に、仕事と余暇のどちらを重視するかについては余暇重視派の割合が仕事重視派を上回っている。男性では、余暇重視派の割合が趨勢的に増加している。レジャー産業としては、これらのギャップを埋めていくための有効な施策が問われているところである。→余暇

(吉原敬典)

保存し継承することであるという事実を忘れてはならない。歴史文化や生活文化と一体となった形での景観のなかで歴史的建造物を的確に位置づけることこそが、真の遺産の継承であり、持続可能なまちづくりにも寄与していくことになる。→伝統的建造物群

(井口 貢)

歴史的風土特別保存地区

古都保存法に基づき、わが国の歴史上意義のある建造物、遺跡などが周囲の自然的環境と一帯をなして、古都における伝統と文化を具体的にあらわし、形成している地域が「歴史的風土保存区域」として指定される。さらに、そのなかでも特に枢要な地域が「歴史的風土特別保存地区」に指定されている。これらの地域では、それぞれの地域の特性に見合った保存計画が定められている。特に、京都の嵯峨野や嵐山に代表される歴史的風土特別保存地区においては、歴史的風土の保存をより一層厳格にするため、現状変更行為（樹木の伐採も含まれる）は原則として禁止されている。→古都保存法

(和田章仁)

レクリエーション (recreation)

現代社会から精神的・肉体的に受けた疲労を回復し、新しい活動を創造するための休養・娯楽、気分転換を図る余暇活動をいう。わが国では1948（昭和23）年、日本レクリエーション協会が発足して遊戯性のあるレクリエーション活動が進展したが、1970（昭和45）年に制定された「レジャー憲章」などにより、レジャー、レクリエーションの社会的評価が高められるようになった。現在では、ニュースポーツ、生涯スポーツなどといわれる「スポーツレクリエーション」、自然に親しむ野外活動、アウトドアから生まれた「ネイチャーレクリエーション」、日本の伝統的な草木遊びや野遊び、手工細工などの「カルチャーレクリエーション」、レジャー憲章に立証された「福祉レクリエーション」、治療的な効果を期待する「セラピューティックレクリエーション」など、レクリエーションの意義する療法効果は、さまざまな方向性をもって展開されている。→観光・レクリエーション

(北川宗忠)

レジャー (leisure) ⇨余暇

レジャー憲章

1970年，国際レクリエーション協会が制定したレジャーに対する権利。現代社会におけるストレスからの回復には余暇に行う活動として，旅行活動とともにレクリエーション活動の充実が重要とされる。この憲章には「人はすべてレジャーに対する権利を有する」（第1条：目的）とあり，「レクリエーションとレジャー活動とは，人と人，世界の国々の間に良き人間関係を打ち立てるために重要な役割を果たすものである」（前文）として，レジャー・レクリエーションの重要性をうたっている。　　　　　　　　　（北川宗忠）

レストラン（restaurant）

レストランの和訳として，西洋料理店や食堂がある。「国際観光ホテル整備法」により，外国人客の利用を目的に営業するホテルは，宿泊人員に応じたレストランの設備が義務づけられている。1960年代のホテルブーム以前は，フランス料理をメインダイニングルームで定食で提供し，グリルルームで一品料理をサービスすることが普通であった。1960年以後は，和食や中華料理も提供するレストランをもつホテルが多くなってきた。また，高額な料金を支払う客層と，大衆的な料金を選択する客層を分けて，同じフランス料理のレストランを合わせてもつホテルも増えてきた。さらに，伝統的なサービスに加えて，バイキング（ビュフェまたはビュッフェともいう）と称される，食べ放題でセルフサービスのレストランが現在多く見られる。時代の要請に応えるホテルが増加していると考えられる。　　　　　　　　　（芝崎誠一）

レストラン船（dinner cruise ship）

港町などで，船上で食事を楽しませる客船をレストラン船もしくはディナークルーズ船と呼ぶ。本格的なディナーを出す船から，軽食を出すだけの船まで，その種類，グレードはさまざま。日本では，東京の「シンフォニー」「ヴァンテアン」，横浜の「ロイヤル・ウィング」，神戸の「ルミナス神戸2」「シルフィード」，琵琶湖の「ミシガン」「ビアンカ」，広島の「銀河」などが有名。他に，屋形船と呼ばれる和船型のレストラン船も各地で稼働している。　　　　　　　　　（池田良穂）

レセプション（reception）

『オックスフォード英英大辞典』によると，人と接する時の本質として，心から受け入れ迎え入れるレセプション（reception）が欠かせないとある。それも友好的で寛大な心で受け入れることであるといわれている。そして，人々を楽しませるエンターテインメント（entertainment）が重要な成功要因である。観光者の視点からすると，多くの観光場面で，観光地に住む住民らの姿勢・態度・行動が問われているといえる。→ホスピタリティ
　　　　　　　　　（吉原敬典）

レンタカー（rent-a-car）

国民のマイカーの所有率が低いころには，居住地からの娯楽や行楽などに多く利用されたが，マイカー所有率が高まった近年では，旅行時における鉄道駅からの利用も多くなってきている。この駅レンタカーは旅行業者や駅のみどりの窓口などで予約することができ，JRの鉄道運賃とレンタカーがセットになったレール＆レンタカーきっぷも販売されている。また，貸出地と返却地が異なる場合にも利用できる。さらに，乗用車のみならずトラックやライトバンも，引っ越しや商用に利用されており，多様なレンタカーの利用が進んでいる。　　　　　　　　　（和田章仁）

レンタサイクル（rent-a-cycle）

地球環境にやさしい乗り物として自転車が認識されてきたことを受け，自転車利用の一環として貸し自転車が出

現した。この貸し自転車は，観光地型と都市型に分けられている。観光地型貸し自転車は，観光地において時間単位で借りることができ，渋滞や一方通行などの道路状況に束縛されず，限られた時間で訪問したい場所や施設を回ることが可能なことから，全国の多くの観光地などで利用することができる。一方，都市型貸し自転車は，統一規格の自転車を鉄道駅などに配置し，利用希望者が通勤・通学や買い物に利用するものであり，元に戻す方式と乗り捨て方式がある。→サイクリング

(和田章仁)

ろ ▽

ロイヤルティ（loyalty）

ロイヤルティとは，観光を生業にしている企業と顧客の間において単なる取引関係を超えたところで信頼関係を築いている状態のことである。顧客からすると，特定の企業や商品・サービスなどに対して信頼感をもち，再購入している状態のことである。このような状態が継続的に安定化すると，企業にとっては成長・繁栄のサイクルを築くことができるのである。これまで消費市場は大量生産の構造を支えてきた大量消費の結果として，生産者から消費者への一方通行の関係が固定化してきたといえる。しかしながら，モノがあふれているなか，消費者・生活者の興味・関心は飽きやすく移り気であり，また多様である。特に顧客ロイヤルティが重要視されているゆえんである。→ホスピタリティ・プロセス，顧客進化のプロセス (吉原敬典)

ロープウェー（ropeway）

空中に架設したロープに運搬器を取りつけて人やモノを運ぶ交通機関。法律上鉄道にあたり「索道」という。ロープウェーは，運搬器に開閉式の扉を設けて人やモノを運ぶ「普通索道」といい，同様のシステムで外部に開放された座席式の運搬器を取りつけて人を運ぶ形式のスキーリフトや登山リフトを「特殊索道」と呼ぶ。ロープウェーなど，「索道」の走行形式には，交走式（2つの運搬器が井戸のつるべのように往復する形式），自動循環式（乗降場で自動的にロープが開放される形式），固定循環式（一定間隔で運搬器が廻りっぱなしになる形式），滑走式（スキーヤーが運搬器につかまり，滑りながら登坂できる形式）がある。→索道 (北川宗忠)

ロケーション（location）

英語でロケーションとは，位置を定めること，立地の意味である。ホテルはロケーションによって，都市に位置するシティホテル（city hotel）と，観光地に立地するリゾートホテル（resort hotel）に大きく分類される。また，シティホテルは，駅前のターミナルホテル（terminal hotel）や商業地域にあって交通の便がよいダウンタウンホテル（downtown hotel）などに分類される。一方，リゾートホテルは，緑に恵まれた眺望がよいマウンテンリゾート（mountain resort），湖が見渡せるレイクサイドホテル（lakeside hotel），海辺のシーサイドホテル（seaside hotel）などに分けられる。しかしながら，現在では都市に立地しながら，川沿いや海辺にあり客室やレストランからの眺望がよい，アーバンリゾート（urban resort）と呼ばれる新しいタイプのホテルが見られるよう

ロッジ（lodge）

本来は狩猟シーズン中に一時的に使用する家屋のことをいう。ハンターによく使われる田舎の小さな家をいうが、モーテル（motel）のタイプで、つくりはシンプルな丸太づくりである。ロッジは、季節性の強い宿泊施設で、スポーツ・レクリエーション、登山、つりなどの最盛期にオープンし、それが過ぎると閉じてしまうものが大多数である。わが国では、山小屋風で、風雨に強い構造で建てられた洋風の建物をロッジと称している。ロッジの営業許可は、「旅館業法」の簡易宿所営業によっている。　　　　　（芝崎誠一）

露天風呂（open-air bath）

屋根のないところにつくられた浴場を総称していうが、一般には、普通であれば屋内で行う入浴行為を屋外でするために設置された浴場の意味で呼ばれる。ほかに、自然湧出の温泉を一時的に利用する設備とか、屋外に置かれた屋根なし簡易浴槽をさすこともある。風通しがよく空や景色が見えるため、温泉施設などで魅力の1つになることが多く、積極的に導入を図る旅館なども少なくない。最近では公衆浴場（銭湯）のなかにも露天風呂を設置するものがでてきた。多くは屋内の浴場に付設してつくられるが、独立して設置される場合もある。なお、屋外にあるので外湯とか外風呂などといういい方をすることもあるが、本来の意味からは正しくない。→内湯、外湯、温泉旅館、足湯　　　　　　　　　（白石太良）

路面電車

モータリゼーションの時代の到来とともに、わが国の大都市（東京・大阪・名古屋・京都など）では、軌を一にするように路面電車を過去の遺物として廃止してきた。現在国内で路面電車が走る都市は、往時の3分の1以下という状況である。しかし今もこれを残す地方都市では、街中を走る姿がランドマークの1つとなり、赤字経営が少なくないなか、市民の間からは守る会や愛する会などの任意団体ができるなどして、中心市街地の活性化のために活用するケースも少なくない。また都市環境の保全や社会のユニバーサル化という文脈のなか、路面電車を見直す動きも本格化し、低床の新型車両であるLRT（ライトレールトランジット）が増えつつあり、新路線の増設や延伸を検討する自治体も出はじめている。　　　　　　　　　　（井口　貢）

わ

ワーキングホリデー（working holiday）

　ワーキングホリデーとは，働いて生活費を補いながら海外での生活体験ができるシステムである。ワーキングホリデーは，2国間の協定に基づいて，最長1年間異なった文化のなかで休暇を楽しみながら，その間の滞在資金を補うために付随的に就労することを認める特別な制度である。この制度は，両国の青少年を長期にわたって相互に受け入れることによって，広い国際的視野をもった青少年を育成し，ひいては両国間の相互理解，友好関係を促進することを目的としている。対象は，日本国籍の日本に在住している18歳から30歳までの人（一部の国は18歳から25歳まで）で，対象国はオーストラリア（1980年12月1日開始），ニュージーランド（1985年7月1日開始），カナダ（1986年3月1日開始），韓国（1999年4月1日開始），フランス（1999年12月1日開始），ドイツ（2000年12月1日開始），イギリス（2001年4月16日開始）などである。

（多方一成）

ワークショップ（workshop）

　具体的に問題を解決していくことを目的にして，研修という場を設定し，そこに参加して体験学習を行う形態のことである。特徴は，実践的に学び具体的に問題解決をしたという形で成果をあげることにある。たとえば専門家の助言を得つつ参加者が共同で，観光者を増加させるための戦略・戦術を立てることなど，職場活動に直結するテーマについて研究しようとする場合に有効である。→セミナー

（吉原敬典）

脇本陣

　大名，幕府役人，公家などが利用した公認の宿泊施設である本陣を補う予備的施設。参勤交代による大名行列などにおいて，従者が多く，本陣だけに宿泊することができない時に利用された。→本陣，木賃宿，旅籠

（住木俊之）

和　室

　畳敷きや床の間，広縁など日本の伝統的な居住空間の客室。居間となる本間を中心に次の間を設けるものもあり，広さや仕様はさまざまである。旅館の主流の客室は，本間10〜12畳が多い。一般的に1名あたり2畳という計算式があり，10畳なら5名，12畳なら6名が基本的な定員。1名から5，6名まで収容できることから団体客から個人客まで受け入れることができる。ベッドの台数が基本となるホテルと比べ，融通が利くのがメリット。団体旅行がブームの時は定員で稼働していたが，近年は個人客にシフトしつつあり，一室に入る人数が減少。和室のメリットを享受しにくくなってきている。最近では和室にベッドを導入し，和風モダンな客室を構成している旅館もある。ホテルで和室を備えているところもあるが，基本的にその広さからスイート（suite）＝続き部屋扱いにしているケースが多く，料金の高さから利用する客は限られている。そういうわけで，和室は婚礼の控え室や会食の場など宿泊以外に利用されている場合が多い。またホテル内の料亭として位置づけ，和室の個室を設けるホテルもある。

（井村日登美）

ワシントン条約（Washington Convention：CITES）

　1973年，国連人間環境会議において採択された「絶滅のおそれのある野生動植物の種の国際取引に関する条約」をいう。ワシントン（アメリカ）で採択されたので，この名称で呼ばれる。この条約の規制対象となるのは，①絶滅の危険のある種，②将来その可能性のある種，③いずれかの締結国が自国の管轄内で規制が必要と判断した種，に分類されている。これらの種および標本の輸出は，原則としてそのつど，条約上の条件に沿って発行される輸出国の輸出許可証が必要で，これを取得し，輸入国に提出することになっている。条約締結国は169か国（2006年現在）で，わが国は1980（昭和55）年にこの条約の締結国になっている。

（北川宗忠）

和洋室

　和室の居間とベッドルームの寝室を備えた和洋折衷の客室。ここ数年旅館で多く見受けられるスタイルで，和室と洋室の2間続きからホテルで使用されるスイートと呼ぶこともある。2室続きになるので比較的料金は高くなるが，高齢者や家族で利用する場合が多い。また食事部屋と寝る部屋とは別々であるため，布団をあげてから食事の用意をしなくてもよい点なども利用客にとっては魅力となっている。

（井村日登美）

ワンダーフォーゲル（Wandervogel）

　19世紀末，ドイツでK.フィッシャーらがはじめた。自然に親しむことを目的に各地を歩き回る青年たちの野外活動をいう。ワンダーフォーゲルとは，ドイツ語で「渡り鳥」を意味する。ベルリン郊外のシュテグリッツで発祥し，産業革命などによる機械文明に左右されず人間性の回復を，自然や人とのふれあいによって高めようということで広まった。のちの1901年にK.フィッシェルが設立した「青年徒歩旅行奨励会」の理念「渡り鳥のように山野を歩いて心身を鍛えよう」から「ワンダーフォーゲル」といわれるようになった。1909年，同じドイツのR.シルマンが提唱したユースホステル運動にも大きな影響を与えた。アメリカでは，このような徒歩旅行をバックパッキングという。わが国では，主として大学生たちがこの運動に取り組み，内容も山歩きから本格的な登山，またサイクリングやサバイバル活動を行い，自然に親しむことを通じて心身の鍛錬を行っている。スローツーリズムの原型とも考えられる。→スローツーリズム

（北川宗忠）

ワンワールド（One World）

　世界の航空会社によるアライアンス（提携や連合など）の1つで，スターアライアンスに次ぐグループ。主要な航空会社としてアメリカン航空，英国航空，イベリア航空，キャセイパシフィック航空，カンタス航空，日本航空などが加盟している。航空会社にとってアライアンスは，航空ネットワークの相互補完や販売・運送業務提携など，経営効率を目的としたメリットが多い。旅行者にとっては，マイル積算の共有化や世界各地の空港でのラウンジ利用などに便宜性がある。2007年現在，加盟航空会社は10社で，就航空港数は688である。→スターアライアンス

（杉田由紀子）

観光・旅行用語辞典執筆者一覧 (*は編者)

井口　　貢	（同志社大学政策学部教授）
池田　良穂	（大阪府立大学大学院工学研究科教授）
井村　日登美	（ホスピタリティ研究所「エイチ・ワン」代表）
*北川　宗忠	（流通科学大学サービス産業学部教授）
小久保　恵三	（流通科学大学サービス産業学部教授）
芝崎　誠一	（元大阪成蹊短期大学観光学科教授）
白石　太良	（流通科学大学名誉教授）
末武　直義	（観光事業〔観光まちづくり〕研究所代表）
杉田　由紀子	（流通科学大学サービス産業学部教授）
住木　俊之	（大阪観光大学観光学部准教授）
多方　一成	（大阪成蹊大学現代経営情報学部教授）
高橋　一夫	（流通科学大学サービス産業学部教授）
中尾　　清	（大阪観光大学観光学部教授）
塹江　　隆	（奈良県立大学非常勤講師）
山本　壽夫	（LEC東京リーガルマインド大学総合キャリア学部教授）
山脇　朱美	（大阪成蹊短期大学観光学科准教授）
吉原　敬典	（目白大学経営学部・大学院経営学研究科教授）
和田　章仁	（福井工業大学工学部教授）

《編者紹介》
北川　宗忠（きたがわ・むねただ）

1940年　滋賀県彦根市生まれ。
現　在　流通科学大学サービス産業学部観光・生活文化事業学科教授。
　　　　（近畿大学，平安女学院大学，大阪商業大学，神戸海星女子学院大学，
　　　　大阪成蹊女子短期大学などの常勤・非常勤講師を歴任。
　　　　日本観光学会理事，日本ホスピタリティ・マネジメント学会常任理事，
　　　　副会長などを歴任。）
専　攻　観光システム論・観光事業論・観光社会学・観光文化論。
主　著　『余暇時代の観光資源』SOU文化観光研究所，1993年。
　　　　『観光入門』近代文藝社，1993年。
　　　　『全国三十三所巡礼総覧（全）』流通科学大学教育研究協力会，1995年。
　　　　『観光と社会──ツーリズムへのみち』サンライズ出版，1998年。
　　　　『観光資源と環境──地域資源の活用と観光振興』サンライズ出版，
　　　　　1999年。
　　　　『観光事業論』（編著）ミネルヴァ書房，2001年。
　　　　『観光・旅の文化』ミネルヴァ書房，2002年。
　　　　『「観光」交流・新時代』サンライズ出版，2003年。
　　　　『観光文化論』（編著）ミネルヴァ書房，2004年。
　　　　『「観光」交流・新時代（改訂新版）』サンライズ出版，2008年。

観光・旅行用語辞典

2008年6月30日　初版第1刷発行　〈検印廃止〉

定価はカバーに
表示しています

編　者　　北　川　宗　忠
発行者　　杉　田　啓　三
印刷者　　林　　初　彦

発行所　株式会社　ミネルヴァ書房
607-8494　京都市山科区日ノ岡堤谷町1
電話(075)581-5191／振替 01020-0-8076

©北川宗忠ほか，2008　　　　　　　　　　太洋社・兼文堂

ISBN978-4-623-05002-4
Printed in Japan

観光事業論
北川宗忠編著
Ａ５判／320頁／本体2,800円

観光文化論
北川宗忠編著
Ａ５判／248頁／本体2,800円

観光・旅の文化
北川宗忠著
Ａ５判／322頁／本体3,000円

観光と地域社会
吉田春生著
Ａ５判／280頁／本体3,200円

——— ミネルヴァ書房 ———
http://www.minervashobo.co.jp/